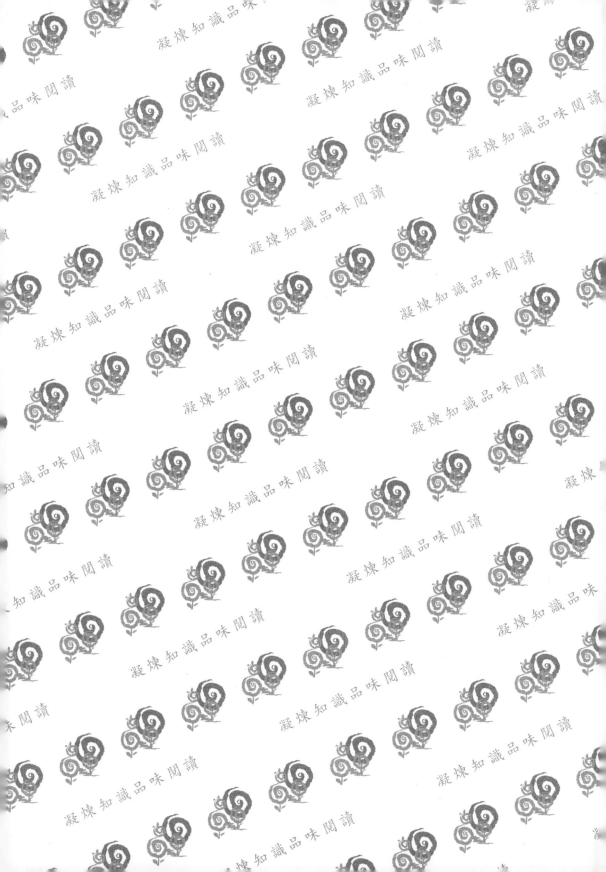

發展與適性輔導概論

吳明隆　蘇素美　著

五南圖書出版公司 印行

序

民國 110 年起，教師資格考試考科配合教師五大素養調整為「教育理念與實務」、「學習者發展與適性輔導」、「課程教學與評量」三大考科。三大考科各有對應的學科內容，單一學科內容並不是只在單一大考科出現，此種變革與之前有很大差異。十二年國教課綱於 108 學年度起正式實施，其中具備教育核心素養與終身學習的教師圖像，為未來職前教育之教師培育的重點，核心素養的評量內涵有三項：一為該學科重要的概念；二為強調跨領域的統整學習；三為結合生活情境的應用。

沒有具備學科重要概念與學理，較無法進行跨領域（或跨學科）的統整學習，也較不易於生活情境領域中應用所學的知能。《發展與適性輔導概論》一書，乃呼應教師資格考試的變革與教師甄試的脈動，採主題式的寫作法，將「學習者發展與適性輔導」統括的學科內容，擷取重要的概念與學理作為章節，包括行為改變技術、學習與動機、記憶與遺忘、智力與測量、依附與發展、人格與諮商心理、班級經營與輔導、相關重要法規等。

《發展與適性輔導概論》內容共分為二大部分，第一大部分為各主題重要概念與學理內容介紹及自我練習，共有 9 章（第 1 章至第 9 章）；第二大部分為班級經營的自我練習與發展及輔導綜合練習，共有 4 章（第 10 章至第 13 章）。「班級經營與管教」學理與實務之題幹來源主要參考吳明隆編著《班級經營：理論與實務》專書，此部分的練習若能配合書籍導讀，學習當會事半功倍。

《發展與適性輔導概論》書籍有幾個特色：(1) 重要概念的統整：主題式章節內容為考科重要概念與學理；(2) 心智圖表的統整：輔以心智圖架構呈現概念內涵，易於學習者理解與記憶；(3) 學後自我的省思：配合自我練習可作為學習者自我評估與學習精熟的檢核；(4) 教育學科的整合：

書籍包含多個教育學科，可作爲教師資格考試與教師甄試的用書；(5) 內容敘寫的流暢：寫作用語淺顯易懂，學習者可以快速內化爲系統性的資訊。

　　本書得以出版，要感謝五南及其編輯群的協助，尤其是副總編輯黃文瓊與李敏華編輯的聯繫與幫忙。由於作者所知有限，書中內容若有欠妥或繆誤之處，希望教育先進能加以指導，作爲日後修正之參考。

吳明隆、蘇素美

於高雄師範大學

108 年 9 月 1 日

目錄 CONTENTS

第1章

行爲改變技術

　　「**行為改變技術**」（behavior modification）主要在運用行為主義論的學習理論來改變或矯正個人的不當行為；此外也可採用行為「**塑造**」（shaping）及「**連續漸進法**」（successive approximations）來建立個體的正向行為。塑造在培養幼童新行為中常被使用，它是將一個新行為分成數個步驟，配合「**增強**」及「**消弱**」原理，讓個體發展期望的目標行為。

　　「**行為改變術**」的字詞讓許多人誤解，以為它是負向的，其實行為改變技術不論對學習者正向行為的塑造養成，或不當行為的消弱改正已被證實是有效方法。行為改變技術在應用時應注意以下原則：(1) 要先確定欲改變的特定行為；(2) 選用外在行為可被測量的方法；(3) 分析行為的前導事件及可應用的增強物；(4) 基於行為主義原則介入並改變行為；(5) 合理評估行為的改變情況；(6) 決定是否選用別的方法及增強物。常用的設計法如「**ABAB**」，A 為行為的基準線（baseline）、B 為介入處理後行為的改變，之後停止介入，看行為是否倒返回基準線（A），再介入處理策略（B）（Woolfolk, 2011）。

壹. 理論依據

　　學習是個體練習或經驗使其行為產生較為持久改變的歷程，其內涵有三：(1) 行為產生改變乃是由於經驗或練習的結果；(2) 透過學習改變的行為具有持久性，行為的暫時性改變不是學習；(3) 學習並非全是指導或訓練的結果。行為改變技技術的特性有四：(1) 著重行為而非特質；(2) 強調學習和環境的重要性；(3) 採取實用的方法改變個體行為；(4) 運用科學方法來研究個體行為。行為改變技術的基本假定為：(1) 大多數的行為（包括適當與不適當）是學習而來的，學習是刺激與反應間的聯結，它涉及行為的改變；(2) 個體在不同環境（刺激）會表現出不同的行為（反應）；(3) 個體行為是可以教導與改正的；(4) 行為改變方案只具有個別化效果，單一行為改變技術並不適用於環境內所有個體；(5) 行為介入與關注的焦點是此時此刻，而非個體過去的經驗；(6) 行為原因在於行為的環境、情

境和社會變因，而非個體或個體內的因素；(7) 行爲目標是可觀察的和可測量的，可以特定的術語加以陳述；(8) 行爲會受到個體認知（知覺、信念及自我陳述）的影響（認知行爲改變論）；(9) 認知改變會導致個體行爲改變，個體錯誤認知會出現不適當行爲（張世彗，2007）。

一、反應制約

(一) 巴夫洛夫

「**古典制約**」（classical conditioning）又稱「**反應制約**」（respondent conditioning）或「**巴夫洛夫制約**」（Pavlovian conditioning）。巴夫洛夫（I. Pavlov）以狗爲實驗，建立古典制約理論（古典條件化作用，classical conditioning）。當原屬中性刺激（neural stimulus）的制約刺激（conditioned stimulus; CS）不會引起行爲反應，但與非制約刺激（unconditioned stimulus; UCS）相隨出現，制約刺激也能引起個體的行爲反應，此反應爲制約反應（conditioned response; CR）。學習過程中透過制約刺激與非制約刺激配對的出現，可以建立新刺激與反應的聯結關係。「**非制約刺激**」（例如食物）與「**制約刺激**」（鈴聲）同時一起發生的關係稱爲「**連續的**」（contiguous），兩種不同刺激的關係原則爲「**接近性**」（contiguity），「**接近性**」爲古典制約理論的主要原則，當「**非制約刺激**」與「**制約刺激**」配對出現幾次後，「**制約刺激**」即擁有引發「**制約反應**」的力量。

古典制約的學習歷程如下：

制約過程前：
食物（UCS）⇨ 唾液分泌（UCR）
燈光 ⇨ 只有注意等反應
制約過程中：
食物（UCS）＋燈光（CS）⇨ 唾液分泌（UCR）
制約過程後：
燈光（CS）⇨ 唾液分泌（CR）

　　古典制約作用中，獲得是經由制約刺激與非制約刺激配對出現多次後，制約刺激取代非制約刺激而產生制約反應，當制約刺激與非制約刺激同時出現或出現時距愈接近，制約反應愈容易發生。古典制約形成後，也會產生類化（generalization）、辨別／區辨（discrimination）與消弱（extinction）現象：

古典制約形成：狗聽到特別聲音（CS）⇨ 唾液分泌（CR）
類化 ⇨ 狗聽到不同的聲音（CS）⇨ 唾液分泌（CR）
辨別 ⇨ 狗聽到不同的聲音（CS）⇨ 不會分泌唾液（CR）
消弱 ⇨ 特定聲音（CS）重複出現，食物（非制約刺激）不跟隨出現 ⇨ 不會分泌唾液（CR）

　　制約反應形成後，若只呈現制約刺激（CS），非制約刺激（UCS）不再出現，則制約刺激（CS）對制約反應（CR）的誘發力會逐次減弱消失，之後不會再誘發制約反應（CR），這就是「**反應消弱**」（respondent extinction）現象。反應消弱原則也適用於個體焦慮或恐懼行為的消除。

　　中國俗語中的「**杯弓蛇影**」、「**一朝被蛇咬，十年怕草繩**」、「**愛屋及烏**」等現象都是一種類化現象，學習過程中兩種學習情境或刺激愈相似或接近，愈容易產生類化作用。古典制約的三個元素為食物、分泌唾液及音叉，其中食物為非制約刺激，音叉為制約刺激，當音叉與食物同時出現幾次後，單獨出現音叉時狗也會分泌唾液。狗看到食物之分泌唾液反應為自然生理反應，稱為「**非制約反應**」（unconditioned response），它是自然發生的；音叉從不會引發分泌唾液反應到單獨造成唾液分泌的反應，稱為「**制約反應**」（conditioned response），制約反應的發生必定要先由非制約刺激（食物）與制約刺激（音叉）同時重複出現數次後才有可能發生。之後若是只有重複地出現制約刺激（特定聲音），而非制約刺激（食物）都沒有出現，原制約作用建構的制約反應（唾液分泌）會逐次消弱，最後會「**消失**」（extinction）。古典制約在實務應用上如（Woolfolk, 2011, p.245）：

1. 將正向、愉悅的事件與學習作業作聯結，強調群體競爭比個人競爭重要。

2. 幫助學生自願與成功地體驗會產生焦慮的情境，例如學生懼怕在全班同學面前講話，可讓其先坐在座位報告給組員聽 ⇨ 站著念 ⇨ 站著報告重點 ⇨ 講臺上報告給全班聽。

3. 幫助學生辨認情境中相異及相同的地方，以便學生能適當地區辨和類化。

制約刺激與制約反應間的關係稱為「**制約反射**」（conditioned reflex），「**非制約反射**」（unconditioned reflex）為自動的刺激－反應的關係（如置身黑暗中就會懼怕），影響制約反射發展的因素有以下幾個（黃裕惠譯，2018；Martin & Pear, 2015）：

1. 制約刺激（CS）與非制約刺激（UCS）配對愈多次，制約刺激（CS）愈能誘發制約反應（CR），直到達到最大可能的制約反應。

2. 與制約刺激（CS）在非制約刺激（UCS）之後出現相較，制約刺激（CS）在非制約刺激（UCS）之前很短時間出現，會有較強的制約效果，前者情況的制約效果甚弱。

3. 若制約刺激（CS）持續跟非制約刺激（UCS）配對，會比偶爾與非制約刺激（UCS）配對更能誘發制約反應（CR）。

4. 當有數個中性刺激在非制約刺激（UCS）之前出現，則與非制約刺激（UCS）相關最密切的刺激，就最有可能變成較有效的制約刺激（CS）。

5. 當制約刺激（CS）或非制約刺激（UCS）其一，或兩者都很強烈且明顯時，反應制約會比較快形成，且其效果比較強（例如閃電很亮且雷聲很大，形成的懼怕感更高）。

（二）美國華生實驗

美國心理學家華生（J. B. Watson，或譯為華森）主張教育萬能說，否認行為的遺傳和本能作用，倡導「**環境決定論**」，使用古典制約理論讓嬰兒產生對白兔的懼怕，他堅信行為是由學習經驗產生的，為極端環境決

定論者，主張要以自然科學方法研究心理學。華生曾指出，若是給他一打健康的嬰兒，不論嬰兒來自的背景或遺傳為何，他都可以使他們成為任何一種人——醫師、律師或乞丐。在發展心理學領域，華生採取「**環境主義者**」論點，後天學習重於先天遺傳，成為「**行為主義**」（behaviorism）學派之父。

華生認為行為（behavior）是有機體應付環境的全部活動，它從嚴格的決定論出發，認為一定的刺激必能引起一定的反應，而特定的反應必然來自特定的刺激，他把生活中比較複雜的影響（刺激）稱為「**情境**」；把比較複雜的反應稱為「**動作**」。華生進一步從反應的屬性（內隱的或外顯的）、遺傳的或習慣（habits）的面向將反應分為四類：(1) 外顯的遺傳反應，例如抓握；(2) 內隱的遺傳反應，例如內分泌腺的分泌；(3) 外顯的習慣反應，例如游泳、打球等；(4) 內隱的習慣反應，例如思維活動。他認為心理學的客觀研究方法主要有四種：觀察法、條件反射法（conditional reflex method）、口頭報告法（verbal report method，或言語報告法）、測驗法（車文博，1996）。

華生之行為主義基本信念是：人們對於發展的論述應建立在可觀察到的外在行為，而非看不到的內在動機、認知或潛意識的衝突等想像的基礎方面，外界刺激與熟練的反應（習慣）才是發展的基礎。他認同經驗主義學者洛克（J. Locke）的觀點，新生嬰兒如白紙，等待環境的烙印，發展是一個連續漸進的行為改變歷程，影響的最大變因為後天環境經驗（張欣戊等譯，2010）。

華生反對傳統心理學的主觀內省和心靈思辨，主張運用客觀、科學方法研究客觀行為，他是世界上第一位對人類性行為進行實驗研究的性學家。但其論點中忽視人與動物心理面向的本質差別，漠視心理的實存性、主觀性，誇大環境和教育的作用，陷入嚴重的機械主義和生物學的境地（車文博，1996）。

華生提倡的行為主義有以下幾個特點（張春興，2003）：

1. 心理學想要成為一門科學，一定要採用科學方法。

2. 古典制約作用研究所得到的原理原則，不但可用以了解動物行為，也可以解釋人類的行為。

3. 構成人類一切行為的基本要素是反應，複雜行為是多種反應的組合；除部分反應是與生俱來的反射行為外，多數是個體在適應環境時，與其情境中各刺激間經由古典制約作用習得的。

4. 只要能了解環境中刺激與個體反應的關係，可以經由環境設計、刺激控制，經由古典制約作用，習得新的反應，改變人們的行為。

華生行為學習歷程為：

制約過程前：
嬰兒聽到巨大聲響（UCS）⇨ 會懼怕哭鬧（UCR）
嬰兒看到白兔 ⇨ 不會懼怕
制約過程中：
白兔（CS）＋巨大聲響出現（UCS）⇨ 嬰兒會懼怕哭鬧（UCR）
制約過程後：
白兔（CS）一出現 ⇨ 嬰兒就會懼怕哭鬧（UCR）

制約行為完成後，進一步的學習會有類化（generalization）與辨別（discrimination）作用。類化指的是 CS（制約刺激）引起 CR（制約反應）後，個體對類似的 CS 的刺激也會產生相似的制約反應，例如嬰兒對小白兔有懼怕哭鬧反應，看到小白鼠（都是白色小動物）也會有懼怕哭鬧的行為反應；辨別作用指的是個體對不同的刺激會作出不同的制約反應，例如幼兒對其父親（男生大人）喊出「**爸爸**」後，對抱他或接近他的其他人（不同刺激）並不會喊出「**爸爸**」字語。類化與辨別的反應圖示如下：

食物（非制約刺激，UCS）＋鈴聲（CS）⇨ 唾液分泌（UCR）
鐘聲（CS）⇨ 分泌唾液（CR）
⇕（類化）
鈴聲（CS）⇨ 分泌唾液（CR）
⇩（辨別）
鼓聲（CS）⇨ 沒有分泌唾液或沒有反應（CR）

<u>舉例</u>

1. 老師在實施處罰之前，都會大聲怒罵，因而課堂中只要老師大聲怒罵，同學都會害怕，因為老師又要處罰某些同學了。

2. 導師只要上數學課都會變得很凶，常會很大聲責罵同學：「**這麼簡單的題目也不會。**」幾節課下來，班上多數同學只要看到課表有數學課，都會有焦慮不安的感覺。

3. 小強轉到新學校後，由於課堂上多次未準時完成學習單的書寫而被林老師處罰，後來，他只要看見林老師就會產生焦慮。

二、聯結主義

桑代克（E. L. Thorndike）被稱為教育心理學之父，於 1903 年出版第一本教育心理學的教科書，為動物心理實驗的首創者、教育心理學體系和聯結主義心理學的創始人。桑代克也是美國哥倫比亞功能主義心理學的主要代表學者，他認為實驗法比起直接觀察法的優點有三：(1) 可按照自己的設計重複各種條件，以便驗證動物的行為反應是否為偶然的巧合；(2) 可用多種動物做同樣的實驗，以便得到具代表性的結果；(3) 可把動物安排在一種情境中，觀察其行為對人們是否有啟示作用。其研究發現，動物學習不存在思維和推理的作用，而是在情境刺激與反應間的聯結，其心理學稱為「**聯結主義心理學**」（connectionism psychology）（車文博，1996）。根據桑代克的觀點，大部分的「**知識**」是由觀念之間的聯結所形成的，學習的歷程只是聯結的歷程而已，因而「**心智是人類的聯結系統**」；教育歷程中透由類比（analogy）可形成反應的同化作用，學習有聯結性轉移（associative shifting）的作用，因而學習歷程中，學習者在類似情境中會產生「**學習遷移**」（transfer of learning）現象（吳幸宜譯，1994）。

他以飢餓的貓為實驗對象，探究其看到迷籠外食物時，如何碰觸門栓、打開門栓、離開迷籠的行為。貓從多次嘗試錯誤中，由於某種反應可以開啟門栓，得到食物獲得獎賞，而將此反應保留下來，至於其他嘗試錯

誤無法得到食物（效果）的反應則會放棄。因爲食物對貓具有酬賞作用，使得刺激情境（迷籠關閉無法得到籠外食物）與表現反應（用前爪碰觸門栓處）間產生聯結。嘗試錯誤學習中，影響刺激與反應的聯結強度有三大因素：

1. 練習律（law of exercise）：練習次數的多寡，例如熟能生巧。業精於勤，荒於嬉爲練習律、使用律與失用律（聯結作用因欠練習而失去作用）的說明。

2. 準備律（law of readiness）：個體身心狀態的準備情況。

3. 效果律（law of effect）：個體反應後是否得到滿足的效果。

桑代克的「**效果律**」係指反應若帶來令人滿意的結果，將強化刺激與行爲間的聯結；行爲反應若是產生痛苦的結果，則會削弱刺激與行爲間的聯結。桑代克後來修正效果律的內涵，使得懲罰效果與獎賞效果對個體所造成的影響是不相稱的或不相等的。「**練習律**」含有俗諺「**熟能生巧**」的意涵；「**一回生、二回熟、三回成高手**」也是練習律的效用，經驗的重複會提高正確反應的可能性，但若重複一些無法獲得滿意結果的經驗並不能增進學習。「**準備律**」係指主宰「**滿足**」或「**痛苦**」狀態的條件，當個體回應一種強烈的衝動而進行的某行動即爲「**滿足**」；另一方面，當個體想要有所反應而受到抑制，或個體不想有所反應卻被逼著執行某行動，則爲「**痛苦**」（吳辛宜譯，1994）。

聯結理論強調「**接近性原則**」，刺激與反應間的重複配對，能把兩者間的關聯導向最大，以接近性作爲學習機制的學習論點，學習者是被動而非主動的。當事件發生且同時發生時，學習者只會把事件相互聯結，但並不會主動地對環境有所行動，學習者只是被動地、自動化地學會什麼事件會接連什麼事件，或是有哪些班級事件同時發生。操作制約（operant conditioning）論的「**操作學習**」（operant learning），假設學習者是比較主動的，他們會對環境採取某些行動或是操作，根據行動獲致的結果，增加或減少行爲的展現（陳奎伯、顏思瑜譯，2009；O'Donnell et al., 2007）。

三、操作制約

斯肯納（Skinner）設計斯肯納箱，以老鼠爲實驗，透過行爲後的增強作用、滿足個體需求，使行爲反應頻率增加，此種反應爲自發性反應，是個體自發的操作行爲，因而又稱爲「**操作制約**」（operant conditioning），或「**操作性行爲**」（operant behavior）。操作制約的行爲反應是有意志的行爲，並不是反射性行爲，即行爲受到結果（酬賞與懲處）影響，而不是受到行爲先前刺激所左右，受到結果影響的行爲即稱操作性行爲，操作性行爲是行爲對環境產生結果（主動操弄），然後行爲又受到這些結果影響（黃裕惠譯，2018；Martin & Pear, 2015）。

操作制約的主要關鍵爲「**增強物**」。老鼠於實驗中踩活動踏板後，會得到食物（增強物），因爲此增強物是老鼠喜愛的（正增強物），所以老鼠會不斷去踩踏板以得到可食用的增強物，操作制約學習於是完成；若是老鼠踩了踏板後受到電擊，則數次之後，老鼠便不敢靠近踏板之處。電擊作用稱爲負增強物，負增強物例如責罵、罰勞動服務等。教育情境中當同學有好表現時，老師給予公開讚賞或實質獎勵物，會讓學生有成就感與尊榮感，因而會持續表現類似的正向行爲，公開讚賞、實質獎勵等爲正增強物。

就斯肯納觀點，學習便是行爲，當個體學習，反應增加；相對的，非學習（unlearning）情況發生時，反應速率便下降，學習被認爲是反應的可能性程度或者反應頻率的變化。斯肯納的操作制約奠基於下列六項假設：(1) 學習是行爲的改變；(2) 行爲的改變與環境事件或條件的變化有緊密關聯；(3) 行爲特質與實驗條件等變項必須以物理性名詞加以明確界定；(4) 自行爲實驗而得的資料才是行爲探究可接受及可靠的資料；(5) 個別有機體的行爲是實驗探究最適當的資料來源；(6) 對所有物種而言，有機體與環境的互動之動態關係是相同的（吳幸宜譯，1994）。

在古典制約中，非制約反應與制約反應都是被動的；在操作制約歷程中，老鼠踩踏板的行爲反應不是因某種特定刺激引發的被動反應，它是

一種向刺激主動反應的過程，之所以會有主動反應，乃是可帶來後效強化的結果，因而「**操作制約作用**」（operant conditioning）也稱爲「**反應性操作制約**」。從反應的性質而言，古典制約的反應是不自主的，當事者之後的反應都是自動的；操作制約的反應是自主的，當事者可以掌控自己是否作出反應。就造成刺激的方式而言，古典制約是兩個刺激配對出現所造成的結果；操作制約之所以發生，是由於反應之後有明確刺激出現（增強物）。操作制約是反應之後，增強的刺激（增強物）隨之而來，則該反應便被強化了，之後同樣的反應行爲會再度出現（白惠芳等譯，2011；Ormrod, 2008）。

根據斯肯納的見解，操作行爲的關鍵在於桑代克所提出的「**效果律**」，當動物的逃離行爲可獲致食物，之後相似情境時，便會重複出現逃離行爲。斯肯納將古典制約的反應稱爲「**誘發性反應**」（elicited responses）或「**反應性行爲**」（respondent behavior），此種反應是由刺激間替代產生，個體的反應是被動的，斯肯納將此種模式稱爲「**S 型制約**」（type S conditioning）。就「**酬賞**」一詞而言，它含有以特殊方式補償行爲之意，有契約性安排的意涵，因而斯肯納以「**增強性結果**」（reinforcing consequence）和「**增強**」（reinforcement）來取代酬賞一詞。「**增強**」界定爲可強化行爲或提高反應頻率的行爲結果，爲有效改變行爲，增強必須緊隨在適當行爲之後（吳幸宜譯，1994）。

增強與懲罰（punishment）不同，不論是正增強或負增強，其作用均可強化行爲，懲罰則會減少或抑制行爲出現。「**處罰原則**」（principle of punishment）的概念爲在特定情境裡，當事人出現某種行爲後立即給予「**處罰物**」（punisher）或嫌惡刺激，之後當事者的類似情境中，出現原先類似行爲的頻率會減少。一個行爲在懲罰後，個體將來在類似情境中行爲重複出現的次數或頻率會較少，甚至不會再出現。增強與懲罰過程的圖示如下（Woolfolk, 2011）：

行為 ⇨ 增強物（正增強／負增強）⇨ 強化或重複行為
　　結果　　　　　　　　　　　　影響
行為 ⇨ 懲罰（施予式懲罰／剝奪式懲罰）⇨ 削弱或減少行為
　　結果　　　　　　　　　　　　　影響

　　行為改變方案中，將數個分散的行為聯結成一個系列，每一個行為造成的結果，都是前一個行為的增強，並形成後一個行為的刺激，此種一系列的辨別刺激及反應連鎖（chaining）稱為「**行為連鎖**」（behavioral chain），或稱「**刺激－反應連鎖**」（stimulus-response chain），行為習得過程中每個反應（最後一個除外）會引發下一個反應的辨別刺激，並在最後一個反應後呈現增強物。「連鎖」（chaining）即是透過一項辨別刺激，引發特定反應（R），而形成的一種聯結（link）；每一個反應又為次一個反應引發新的辨別刺激，形成一連串的刺激－反應的聯結過程。採用行為連鎖策略的目標行為一般都是比較複雜，或是個體為發展遲緩或心智障礙的幼童（黃裕惠譯，2018；Martin & Pear, 2015）。

　　行為連鎖與「塑造」（shaping，又稱逐步養成）都是新行為的教導法，二種方法都要配合增強物的使用。一般馴獸師訓練動物表演特技時，都是使用行為「塑造」法，分階段訓練與增強來逐步養成動物的行為。在學習複雜行為時，若要當事者達到設定目標再一次給予增強，則很難達成或學會，尤其是心智障礙的學習者，若是將複雜行為分段學習、分段增強、逐步塑造，則較易達到教導者設定的期望目標，此學習歷程與行為連鎖類似。但行為連鎖與塑造的內涵也有其相異處：

　　1. 就目標行為而言，連鎖偏重新的、一致的刺激與反應順序；塑造較強調如形式、數量或者是強度等物理向度的新行為。

　　2. 就訓練程序而言，連鎖情境通常是結構的環境，需要以精確的順序呈現刺激與反應；塑造情境也包括非結構的環境，可讓學習者表現較多行為。

　　3. 就其他程序考量而言，連鎖之連續步驟常包括口語與肢體提示或

身體引導，以及可能會運用撤除或逐步養成；塑造過程主要連續運用增強與消弱原理。

一般常用的行為連鎖教導方式有三種方法（黃裕惠譯，2018；Martin & Pear, 2015）：

（一）整體工作呈現法

整體工作呈現法（total task presentation）指教導者一次將所有行為教完，要求學習者每次練習時都要從頭到尾做一次，持續反覆練習直到行為精熟為主。

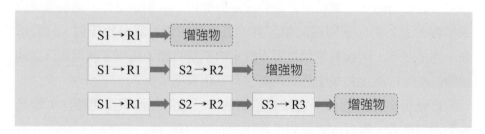

（二）順向連鎖

「**順向連鎖／前進連鎖**」（forward chaining）為教導者先教第一步驟、再教第一步驟及第二步驟，之後把前二個步驟聯結練習，再教第一、第二及第三步驟，再把前三個步驟聯結練習，直到所有步驟都教完。由於整體工作呈現法及順向連鎖法和生活事件的順序相同，因而這二個方法在日常生活中較常使用。

（三）倒向連鎖

「**倒向連鎖／後退連鎖**」（backward chaining）為先教最後一個步驟，再教倒數第二個步驟，並與最後一個步驟聯結練習；之後再教倒數第三個步驟，並與倒數第二個步驟及最後一個步驟聯結練習，直到第一個步

驟教完，此方法乃以相反順序，逐漸建構練習次序，以養成行為連鎖。運用倒向連鎖時，適當刺激出現後先增強最後一個行為，經過練習，就可以以這個行為作為辨別刺激，並作為倒數第二個行為的制約增強物，個體練習時就很想把倒數第二個行為完成。多數研究證實，順向連鎖與倒向連鎖運用在不同對象與行為效異差異不大，對於發展障礙者而言，整體工作呈現法成效較佳，至於非發展障礙者在教導其複雜的工作行為，順向連鎖或倒向連鎖法會更好，在某些情境下，順向連鎖教導技巧會比倒向連鎖更好運用。

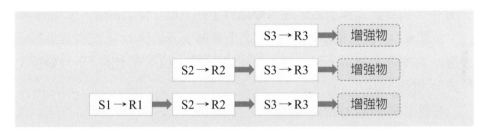

　　範例為使用倒向連鎖教導智能障礙者學習穿褲子的步驟，六個基本步驟為：①從衣櫃拿出褲子、②手拿褲子面朝前、③左腳放進褲子一邊、④右腳放進褲子另一邊、⑤把褲子往上拉、⑥拉上拉鍊。

　　步驟 1：❻拉上拉鍊 ⇨ 增強。

　　步驟 2：❺把褲子往上拉（穿上褲子）⇨ ⑥拉上拉鍊 ⇨ 增強。

　　步驟 3：❹右腳（一腳）放進褲子另一邊 ⇨ ⑤把褲子往上拉（穿上褲子）⇨ ⑥拉上拉鍊 ⇨ 增強。

　　步驟 4：❸左腳放進褲子一邊 ⇨ ④右腳（另一腳）放進褲子另一邊 ⇨ ⑤把褲子往上拉（穿上褲子）⇨ ⑥拉上拉鍊 ⇨ 增強。

　　步驟 5：❷手拿褲子面朝前 ⇨ ③左腳放進褲子一邊 ⇨ ④右腳放進褲子另一邊 ⇨ ⑤把褲子往上拉（穿上褲子）⇨ ⑥拉上拉鍊 ⇨ 增強。

　　步驟 6：❶從衣櫃拿出褲子 ⇨ ②手拿褲子面朝前 ⇨ ③左腳放進褲子一邊 ⇨ ④右腳放進褲子另一邊 ⇨ ⑤把褲子往上拉（穿上褲子）⇨ ⑥拉上拉鍊 ⇨ 增強。

正向連鎖教導步驟為：

步驟 1：❶從衣櫃拿出褲子 ⇨ 增強。

步驟 2：①從衣櫃拿出褲子 ⇨❷手拿褲子面朝前 ⇨ 增強。

步驟 3：①從衣櫃拿出褲子 ⇨ ②手拿褲子面朝前 ⇨❸左腳放進褲子一邊 ⇨ 增強。

步驟 4：①從衣櫃拿出褲子 ⇨ ②手拿褲子面朝前 ⇨ ③左腳放進褲子一邊 ⇨❹右腳放進褲子另一邊 ⇨ 增強。

步驟 5：①從衣櫃拿出褲子 ⇨ ②手拿褲子面朝前 ⇨ ③左腳放進褲子一邊 ⇨ ④右腳放進褲子另一邊 ⇨❺把褲子往上拉（穿上褲子）⇨ 增強。

步驟 6：①從衣櫃拿出褲子 ⇨ ②手拿褲子面朝前 ⇨ ③左腳放進褲子一邊 ⇨ ④右腳放進褲子另一邊 ⇨ ⑤把褲子往上拉（穿上褲子）⇨❻拉上拉鍊 ⇨ 增強。

整體工作呈現法教導步驟為：

❶從衣櫃拿出褲子 ⇨❷手拿褲子面朝前 ⇨❸左腳放進褲子一邊 ⇨❹右腳放進褲子另一邊 ⇨❺把褲子往上拉（穿上褲子）⇨❻拉上拉鍊 ⇨ 增強。（重複此步驟直到學會為止）

四、學習階層論

美國教育心理學家蓋聶（R. Gagne），以行為主義的觀點為基礎，融入認知學派論點，提倡「**學習階層論**」（hierarchy of learning）。他認為學習本身有難易的層次存在，前一個類型的學習為後一個學習的基礎，八個基本類型的學習之間構成了由下而上的學習階層，屬性層次由低層次簡單到高層次複雜，學習時必須遵循其先後層次，八個學習層次如下（王克先，1987）：

(一)訊號學習

訊號學習（signal learning）是根據古典制約過程而習得的結果，它是人類最原始的學習方式，其內容大多是情緒反應的學習，例如人們怕見洪

水（訊號）、嬰兒喜愛看母親微笑（訊號）。

(二) 刺激－反應聯結學習

刺激－反應聯結學習（S-R learning）為斯肯納所倡導的操作制約學習，天熱時開啟電風扇就有涼意（增強），以後會熱時（S）就會自動開啟電風扇（R），或是學會動物與其名稱的配對（刺激與反應之聯結）。

(三) 反應連鎖作用

反應連鎖作用（chaining）把第二個階層學會的多個簡單刺激－反應聯結串連在一起，成為一連串的、較複雜的反應，蓋聶所指的連鎖學習限於動作技能（其實語文學習也有連鎖化程序，例如將單字組合成有意義句子）。連鎖學習的五個基本要件為：(1) 在聯結各單位前，每一個聯結（S-R 單位）的練習必須牢固；(2) 每一個聯結必須排序成最適當的順序；(3) 每一個聯結相隔的時間不能太久，以確保形成牢固的聯結；(4) 各聯結的次序必須反覆練習到精熟，成為自發性的反應；(5) 連鎖過程中，必須配合增強運用，否則連鎖作用會被消弱，目標行為無法學會（陳榮華，1994）。

(四) 語文聯想學習

語文聯想學習（verbal-associative learning）為將兩個以上的文字、符號或語文單位依適當次序聯結起來的學習，例如根據單位量大小將不同重量單位排序。

(五) 多重辨別學習

多重辨別學習（multiple discrimination learning）指多個類似刺激同時出現時，能從對不同刺激分別作出的不同反應中，學到選擇其一去反應，例如根據不同樹葉形狀辨別植物差異，或學習者要能察言觀色，也為多重辨別的一項。

(六) 概念學習

概念學習（concept learning）為一種抽象化歷程，指將同類事物按其特徵歸類而得抽象觀念的學習方式，此種學習方式為找出刺激物件的共同屬性，例如火車、飛機、船、大型巴士等可歸類為交通工具。概念學習的先決條件為多重辨別，其學習又為下述原則學習的先決條件。

(七) 原則學習

原則學習（rule learning）指經由了解，學會兩種或兩種以上概念之間的關係。要學習某一原則，必須先學習兩個或兩個以上的概念，並能發現它們之間有何關係存在，例如任何三角形的內角和都等於 180 度，在概念學習層次須先學會直角三角形、銳角三角形、鈍角三角形都屬於三角形的一種。

(八) 解決問題

解決問題（problem solving）指運用以前學過的兩種以上原則，將這些原則串聯起來，產生新的能力來解決情境中遭遇的問題，例如運用之前學會的四則運算原則來解題。

學習階層圖示如圖 1-1，八種學習類型中概念學習、原則學習與問題解決學習及應用在學校場域中較為常見。

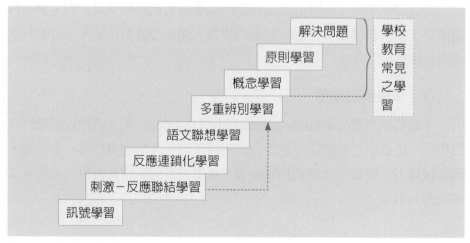

圖 1-1　學習階層圖

在學習類型方面，蓋聶將其分為五種，並將它們稱之為「**能力**」（capability），可用來預測學習者的行為表現，五種學習能力分別為「**語文資訊**」、「**心智技能**」、「**認知策略**」、「**動作技能**」（類似程序性知識）與「**態度**」（包含認知、情感與行為三個面向）。語文資訊指能獲得名稱、事實，有意義的詩或文章，以及有組織的知識體系能力（認知結構的知識）。心智技能為個體能使用符號與環境互動能力，它是最基本且最普遍的正式教育結構，例如讀、寫、說、算的規則運用。心智技能學習由簡單到複雜的層次為「**區辨學習**」、「**概念學習**」、「**規則學習**」、「**高層次規則學習**」，心智技能的內在條件為喚起先備技能及以有效方式與新學習內容互動。認知策略為管理個體思考與學習之執行與控制歷程能力，它可以有效管理個人記憶、思考與學習，即所謂策略性知識、自我管理行為知能，例如為了撰寫專題製作分類資料卡（吳幸宜譯，1994）。

在學習歷程階段劃分方面，蓋聶提出了九個階段，可分為三大面向：學習準備（preparation for learning）、習得與表現（acquisition and performance）、學習遷移（transfer of learning）。九個學習階段及對應的教學事件如表 1-1（吳幸宜譯，1994，頁 170）。

表 1-1　九個學習階段及對應的教學事件

描述	階段	功能	教學事件
學習準備	1. 注意	讓學習者對刺激有所察覺	藉由新奇或不尋常的事件、問題或刺激變化來引起學習者的注意
	2. 期望	將學習者導向學習目標	明確告知學習者教學的目標是什麼
	3. 提取訊息至運作記憶	從長期記憶中喚起先備能力	以不同活動或對話引導學生，刺激他們回想先前的學習內容

描述	階段	功能	教學事件
習得與表現（學習的核心階段）	4. 選擇性知覺	將重要刺激屬性轉化暫存於運作記憶中	呈現明顯或獨特的刺激特徵或情境
	5. 語意的編碼	將刺激屬性賦予概念性或意義性架構，儲存至長期記憶中	透過暗示或提示等歷程為學生提供學習輔導
	6. 提取與反應	提取儲存在長期記憶的編碼訊息，並執行反應動作	誘發學生的實作表現
	7. 增強	使用回饋讓學習者覺知期望的學習目標已達成	對於學生新技能的實作表現結果給予回饋，讓其知道是否再修正或練習
學習遷移	8. 提供更多提取線索	為日後對習得能力之回憶提供不同的訊息提取管道	提供新情境或案例讓學生練習，以評鑑學生學習的應用能力
	9. 類化	促進學習者可以學習遷移至新的情境	規劃能促進記憶保留與遷移的刺激，讓學習可以類化

五、社會學習

社會學習理論由班都拉（Bandura）提出，強調觀察學習、模仿及替代學習的重要，此理論也強調環境（境教）的重要，假定學習是環境、個人因素和行為三者間的互動結果（交互決定論），其中包括學習者的認知歷程，觀察學習中習得的訊息會經由認知過程加以判別是否加以模仿。班都拉強調個體認知過程的重要性，他將其社會學習論視為行為主義與訊息處理論的綜合體。觀察學習的四個階段為注意階段、保持階段、再生階段（行為再生階段）與動機階段（個體觀察到的訊息會經由認知判別行為是否可以帶來酬賞，而決定是否模仿展現）。教育歷程中的教師身教、模範生選舉、孝悌楷模選舉、好人好事表揚，為觀察模仿學習的正向影響；而上樑不正下樑歪則是觀察模仿學習的負面作用。

　　班都拉強調學習過程的行為控制是經由「**自我調整**」（self-regulation）而非外在增強物加以控制，影響自我調整的一個重要因素是個體知覺的自我效能（self-efficacy）。自我效能是個人對自己從事某種工作的能力，以及對讓工作可能做到之地步的一種主觀評價，此種評價來自過去自己的成敗經驗，以及看到他人與自己成敗的類似情形（黃國彥，2003）。學生高自我效能可以增強自我價值與學習動機，教師高自我效能會持續追求教學精進，進行終身學習，此種增強為一種「**自我增強**」（self-reinforcement）。社會學習論中，個體會從觀察他人行為所獲致的結果而間接的產生學習，此種學習稱為「**替代學習**」。替代學習例如殺一儆百；見賢思齊焉，見不賢而內自省；例如小強看到小美認真打掃受到老師稱讚，日後打掃時也會學小美一樣認真將外掃區打掃乾淨，此種學習不必親自經歷，而是憑觀察所見而學習到的正向行為。

　　認知社會學習論（cognitive social learning theory）的另一代表學者為米契爾（W. Mischel）。米契爾從五個面向來說明人們是怎樣反應各種刺激，以及如何表現各自不同的行為模式，他把這五個面向稱為五種變量（或影響因素）（車文博，1996）：

　　1. 觀察學習是經由認知與行為組合的構成能力所產生，此種構成能力是一種全新的、複雜的訊息綜合體。

　　2. 第二種變量為對行為轉譯策略和個人認知所組合的構成能力，不同的人對同樣行為事件轉譯方式不同，人們對自己行為歸類與他人對自己行為歸類也不一樣。

　　3. 個體對自己行為結果的預期會決定著個人將會發生何種行為，同時，個體的行為表現也受其他刺激的預期結果影響。

　　4. 個人行為受到主觀刺激價值傾向的影響，看待行為結果的價值不同，就會表現不同的行為。

　　5. 行為受到自我調節系統和計畫的影響，人們行動雖受外部條件所控制，但同時也受自我訂定目標及實現目標的計畫所調節和支配。

　　班都拉和米契爾的社會學習論也歸屬於行為主義的範疇，因他們均強

調刺激及反應間的接近律原則與增強原則的使用（包含直接增強、替代增強與自我增強）。但他們的論點與行為主義觀點也有不同，其論點中結合了訊息處理論。就班都拉而言，其理論主要包括「**學習理論**」（說明人類行為的形成）與「**動機理論**」（闡述人類行為的控制和調節），他認為人具有自我反應的能力，能夠為自己確定某些行為標準，並且以自我獎賞和自我懲罰的方式作出自己的行動，這種以個體內在行為標準和期望結果來解釋個體有目的行為的過程稱為「**自我調節**」（self-regulation）。他的期望概念包括「**結果期望**」（outcome expectation）與「**效能期望**」（efficacy expectation，或自我效能），前者係指人們對自己某一行為會導致某一結果的推測；後者是指個人對自己從事某項工作所具備的能力和可能做到的程度之一種主觀評估（黃希庭，1998）。

六、認知行為改變論

認知行為改變論是結合行為論與認知論的觀點，認為要改變外在不適當行為，必須改變自己內在的想法或觀念。信念或想法是個體內在認知，此內在認知會影響個體外顯行為，行為改變由原來 S（刺激）-R（反應）轉變為 S（刺激）-O（個體內在認知或歷程）-R（反應），因而要改善個體不當行為，就要先改變當事人不合理的想法或非理性信念。艾里斯（A. Ellis）理情諮商法之 A-B-C-D-E 人格理論，認為事件（A-activating events）本身並非是情緒反應或行為後果（C-consequence）的原因，而是當事人對事件的非理性信念（B-belief system）所造成，此信念即對事件的想法、看法或解釋，困擾個體的因素不是事件本身，而是個體對事件的看法或不合理的認知。要消除當事者的情緒困擾，治療者要幫助當事者改變或駁斥（D 階段 -dispute）其在 B 階段的錯誤信念或非理性想法，如此才能建立正確認知信念，減低或消除情緒困擾問題（E 階段）。

認知行為改變術如「**想像本位暴露法**」，指的讓個體暴露在引起焦慮或緊張的刺激情境中，達到行為改變的效果。焦慮或緊張層次若從低至高，則稱為想像式系統減敏感法，若訓練當事人想像置於最大焦慮階層中

放鬆，則稱爲「**想像洪水法**」（imaginal flooding）（張世彗，2007）。想像洪水法若直接由最高焦慮的階層開始，讓個體想像持續處於最高焦慮刺激中，但個體均未發生悲慘的結果，使個體對刺激產生疲乏，因而不再產生焦慮的反應，此種方法又稱「**內爆法**」（implosive therapy）。

認知行爲改變論的先驅學者沃爾皮（J. Wolpe）對焦慮病患實施逐減敏感訓練時，採用「**想像**」方式引導患者去面對負向刺激，此方法稱爲「**想像制約法**」（covert conditioning）。以一位曾經因車禍受傷而不敢在街道行走的患者爲例，其步驟如下：(1) 請當事人想像置身在最弱的負向刺激情境中（例如獨自行走於公園內）⇨(2) 當事人不會恐懼後，請他想像低度的負向刺激情境（例如行走於公園內的道路上）⇨(3) 當事人不會恐懼後，請他想像中度的負向刺激情境（例如行走於鄉村道路上）⇨(4) 當事人不會恐懼後，請他想像高度的負向刺激情境（例如想像行走於交通頻繁馬路上）⇨(5) 之後當事人行進於街道中，恐懼感消失，不再害怕（陳榮華，1994）。

舉例

1. 小明與交往一年的女朋友分手，因失戀產生悲傷情緒，好友小強得知後，常以「**天涯何處無芳草**」一語安慰。

2. 小雅參加某個學系研究所入學考試未能順利考取，自責難過，職場同仁則以「**塞翁失馬，焉知非福**」安慰小雅，告知小雅沒有考上則可以專心於職場工作上。

貳. 理論應用

一、增強物

增強物的類型一般分爲「**原級增強物**」（primary/unlearned reinforcer）、「**次級增強物**」（secondary reinforcer）。

1. 原級增強物指的是直接滿足個體或人類基本需求的刺激物（增強

物），例如食物、水、性、安全感等。它們是自然的、非學習的，天生就不必經由學習歷程，可以經由某些刺激或事件得到增強，這些增強對生物生存或環境適應很重要。這些原始刺激不必透過制約，就對個人行為有增強作用，稱為「**非制約增強物**」（unconditioned reinforcer），或稱原級增強物。

2. 次級增強物是指經學習而間接使個體滿足的增強物（包含物質性增強物、社會性增強物、可食用的增強物、活動性的增強物等）。在操作制約學習歷程中，只能間接滿足個體需求的增強物，都是次級增強物，又稱為「**制約增強物**」（conditioned reinforcer）或「**習得增強物**」（learned reinforcer），班級中常見者為社會性增強物（例如教師口語讚美、拍肩膀、微笑點頭等）、實物性增強物（例如筆記本、課外書等）、代幣增強物與活動性增強物。活動性增強物的增強作用稱為「**普立馬克原則**」。從增強物對個體本身的促發動機而言，要重視可以提高內在動機的外在增強物，讓外在增強物可以使個體的行為有正向表現與成為習慣性。

增強一個替代的（alternative）行為，可以減少一個不具成效的行為之出現，這兩個行為是「**不相容的行為**」（incompatible behaviors），它們無法同時一起出現，例如坐下與站立、散步與小睡片刻等。當使用消弱或提供線索都沒有成效時，去增強一個或幾個不相容的行為常會相當有效，此種增強是一種相互抵制原理（reciprocal inhibition，或相互抑制），例如學生任意離開座位或隨意在教室裡走動，教師可強化他安靜地坐著的行為（不相容的行為）。此種方法也可以處理健忘（增強學生能記得去做他們應該要做到的事）、不專注（增強學生能專注完成工作行為），以及及語言暴力（增強學生利社會的言辭）的負向行為（白惠芳等譯，2011；Ormrod, 2008）。

教育場域中，有效增強物的使用是十分重要的，教師可以使用增強物活動類型調查表，了解學生在學校喜愛的增強物種類。課堂學習中教師要聚焦的原則如：

1. 沒有一位學生希望自己出現的行為持續會被老師處罰或被忽視，

若是個體都沒有進步的感覺，行為很難堅持。

2. 就個人投入而言，個體行為得到正向結果，行為才有可能重複展現。

3. 老師有時不會善用增強來辨認適當行為，多數是對學生不適當行為反應；有時的增強運用只限於學習過程，而不是學習結果。

4. 有效的讚美必須是實際成就的真誠認可。

5. 不論學生個人的能力及興趣為何，學生學會自我管理是重要的教育目標。

班級活動中學生喜愛的增強活動如（Woolfolk, 2011）：

1. 課堂中在老師監督下可以使用網路。

2. 早自修或午休可以挑選及閱讀自己選擇的課外書。

3. 早自修或午休可以使用耳機聽音樂。

4. 優先選擇自己想坐的座位。

5. 私底下受到老師或大人們稱讚。

6. 課堂中受到老師公開的讚許。

7. 允許自己有選擇一項回家作業的權限。

8. 能得到學校公開的稱讚。

9. 早自修或午休時間有額外運動的時間。

10. 合作學習活動時可以自由選擇成員。

11. 自己繪製或完成的藝術作品可以展示在布告欄等公開地方。

12. 可以得到代幣或獎勵卡。

二、增強作用的安排類型

依照特定反應及反應次數之增強規則，增強分為「**連續增強**」、「**間歇增強**」。連續增強是個體每次表現正確的反應時就給予增強；間歇增強是個體出現幾次正確反應後再給予增強，而非每次都給予增強，又稱為「**部分增強**」。實務應用時，在建立目標行為時最好先採用連續增強，待目標行為建立後，於行為維持階段期間再改使用間歇增強。部分增強有四

種類型：固定比率（fixed ratio; FR）、固定時距（fixed interval; FI）、變動比率（variable ratio; VR）、變動時距（variable interval; VI）。

增強時距的類型與反應情況摘要如表 1-2（Woolfolk, 2011, p.249）。

表 1-2　增強時距的類型與反應情況摘要

時距	定義	舉例	反應型態	增強停止的反應
連續	每個反應後均給予增強	打開電視就能收看節目	快速習得反應	非常低的持續力，反應會快速消失
固定比率	反應達一定次數後給予增強	論件計酬麵包銷售（買五個送一個）	快速反應率，增強後會停頓	低持續力，當反應達預期的數量，或當增強物不再出現，反應率會快速下降
固定時距	每隔一段時間給予增強	每星期的小考	初始增強使用反應率會增加，增強後反應率會下降	低持續力，當增強時間過後，或是增強物不再出現，反應率會快速下降
變動比率	反應後不定次（變動的反應次數）給予增強	玩吃角子老虎抽抽樂	非常高的反應率，增強後有短暫的停頓	最高的持續力，反應率維持很高，之後才逐漸地遞降
變動時距	不定時（變動時距後）給予增強	突然的抽考	緩慢且平穩的反應率，增強後會有短暫的停頓	較高的持續力，反應率緩慢降低

（一）固定比率

個體對某一刺激作出特定次數的正確行為反應後才能得到增強，特定的次數之固定比率的大小會影響當事者對正確行為反應的程度。

舉例

1. 課堂上舉手回應老師問題，每答對 2 題給予 1 張獎勵卡。

2. 某飲料店推出買 5 杯飲料，就贈送 1 杯的優惠。

3. 每集滿 10 張小白鴿卡，就可以得到 1 張獎狀。

4. 銷售員每銷售 3 份產品，就有一定的獎勵金。

(二) 固定時距

個體對某一刺激作出正確的行為反應後，經過固定時間再給予增強。

舉例

1. 教務處每個月第一週的星期一定期抽查作業。

2. 專心上課 40 分鐘沒有吵鬧，就有 10 分鐘自己休息、從事喜愛活動的時間。

3. 每到 12 月最後一個週末，學校會舉辦校慶園遊會。

4. 每次定期考查後，各班會頒發前三名獎狀與獎學金。

(三) 變動比率

個體對某一刺激作出正確的行為反應後得到增強時，其特定次數的反應不一，變動比率又稱為不固定比率。變動比率增強所維持的反應行為要比固定比率增強所維持的反應行為之消弱來得慢，例如玩吃角子老虎、釣魚都是變動比率增強。變動比率即個體行為出現之反應比率（response rate）或反應頻率（response frequency）是變動量數。行為改變方案中，由於固定比率較易執行，因而與變動比率增強相較之下，其使用情況較為普遍。

舉例

1. 購買刮刮樂時，刮中的次數無法確定是在哪一次。

2. 課堂表現良好的同學，可以玩抽抽樂，抽中的次數雖無法確定，但確實有可能抽中喜愛的東西。

(四) 變動時距

個體對某一刺激作出正確的行為反應後得到增強時，增強物給予時間是不固定的。變動時距又稱不固定時距，指的是此次增強作用到下一次增強作用的時間是不固定的。

<u>舉例</u>

1. 老師不定期檢查同學的讀書心得或日記。

2. 為了培養同學的衛生習慣，平時同學都要整理抽屜，老師採用不定時抽查方式，抽屜整齊乾淨者可以得到一張大獎勵卡。

3. 學校臨時的作業抽查。

4. 使用 LINE 時查看是否有訊息出現。

變動比率、變動時距、固定時距、固定比率增強都是「**間歇性增強**」（intermittent reinforcement），間歇性增強指的是每一個行為反應不一定都有後果；若個體每次出現適當行為即給予增強，稱為「**持續性增強**」（continuous reinforcement），持續性增強為每個行為反應後都有後果出現。四個間歇性增強型態中，變動式增強效用較固定式增強效用為佳，變動式增強中變動比率增強的效果又較變動時距增強效果優。就增加及維持行為而言，「**間歇性增強**」安排比「**持續性增強**」使用較好，其原因有：(1) 增強物的效果較為持久，因而飽足現象的出現較慢；(2) 間歇性增強比持續性增強的行為消弱時程會更久；(3) 間歇性增強比持續性增強的工作表現來得好；(4) 轉換到自然的增強物時，間歇性增強之行為持續較久（黃裕惠譯，2018）。

三、代幣增強作用

當刺激（例如點數）與其他增強物（例如課外書籍）配對後變成制約增強物（conditioned reinforcer），這些其他增強物就稱為「**支持增強物**」（back-up reinforcer，或稱輔助增強物）。「**代幣**」（token）是一種制約增強物，個人可以累積代幣換取支持增強物（黃裕惠譯，2018；Martin & Pear, 2015）；代幣增強又稱為「**代幣制**」（token system/token economy），它使用籌碼（tokens）來獎勵個體正向行為，以符號（象徵物）代替其他具體實物獎勵。代幣制是根據操作制約學習原理而來，從個體表現的適當之自發性反應中給予強化，則個體的正向行為會持續表現。「**代幣**」為象徵物，之所以能產生增強作用，乃是經過學習歷程，代幣制

所運用的操作制約學習之增強原則，不是「**原增強作用**」，而是「**次增強作用**」，又稱「**標記獎勵法**」（張春興，1993）。

使用代幣增強有二個優點（黃裕惠譯，2018）：

1. 它們可以在適當行為出現後立刻給予代幣，然後稍後再兌換支持增強物，當適當行為出現給予支持增強物無法做到或不切實際時，它可以用來度過目標行為與支持增強物期間長時間的延宕，讓個體適切的行為不會消失。

2. 代幣通常和許多支持增強物（輔助增強物）配對，這些支持增強物本身是一種一般制約增強物，當代幣和多樣支持增強物配對，代幣即成為一般制約增強物，其強度不需要特定的動機操作。

代幣本身並不具有增強作用，代幣可以用來交換的「**酬賞物**」或「**交換物**」才是增強物，這種讓具有增強作用的刺激物，與不具增強作用的表徵物體相聯結，經由制約歷程而獲取增強力量的表徵物（代幣），通常稱為「**制約增強物**」（陳榮華，1994）。代幣增強例如貼紙、積分（點）、獎勵卡、貼紙等，代幣累積一定數量後可以兌換個體喜愛的實物、獎狀、權利或活動，例如課堂休息時間不吵鬧同學，可以得到一張貼紙（或 1分），累積10張貼紙（或 10 分）者可以兌換禮物（或老師給予的獎狀）。使用代幣制時要注意班級學生「**代幣**」之相互收受使用，或有同學偷竊代幣，或自行偽造等問題。

「**區別性增強**」（differential reinforcement）是一種兩階段的策略應用。首先，教師要先認定不適當的行為為何，並訂出替代或期待學生展現的行為是什麼；第二，當學生表現被期待的行為（例如課堂發言要先舉手）時，教師應以正增強方式來強化學生行為，同時，忽略不被期待的行為（例如課堂不舉手想發言），因為教師強化學生正向行為，之後此期待行為會完全取代原先不被期待的行為。區別性增強運用中，教師要扮演一位有建設性的增強者，避免成為一個懲罰者的負面角色（O'Donnell et al., 2007）。

四、正增強與負增強作用

給予個體反應後的刺激物若能強化個體的反應，使個體行為表現得到強化，此增強物稱為正增強物，正增強物對個體所產生反應強化的現象稱為正增強作用。常見的食物、口頭讚美、物品、獎勵卡、分數等都是正增強物。

負增強物指的是個體反應能使厭惡性刺激物停止或消失，進而強化了該反應，該刺激物則稱為負增強物。負增強物的消失，強化個體反應的作用稱為負增強作用。正增強物與負增強物對個體學習一種新反應的效果而言，負增強物所產生的後效強化作用，反而比正增強物所發生者更大，就如在人際關係上，雪中送炭的效用比錦上添花效用更大類似。教育歷程中「**負增強**」（negative reinforcement）與懲罰或處罰不同，二者雖都是個體厭惡的，但實施方式不相同、效果也互異，前者因負增強物的中止，而強化個體的適當行為；後者是藉由處罰實施，而阻止個體表現不適當行為（張春興，1993）。

負增強又稱為「**逃避制約**」（escape conditioning）原則，在個體某個反應後立即移除「**嫌惡刺激**」（aversive stimulus），以增加未來反應出現的頻率。逃避制約的運用是在增加行為出現的機率，這些行為是期望正向行為，例如專心寫功課，媽媽就不會嘮叨（嘮叨聲是一種嫌惡刺激）。與逃避制約原則相對應的為「**避免制約**」（avoidance conditioning）原則，此原則指的是若是行為可以阻止某個嫌惡刺激的出現，此種行為出現的頻率就會增加，例如專心寫功課可以阻斷媽媽嘮叨聲的出現。逃避制約原則與避免制約原則皆是運用嫌惡刺激，讓期望反應行為頻率增加，二者的差別有二（黃裕惠譯，2018；Martin & Pear, 2015）：

1. 逃避制約是移除「**已出現**」的嫌惡刺激，而避免制約是讓嫌惡刺激「**不會再**」出現。

2. 逃避制約通常有「**警告刺激**」（warning stimulus，又稱制約嫌惡刺激），此刺激會提醒當事者將會有一個嫌惡刺激（嘮叨聲）出現；避免制

約不會出現「**警告刺激**」，但它有讓個體採取事先防範的意涵在內：「**我先做了什麼事，就不會有不好的或我不喜歡的事件發生在我身上。**」

根據逃避制約及避免制約原則，負增強作用分為兩種類型：一為「**逃避學習**」（escape learning，或逃脫行為），二為「**迴避學習**」（avoiding learning，或避免學習，為一種防患行為），前者指動物學習時從厭惡刺激（懲罰）情境中逃離，以免繼續受苦或有傷痛感；後者指逃避學習形成後學到迴避懲罰的一種更複雜的學習，即當厭惡刺激（懲罰）情境未出現之前即進行迴避的動作。逃避學習屬於操作制約作用學習，而迴避學習在性質上則屬於古典制約作用（經典條件作用）的學習歷程（張春興，2003）。

逃避學習（逃避制約的應用）例如遇到不懂的單字要花時間查字典（厭惡刺激），以免考試成績不佳（受歡迎行為）；烈日下在操場中運動很容易曬黑，許多同學會走避到大樹或有陰涼的地方；各種稅單（制約刺激）要按期繳納（受歡迎行為），免得逾期要繳更多金額（厭惡刺激）；上課期間（制約刺激）要專心守規矩（受歡迎行為），以免放學後被老師留下來（厭惡刺激）；教室內冷氣很冷時，人們要立即穿上外套以避免寒冷及感冒；上課時，校園外十分吵雜，聲音刺耳，同學會把門窗緊閉以避免噪音等。

迴避學習（避免制約的應用）指的是個體先作出反應以預防厭惡刺激的發生，例如趕時間也要遵守交通規則，不能闖紅燈以免受罰；期中考試前的假日還是要在家裡努力讀書，以防成績不好而被父母責罵；回到家後先把回家功課寫完，以免媽媽嘮叨不休；上學途中碰到一位不喜歡的同學，馬上走進便利商店，以避開不愉快的碰面；課堂中的封閉型題項考試要給老師正確的答案，以免成績不佳等。

逃避制約與迴避制約均可以建立正向行為，二者在使用上應優先使用迴避制約，其原因有二：一是若用逃離制約，厭惡刺激必須先呈現，但若運用迴避制約，則只有個體在受歡迎行為不出現時才會使用到厭惡刺激；二是在逃避制約歷程中，若不施予厭惡刺激，則「**目標行為**」（target behavior）無法達成，而在迴避制約過程中，即使厭惡刺激不再給予個人，個體已塑造的目標行為之消失情形仍然很緩慢。進行迴避制約（學習）前，必先採用逃避制約（學習）建立目標行為，若逃避學習已塑造正向行為，迴避學習行為的建立更為容易（陳榮華，1994）。

舉例

1. 同學不喜歡老師對班上吼叫，只要同學不要吵鬧，老師就不會吼叫，為了不想聽老師吼叫或嘮叨不休（個體厭惡的刺激），同學趕快安靜下來（受歡迎行為）。

2. 五年六班要至視聽教室看影片前，沒有排好隊伍（個體厭惡的刺激），導師看到後告知：「**沒有排好隊伍就不准進到視聽教室。**」同學擔心前面的影片內容沒有看到，立即把隊伍排好（受歡迎行為）。

教師的注意也是鼓勵學生行為的方法，其中「**稱讚**」（或讚許）（praise）也是一種正增強，有效的讚許要注意：(1) 關注增強行為的後效效用；(2) 具體明確地指出被增強的行為；(3) 給予學生信任感。沃爾夫克提出下列原則作為教師使用的參考（Woolfolk, 2011, p.255）：

1. 適當且有系統地給予學生讚許，學生被讚許的是特定行為或成就，讓學生了解適當行為展現定會受到老師讚許。

2. 使用「**讚賞式**」（appreciative）的稱讚，針對的是當事者的努力、成就及行動，而非包含學生個性或人格的「**評價式**」（evaluative）的稱讚。

3. 根據個別學生的能力及限制設定不同的讚許標準，鼓勵學生專注於個人工作完成，無須與他人做比較。

4. 將學生成功歸因於努力與能力變因上，以增強學生信心並能繼續獲得成功，勿作成功歸因於運氣、額外協助或作業太容易的暗示。

5. 要使讚許真正發揮增強作用，團隊讚許可激發班級凝聚力，不能只因平衡個體挫敗而讚許學生。

6. 辨識學生真正的成就，只讚許特定目標達成的學生，不能只為導正學生行為（例如安靜或不打擾）而讚許沒有投入者。

增強物定義為能增加某特定行為之頻率的後果，而懲罰（punishment）剛好相反，它是能減少行為之頻率的後果，具懲罰作用的後果可以分為二大類：一為「**施予式懲罰**」（presentation punishment，又稱為類型 I 懲罰），一為「**剝奪式懲罰**」（removal punishment，又稱為類型 II 懲罰）。前者是給予學習者一個不想要或令他們不愉快的新刺激，例如行為之後受到老師責罵或讓老師生氣，導致當事者行為的減少，即是施予式懲罰；後者是移除或取消個體原有的刺激或事物，此事物是個體想要的或不想失去的，例如特權的喪失、收回部分的點數、不得參加某些當事人喜愛的活動。懲罰與負增強不同，懲罰會使個體反應的次數減少，負增強會使個體反應的次數增加（白惠芳等譯，2011；Ormrod, 2008）。班級情境中同學給予的負向評語口語回應，會讓提問者減少發問行為或不敢再發問，也是一種「**施予式懲罰**」，例如小強在課堂中問了一個問題，同學給予的回應是：「**你的問題很『愚蠢』，你知不知道**」，並嘲笑小強，之後小強在課堂中就不想再提問任何問題了。

五、消弱作用──系統化的忽視

「**消弱**」（extinction）作用是使個體反應的行為不繼續給予增強或得不到回饋，則該行為出現的機率便會逐漸降低。消弱作用又稱為「**系統化的忽視**」，一個經由增強所強化的行為，也可能因為增強物的不再出現，使得反應行為的頻率減少。家庭教育中，有些小孩無理的哭鬧，父母若予理會或接近，會正面地強化哭泣的行為；如果父母排除對其注意或忽視，則小孩哭鬧行為會停止。在消弱初期，個體不適當行為頻率可能會增加，此現象稱為「**消弱陡增**」，例如小孩無理哭鬧，父母均不予理會，則小孩哭鬧聲會愈大，此時若是父母讓步，會讓當事者感受繼續哭鬧（班級中只要繼續吼叫），最後一定會得到父母（老師）的關注。消弱原則有二：一為特定情境中，某個人先前被強化的反應，現在不再繼續強化此反應；二為這個人在類似情境中再出現這個行為的頻率就會減少，因為他沒有獲得增強，此種消弱稱為「**操作消弱**」（operant extinction）。消弱運

用初期，個體的反應行為可能增加（例如哭得更大聲、舉手、走動、站起來等），學生的不適當行為會有暫時變得更惡化或更糟糕的情況，此種現象是正常的，稱為「**消弱爆裂**」（extinction burst），此時教導者不應放棄執行方案，除非「**消弱爆裂**」情況會危及身心健康或生命安全等（Martin & Pear, 2015）。

消弱的類型有二種（陳榮華，1994；Martin & Pear, 2015）：

（一）反應性消弱

「**反應性消弱**」（respondent extinction）係指運用消弱原理，來消除經由制約歷程所建立的反應性行為，通常是制約刺激之後不再有非制約刺激出現。例如某學童曾經被狗咬傷後，有一段時間會「**談狗色變**」，但之後看到狗或進一步靠近狗，均未再遭受狗的狂吠或突擊，此學童之前被制約反應的談狗色變情況會逐漸減弱或消失。人們童年時習得的情境恐懼，例如對高處、黑暗、雷電、看牙醫等的害怕感，長大後多數是經反應性消弱作用而不再有懼怕感。

> 程序：重複呈現制約刺激，非制約刺激不再配對出現
> 　　　制約刺激——狗，非制約刺激——狗看到人大聲狂吠
> 　　　制約刺激——狗（很溫馴不會對人狂吠）
> 重複配對：制約刺激 CS（看到狗）⇨ 制約反應 CR（恐懼感漸漸降低）
> 結果：制約刺激不再誘發制約反應，之前的制約作用消失
> 　　　刺激（看到狗）⇨ 恐懼感消失（不會再會恐懼感）

（二）操作性消弱

操作性消弱是因為操作反應沒有獲得增強，因而個體操作反應會逐漸消失，它是運用消弱原理來改變經由制約歷程所養成的操作性行為。此原理的應用效果中，經由積極操作制約歷程所建立行為之消弱情況較易見效，例如經由父母過度在意或關注的兒童哭鬧行為，因父母增強作用而形成，之後變本加厲，若父母採用忽視或改用讚許其他正向行為，則兒童故意哭鬧行為會消除。相對的，許多心理疾病患者之症狀，乃因消極操作制

約歷程所建立，採用消弱法多數成效不彰，例如想逃避現實情境所加諸的痛苦、猛抽煙或吸毒，消弱策略的運用不易收效。

　　舉例

　　1. 上課時老師發問，小明數次站起來並舉手，老師都沒有叫他回應，而叫其他坐在座位舉手的同學回答，多次之後，小明就不會站起來舉手。

　　2. 歷史老師在課堂上無心說了一句引人遐思的雙關語，小強與大雄一直起鬨，提問老師與男朋友交往的事情，老師若無其事均不加以理會，小強與大雄二人的提問就停止。

六、撤除正增強

　　撤除正增強是「**反應代價**」（response cost）的一種類型，所謂反應代價指的是學生表現干擾教學活動或不適當行為時，必須為他的干擾或不適當行為付出相對的代價。常見者為課堂捉弄同學 3 分鐘，影響同學學習活動進行，下課休息時間就少 3 分鐘；再如以代幣點數獎賞學生的行為（增強），當學生出現不適當行為時，教師可以沒收一定的代幣點數（反應代價），學生要為其不當行為付出代價。

（一）隔離法

　　隔離法指的是當個體出現不適當行為時，將個體從某個喜愛的情境或想得到酬賞的機會中排除。隔離區的情境應是個體不感興趣的，是沉悶、無聊，但不會令人害怕或感到危險的，可以是獨立區、角落、辦公室等。遭隔離的學生無法與他人互動，因而無法干擾他人學習，不當行為也沒機會得到增強。

　　從最小厭惡性至最大厭惡性的隔離分類有三種：

　　1. 非隱蔽性的隔離：拒絕或移除個體喜愛的增強物。例如：小明是國中學校羽毛球成員，練習時卻常常遲到，教練警告他，若再遲到就要取消學校羽毛球成員資格；學生下課喜歡玩遊戲，但卻不遵守規定，就不讓

他參與團體遊戲。

2. 排除性的隔離：將個體安置到一個低增強的情境。例如請課堂中吵鬧的小強坐到離老師最近的特別座（特別座上不要標記特別座標籤說明），或至教室後面站立聽講。排除性的隔離類似「**禁制法**」，此法應用時要小心，如學生上課搗蛋不想聽講，若老師令其罰站在教室後面，有時正符合當事者心意；若將其調離到最前面的特別座，因離老師最近，周圍又沒有同學，學生不當行為可能會收斂。

3. 隱蔽性的隔離：將個體從公開情境安置到隱蔽的場域，阻隔所有增強。課堂中嚴重干擾同學學習，教師告誡不聽，將學生安置到輔導室的專科教室，由輔導老師看管。

（二）虧損法

虧損法與隔離法都是一種「**撤除正增強**」方法，「**虧損法**」是扣除個體所擁有的增強物或某種權利。班級中學生表現良好，正增強為發送一張獎勵卡；相對的，若是違反班規或表現行為不適切，則扣除一張獎勵卡；學習單按時繳交的同學，中午可以自由到圖書館看書，相對的，未按時繳交的同學，取消到圖書館看書權利，留在教室把學習單完成。學校圖書館的借書程序中，常見的借書後逾期還書要罰款，與交通案件中的開車超速要被開罰單等都是虧損法的應用。虧損法於教育情境中應用時，要注意扣除的增強物不能為金錢，且要考量扣除的增強物是否為學生所能負擔。

七、飽足法（飽和原理）

在行為治療過程中，由治療者主動且大量地提供當事人追求的目的物，讓當事人享受極限之後，產生生理上的不舒適，因而解除當事人不適當需求，或消弱其不良反應，稱為「**飽足**」（satiation）策略法。飽足策略之所以有效，有兩種可能因素：一為內隱的焦慮不再和該項行為（不適當行為）一併出現，所以該項行為就被消弱；二為該行為一再反覆的結果產生了疲勞，形成了一種傷痛或是厭惡的反應。第二種因素隱含著處罰的

意義（陳榮華，1994）。

　　飽足法是給當事者太多的增強物，讓當事者多到不能處理而厭煩，在教育場域中的使用有其限制。其具體應用例如某單位規定不能抽煙，有人偷抽煙違反規定，主管命令其在規定時間內要抽完二包香菸，由於狂抽結果造成頭昏腦脹而產生厭惡。課堂中老師規定不能轉動筆桿，以免分心影響學習活動或筆掉了發出干擾聲音，小強不聽勸告轉動筆桿，老師看到後責令其重複轉動筆桿不能停止，小強由於手痠不舒服，產生厭煩痛苦因而戒除該不當行為。課堂上大雄常罵三字經，老師下課時請他對著牆壁重複說：「**我不能說不雅字眼**」，大雄反覆述說的動作讓他感覺很不自在及厭倦，因而不敢再罵三字經；若是老師直接要大雄以之前辱罵他人的三字經字語重複說出，就不是適切的作法。飽足法使用時要注意：

　　1. 重複的動作或口語不能對學生個人或他人造成身心傷害。

　　2. 要有教育性，要能真正達到行為改變的目標。

八、系統減敏感法（逐減敏感法）

　　系統減敏感法由沃爾皮（J. Wolpe）根據古典制約原理所發展，為一種交互抑制方式，其基本假定為患焦慮症或恐懼症個體心理異常的共同特徵，是對原屬平常（不會引起焦慮或恐懼）的刺激表現出過度的失常反應（例如懼高症或懼幽閉症等）。此種不良習慣的制約反應，可以採用反制約作用減緩，以有效降低個體的內在焦慮、緊張與懼怕的行為，方法主要有三個步驟為：(1) 教導個案進行肌肉鬆弛訓練；(2) 建立從輕微到高度焦慮的階層表，個體對情境焦慮的感受程度可融入主觀焦慮量表；(3) 進行系統減敏感程序，此方法類似肌肉放鬆訓練，先在想像中試驗，再於現實中體驗（張春興，1993）。

　　例如案主有懼高症，先讓他放鬆心情站在一樓向外看，並沒有危險反應；其次站到五樓向下看，也不見有危險行為；之後再移到十樓向外看，視野更好，沒有危險。若是直接請個案前往高樓的頂樓，讓他置於最大焦慮或最大緊張的情境中，直到當事者懼怕或緊張的行為被制約消

失，此種方法爲系統減敏感法中的焦慮最大階層，又稱爲「**現場洪水法**」（flooding）。現場洪水法或想像洪水法都是古典制約「**消弱**」原理的運用，使當事人曝露於「**眞實或想像**」的情境中，以減輕當事者的焦慮感。

沃爾皮之行爲諮商理論使用之諮商策略常見者還有（駱芳美、郭國禎，2018）：

1. 反學習法（unlearning）：爲把原來刺激與反應的聯結力減弱。其實施原則爲個體對原先特定刺激表現酬賞的反應行爲時，不給予酬賞，連續多次行爲反應後都未得到酬賞的增強，原刺激與反應間的聯結力道逐次減弱，最後會完全消失。

2. 相互抑制法（retroactive inhibition）：指可透過鼓勵案主針對某個原先讓他感到懼怕的刺激物，表現出與原先完全不同的反應，來消除個體之前習得的焦慮感，此法可有效用於認知產生的恐懼，改變當事人信念，可以減輕認知造成的不當焦慮。例如看到小丑就怕，以爲見到鬼，現在要告知當事人：「**小丑的臉是畫上去的，可以擦掉，他們是人不是鬼。**」

3. 行爲性的心理劇（behavioristic psychodrama）：是藉由心理劇方法，由諮商者與案主經由互動方式將案主眞實人生演出，當事人是主角，諮商者扮演讓案主感到焦慮，但又需要表現出自我肯定的對象。從行爲預演中可讓當事人表現「**肯定的行爲**」（assertive behavior）。

九、認知行為改變技術

(一) 理情治療法

「**理性情緒行爲治療法**」（rational emotive behavior therapy，簡稱REBT）由艾里斯（A. Ellis）所創立，其哲學觀爲 Epictetus（愛比克泰德，古羅馬新斯多噶派哲學家）所說的：「**人不是受事情的困擾，而是受到他們對這些事情看法的困擾。**」艾里斯爲臨床心理學家，不同意精神分析及個人中心治療的論點，他認爲諮商心理治療要結合認知、行爲及情緒性策略，促成當事人短期或長期的改變，其認知面向策略類似阿德勒學派之

心理治療（Adlerian psychotherapy），十分強調個人信念，其治療方面雖有強烈的行為及情緒面向，但主要關注的還是個人的「**認知**」（馬長齡等譯，2019）。

艾里斯對於人的行為有下列基本認定：

1. 因為人同時具有生物學的和社會學的傾向性，所以任何人都可能具有合理的想法與信念，也可能擁有「**非理性信念**」（irrational beliefs，或不合理的想法）。

2. 任何個體受到其認知思考的影響，多少都會出現非理性思考，進而可能表現出非理性想法。

3. 情緒困擾是伴隨人們的思維而產生的，它導因於個體不合理或非理性的思維。

4. 個體運用理性思考會產生積極正向的情緒。

5. 個體非理性思考會形成「**非理性觀念**」，其不好情緒會帶來負向的行為；好情緒則會帶來正向的行為。

6. 人具有改變認知、情緒及行為歷程的天賦能力。

7. 個體對事件的情緒反應，與事件本身無關，而與個人對事件或事件結果的認知和看法有關。

理性情緒行為論的哲學基礎有三個（馬長齡等譯，2019；駱芳美、郭國禎，2018）：

1. 負責任的享樂主義：指個人要關注的是長期的愉悅，避免會造成痛苦的短期享樂，例如藥物濫用或酒精成癮等。對於享樂主義抱持負責任態度的個人，會思考本身行為對他人及自己所造成的影響，操控或剝削別人行為都不是負責任的享樂行為。

2. 人文主義：人們是重視整體、以目標為導向的有機體。艾里斯堅信盲目地持絕對主義信仰（只接受對與錯，或是犯錯必遭天譴）者，很容易會產生罪惡、焦慮、沮喪及心理疾患等。

3. 理性（rationality）：指人們能運用有效率、彈性、邏輯及科學的方法，嘗試達到個人的價值觀及目標。當事人藉助上述理性方法，或許能

重新檢視之前接受的觀點，或由父母、宗教灌輸的教導及信仰之合理性。因為理性信念，因而事件促發的情緒雖是負向的，但這些負向情緒不全是不健康的，例如挫折、懊惱、失望或遺憾等。這些負向情緒是多數人遇到困難或暫時失敗時都會出現的反應，不會讓個人失去面對與處理困難事件的能力，有可能是促發個體持續成長的動力。

艾里斯的理情行為諮商被歸屬於認知行為學派，他認為每個人天生就同時有「**理性**」（rational）與「**非理性**」（irrational）思考能力，兩種思考模式都會影響個體的感覺及行為，人們的情緒困擾不是來自事件本身，而是來自於個人對事件的看法或解釋──非理性思考。諮商目標在於跟非理性信念的爭辯與駁斥，以減輕或消除負向的情緒感受。艾里斯認為個人要保持情緒的穩定性要做到：(1) 無條件的接受自己；(2) 無條件的接受他人；(3) 無條件的接受人生。諮商歷程中若給案主太多溫暖與了解易造成案主過度依賴感，諮商師應接受案主是不完美的，但可透過教導與信念改變而成長，諮商師要扮演主動教導的角色，首先讓案主知曉自己的非理性想法，這些想法沒有改變，情緒困擾無法消除；其次是教導案主修正個人思考，發展理性信念（駱芳美、郭國禎，2018）。

艾里斯認為人們的非理性信念是兒童時期從重要他人那裡習得的，之後在其成長發展過程中被重新塑造，個人經由「**自動暗示**」（autosuggestion）、「**自我複誦**」（self-repetition），逐次強化了個人自我挫敗的信念，這些內化的非理性想法埋藏在當事人內心深處，造成了負性的情感與喪失正向功能的行為。「**三個基本的必須**」（three basic musts）內化為個人非理性信念，造成個人自我挫敗及無法有良好的心理健康：(1) 我必須做好，並得到別人的愛與讚許；(2) 別人必須公平、良善及體貼地對待我；(3) 這世界和我的生活情境必須舒適、令我滿意，且能公平合理地提供我生活中想要的任何東西（修慧蘭等譯，2016）。

理情治療法的運作程序為：A（緣起的事件）⇨B（個體對事件的看法，此看法為非理性信念）⇨C（情緒困擾的行為後果）⇨D（駁斥 B 階段之非理性信念，建立合理想法）⇨E（產生新的情緒和正向行為）⇨F（全

新感覺）。治療師及案主評估的對象，或批判的焦點，應該是當事人本身作爲、行動或表現，而不是當事人人格本質或本身。個人情緒困擾的核心是「責備」，此種責備會變成獨斷、絕對性的自我要求及命令，個人常會出現「我必須」、「我應該」，因而無法接納自己與他人，被內化的「必須」（musts）很容易導向自我挫敗的非理性信念（修慧蘭等譯，2013；Corey, 2013）。

「駁斥」（dispute）是一種科學方法的應用，「認知重建」（cognitive restructuring）是認知治療的核心策略。「駁斥」歷程包含「偵測」（detecting）、「辯論」（debating）、「分辨」（discrimination）三個階段（修慧蘭等譯，2013；Corey, 2013）：

1. 偵測：當事人可以洞察出造成行爲困擾背後的非理念信念，這些信念可能是早年生活經驗內化而成的。造成情緒困擾的非理性信念命令語句例如應該、必須、自貶等。

2. 辯論：當個人已洞察出非理性信念後，進一步要採用科學方法質疑信念，並與這些絕對性信念進行辯論與論證，讓自己得出不同的結論，展現不同的行爲。個人若無法主動檢驗、挑戰非理性信念，只洞察到它眞的存在，也無法達到認知重建的目的。

3. 分辨：個人學習可以分辨理性（自助及自我激發）的信念與非理性（自我挫敗及自我摧毀）的信念。

舉例

1. 小美的男朋友向小美提分手，小美得知後認爲人生沒有意義了，直覺她怎會也會遇到這種事情呢！整天鬱鬱寡歡、失落悲傷，後來好友告知她比之前男友更好的人很多，將來可能會遇到，何況分手後還有很多重要的事情可以做，人生不會因一次分手而變黑暗。小美改變信念後又恢復之前的活力，悲傷情緒也慢慢消失。

2. 學校場域中，考試成績不及格，考試是促發事件（A），小強知悉考試結果後告訴自己：「**這太糟了，老師不喜歡考試不及格**」（信念B），此種擔心並不是非理性，而是一種健康的心理狀態，小強會因這次

考試不理想日後更加努力，小強的想法是有較佳的挫折容忍度。若是小強所持的信念是「**我無法忍受**」、「**我是個很糟糕的人**」、「**這種結果我完全無法承受**」、「**今後我都不會及格**」等，都是一種絕對的內在觀點，含有自我否定與貶低自尊的感覺，則考試事件（A）會進一步促發小強更嚴重的情緒困擾問題。

人格的 A-B-C 理論架構是理性情緒行為諮商學派的核心，之後艾里斯將之擴充為 A-B-C-D-E-F 的架構，如圖 1-2，其中 A 為促發情緒及行為結果的事件或一個存在的事實（activating events）；B 為當事者對事件或事實的想法（belief），個人想法包括理性或非理性（非功能性）看法；C 為情緒與行為結果（emotional and behavioral consequence），不健康的情緒狀態與行為例如憂鬱、焦慮、不安、害羞、大聲咆哮、十分悲傷地哭鬧等；D 為駁斥介入（disputing intervention）處理非理性信念；E 為有效的哲學或新哲理（effective philosophy），以健康想法取代原先不健康的觀點；F 為個體新的感覺（new feeling），體驗新的情緒，不再有嚴重的情緒困擾或行為問題（Corey, 2013）。

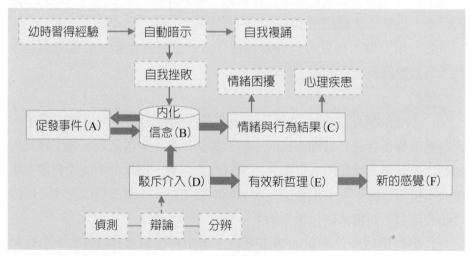

圖 1-2　艾里斯的人格 A-B-C-D-E-F 的架構

行為諮商學者拿撒勒（A. L. Lazarus）相信人是社會性的動物，他以BASICID 來表示人的組成部分：B 為個人外在可觀察的行為（behavior）、A 為個人的情感及情緒（affect）、S 為個體的感官感覺（sensation）、I為圖像（imagery；腦中景象或個人自我圖像）、C 為個人認知（cognition；所持態度、價值信念及看法）、I 為個人的人際關係（interpersonal）、D為藥物或生理功能（drug/biology）。七個部分中以生物性和人際關係二者最為重要，人們其他部分的運作與功能多數受到生物／生理層面影響，要了解個人及其問題就要從其七個向度去分析。其要義：(1) 以「**無意識的（nonconscious）過程**」強調人們有不同層次的自我覺察；(2) 視防衛機制為一種「**逃避反應**」（avoidance response），減除焦慮、不適或痛苦；(3)「**私人事件**」（private events）為個體的信念、價值觀、自我調整及效能、歸因和期待等。多重模式強調不要太死板或太拘泥某種形式，以及讓案主的尊嚴受到羞辱（駱芳美、郭國禎，2018）。

（二）自我教導訓練

自我教導訓練（self-instructional training）的假定為：「**人們對他們自己所說的話，決定了他們在其他方面所做的事。**」運用改變個體的內在語言（內在對話）來降低或消除當事人的焦慮或情緒困擾。當個案無法專注時，要教導「**正向內在語言**」；情緒困擾時，教導找出習慣性的「**負向內在語言**」。自我正向內在語言教導的語氣，應是自我支持、自我激勵的話語。例如學開車很緊張，自己告訴自己說：「**小心點，慢慢來，手腳要放鬆**」；參加考試時，警惕自己：「**不要緊張，慢慢想，會的先寫**」；一位演講者在演講前負向內在語言會增加焦慮感：「**今天的老師都認為我講的內容不切實際，或認為我對教育場域不了解。**」自我教導訓練以替代正向內在語言會有效降低焦慮感：「**老師也有個別差異，一個新作法要讓所有教師贊同不可能，只要我把新的教育訊息傳遞給在場聽講的教師知道就好。**」

自我教導訓練的倡導者為梅欽鮑姆（D. Meichenbaum），此法為認知

行為矯正法（cognitive behavior modification; CBM）的一種，它是一個自我指導的治療法，是重建認知的一種形式，重點在於改變當事人的不適切想法，從個體的自我陳述、自我對話（self-talk）與自我教導著手，達成行為改變的目的。此方法證實對於學童的衝動、焦慮、憤怒及痛苦行為的減低及改善頗具成效。艾里斯的理情治療法與梅欽鮑姆的自我教導訓練法同屬認知的行為改變技術，均強調改正不適當的認知型態及負向想法是矯正情緒困擾或心理疾病的要件。但就治療程序而言，二者有稍許差異，對於當事人的非理情信念，艾里斯主張由治療者主動予以駁斥，並誘導當事人進行理性思考；梅欽鮑姆則較強調藉模仿及行為演練等方法教導當事者獲得積極性及正向的認知與行為技能（陳榮華，1994）。

自我教導訓練法結合行為學派與認知學派之學習原則，運用學童時期之自我對話（自言自語）行為，來達到自我改變的目標。兒童的自我對話即是兒童常會模仿及重複父母或大人的話，自己跟自己交談，自己對話的內容若經由他人的回饋，則認知思考會進行調整改變。自我教導訓練的流程為：(1) 治療者示範，個體學習，完成認知式模仿，此時治療者示範大聲自我對話的適當行為，供患者模仿 ⇨(2) 個體從事相同工作，在治療者指導下也進行大聲自我對話，完成公開的外在指導 ⇨(3) 個體大聲自我教導，不用他人指導也能進行自我對活，完成公開的自我指導 ⇨(4) 個體小聲自我教導，完成消弱公開的自我指導 ⇨(5) 個體默念自我教導任務，完成潛隱式公開的自我指導（朱敬先，2011）。

（三）自我肯定訓練

自我肯定訓練是社會技巧訓練的一種形式，理論基礎除社會學習理論外，也融合社會技巧訓練的方法，治療者的角色除了教導個案外，也要是位良好行為的示範者。治療訓練包含了「**行為演練**」和「**認知重建**」，前者指的是經過不斷的示範、練習、回饋，讓個案會在情境中學習他們想要表現的行為，之後於生活情境中實踐；後者則聚焦於駁斥個案的負面自我陳述、自我挫敗信念及錯誤思維，教導當事者使用建設性的自我表白，

以正向信念來產生自我肯定行為。自我肯定訓練功能在教導個案於不同社會情境之下都能肯定自我，降低焦慮，進而增加社交技巧，其基本假設是每個人都有表達自我的權利。能自我肯定者較會採用新的社會技巧來替換掉適應不良的社交反應，也較能學會合理合情地表達自我。較適合自我肯定訓練的對象為：(1) 難以表達憤怒與煩躁者；(2) 不太會拒絕他人者；(3) 過度禮貌，容易被占便宜者；(4) 不易表達情感或其他正面情緒的人；(5) 認為自己沒有權利表達自我想法、感受、信念的人；(6) 有社交恐懼的人。自我肯定訓練是習得有效拒絕別人，不遷就他人無理的要求與干擾，展現自己的信心與主見。拒絕理由合情合理，不傷害對方，以免答應後造成日後的自責與悔恨。

舉例

1. 小強心不甘情不願地難以回絕同學借錢，但借了錢後又很後悔，因為自己的零用錢也不夠，小強認為當時應該提起勇氣拒絕。

2. 書寫學習單時，坐在小雅後面的大雄一直捉弄小雅，害得小雅無法專心完成學習單的書寫。小雅不想告知老師，也不好意思吭聲，只有滿肚子的悶氣。

自我練習

( ) 1. 小學三年一班的班級規約中第一條規定：「課堂發言要先舉手」，小強最近都沒有舉手就發言。班級導師最適宜採用何種方法來訓練小強的課堂發言行為？　(A) 楷模制約　(B) 古典制約　(C) 操作制約　(D) 懲罰制約。

參考答案：(C)

( ) 2. 小學三年一班的班級規約中第一條規定：「課堂發言要先舉手」，小強最近都沒有舉手就發言。班級導師最適宜採用何種方法來訓練小強的課堂舉手發言行為？　(A) 大聲斥責小強未舉手就發言　(B) 忽視遵守舉手發言的同學　(C) 獎賞遵守舉手發言的同學　(D) 下課告知

小強其行為是不對的。

參考答案：(C)

(　)3. 新轉來的英文老師課堂上課很凶，課堂上若有同學文具掉到地板發出聲音，都會被英文老師大聲責罰，並將文具沒收。幾週後，同學尚未上英文課，只要聽到英文老師走到走廊的腳步聲就會緊張。從古典制約觀點，此種情況稱為下列何者？　(A) 消弱　(B) 類化　(C) 辨別　(D) 塑造。

參考答案：(B)

(　)4. 有關華生（J. B. Watson）行為主義的學習理論描述，下列何者錯誤？(A) 人類行為表現是多種反應的組合　(B) 個體對刺激的反應是主動的　(C) 古典制約原則可以解釋人類學習行為　(D) 要以科學方法研究人類行為。

參考答案：(B)

(　)5. 根據桑代克（E. L. Thorndike）聯結主義理論，學習者在學習過程中之所以會產生訓練遷移（學習遷移）現象，主要是原刺激情境（原學習素材）與新刺激情境（新學習素材）間有何變因存在？　(A) 共同基模　(B) 共同形式 (C) 共同官能　(D) 共同元素。

參考答案：(D)

(　)6. 五年六班學生沒有閱讀課外書的習慣，如果導師想要培養學生有正向自動的閱讀行為，採用下列何種方法最為適切？　(A) 行為塑造法　(B) 消弱方法　(C) 辨別法　(D) 以身作則法。

參考答案：(A)

(　)7. 這星期以來，中午午休時，林老師常表揚那些午休時間不吵鬧的同學，結果之前班上常吵鬧的小強，這星期吵鬧行為收斂不少。此種學習歷程稱為何種？　(A) 替代學習　(B) 效應學習　(C) 直接學習　(D) 結果學習。

參考答案：(A)

(　)8. 美國心理學家桑代克（E. L. Thorndike）認為，學習者可以從多重反應中選擇一個與特定刺激固定聯結的反應歷程，其中會經過嘗試錯誤的歷程。嘗試錯誤學習能否有效建立的基本原則為哪一項？　(A) 練習律　(B) 準備律　(C) 效果律　(D) 強化律。

參考答案：(C)

（　）9. 行為主義強調刺激與反應之間的有效聯結，此學習論的觀點與何者哲學的知識論主張最為接近？　(A) 實用主義　(B) 理性主義　(C) 經驗主義　(D) 存在主義。

參考答案：(C)

（　）10.幼兒看到母親叫出「媽媽」的制約反應形成後，看到別的女生親切的擁抱他時，卻不會叫出「媽媽」字詞。從古典制約學習的現象稱為何者？　(A) 消弱　(B) 類化　(C) 辨別　(D) 二階制約。

參考答案：(C)

（　）11.使用負增強物造成的負增強作用的內涵，下列何者錯誤？　(A) 學習上與懲罰功用相同　(B) 是個體厭惡的刺激　(C) 對個體行為具有強化作用　(D) 隨個體某反應後刺激物會消失。

參考答案：(A)

（　）12.五年六班進圖書館前亂成一團，圖書館負責人警告全班同學，沒有依序排好隊不能進入，同學為了趕快進到圖書館內看書，迅速排好隊伍。請問圖書館負責人使用的是何種行為改變策略？　(A) 正增強　(B) 負增強　(C) 制約作用　(D) 懲罰。

參考答案：(B)

（　）13.陳老師是國中地理教師，為提高同學平時就努力讀書的習慣，並得知同學的學習情況，因而每個星期都會舉行小考，表現好的同學給予獎賞。從增強的時程類型而言，此種增強最接近何種？　(A) 固定比率　(B) 變動比率　(C) 固定時距　(D) 變動時距。

參考答案：(C)

（　）14.在教育場域中增強物的使用十分普遍，相較之下，下列何種增強作用的效果最差？　(A) 延宕增強　(B) 立即增強　(C) 連續增強　(D) 部分增強。

參考答案：(A)

（　）15.課堂中書寫學習單，任課教師林老師採用走動式巡查方式，會隨機走到同學身旁查看同學書寫情況，若是同學做得很好，林老師會給予口頭讚美。從增強的時程類型而言，此種增強最接近何種？　(A) 固定比率　(B) 變動比率　(C) 固定時距　(D) 變動時距。

參考答案：(D)

（　）16.小美是班上的乖寶寶，個性隨和，人緣很好。有同學回家功課學習單
忘記寫，隔天就會借小美的學習單來抄寫，小美每次都不好意思拒
絕，怕同學會被老師責罰，但心中又不想借給同學抄，擔心同學課業
退步，因而有情緒困擾問題。從行為改變技術而言，輔導老師最好採
用何種方法來改變小美？　(A) 理情治療法　(B) 自我教導訓練法
(C) 自我肯定訓練法　(D) 行為連續漸進法。
參考答案：(C)

（　）17.課堂中，啓明很怕在眾人面前講話，他只要站到同學面前就焦慮不
安，不敢發言。從行為改變技術而言，要改變啓明的行為最適宜採用
何種方法？　(A)忽視法　(B)增強法　(C)系統減敏法　(D)消弱法。
參考答案：(C)

（　）18.陳老師為了培養同學的好習慣，每星期會不定期的抽查同學的置物
櫃，整理乾淨的同學會給予獎勵。從增強的時程類型而言，此種增強
最接近何種？　(A) 固定比率　(B) 變動比率　(C) 固定時距　(D) 變
動時距。
參考答案：(D)

（　）19.每到過年時，刮刮樂增加許多一百萬元的獎項，許多民眾認為運氣好
可刮中一百萬元，因而買氣很旺。從增強的時程類型而言，此種增強
最接近何種？　(A) 固定比率　(B) 變動比率　(C) 固定時距　(D) 變
動時距。
參考答案：(B)

（　）20.兒童節前，班級舉行環保常識搶答，每組只要搶答答對三題，就可以
參加摸獎活動。從增強的時程類型而言，此種增強最接近何種？
(A) 固定比率　(B) 變動比率　(C) 固定時距　(D) 變動時距。
參考答案：(A)

（　）21.四年五班開學時，導師告知全班同學：「只要同學表現良好（例如有
進步、回家作業用心寫、打掃認真、用心助人等），可以得到獎勵卡
1-2 張，積滿 10 張小獎勵卡，可兌換自己喜愛的課外書或文具。」從
行為改變技術而言，上述中的「獎勵卡」屬於何者？　(A) 正增強物
(B) 負增強物　(C) 代幣　(D) 促進物。
參考答案：(C)

（　）22.四年五班開學時，導師告知全班同學：「只要同學表現良好（例如有進步、回家作業用心寫、打掃認真、用心助人等），可以得到獎勵卡1-2 張，積滿 10 張小獎勵卡，可兌換自己喜愛的課外書或文具。」從行為改變技術而言，上述老師採用的是何種方法？　(A) 飽足法　(B) 代幣制　(C) 制約法　(D) 行為塑造法。

參考答案：(B)

（　）23.數學老師規定，每次數學小考沒有達到設定的基本標準分數之同學，當天中午要到老師指定的專科教室進行加強型的學習？從行為改變技術而言，上述老師採用的是何種方法？　(A) 正增強作用　(B) 負增強作用　(C) 隔離法　(D) 處罰。

參考答案：(B)

（　）24.啟雄課堂上轉動原子筆，常不小心將筆掉下發出聲音，干擾老師教學活動的進行。國文老師已經告誡啟雄許多次，課堂不要轉動原子筆，但啟雄的行為都沒有改進。國文老師於是責令啟雄要不停轉動原子筆，啟雄由於手痠感覺不舒服，之後國文課都不敢再轉動原子筆。從行為改變技術而言，上述老師採用的是何種方法？　(A) 飽足法　(B) 虧損法　(C) 系統減敏法　(D) 處罰法。

參考答案：(A)

（　）25.班級常規管理在一般情況下，教師採取下列何種方法，表示學生的違規或不當行為最嚴重？　(A) 非隱蔽性的隔離　(B) 半隱蔽性的隔離　(C) 排除性的隔離　(D) 隱蔽性的隔離。

參考答案：(D)

（　）26.多數學校圖書館都規定，同學借書逾期未歸還要罰小額金錢。從行為改變技術而言，學校圖書館的規定是採用下列何種方法？　(A) 飽足法　(B) 消弱法　(C) 系統減敏法　(D) 虧損法。

參考答案：(D)

（　）27.校規明訂，在學同學不能抽煙。中午午休時，啟雄未依規定睡午覺，躲在廁所偷抽煙。導師知道後，十分生氣，想責令啟雄午休時間把整包煙抽完，但導師並未如此做。從行為改變技術而言，導師心中所想使用的方法是下列何種？　(A) 飽足法　(B) 虧損法　(C) 系統減敏法　(D) 消弱法。

參考答案：(A)

( )28.艾里斯（A. Ellis）提出的理情治療法概念中，其程序為 A-B-C-D，其中會造成個人情緒困擾或「庸人自擾」的是哪個程序造成的？ (A) 發生的事件 -A (B) 個體對事件的信念 -B (C) 事件引發的情緒後果 -D (D) 以上三個程序都有。

參考答案：(B)

( )29.甲、系統減敏法；乙、厭惡制約法；丙、消弱法；丁、代幣法。上述哪些是「反制約作用」的應用？ (A) 甲乙 (B) 甲丙 (C) 乙丙 (D) 甲乙。

參考答案：(A)

( )30.操作制約作用的關鍵奠基在桑代克（E. L. Thorndike）所提的何種律則？ (A) 準備律 (B) 效果律 (C) 練習律 (D) 嘗試錯誤。

參考答案：(B)

( )31.中國諺語中「一朝被蛇咬，十年怕草繩」，從古典制約學習的現象來解釋，稱為何者？ (A) 消弱 (B) 類化 (C) 辨別 (D) 二階制約。

參考答案：(B)

( )32.對於一年級學童而言，要教導學童營養午餐用餐的基本禮節及學習排隊取餐的技能，最適切的方法為何者？ (A) 反應代價 (B) 暫停法 (C) 塑造法 (D) 自我增強法。

參考答案：(C)

( )33.班級教學中，教師常會使用到社會增強物（social reinforcer），下列何者不是社會增強的類型？ (A) 口頭讚美 (B) 微笑注意 (C) 點頭擁抱 (D) 讚美小卡。

參考答案：(D)

( )34.從行為主義之反應代價（response cost）原理而言，下列何者最不符合反應代價類型？ (A) 課堂吵鬧，下課時間慢 2 分鐘 (B) 亂丟垃圾，把垃圾桶附近打掃乾淨 (C) 上課遲到，罰 10 元作為懲戒 (D) 把同學玩具破壞，買新玩具賠償。

參考答案：(C)

( )35.班級場域中運用隔離法時，哪種隔離法實施對應之當事者的不當行為或違規行為最為嚴重？ (A) 非隱蔽性的隔離法 (B) 排除性的隔離

法　(C) 隱蔽性的隔離法　(D) 看得見的隔離法。

參考答案：(C)

( )36.有關班級場域中懲罰的實施，下列何者最不適切？　(A) 關注於學生個人特質　(B) 關注於學生的行為　(C) 多建構負增強情境　(D) 堅持行動而不是承諾。

參考答案：(A)

( )37.行為改變技術中常見的策略「ABAB」設計，其中第一個 A 表示的是何者意涵？　(A) 當事者的起始行為現況　(B) 當事者的個人特質 (C) 當事者所處的情境脈絡　(D) 預期當事者要改變的行為程度。

參考答案：(A)

( )38.就行為表現的速度與改變上，何種增強的方法最快？　(A) 代幣增強 (B) 變動比例增強　(C) 變動時距增強　(D) 固定比例增強。

參考答案：(D)

( )39.班級中老師為了糾正小強的課業錯誤，採用下列何種方法最為有效？ (A) 行為塑造法　(B) 普立馬克原則　(C) 正向練習法　(D) 連續漸進法。

參考答案：(C)

( )40.陳老師要教導學生進行獨立研究，會把整體複雜工作拆解為小步驟。 陳老師運用的是「連續漸進法」，這些小步驟一般稱為何者？ (A) 作業分析　(B) 目標拆解　(C) 分離任務　(D) 增強運用。

參考答案：(A)

( )41.對於同學不合理要求，不敢向其勇於說「不」，或「拒絕」的學生而言，常造成學習或生活困擾。從行為改變技術而言，輔導老師最好採用何種方法來改變同學？　(A) 理情治療法　(B) 自我教導訓練法 (C) 自我肯定訓練法　(D) 行為連續漸進法。

參考答案：(C)

( )42.人們小時候對校長、警察的懼怕，長大後此種懼怕感多數人都會自動消失，就行為改變技術而言，是何種原則導致？　(A) 操作消弱 (B) 反應消弱　(C) 刺激辨別　(D) 行為塑造。

參考答案：(B)

（ ）43.以行為連鎖方法來教導心智障礙學童學習穿衣時，若將穿衣動作分成前後六個步驟，採用倒向連鎖法時要先教導哪一個步驟？ (A) 第一個步驟 (B) 第二個步驟 (C) 第一及第六個步驟 (D) 第六個步驟。

參考答案：(D)

（ ）44.課堂中多數學生都想要遵守師生訂定的班級規約，以免違反班規被老師責罵。就行為改變技術而言，這是何種制約作用？ (A) 反應制約 (B) 逃避制約 (C) 避免制約 (D) 刺激辨別制約。

參考答案：(B)

（ ）45.就「逃避制約」（escape conditioning）原則的內涵而言，下列何者正確？ (A) 屬於一種正增強 (B) 減少之後反應出現頻率 (C) 移去個體之嫌惡刺激 (D) 加強個體之嫌惡刺激。

參考答案：(C)

（ ）46.有關行為改變技術的基本假定，下列何者錯誤？ (A) 行為是可以改善與學習的 (B) 行為是某特定刺激造成的 (C) 行為也會受到認知影響 (D) 單一改變方案適用環境內所有個體。

參考答案：(D)

參考書目

中文書目

王克先（1987）。**學習心理學**。臺北市：桂冠。

白惠芳等譯（2011）。**教育心理學——學習者的發展與成長**。臺北市：洪葉。

朱敬先（2011）。**教育心理學——教學取向**。臺北市：五南。

吳幸宜譯（1994）。**學習理論與教學應用**（M. E. Gredler 著）。臺北市：心理。

馬長齡等譯（2019）。**諮商與心理治療**（R. S. Sharf 著）。臺北市：心理。

車文博（1996）。**西方心理學史**。臺北市：東華。

張文哲譯（2018）。**教育心理學**。臺北市：學富。

張世彗（2007）。**行為改變技術**。臺北市：心理。

張欣戊等譯（2010）。**發展心理學（上）**（D. R. Shaffer & K. Kipp 著）。臺北市：學富。

張春興（1993）。**現代心理學**。臺北市：東華。

張春興（2003）。**心理學原理**。臺北市：東華。

教育部教育 WIKI（無日期）。詞條名稱——幼兒行為改變技術。

教育部教育 WIKI（無日期）。詞條名稱——自我肯定訓練。

陳奎伯、顏思瑜譯（2009）。**教育心理學——為行動而反思**（A. M. O'Donnell
　　等人著）。臺北市：雙葉。

陳榮華（1994）。**行為改變技術**。臺北市：五南。

黃西庭（1998）。**人格心理學**。臺北市：東華。

黃國彥校閱（2003）。**教育心理學**。臺北市：心理。

黃裕惠譯（2018）。**行為改變技術**（G. Martin & J. Pear 著）。臺北市：學富。

葉重新（2005）。**教育心理學**。臺中市：北極星。

修慧蘭等譯（2013）。**諮商與心理治療理論與實務**（G. Corey, 2013 原著九
　　版）。臺北市：雙葉。

修慧蘭等譯（2016）。**諮商與心理治療理論與實務**（G. Corey, 2016 原著十
　　版）。臺北市：雙葉。

駱芳美、郭國禎（2018）。**諮商理論與實務**。臺北市：心理。

英文書目

Corey, G. (2013). *Theory and practice of counseling and psychotherapy*. Belmont,
　　CA: Brooks/Cole Cengage Learning.

Martin, G., & Pear, J. (2015). *Behavior modification: What it is and how to do it*.
　　Abingdon: Taylor & Francis Group.

O'Donnell, A. M., Reeve, J., & Smith, J. K. (2007). *Educational psychology:
　　Reflection for action*. New York: Wiley & Sons, Inc.

Ormrod, J. E. (2008). *Educational psychology: Developing learners* (6th).
　　Columbus, OH: Merrill/Prentice-Hall.

Slavin, R. E. (2012). *Educational psyclology: Theory and Practive*. Boston: Allyn
　　& Bacon.

Woolfolk, A. (2011). *Education Psychology* (11th ed.). Boston: Allyn & Bacon.

第 2 章

依附理論與發展

　　兒童發展雖有個別差異，但大致上有以下普遍原則：(1) 早期的發展比晚期發展重要；(2) 發展依賴個體成熟與學習；(3) 發展過程階段學習均有一個關鍵期；(4) 發展模式相似，發展次序不會顛倒；(5) 發展歷程中有階段現象，會產生質的改變；(6) 發展模式雖有相似性，但受到遺傳與環境文化的影響，兒童個體間有個別差異存在；(7) 每個階段的發展速率有所不同；(8) 兒童身心發展是相輔相成，彼此間有關聯性（郭靜晃，2017）。

　　從動物行為學與演化的觀點來看，學習行為有以下幾點：(1) 人類與生俱有的適應特質是經過「**演化**」與「**物競天擇**」（自然選擇）而來，經過自然選擇而有適應行為；(2) 假設適應特質會發展具導向性的促進生存行為，人類許多特質發展都有其「**關鍵期**」（critical period）；(3) 人類受到自己的經驗所影響；(4) 若是環境配合（提供適當刺激），個人某些適應特質最有可能在「**敏感期**」（sensitive period）發展出來，錯過敏感期，發展較為困難，但並非不可能；(5) 強調生物性的特質會影響個體可能擁有的學習經驗類型，人是生物遺傳的產物，先天特質決定人們會有哪些學習經驗。就人類發展論的學者來看，兒童許多行為是天生的，這類型行為可以促發特別經驗幫助兒童成長與發展，例如求援訊號與依附行為（張欣戊等譯，2010）。

壹. 依附關係理論

　　有關依附的早期理論包括心理分析論、學習理論及認知發展論，至於動物行為論則是當代發展學家認為較為完整的觀點。四個理論的統整摘要如表 2-1（林淑玲、李明芝譯，2014）。

表 2-1　依附理論的統整摘要

依附理論	依附形成的基礎	依附相關的行為
心理分析理論	餵食以及對嬰兒所需的回應。論點為「**我愛你，因為你餵我吃**」	照顧者對嬰兒飢餓或其他基本需求的回應，「**口腔**」期獲得滿足，媽媽成為安全和情感依附對象
學習理論	照顧者依循基本的學習原則成為次級增強物。餵食可增強父母對嬰兒的情感，也可增強安撫行為。論點為「**我愛你，因為有酬賞**」	餵食及對嬰兒所需的回應，提供嬰兒感受到愉悅和酬賞。當媽媽為次級增強物，依附的嬰兒便會使盡全力出現吸引照顧者注意的舉動（例如哭、牙牙說話或跟隨）
認知發展論	情感依附和嬰兒認知發展程度有關。論點為「**為了愛你，我必須知道你一直都在身旁**」	嬰兒區別照顧者和陌生人的不同；嬰兒具備物體恆存概念，理解照顧者即使消失在眼前，他們還是一直存在的
動物行為理論	天生的行為傾向確保依附存在，而依附確保嬰兒的生存，保護嬰兒不受天敵或自然災害的侵害，這是物種進化準則	動物的銘印（imprinting）行為，是自動的、不可逆的、發生時間有關鍵期。嬰兒具有引發照顧者依附的特性，嬰兒天生的反射具有可愛性質，向照顧者傳遞正向情感意願

一、兒童依附類型

　　依附（attachment）是指人對人的親近傾向，個體對其所想親近的對象，得以親近時，個體會感到安全與滿足，依附行為始自嬰兒期，是人類社會行為的原始情感（張春興，1993）。英國精神科醫生鮑比（J. Bowlby）為最早提出依附概念的學者，他認為嬰兒於出生的早期，會與主要照顧者（通常指母親）形成情感聯結。嬰兒在和主要照顧者的互動過程中，常渴望從中得到舒適感與安全感，若主要照顧者可以覺察嬰兒的需求並給予適當回應，嬰兒就會形成安全的依附關係；相反地，若主要照顧者對嬰兒的需求既不敏感也無法適當給予回應，嬰兒就會建立不安全的依附關係。在早期互動經驗中，個體也會依據主要照顧者對其需求所表現出的反應性與敏感度，形塑出對自我的看法與對他人的預期，意即「**內在運**

作模式」（internal working model）（黃玉蓮、陳淑惠，2011）。

鮑比認為依附具有「**生物**」和「**演化**」的基礎。從進化的觀點而言，當陌生者接近時，幼兒必須得到保護；當大家奔逃時，本能的反應會抱起脆弱的嬰兒，這種生存的本能促使嬰兒和照顧者形成親密與愛的關係。因此，鮑比的依附理論強調生理或基因是促成父母和孩子之間依附關係的主因（郭靜晃，2017）。個人尋求保護和歸屬感之基本需求與能力是人類與生俱來的天賦，幼兒為了滿足生存需求，遂對主要照顧者產生情感依附；若缺乏良好的接觸、互動，將對個體的認知發展和社會適應有不同程度之影響，對其日後人際關係發展或行為態度表現上會有影響。之後研究發現，幼年期的依附型態會延伸至成年期的關係建立，成年人的人際互動情況許多是幼年依附行為之縮影（徐驊君，2018）。

鮑比認為，依附有三個發展與維持社會互動模式及情緒調節的原則（許慧雯，2010）：

1. 嬰兒出生後有本能的自發行為，例如發出聲音、哭泣、笑等，自發行為是一種「**訊號行為**」，目的在於吸引依附照顧對象（父母親），同時也是一種注視、緊抱依附對象的「**親近行為**」，其行為目的是為了與主要照顧者維持親近與接觸，在有潛在危險的世界裡獲得保護。

2. 他人對嬰兒依附需求的可得性與負責任回應，能夠促進彼此關係與親密行為的發展。

3. 嬰兒與主要照顧者或重要他人持續的互動，會發展出對自我與他人的內在運作模式，並影響其成長後與他人的互動關係。

鮑比強調嬰兒與父母的依附是一種「**互惠**」（reciprocal）關係，嬰兒愈依附雙親，雙親也愈會漸漸依附嬰兒。薛佛與愛默生（Schaffer & Emerson）二人認為，嬰兒與照顧者親密聯繫關係的發展過程有四個階段（林淑玲、李明芝譯，2014）：

1. 非社會期（asocial phase）：約為出生至 6 週左右，幼小女嬰在多種社會或非社會的刺激中都出現討人喜歡的反應，很少產生任何形式的抗議，此階段尾聲，嬰兒會偏好社會刺激（例如微笑）。

2. 無區辨性依附期（phase of indiscriminate attachment）：大約在 6 週至 6、7 個月階段，嬰兒喜愛有人陪伴，他們很容易被一般照顧者逗樂，對人比對其他栩栩如生的東西會有較多笑容，但對人不太有區辨性，大人把他們放下時會發出抗議（例如大哭）。

3. 特定依附期（phase of specific attachment）：大約為 7-9 個月，此階段嬰兒只針對特定人物（主要照顧者，多數為母親）親近，想跟媽媽保持親近，媽媽跟他們分離時會抗議，對陌生人會有警戒，當陌生人靠近時會有害怕反應（例如哭泣），這種對陌生人的警戒反應是一種「**陌生人焦慮**」（stranger anxiety）。特定依附期為嬰兒的第一個真正依附行為。

4. 多重依附期（phase of multiple attachment）：大約在 9-18 個月，此時期的嬰兒開始會擴大依附對象，漸漸能依附他人（例如父親、手足、祖父母或保母），到了 18 個月時，嬰兒的依附對象很少只限定同一個人。

魏爾斯（Weiss）認為依附主要有三個關鍵特質（許慧雯，2010）：

1. 尋求親近的依附需求：當父母或主要照顧者不在時，孩童依據其依附需求會有激烈的反應以尋求安撫，依據孩童年齡、氣質、發展史、孩子感到疲累、害怕的不同反應而不同，而這些反應會增進依附行為。

2. 安全堡壘效應（the secure base effect）：可激發孩童好奇心與作為探索未知環境的跳板，此種內心感受與安全堡壘的聯結，能使個體安心地離開照顧者，並主動地往外探索環境。

3. 分離抗議（separation protest）：指的是依附聯結的存在能由分離反應來觀察，與父母或主要照顧者分離，威脅其依附聯結時，孩子會有反對或抗議的反應，例如以哭、尖叫、吼叫等方式來懲罰主要照顧者，試圖去恢復依附功能，並預防更進一步的分離，此種嬰兒情感焦慮稱為「**分離焦慮**」（separation anxiety）。

嬰兒之「**陌生人焦慮**」及「**分離焦慮**」都是比較複雜的情緒反應，部分源自於嬰兒對不熟悉情境的普遍擔憂，此種現象是人類演化自然產生的（動物行為論觀點），以及嬰兒自己解釋陌生人是誰或熟悉同伴怎麼了的能力（認知發展論觀點）。嬰兒對分離和陌生人的反應是相當多樣化

的，有些是冷淡以對、有些是驚嚇大哭（林淑玲、李明芝譯，2014）。
安士沃斯等人（Ainsworth）透過「**陌生情境**」（strange situation）實驗研
究，觀察 12 個月至 18 個月嬰兒與主要照顧者在陌生人介入情況下，嬰
兒對母親所表現的依附行為，包含嬰兒的行為和情緒反應。根據其研究
發現，將嬰兒對母親的依附行為或依附風格（attachment styles）分為三
種類型：安全依附型（secure attachment）、逃避依附型 / 迴避型依附型
（avoidant attachment）、焦慮依附型 / 矛盾依附型（anxious-ambivalent
attachment）。逃避依附型 / 迴避型依附型、焦慮依附型 / 矛盾依附型均
歸屬為「**不安全依附型**」（insecure attachment）（張春興，1993；郭靜
晃，2017）。

（一）安全依附型

此類型嬰兒，視母親為安全基地的探索遊戲室，母親在身旁時，會不
時察看，自行探索，自動玩玩具，陌生人出現，也會以友善的態度面對；
母親離開時會哭、會緊張，母親回來後會非常高興，會靠近母親取得安
慰，之後又自行活動。此類型的個人在其成長經驗中，他們信任照顧者，
了解照顧者可提供個人安全的環境，陪伴和支持個人向外發展，並在必要
時刻提供幫助，個體長大後便形成了值得被愛，且有能力的自我價值觀。

（二）逃避依附型

此類型的嬰兒當母親在場時不予注意，母親離開時，也沒有表現出緊
張痛苦，母親去而復返時，非但沒有愉悅之情，反而表示生氣；當陌生人
出現時十分冷漠，對母親是否在個人身旁完全不在意。此類型嬰兒雖會主
動探索環境，母親離去後並不會展現明顯的情緒反應，但母親回來後，嬰
兒卻是逃避且冷漠的。因其在早期經驗中，體驗到自己的需求總是被照顧
者拒絕，認為自己不被重視，在需要時不會主動尋求協助，故對他人的信
任感偏低。逃避型依附嬰兒通常跟陌生人相處比較融洽，但有時他們也會
像迴避或忽略照顧者一樣，逃避或忽略情境中的陌生人。

　　發展迴避型依附的孩童，會嘗試透過淡化及抑制自己的需求感受來適應「**拒絕型**」的照顧者，他們會過度壓抑自己情緒，相信透過依附行為及舉止的抑制可以增加父母的可親性及回應性，擔心任何需求、渴望及情感的展現會趕走照顧者。這類型孩童傾向於情感上獨立、自我滿足及順從（至少在照顧者在場時），親子關係不佳，會讓孩子發現自己處於情感起伏或脆弱心境時感到非常不舒服。孩童傾向壓抑及防衛地排除因依附行為而產生的不安、恐懼、需求，意識中產生痛苦情緒，他們會迴避親密及情緒親近，避免被拒絕及被傷害（梁育慈譯，2016）。

（三）焦慮／矛盾依附型

　　此類型的嬰兒在母親離去後，會浮現焦躁的情緒，且較少主動探索環境並保持警戒狀態；在母親回來後，渴望和她親近，卻又表現生氣、抗拒等行為，可能將母親推開或打母親，他們是典型的黏人寶寶，不喜愛探索遊戲室內的事物。嬰兒於成長歷程中，感受照顧者對其情感和行為表達是不一致的，因而無法明確預期或辨別自己的需求能否被滿足，故內心充滿不確定性且感到害怕。

　　矛盾依附類型的母親對於孩子的內在心境漠不關心，孩子情感的心智化相當脆弱，照顧者通常只會考量到自己的需求和渴望，無法很快注意到孩子的求救信號（包括孩子的依附行為），並給予回應。孩童從增加個人痛苦行為的展現，以獲得照顧者的回應，包括哭泣、抱怨、挑釁、易怒、尋求關注的行為或要求更多等。孩童開始啟動他們的依附行為，期望能得到父母的注意與快速回應，這種孩童渴望強化父母的回應性，卻因為不能將父母的照顧及保護當成理所當然之事而感到憤怒。但當孩童取得父母的關注，孩童又不相信父母會持續與其保持互動，所以抗拒安撫、調節及安慰，這種依附策略類型稱為「**矛盾型**」（ambivalent）依附策略，又稱為「**抗拒型依附**」（resistant attachment）。這類型的孩童專注力較差，容易分心，而且常顯現憂鬱、不安與無助的感覺（梁育慈譯，2016）。

「**紊亂型依附**」（disorganized/disoriented attachment）最讓個人在陌生情境中感到緊張，它是「**抗拒型依附**」和「**逃避型依附**」的奇怪組合，反映出嬰兒對於是否該接近或逃避照顧者的兩難與困惑。媽媽接近或與媽媽重聚時，嬰兒可能的動作反應是茫然而僵硬；希望媽媽在身旁，但當媽媽走近時自己卻突然移開，自己不會因媽媽親近而有喜悅之感（林淑玲、李明芝譯，2014）。媽媽不在也擔心、媽媽在身旁又不自在，依附感受是紊亂的。具虐待傾向和敵意的照顧者會傷害他們的孩子，讓孩子感到害怕；在心理層面上感到迷惘、恐慌的父母也可能會讓孩子感到非常害怕，此時孩子會認爲是自己造成父母恐懼的原因，同步進入母親失調和苦惱的情緒狀態，造成其依附情感的紊亂，造成情緒起伏過大、缺乏連貫的自我意識，並出現極端的自我防衛行爲（梁育慈譯，2016）。

陌生情境測驗實驗顯示嬰兒的依戀行爲是有個別差異性的，之後對成人的研究結果發現，成人同樣也有此個別差異，而且，不僅反映在行爲反應上，也反映在心智表徵上，日後影響著成人的戀愛與親密關係。事實上，成人的人際依戀型態和其早期與主要照顧者的互動經驗是具有關聯性的，因爲個體會依據早期主要照顧者所給予的不同反應，產生對自我與他人的不同信念與預期，並以成人人際依戀型態之個別差異呈現出來（黃玉蓮、陳淑惠，2011）。

二、成人依附類型

哈珊（C. Hazan）與薛佛（P. Shaver）兩位心理學家，將依附理論拓展到了成人的世界當中，他們認爲，成人與他人互動的方式，其實是嬰幼兒時期和父母互動關係的延伸。個人小時候和父母親維持著那種感受（例如安全避風港及探索外在世界的安全堡壘）與接近性，會逐漸延續至與同儕及與他人的關係。他們認爲，個體幼年與照顧者形成的依附關係，會逐漸內化爲內在運作模式，成爲個體一生中人際互動模式的基礎。哈珊等人將安士沃斯等人由陌生情境觀察所得的三種嬰幼兒依附型態，直接用於成人，以探討嬰幼兒的依附行爲是否持續到成人時期，研究結果顯示成人的

依附的確出現與嬰兒類似的類型差異。成人三種依附類型為安全型依附、逃避型依附、焦慮／矛盾型依附（甘雅婷，2019）。

巴爾索羅美與霍洛威茲（Bartholomew & Horowitz, 1991）將鮑比的自我與他人內在運作模式之依戀概念，二分為正負向，建構出四種成人人際依戀型態，分別為安全型（secure；正向自我與正向他人知覺）、懼怕型（fearful；負向自我與負向他人知覺）、焦慮型或過於專注型（anxious/preoccupied；負向自我與正向他人知覺）及疏離型（dismissive；正向自我與負向他人知覺）。安全型個體對自我與他人持有正向知覺（黃玉蓮、陳淑惠，2011）。成人四種依附類型的意涵為（甘雅婷 2019；黃玉蓮、陳淑惠，2011；徐驊君，2018）：

（一）安全型依附

安全型依附（secure attachment）類型者對自我持正向看法、對他人也持正向知覺，對於親密與自主感到自在，會信賴他人也會讓他人信賴，行為態度的表徵模式為低焦慮、低逃避性。對自己和他人皆具有正面、積極的看法，擁有與他人建立親密情感聯結的能力，同時又能保有獨立自主的一面，認為自己是有價值且被愛的，樂於分享自己，同時也認為他人會接納自己，覺得自己是有價值與有意義的。

（二）焦慮型依附

焦慮型依附（anxious attachment）類型者對自我持負向看法、對他人則持正向知覺，透過過度的依賴尋求傾向來確認自己的價值，此類型又稱為「**過度專注型依附**」。個體的自我價值感較低落，但對他人有正向知覺，渴望透過他人來確定自我的價值。與他人互動中，若他人無法讓其在情緒或關係需求得到滿足，會間接造成個人對自我價值的懷疑。在人際歷程中，焦慮型依附傾向表現出較低的自主性與較高的依賴性，透過對他人的依賴確認自我價值，但也常因期待落空而感到受傷及痛苦。

（三）排除型依附

排除型依附（dismissing attachment，或疏離型依附）類型者對自我抱持正向知覺，認為自己有價值，但對他人持有負向知覺，認為他人是不可信任的，預期他人會拒絕自己，故逃避親密與依靠，藉由獨立自主來保有自我價值。此類型的人認為他人是不可靠、不值得信賴的，避免與人親近，且防衛性地否定親密關係，不喜歡受到親密關係的束縛，擔心被傷害而保持獨立性，藉由獨立自主來保有自我價值。

（四）懼怕型依附

懼怕型依附（fearful attachment，或逃避型依附）類型者對自我持負向看法、對他人也持負向知覺，有高度逃避傾向，透過逃避來避免被他人拒絕。此類型的人認為自己是不好的，不會被他人喜歡，而他人是不值得信賴的，行為態度的表徵模式為高焦慮與高逃避，認為自己沒價值、不值得被關注或被愛，雖然內心期待擁有親密關係，卻很難信任他人，對於他人的接納感到懷疑，故充滿矛盾。對於人際關係具有高度逃避的傾向，傾向逃避來避免自我的負向知覺被激發，以及逃避被他人拒絕的情況發生。

成人依附模式：內在運作模式觀點四種類型，如圖 2-1。

巴爾索羅美等人之成人依附類型，對應人際溝通中的「**我**」、「**他人**」二個面向的分類如圖 2-2。

人際關係互動中，持「**我好，你也好**」（I'm OK , you're OK）的溝通互動運作者，其依附類型為「**安全依附**」型態，此類型依附者有較佳的自我展現與利社會行為，心理地位是健康的；持「**我好，你不好**」（I'm OK, you're not OK）的溝通互動運作者，其依附類型為「**疏離依附**」型態，在人際與成長過程中過度重視自我，不信任對方，也不依賴對方，心理地位是偏執的；持「**我不好，你好**」（I'm not OK , you're OK）的溝通互動運作者，其依附類型為「**焦慮依附／過度專注依附**」型態，對自己沒有信心，對他人過度依賴，會貶抑自己的價值感，心理地位是消極、沮喪的；持「**我不好，你也不好**」（I'm not OK, you're not OK）的溝通互動

		自我意象	
		正向（低依賴）	負向（高依賴）
他人意象	正向（低逃避）	安全依附 （secure attachment） 對於親密與自主都感到自在	焦慮依附／過度專注依附 （anxious attachment/ preoccupied attachment） 被關係情感所占據
	負向（高逃避）	排除依附／疏離依附 （dismissing attachment） 不依賴他人但逃避親密	懼怕依附／逃避依附 （fearful attachment） 懼怕親密且逃避社交

圖 2-1　成人依附模式：內在運作模式觀點

資料來源：Bartholomew & Horowitz, 1991, p.227。

		我	
		好	不好
他人	好	安全依附 （secure attachment） 我好、他人也好	焦慮依附／過度專注依附 （anxious attachment/ preoccupied attachment） 我不好、他人好
	不好	排除依附／疏離依附 （dismissing attachment） 我好、他人不好	逃避依附／懼怕依附 （fearful attachment） 我不好、他人也不好

圖 2-2　成人依附類型對應人際溝通中的「我」、「他人」二個面向的分類

運作者，其依附類型為**「逃避依附／懼怕依附」**型態，懼怕依附型態為一種**「混亂依附」**（disorganized attachment），懼怕依附者會有一種矛盾情結，希望對方可以接納自己，但同時又害怕進一步的親密關係中會被對方

傷害，心理地位為類似精神分裂的。

三、溝通分析諮商

溝通分析諮商代表學者為艾瑞克・伯尼（Eric Berne），伯尼將個體的人格結構自我狀態分為父母我、兒童我、成人我，不同於佛洛依德的本我、自我、超我的三個抽象概念，三個自我狀態是實際的狀態（駱芳美、郭國禎，2018）：

（一）父母我自我狀態

父母我的狀態有著意見、判斷、價值及態度，功能在於教導自己如何去覺知與處理事物。成長過程中個體會從父母管教態度與情緒管理等言行中察覺為人父母的人格型態，若父母言行不一或無法提供楷模典範，將來塑造出個體的父母我狀態會有困惑感覺。父母我的形式有「**關愛的父母我**」（nurturing parents）與「**掌控的父母我**」（controlling parents，此類型又稱為偏見或吹毛求疵的父母我）。

（二）兒童我自我狀態

兒童我的自我狀態指個人的想法、思慮及言行與兒童時期類似，是人格中最脆弱的一面。可分為「**自然兒童**」（自由兒童，natural child）與「**適應兒童**」（adapted child）兩種。自然兒童會自發性表達個人喜好，充滿創造力、好奇與喜好嘗試新經驗，是人格中最有價值的部分；適應兒童指個體的所作所為均受制於父母的影響，其型態可能會產生「**依順兒童**」或「**抗拒兒童**」兩種狀態。

（三）成人我自我狀態

個體成長中發現自己能透過實踐把想法付諸行動時，自我實現的滿足感可以促使成人我發展，發展初期可能因父母我的評論或兒童我的懼怕而裹足不前，個體會從不斷經驗探索中成長，從生活經驗中習得更多有效策略與有效方法。成人我是人們作決定的「**核心角色**」，它可以讓個體判別

事件發生的可能性的機率，驅動個體去行動，並減少失敗與危險，它像個資料處理機一樣，能整合各種自我狀態後作出理性的決定。

溝通分析學派將人們根據自己的知覺或滿意程度，與對人的知覺或滿意程度，將人們的溝通分析型態分爲四種類型爲「**我好－你好**」、「**我好－你不好**」、「**我不好－你好**」、「**我不好－你不好**」。根據溝通分析學派的看法，四種類型爲人生的四個位置，第一個人生位置爲「**我不好－你好**」、第二個人生位置爲「**我不好－你不好**」、第三個人生位置爲「**我好－你不好**」、第四個人生位置爲「**我好－你好**」。第四個人生位置對應的依附型爲「**安全型依附**」，此時期的個體會肯定自己也會相信他人，能認同自己又能友善對待他人，人格的發展是健康的。

布倫南（Brennan）等人不認爲依附類型是眞實的存在，改以連續性觀點說明依附狀態，他們以因素分析法將許多與測量依附的相關量表進行分析，結果發現可將依附分成焦慮與逃避兩個主要的向度。焦慮向度主要和負向自我意象、極度需要他人贊同與害怕被拒絕及拋棄有正向關聯，逃避向度則與負向他人意象、極度需要自主或者害怕依賴他人有正向關聯。根據焦慮及逃避二個向度，也可將成人依附類型分爲四種：安全型（低逃避、低焦慮）、沉溺型（低逃避、高焦慮）、害怕型（高逃避、高焦慮）、排除型（高逃避、低焦慮）（許慧雯，2010）。成人依附模式：以焦慮及逃避向度觀點的分類，如圖 2-3（Berry et al., 2006, p.709）。

四、周哈里窗

人際互動型態中的周哈里窗，也是根據個體與他人在行爲的察覺與否二個向度分類的交往型態：(1) 開放自我：指互動或交往的雙方都能開放自己，作適當的自我表露，讓對方能充分的了解自己，並回饋訊息；(2) 盲目自我：人際交往中對方知道某些事物，當事者本身並不知道；(3) 隱藏自我：自己知道對方的某些事情，但對方反而不知道的情況，對方必須等待自己告知後才會知道；(4) 未知自我：自己與對方都不知道，彼此間都沒有自我表露（圖 2-4）。上述四種型態中，舞臺區最能增進彼

圖 2-3　成人依附模式：以焦慮及逃避向度觀點的分類

我對自己的察覺		
人際察覺　自己 他人	自己知道 （known to self）	自己不知道 （not known to self）
他人知道 （known to others）	開放自我（舞臺區） （open self）	盲目自我（盲點區） （blind self）
他人不知道 （not known to others）	隱藏自我（隱密區） （hidden self）	未知自我（未知區） （unknown self）

（他人對我的察覺）

圖 2-4　周哈里窗

此的了解與互動，有助於人際關係的建立維持；未知區由於彼此沒有眞誠相待，很難建立良好的人際關係，會是一種疏遠的人際關係（林欽榮，2002）。

五、依附與利社會行為

鮑比（Bowlby）認爲兒童擁有進化式的生物學基礎之依附系統，讓兒童與照顧者保持親近以減少威脅感；相對的兒童照顧者則具備照顧系統，允許他們對兒童的悲痛自動回應，以幫助兒童、保護兒童，讓兒童有舒適感。安士沃斯（Ainsworth）界定依附聯結爲兒童對照顧者的一種情

結，此種情結是長期持續的，以及情感的特殊表現，有個人特定性，隱含著兒童試圖藉由照顧者作爲探索事物的安全保壘（secure base），也作爲個人受到威脅時的安全避風港（safe haven）。照顧者對兒童需求回應的一致性與關懷態度，於兒童依附特徵中會引發個體差異存在，它會映射至兒童對照顧者的行爲態度。照顧者對兒童需求反應的敏感度，會讓兒童發展安全依附（secure attachments），當兒童遭遇痛苦（或憂傷），會尋求接近照顧者得到安慰，有效重新進行探索世界；相反的，經驗累積結果，照顧者不一致或拒絕態度，兒童會發展不安全依附，表現逃避，其特徵爲兒童只想遠離痛苦與避免失敗，對自我沒有自信；此外也會有矛盾不安心理。兒童與照顧者相處過程中，經歷懼怕或威嚇，則會發展出混亂式依附（disorganized attachments），行爲特徵缺乏對調節悲痛的有效協調策略（Gross et al., 2017）。

　　鮑比依附理論中，對兒童個體照顧者可以發展出「**內在運作模式**」（internal working models; IWMs）。內在運作模式爲人們對行爲期望程度的一種學習認知表徵，以及自己互補發展的表徵，人們依附的本能行爲不完全由遺傳而來，它是一種認知學習的「**目標校正行爲**」，它與兒童認知發展同步。內在運作模式表徵的發展，會讓個體覺得他人是否可以信賴或受到的關懷是否值得，它會引導兒童在新社會情境中的期待與行爲，安全的內在運作模式會期望社會他人有正向回應，自己也會有好的行動意圖。這些表徵可預測不同領域的兒童行爲，如何藉由透過他人建構的「**路標**」（roadmap）支持兒童發展「**利社會行爲**」（prosocial behavior）。依附對象若是可靠的、有反應的、穩定的，則嬰兒從情感聯結中獲得安全感，能向外主動探索，發展對自我與他人的信任感，有較高的自我價值，從他人眞誠的關懷中，喚醒利他的動機以滿足個人需求。相反的，不安全內在運作模式，之後的利社會行爲可能無法順利發展，不安全－迴避兒童可能對同儕行爲產生敵意；不安全－矛盾兒童可能讓同儕不喜歡或拒絕他。因而安全（正向的）或不安全（負向的）的內在運作模式，被視爲一種中央的機制，藉由依附影響利社會行爲的發展（Gross et al., 2017）。依附關係

與利社會行爲的理論模式架構如圖 2-5（p.663）。

　　安全的內在運作模式會讓個體情感聯結狀態發展順利，此種狀態會讓個人有良好的社會適應與正向自我概念，進而展現利社會行爲；相對地，個體情感聯結發展不順暢，會導致不良適應與發展，表現「**自私**」與「**反社會行爲**」（antisocial behavior），例如傷害他人、出現攻擊與暴力、破壞及自私自利等。安全依附兒童會發展完整正向的「**自我概念**」（self-concept）——個人對於自身特徵的整體正向信念，較會展現「**利他**」（altruism）行爲，即使需要付出成本也會幫助他人。個人純粹的助人動機爲同理心（empathy）與利他假設（altruism hypothesis），人們「利

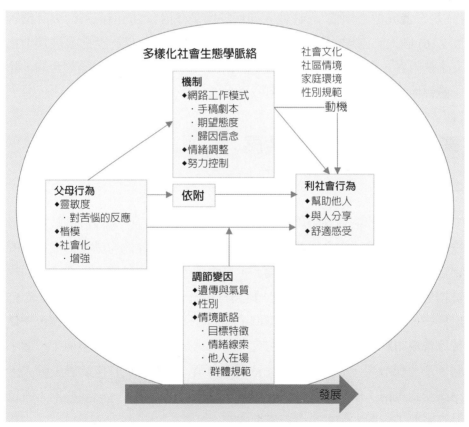

圖 2-5　依附關係與利社會行爲的理論模式架構

他性格」（altruistic personality）的個別差異與依附行爲有很大程度的關聯（余伯泉等譯，2019）。

利社會行爲又稱「助人行爲」（helping behavior）、「利他主義行爲」（altruism behavior）。利他行爲有二種類型，第一種類型爲「自我利他主義」（ego-altruism），它是一種爲了減輕自己內心的緊張和不安而採取的助人行爲，透過助人行爲使自己感到有力量，或體會到自我價值感；第二種類型爲「純利他主義」（pure-altruism），它是一種受外部動機所驅使，因他人的處境產生移情作用，作出助人行爲以減輕他人痛苦，其目是爲了他人的幸福。黑克豪斯（Heckhausen）從動機過程提出六種利他行爲的特殊動機：(1) 個人利益好處爲何？(2) 個人付出的代價爲何？(3) 是否造成個人煩惱？(4) 他人如何評價？(5) 自己的價值判斷與評價程度？(6) 個人的同理心感受程度（時蓉華，1996）。依附型態發展類型爲安全依附者，會有較高的同理心，認爲助人行爲與個體行爲是吻合的，除了減輕他人痛苦，也可以產生自我滿足的情感。

貳. 道德與心理社會發展

一、皮亞傑

皮亞傑設計系列實驗證實兒童道德的實在論傾向，他設計的故事都分爲二類：一類爲「完全偶然」的行爲，個人出於好意的行動卻造成很大的物質損失；一類爲「非偶然行爲」，是故意或不是出於好意而造成小的物質損失。設計的故事情境，第一組爲打破杯子，一爲不小心開門打破 15 個杯子，二爲爬到椅子拿果醬碰倒了一個杯子；第二組爲把布剪破，一爲替母親裁布將自己衣服剪了一個大洞，二爲玩剪刀把自己衣服剪了一個小洞。皮亞傑發現，7 歲左右的兒童認爲打碎 15 個杯子的孩童過失較大，應該受到重罰；偷吃果醬打碎一個杯子的孩童過失較小，只要輕罰；將自己衣服剪了一個大洞者也應該處罰較重。

　　這種只重視物質後果，而不考慮直間接造成後果的意圖稱為「**客觀責任**」。對應於客觀責任，9 歲以上兒童所持的準則判斷為「**主觀責任**」，能同時兼顧行為後果與其意圖。客觀責任不僅產生於心靈以外的事物或成人的命令，有時成人本身就是其行為判斷來源；主觀責任出現於個體與周圍人的有效互動、產生情感及思想的共鳴，能與他人相互尊重並產生協調，而不只是被動地服從，因而感受到意圖的重要性，進而才能根據意圖準則判斷行為，此種道德是互惠的道德而不是服從的道德，即是所謂道德的自律（傅偉勳、韋政通，1995）。

　　皮亞傑認為兒童思維方式和成人不同，道德判斷需要認知，道德發展與認知一樣都是隨年齡成長的，道德發展和認知能力發展相似。嬰兒從出生至 5 歲時，道德發展為「**無律**」階段（anomous stage），認知發展不成熟，不能按團體規範去判斷是非，是沒有道德判斷能力的。5 歲至 8 歲期間，道德發展特徵是順從他人加諸在個人身上的規範，他律道德具有「**道德現實主義**」（moral realism）與「**道德強制**」（morality of constraint）的性質，此期兒童以為懲罰取決於行為後果的嚴重性，而非根據當時行為的意圖或動機，兒童認為道德是不能改變的且是固定的（fixation）。約至 8、9 歲以後，兒童會發展「**自律道德**」（autonomous morality），它是一種「**合作性道德**」（morality of cooperation），兒童不再盲目的服從權威與遵守紀律，了解人我之間互惠的條件與規範，明白規則是人制定的，是可以改變的，道德判斷準則要同時考量到當事人行為意圖與行為後果的嚴重性。由於道德判斷需要合理思考，此能力需到 11 歲以後形式運思發展成熟，才具備獨立判斷能力（朱敬先，2011；劉玉玲，2005）。自律道德階段的兒童同時會考量到當事人的動機與行為後果，又稱為「**道德相對主義**」（moral relativism）。

　　無律階段（無法判別）⇨ 他律階段（客觀責任）⇨ 自律階段（主觀責任）
　　無道德判斷能力 ⇨ 道德現實主義（只看行為後果）⇨ 道德相對主義（兼顧行為意圖）

　　皮亞傑發現，兒童到了 10-12 歲，具有形式運思的能力時，才能認眞了解規則並遵守。他律時期的兒童，是根據行為結果嚴重性及其好壞來判斷行為，即使當事者的意圖是好的；自律時期的兒童認為違規者不必然要受到懲罰，還要檢視違規者的意圖及是否有可原諒的因素。皮亞傑認為隨著認知結構的發展，兒童的道德會從他律進展到自律，兒童與同儕間的互動及對問題的解決，強化了兒童的覺醒，了解規則是可以改變的。對於他律階段兒童的道德發展，有部分學者認為皮亞傑低估了兒童的能力，他們認為很小的幼童在作道德判斷時也能考慮到行為意圖。兒童的道德判斷從著重結果再進展到兼顧意圖，獲得多數學者的認同（Slavin, 2012）。

　　皮亞傑心理發展觀的理論要點為（林崇德，2009）：

　　1. 心理發展過程是連續的：心理發展歷程是一種內在結構連續的組織與再組織的過程，此歷程是連續的，由於各種發展因素間的相互作用，心理發展乃有階段性特徵。

　　2. 每個階段有其獨特結構：每個階段（四個階段）都有它獨特特性與思維結構，各階段的出現可能提前或延緩，但階段的先後次序不變。

　　3. 各階段出現有一定次序：每一個階段之認知或心理發展的次序是從低到高，從簡單到複雜，不能逾越也不能互換。

　　4. 前階段是後階段的基礎：每個階段都是構成下個階段的必要條件，前一階段的結構是後一階段結構的基礎，兩個階段間有著「**質**」的差異性存在。

　　5. 兩階段間並非獨立劃分：心理發展中兩個階段間不是明顯截然地可劃分的，它們中間有某種程度的交集。

　　6. 多因素構成新的水平：個人心理發展的快慢是許多因素的融合，它有個別差異存在。

　　皮亞傑道德發展階段對應摘要說明，如表 2-2（Slavin, 2012）。

表 2-2　皮亞傑道德發展階段對應摘要說明

他律道德（年齡較小的兒童）	自律道德（年齡較大的兒童）
道德以強制的關係為基礎，例如完全接受成人的規定	道德以相互認可和彼此合作為基礎，認為人是自主而平等的個體
反映於「**道德現實主義**」態度上，規則是「**固定不能更動**」的要求，其來源與權威是外來的，規則不能協商，所謂「**對**」就是服從成人和規則	反映於「**理性道德**」態度上，規則是相互同意的結果，它可以協商討論；規則是經個人接受和大家同意而合法訂定的，所謂「**對**」是依合作和相互尊重的約定而行動
「**壞**」是依據行為的客觀型態和後果來判定的。「**公正**」等同成人決定的內容，絕對而嚴厲的懲罰被視為是公正的	「**壞**」的界定要看行為的意圖為何。「**公正**」的內涵為平等對待或考量到個人需求；懲罰的公正性，要依個人所犯的過錯及所施予的懲罰是否適當而定
懲罰是當事者犯錯後自動的結果，正義（justice）是本身固有的	懲罰會受到人類意圖的影響

二、柯爾柏格

　　美國學者柯爾柏格（L. Kohlberg）與皮亞傑道德發展觀，都從個人心理發展的觀點來解釋人類道德的形成。柯爾柏格以「**道德兩難**」（moral dilemma）的案例講給受試者聽，聽完後讓受試者說出自己的看法與處理方式，將人們的道德判斷或道德推理分為六個階段。柯爾柏格的三期六階段的道德發展順序受到支持，但也有批評：

　　1. 柯爾柏格研究的對象主要以男孩為主，男孩的道德推理以正義為中心，著重於個人權利；女孩較會考量到關懷與責任的問題，傾向使用利他與自我犧牲。

　　2. 幼童對道德情境的推理，可能比柯爾柏格（及皮亞傑）階段論所主張的還要精緻複雜（Slavin, 2012）。

　　3. 道德兩難假設情境的處理，與個人真實情境中的道德行為或道德認知是否完全一致有待驗證。

柯爾柏格對道德發展的主張有三（蘇建文等，2014）：

1. 道德發展有其先後順序，此順序是全球的，即全世界的人都經由此一系列順序發展，這些順序是固定不變的。

2. 每一階段的發展是整體性的，個體處於某一階段是以不同情境故事（兩難情境）的理由原則來判斷，個人道德發展層次，不一定與其真正實際展現的道德行為相呼應。

3. 個人若要達到較高層次的道德發展時期，須先具有較高程度的認知能力；但具有較高水準認知程度的個人，其道德發展不一定能達到較高層次。

柯爾柏格道德發展論有二個特點：

1. 他不使用傳統上道德思想的類分觀念，道德不是「有」或「無」的問題，他認為道德思想遵循一種普遍性的順序原則發展，它會隨年齡經驗的增長而改變。

2. 道德判斷是個人在面對道德問題情境時，經多方考量下的一種價值判斷，此種價值觀與社會文化情境脈絡有關，它不單純是一個是非對錯的取向（張春興，1994）。

柯爾柏格道德發展階段三期六階段的主要內容如表 2-3（劉玉玲，2005）。

柯爾柏格認為道德推理是一種推理過程，高層次的道德推理需要有較高層次的邏輯推理，一個人邏輯推理能力的高低，與其道德發展的極限有密切關係。前運思期的認知思考，受限於自我中心的思考框架，形成了兒童道德循規前期階段的道德推理方式；具體運思期的認知思考，跳脫自我中心主義，能了解他人的觀點，對於事件行為，能了解他人的判斷是有（無）道德或是好（壞）的事情。道德自律期的道德推理，與個人抽象性的認知能力有關，因而認知發展階段為形式運思期。認知發展對道德推理而言，是一種必要但非充分的條件，道德推理的發展，需要認知發展與支持性社會對話的配合（陳奎伯、顏思瑜譯，2009）。

表 2-3　柯爾柏格道德發展階段三期六階段的主要內容

道德發展階段	年齡	何謂對的判斷	作對的理由	發展階段的社會觀點
（一）道德循規前期	9 歲以下	道德的判斷以個人需求和他人訂定的規則為準		
1. 避罰服從取向		不破壞規則，不使身體受傷	避免被罰、服從權威	以自我為中心，不能考慮到別人，行為好壞取決於行為後果
2. 相對功利取向		遵守規則或付出自己的權益和需求，並要求他人也要照樣做	維護自己權益同時，並考量到他人的權益	主觀的個人主張，知道個人有其權益和得失衝突，尋找有利的決定。從個人需求是否得到滿足決定行為好壞
（二）道德循規期	約 9-12 歲間	道德判斷基於獲取他人認同、符合家人期望、遵循傳統價值、社會法律及對國家的忠誠等		
3. 尋求認可取向		希望人們彼此親近，如父子、兄弟或朋友般	支持規則，也願意關心別人成為好人	別人認可或讚許的行為是對的。看重人際關係建立與別人情感交流，他人看法與期望比個人權益還重要
4. 順從權威取向（遵守法規取向）		履行自己的責任，並對社會群體有貢獻	支持制度，避免破壞傳統	尊重他人的不同觀點，維持制度並考慮彼此間的關係。尊重法律、重視社會秩序

道德發展階段	年齡	何謂對的判斷	作對的理由	發展階段的 社會觀點
（三） 道德循規後期	20 歲 以上	道德判斷基於合理思考與良知良能、更多的個人正義原則，而非只是社會法律訂定的需求		
5. 社會法治取向		了解人的多元價值和看法，但最大的價值則是以團體為首要考量	靠法律維持社會訂定的契約，對於遵守法律有義務感	個人價值觀先於社會契約。當道德和法律發生衝突時，應尋求合宜解決之道
6. 價值觀念取向		遵循個人自我選擇的觀點。法律建立在一般性的道德觀上面	相信一般道德規則的有效性	道德觀念來自社會的約定，理性者應尋求道德的認知、事實、態度和本質

　　柯爾柏格的道德發展著重於行為對錯判斷的理由（moral reasoning）之發展，根據皮亞傑道德發展的論點，柯爾柏格致力研究認知在道德思考上的運用。柯爾柏格認為研究行為是否為道德並不重要，重要的是判斷行為的理由，有時行為表現相同，但其理由不同；相對的，不同的行為表現其理由可能相同（蘇建文等，2014）。道德兩難的情境故事例如丈夫偷藥醫治太太、警官的矛盾案例、童子軍的困境故事等。之後研究者發現，歸類為高層次的道德發展或道德判斷者，不一定會展現真正的道德行為，情境的「**道德推理**」層次與其「**道德行為**」展現是否有必然的關聯，引起很大的爭論。

　　沃爾夫克認為影響學童道德行為（moral behavior）的三個重要因素為「**模仿**」（modeling）、「**內化**」（internalization）與「**自我概念**」（self-concept）（Woolfolk, 2011）：

　　1. 當兒童由關懷他人及寬容他人的成人所養育照顧時，會向成人行為模仿的學生，愈會展現更多關注他人感受及權益的行為。

　　2. 多數理論都假定兒童最初的道德行為，都是經由他人的直接教

導、監督、獎懲與糾正等控制習得，之後再逐次將權威者的道德準則內化，使外在標準（external standards）轉化爲個人的內在標準。成人糾正與教導愈多，兒童愈能夠作出道德性行爲。

3. 個人自我概念整合了個人的信念及價值觀，自我概念與個人「**整體自我感**」（sense of who we are）愈能結合，個人展現的道德行爲愈多。因爲個人的道德行爲大部分依賴統合於個人人格以及自我感中的道德信念與價值觀，個體會認同道德信念，就愈傾向道德行爲的表現。

教育場域中的道德議題，例如攻擊行爲（aggression），常見的攻擊行爲形式爲「**工具性攻擊**」（instrumental aggression），攻擊者的主要意圖爲獲取特定目標與特權。其他的形式還有「**敵意的攻擊**」（hostile aggression，或肢體的攻擊）與「**關係的攻擊**」（relational aggression），男生較常使用敵意性攻擊，關係性攻擊則較出現於女生群體中。攻擊行爲表達主要來自於模仿，模仿來源主要爲電視。家長或老師欲減少電視暴力鏡頭對學生的負面影響，可以從下列幾個方面著手（Woolfolk, 2011）：

1. 告知學童不要相信電視上暴力行爲的處理方法。

2. 電視中的暴力動作不是眞實的，它只是想提高收視率的一種特殊效果或噱頭而已，多數是替身或假的動作。

3. 對於同學間的衝突有更好的解決方法，這些好的方法是現實生活中大多數人使用來解決問題的方法。

4. 家長應避免使用「**看電視**」作爲獎賞或懲罰學童的方法。除電視節目要嚴選外，有暴力行爲的電動玩具、書刊與雜誌也要特別留意。

減少學生攻擊或暴力行爲的輔導策略如（Woolfolk, 2011, p. 91）：

1. 成人以身作則，不要使用懲罰威脅學生服從，對於衝突解決，應多善用非暴力的策略及正向管教方法。

2. 妥愼規劃教室場地，讓每個學生有足夠活動空間及可運用的學習資源，避免過度擁擠與爭搶情況。

3. 確保攻擊者無法從暴力行爲中得到任何好處，暴力行爲的處理還要兼顧行爲的意圖與動機，必要時使用邏輯式後果處置方法。

4. 透過案例、情境討論與道德議題素材的閱讀，直接教導學生積極正向的社會行為與反社會行為的後果。

5. 安排適切的小組活動，提供學生學習容忍、尊重他人及合作學習的機會，讓學生知道個別差異事實與群體合作學習的重要。

6. 要求學生從日常生活中實踐道德行為，以角色扮演感受被人欺凌及排擠的感覺，培養學生同理心與關懷協助的利社會行為。

三、心理社會發展

艾瑞克森（E. Erikson）之心理社會發展論（psychosocial development theory）強調自我、尋求認同（identity）、個體與他人的關係，以及個人一生中文化所扮演的角色。艾瑞克森與皮亞傑一樣，認為發展是一系列相互依賴的連續階段歷程，每個階段都有其發展的特定目標、關懷的事項、待完成的任務與危機；階段之間彼此是相互影響的，後一階段任務的完成，主要受限於早期階段的危機衝突是否可以解除。其理論奠基在「**後成原則**」（epigenetic principle，或稱後效原則），個體心理社會發展非天生遺傳的，而是後天養成的，個體在發展中的角色是主動適應的。人生發展的每個階段，個體都會面臨「**發展危機**」（development crisis）——一種「**正向選擇**」（positive alternative）與一種「**潛在不健康選擇**」（unhealth alternative）間的衝突，個體解決這些危機的方式，除會影響個人對未來危機的解決，也會持續對個人的自我形象與對社會看法有所影響（Goetz et al., 1992; Woolfolk, 2011）。

艾瑞克森「**心理社會危機**」（psychosocial crises）的基本主張為（蘇建文等，2014）：

1. 成長是克服每個階段的衝突：人的一生將經歷八個系列的發展階段，每個階段都有重要的發展任務要完成。發展任務和「**自我特質**」（ego quality）有關，每個階段也會反映此階段成長的衝突，克服衝突過程就是成長，每個階段的衝突都是個人的「**心理社會危機**」。

2. 成長法則為根據「**後效原則**」而來：「**後效原則**」指的是胎兒在

子宮裡按照預先決定的藍圖成長，每一部分都有其發展的時程，直到所有部分都發展且功能完備。此原則亦可用於出生後的發展，人的發展有其內在規則可循，人格發展中每個階段乃爲其特定任務發展的「**關鍵期**」（critical period），它是後天習得的。

3. 個人的發展是成熟與社會環境互動促成：個人人格的發展是個體與他人在有意義互動中養成，每個人的發展是個人成熟與社會環境互動而成，發展階段也以此作爲劃分及界定的依據，每個階段中有其重要的社會環境。

艾瑞克森之心理社會發展論有三個重要核心觀點（張春興，1993）：

1. 自我統合（ego identity）：自我統合是一種個人自我一致的心理感受，其意義可解釋爲自我統合感（或稱自我統整），自我統合的青年會試圖回答：「**我是誰？**」「**我將走向何方？**」兩個問題。

2. 統合形成：指青年期在統合歷程中所能達到的統合狀態，由於家庭背景、文化脈絡、年齡、能力與經驗等因素的不同，每個人統合狀態不同。

3. 統合危機：又稱自我統合危機，指自我統合過程中，在心理上所產生的危機感。統合危機無法順利克服或化解，會造成青年人角色混亂現象。

艾瑞克森理論又稱爲「**新佛洛依德主義**」（neo-Freudian），其理論和佛洛依德觀點不同之處有以下幾點（張春興，1994）：

1. 艾瑞克森理論是根據一般心理健康者的人格特徵建構而成；佛洛依德論點奠基於性格異常者的行爲。

2. 艾瑞克森理論將心理社會發展視爲人生連續不斷的發展歷程；佛洛依德則持早期決定論（兒童時期的家庭生活）的看法。

3. 艾瑞克森理論以發展「**自我**」成長作爲人格發展動力，是一種個體的心理社會發展；佛洛依德則視「**本我**」的性衝動爲人格發展動力，是一種個體的性心理發展。

4. 艾瑞克森強調理性（意識）健康的人生；佛洛依德重視病患的潛

意識發掘。

美國心理學家馬西亞（J. Marcia）發展測量工具來驗證艾瑞克森的自我認同（自我統合）論點，他認為統合有兩個要件：一是「**危機**」（crisis），一是「**承諾**」（commitment）。危機是一個人面對的多種抉擇（包括職業選擇、童年信念的接納程度，與面臨的身心成長壓力），但不是每位青少年都有危機感受。危機類型有三：

1. 缺乏危機（absence of crisis）：個體未感受到有選擇目標的必要，此種程度是個體缺乏危機感。

2. 正處於危機中（in crisis）：個體正努力解決統合的問題，正進行抉擇。

3. 危機已過（past crisis）：個體已克服了危機，作出明確的抉擇，作出抉擇後就是投入，投入是個人針對目標所使用及花費的時間、精神與心力程度，投入態度對個體而言是一種承諾（劉玉玲，2005）。

當青少年無法解決個人統合的危機，沒有能力作出決定，也無法作決定，會出現「**統合缺失**」（identity deficit）現象；若是需求、興趣與個人決定不同，作出的抉擇會造成矛盾現象，會出現「**統合衝突**」（identity conflict）情況，這二種統合類型都是統合危機。

馬西亞從個人職業、宗教信仰與政治三個面向來研究個體的統合程度，對於青年人的自我統合狀態，馬西亞將其分為四種類型（黃西庭，1998；朱敬先，2011）：

1. 迷失型統合（identity diffusion；認同失敗者）：為一種認同混淆型，個體對「**我是誰**」、「**我為何而活**」、「**我究竟要什麼**」等問題均沒有明確答案，也沒有明確的方向。此狀態的青年人既沒有從認同危機中取得經驗，也沒有解決認同危機；對未來感到沒有希望、徬徨迷惑，不知所措，沒有明確的目標、價值或作法，對自己可能是冷淡退縮，也可能是公開的反抗。

2. 早閉型統合（identity foreclosure；認同早熟者）：為一種認同強閉型，個人未經歷不同探索機會或對不同選擇的思考，就直接認同父母或他

人的目標、價值觀、信仰、生活方式與社會角色。此類青少年沒有從認同危機中獲取任何經驗即作決定，過早接納許諾結果可能與自己的興趣契合，但也可能以後要付出更多代價。

3. 未定型統合（identity moratorium；尚在尋求方向者）：爲一種合法延緩期型態，此種統合狀態是常見且是健康的，因爲青少年還在其選擇中掙扎。處於這種狀態的青少年正經歷認同危機並積極探索自己的價值定向，並努力發現能夠增強自身競爭力的穩定之認同感。對多數人而言，經驗是一種漸進的試探，而不是一種「**創傷劇變**」。

4. 定向型統合（identity achievement；認同成就者）：爲認同感或統合感的達成，指個體在實際探索後，有明確的選擇與決定，也能承諾去追求達成。這一狀態的青少年已解決自我認同危機，他們對職業、性別或政治、宗教觀念等已有明確的定向。馬西亞和艾瑞克森認爲在定向型達成前都有統合危機和合法延緩期，而從迷失型跳過早閉型到達合法延緩期則是可能的。

從認同與探索程度二個取向，四種和職業選擇有關的認同或統合狀態的分類如圖 2-6（陳奎伯、顏思瑜譯，2009，頁 115）。

赫伯（Herbert）認爲馬西亞四個認同型態是人生的一種發展歷程，健康的認同由孩童時期開始，青少年前期爲認同尋求，嘗試探索、選擇與作決定（未定型），青少年後期及成人認同成功（定向），若是早閉型認同或認同混淆者會帶給個人不健康的發展。提早成熟（早閉型認同）者會因父母庇護或協助消失而不知所措；有時會因無法符合父母期望，或與自己眞正興趣不合，會選擇逃避或防禦行爲，選擇負面的認同與角色，例如自我放逐、反抗、逃學或禁藥。至於認同混淆者會有沮喪、消極行爲，認爲學習、生活等均沒有意義，出現自卑、空虛與失望，不敢面對現實，僞裝自己，最後採取「**自毀性解決方法**」（self-destructive solutions），例如爲求他人肯定而強求親密關係，或以自殺方式表示自己的絕望等（劉玉玲，2005）。

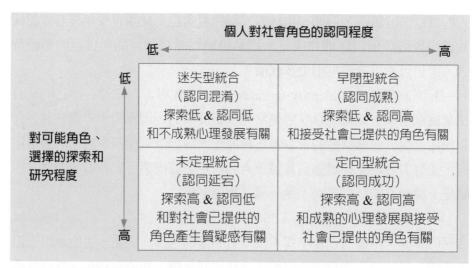

個人對社會角色的認同程度

低 ← → 高

	迷失型統合 （認同混淆） 探索低 & 認同低 和不成熟心理發展有關	早閉型統合 （認同成熟） 探索低 & 認同高 和接受社會已提供的角色有關
	未定型統合 （認同延宕） 探索高 & 認同低 和對社會已提供的 角色產生質疑感有關	定向型統合 （認同成功） 探索高 & 認同高 和成熟的心理發展與接受 社會已提供的角色有關

低

對可能角色、
選擇的探索和
研究程度

高

圖 2-6　四種和職業選擇有關的認同或統合狀態的分類圖

　　身為教師，培養學生社會技巧的策略可以讓學生解決發展危機，學生人格和社會化行為發展是在與他人有效互動中逐次形塑而成的。小學和中學時期的人格發展不順，會形成負向消極的自我概念與錯誤認知而產生攻擊行為（aggressive behavior），這些攻擊行為包括肢體攻擊（physical aggression）、關係型攻擊（relational aggression，較常見於女孩之間）。攻擊行為的學生有二種類型：一為「**主動型攻擊**」（proactive aggression），一為「**反應型攻擊**」（reactive aggression），反應型攻擊者的攻擊行為主要係因遭到挫折或挑釁而起，對同儕採取肢體型或關係型攻擊行為的學生，往往將別人行為解讀為意圖不善，此現象稱為「**敵意歸因偏誤**」（hostile attribution bias），較常出現於反應型攻擊行為兒童身上，而將傷害者的意圖歸因於「**敵意**」。若是長期、持續欺負某些特定學生，則稱為「**霸凌**」（bullies），被霸凌的學生通常是較不成熟、焦慮、沒有朋友、缺乏自信或有障礙者（白惠芳等譯，2011；Ormrod, 2008），這些受害者也稱為「**退縮型受害者**」（passive victims），與「**挑釁型受害者**」（provocative victims）相較之下，他們的特質為低自尊、退縮、

不願反擊、身體虛弱，即使他們沒有做什麼事情也會招惹對方表現敵意行為。

　　就高攻擊性兒童而言，「**反應型攻擊者**」（reactive aggressors）比「**主動型攻擊者**」（proactive aggressors）會表現更高的敵意，其型態又稱為「**報復型攻擊**」（retaliatory aggression）。相較於非攻擊型兒童，主動型攻擊者十分確信攻擊行為反而會讓自己受益，他們傾向於相信可藉由支配他人而提高自尊。根據學者道奇（K. Dodge）之社會訊息處理模式觀點，之前曾與他人吵過架的反應型攻擊者，他們的心智狀態可能包含「**別人對我有敵意**」或「**我要報復**」的預期心理，因此他們比非攻擊性兒童更可能的行為傾向有以下幾點：(1) 尋找並找到跟這個預測相容的線索，將攻擊行為合理化；(2) 將傷害者的意圖歸因為「**他對我有敵意**」；(3) 變得非常生氣、憤怒，不會想到用其他非攻擊的方法因應，直接採用有敵意的報復方式（林淑玲、李明芝譯，2014）。

　　艾瑞克森心理社會發展八個階段，階段特徵與發展重點統整如表2-4。

表2-4　艾瑞克森心理社會發展八個階段（Slavin, 2012; Woolfolk, 2011, p.102）

階段	大約年齡	重要事件與重要關係	描述	心理社會發展重點
基本信賴對基本不信賴	出生到 18 個月（口腔期）	哺育、母職人物	嬰兒必須與其照顧者建立關愛與信任關係，否則就發展了不信賴感	獲得回報
獨立自主對羞愧懷疑	18 個月到 3 歲（肛門期）	如廁訓練、親職人物	兒童主要發展生理技能，例如走路、抓拿、控制肌肉等；若學會操控自如則發展順利，否則將產生羞愧懷疑	緊握鬆手
主動創發對罪惡感（退縮內疚）	3-6歲（性器期）	獨立、家庭基本成員	兒童繼續變得更肯定與更有創新性，但此時若處於過度威權的管教下，將會導致罪惡感的產生	追求遊戲

階段	大約年齡	重要事件與重要關係	描述	心理社會發展重點
勤奮努力對自貶自卑	6-12 歲（約國小教育階段）（潛伏期）	學校、鄰居	兒童必須面對要求，且學會新技能，如無法達成會有失敗、自卑及無能感	做東西一起做東西
自我認同（自我統合）對角色混淆	12-18 歲（約國高中教育階段）（異性期）	同儕關係、領導楷模	青年人必須在職業、性別角色、政治及宗教等方面獲得自我的認同感，否則會形成角色混淆	成為自己（或未能成為自己）分享「**成為自己**」的經驗
親密友愛對孤獨疏離	成年前期	愛的關係、性、競爭與合作關係夥伴	成人早期必須發展親密友愛關係，否則生活會變為孤獨，疏離他人	失去自我並在他人身上找到自我
積極生產對停滯頹廢	成年中期	父職／母職／教導；分工與共同生活的家人	每個成人必須設法尋求有效方法，去教養、滿足和支持下一代，利他利己，否則會自我停滯	照顧他人
完美無憾對悲觀失望	成年後期	反思與接納自己的人生；人類／我族	個人對自我接納感與自我滿足感的累積，而認為人生完美，否則會有人生失落感、悲觀絕望	由於過去的存在而造就現在的存在面對不存在？

　　艾瑞克森八個生命週期危機如圖 2-7，左方為不健康或無法完全發展的心理特徵，右邊為心理社會健康發展或個體完全地發展的心理特徵（Goetz, et al., 1992, p.85）。

　　就小學階段的學生而言，心理危機是「**勤奮努力**」對「**自貶自卑**」（industry & inferiority），要能讓學生順利渡過此發展危機，必須讓學生

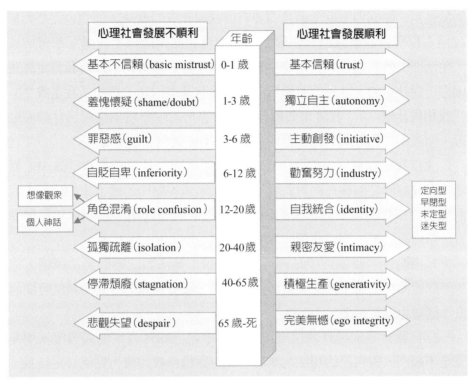

圖 2-7　艾瑞克森八個生命週期危機圖

經驗學科作業的成功與認知技巧的精熟，如此個人潛能才得以發展，培養主動進取精神，成爲獨立自主的學習者，教師必須確保學生有參與活動的機會，並提供學生眞實成功的可能，具備精熟學習的教學與輔導策略。此外，班級場域中學生會經由與同學比較來評估自己的能力，此種競爭與社會比較的班級結構並不利學生發展，教師不應重視個體間的競爭，強調的是學生對特定目標的進步情況，或是學生自己的進步程度（Goetz, et al., 1992）。

　　就國中與高中階段學生，發展特徵爲「認同」（identity）或「角色混淆」（role confusion），學生對於其生涯選擇要有正確的資訊：何種工作最好？何種訓練或知能是必備的？工作內容爲何？工作的報酬多好？

對於性別、婚姻與家庭生活也需要有真誠與正確的資訊，他們也需要對於政治、哲學與道德議題有明確的認知機會。此階段學生正處於學童與成人生活間的轉換過程，若是學生對自己的生涯、個人角色及自我肯定產生困惑，對社會的、性別的及職業的議題沒有基本信念，例如「**我是誰？**」「**我相信什麼？**」「**我將來要做什麼？**」等，青少年就無法渡過此階段危機，而產生角色混亂，延伸至成人生活（Goetz, et al., 1992）。

「**自我統合**」（self-identity，或自我認同）是艾瑞克森理論中心概念，自我認同是個體在面對新環境時，將過去經驗所延續下來的感覺、目前自己的知覺，以及對未來的期望所進行的統整作用。就青少年群體而言，常面臨以下六個自我認同的問題（劉玉玲，2005）：

1. 前瞻性的時間觀或是混淆的時間觀：無法體認時間無法倒轉，空想時間能停止不前；回憶過去而擱置計畫，沒有具體的行動；希望時間過去，問題也跟著過去。

2. 自我肯定或是自我懷疑：過度在乎自己的外表或他人看法，或是完全不顧別人對自己的想法，無法明確的認識自我的優劣點而肯定自我。

3. 預期工作有成或是無所事事：不願意學習，無法承擔責任與壓力，無法堅持並努力學習以發揮個人潛能，無法應付工作而一事無成。

4. 性別角色認同或兩性混淆：對社會規範的性別角色及其責任認同混亂，與任何一性相處無法感到自在，沒有適當的性別表現。

5. 服務與領導角色的辨認：被推舉為群體領者或是被他人領導時的角色無法有效展現，可能盲目的服從或是無法有效扮演領導者的角色。

6. 意識信念形成或是價值混淆：開始選擇人生哲學、理想或宗教信仰作為一生內在的支持，若生活信念不能形成，又對社會所呈現的價值有所懷疑，則生活沒有重心。

7. 角色嘗試或角色固著：成長過程中青少年需要勇於嘗試各種角色，體驗不同角色所擔負的任務。這種體驗不應讓青少年提早固定角色，造成面對未來扮演其他角色時，缺乏彈性應變而無法適應。

四、自我中心主義

艾瑞克森心理社會發展論觀點中，認為個人的發展會經歷八個階段，各階段都有一個獨特的發展任務，而個人如何應付，會影響個人整體心理社會的發展。心理社會發展八大階段論點，成為之後研究者對兒童及青少年「**自我感**」（sense of self）發展改變探究的議題。就兒童期階段而言，小學生想到自己時，最常想到的是具體的、易觀察到的特徵與行為，多數學齡前及低年級學童的自我感大致是正面的。青少年早期會出現兩個對自我感有顯著影響的自我中心想法：一為「**想像的觀眾**」（imaginary audience）；二為「**個人神話**」（personal fable，或個人傳奇）。青少年後期，大多數青少年會從幻想中重回實際世界，遠離青春期負向思維，擁有正面的自我概念與較佳的心理狀態（白惠芳等譯，2011；Ormrod, 2008）。

艾肯德（Elkind, 1967）認為早期青少年發展了新的認知能力，使他們能夠思考他們自己的及他人的思想，但是因為自我中心取向，使他們扭曲對自己及對他人的知覺，而無法適當地分清自己及他人的想法，導致預期他人會理解他們就如同他們對自己的理解一樣，並且用他們對待自己的方式去理解他人。皮亞傑認為兒童自我中心的產生，原本只是牽涉到認知能力的發展而已，但艾肯德卻認為自我中心是青少年因思考上的不周全所引發的，它具有著情意的及非認知的成分。由於青少年陷入全神貫注於自己的泥淖中，這種自我專注（self-absorption）的現象導致青少年出現所謂「**想像觀眾**」與「**個人神話**」（或稱個人無稽之念）的兩種思考傾向或念頭（江南發，2003）。

導致青少年「**自我中心主義**」（egocentrism）現象的原因主要有二個（蘇建文等，2014）：

（一）導因於形式運思能力

艾肯德認為個體在認知發展的每個階段，都會產生屬於那個階段特有的自我中心主義。個體進入形式運思期（皮亞傑指出的第四個認知發展階

段）時，會進行「**可能性**」的思考（對事件可能因素進行可能性考量）、「**假設性**」的思考（由事物發生的可能性中衍生相關的假設）、「**前瞻性**」的思考（讓個體有「**規劃**」的能力）、「**思考性**」的思考（個體以「**自己思考的歷程**」為思考的對象，或以「**自己思考的結果**」作為思考的材料），與「**超越成規性**」的思考（重新界定新經驗事物的能力）。這些思考內容與實際跟他人互動時產生的知覺並不相同，青少年往往把自己關注的內容與他人關注的內容混為一談；在與他人互動或交換意見過程中，發現自己關注的焦點與他人重視或對談的內容並不相同，這是青少年認知能力的擴張，但也造成個人思考能力的限制。

（二）導因於角色取替能力

拉斯里與莫菲（Lapsley & Murphy）以「**角色取替能力**」（perspective taking ability）發展的觀點，來探討青少年自我中心主義的問題，「**角色取替能力**」係指個體將自己置放於別人的立場，以別人的角度來看事情的能力。拉斯里二人認為，青少年自我中心現象出現在社會認知發展的第三階段「**相互的觀點期**」，而結束於第四階段「**社會的觀點期**」。進入相互觀點的個體會站在第三個人的觀點來查看其他二個人之間的關係（例如小明與雅美間早前交往情況），也會考量到與自己無關的群體中之事件。此時的個體本身不但是「**思考的主動者**」（active agent；例如我想……），同時本身也是被思索的對象（passive object；例如我想、我覺得……），二種思考方式相互衝突時，個人會產生自我中心現象。

艾肯德認為青少年的「**自我中心主義**」有四大特徵（黃德祥，1994）：

（一）想像觀眾

青少年過度專注於自己，他們總是認為別人也會特別專注於他們的外表以及行為；他們總是想像自己是位演員，而有一群「**觀眾**」（audience）持續在注視著他們的一舉一動（包括儀表和行為），他們是觀眾注意的

焦點。「**想像觀衆**」的產生與青少年對思想的思考能力有關，他們無法區分他人思想與自己思想的差異，這與他們初期過高的「**自我意識**」也有關聯。由於青少年不想成爲他人觀賞或批判的對象，因而會產生逃離「**觀衆**」的意圖，伴隨產生了羞恥感、自我批評，或自以爲是的反應。艾肯德認爲到了 15 歲或 16 歲時，想像觀衆會被「**眞實觀衆**」（significant others）取代。

按照艾肯德的論點，想像觀衆是發生在青少年的認知發展進入形式運思期後所產生的一種副產品，它是青少年無法把他人的想法與自己的想法分離，而全神貫注於別人如何看待他的結果所致。青少年所構想出來的想像觀衆會使他們產生過高的「**自我意識**」，想像觀衆使青少年認爲自己是主角，而別人都是觀衆，使這個時期的友誼建立在「**自我界定**」（self-definition）與「**自我關注**」（self-interest）的自我中心需求上，而不是建構在相互關注和休戚與共上面，因而帶有「**剝削的性質**」（exploitative nature）（江南發，2003）。

（二）個人神話

個人神話（或稱個人不朽）的產生是青少年認爲自己就站在「**想像觀衆**」前面或舞臺的中央，係指青少年過度強調自己的情感與獨特性，或是過度區分自己的情感，堅信自己的情感是與衆不同的。由於「**個人神話**」的作用，使青少年認爲他們是不朽的、特殊的、獨特的存在個體。個人神話的負面作用，是青少年會爲自己的不當行爲（例如未婚懷孕、抽煙等）找藉口，他們常說的一句話是：「**別人也會這樣。**」艾肯德認爲當青少年與朋友發展了親密關係，察覺自己並不獨特後，「**個人神話**」感受會逐次減低。個人神話的想法常造成多數青少年置身於危險情境之中，例如飆車、吸毒、未經保護措施的性行爲，由於他們認爲這些生活中的事件無法傷害他們，個人神話告知他們：「**我才不會那麼倒霉**」、「**那種意外事件才不會發生在我身上**」。個人神話作用也是造成校園意外事件發生的緣由之一。

　　「**個人神話**」之自我中心現象有三種表現方式（蘇建文等，2014）：

　　1. 獨特性（uniqueness）：係指想法對個體而言是新的，因此青少年不認為他人也會有此想法，或是曾經有過這樣的想法，因而沾沾自喜於自己想法的獨到新穎之處。這種獨特而又不為他人了解的感覺是造成青少年生活苦惱的主因，為了抒發情感及個人隱私，青少年會藉由日記表露自己的情感。

　　2. 不可毀滅性（indestructibility）：指青少年認為自己有著巨大無比的抗爭力，可以讓個體免於危難，遠離任何損傷，此種感覺深深影響他們對事情的判斷，無法聽進他人勸告，依然我行我素，例如「**無照駕車，但我永遠不會被警察抓到**」、「**吸煙有害健康，但受害者絕對不是我**」等。

　　3. 理想主義（idealism）：指青少年只想以「**紙上談兵**」、「**書生論政**」的理想模式來解決問題。由於青少年獨特的思考方式，思考運作時雖會衍生許多抽象假設，但同時也忽略了現實環境的限制。當實際現況無法回應個人構想時，便產生怨天尤人、憤世嫉俗的態度。

（三）假裝愚蠢

　　由於青少年思考能力的提升，能夠思考各種可能性，會找尋行為的複雜動機所在，在探索性的環境當中會表現過度的理智化，表現出大智若愚的樣子，「**假裝愚蠢**」（pseudo stupidity，或裝笨）來操弄別人。此狀態的青少年事實上非常精明，卻常常表現出一無所知或什麼都不會的假象。

（四）明顯偽善（apparent hypocrisy）

　　青少年認為他們不必遵從絕大部分人都要遵守的規定，他們希望能夠與他人不同（此心理歷程與個人神話有相似之處）。青少年容易虛情假意，顯現表裡不一的樣子，例如告知老師他知道環境保護的重要，但參與園遊會時卻亂丟垃圾，或是了解社會規範的重要，卻常常作出違反班規的事情；此外，青少年的言行不一舉動、說謊欺騙行為等都是「**明顯偽善**」的心理特徵。

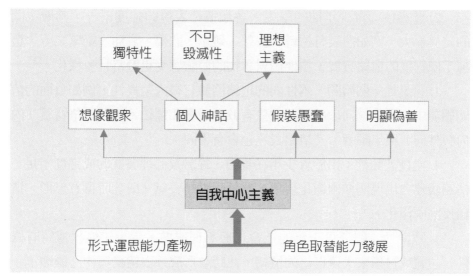

圖 2-8　青少年自我中心主義現象及行為特徵

青少年自我中心主義現象及行為特徵，如圖 2-8。

青少年自我中心主義認為青少年複雜的思考會持續受生理、情緒、社會變遷的影響，青少年對於現實情境的具體化思考會逐漸被抽象性與假設性思考取代，周遭所有的人事物都可能成為青少年發展抽象性與假設性思考能力的「**客體**」。他們過度的專注力或集中力，導致形式運思階段的自我中心主義，無法區辨是非，誤認他人與自己一樣重視外表及行為，就建構出「**想像觀眾**」特徵行為；由於對生活經驗的思考與感覺的新奇性與獨特性，認為自己是獨特的、有超乎尋常的感覺與思想，「**個人神話**」特徵行為就接續出現（黃德祥等譯，2006）。

由於青少年期的認知能力及意識水準的提升，其情緒發展有以下特徵（劉玉玲，2005）：

1.延續性：兒童期的情緒易在短時間內被激發，也較易使用情感性字眼，但青少年期的學生情緒發作時間延續較長，可長達數小時至數日，有些情緒體驗會長期影響他們的成長。

2.豐富性：青少年期的學生，各類情緒表達的強度不一，其層次間的差異很大，例如悲哀有遺憾、失望、難過、悲傷、哀痛、絕望之分，這種不同程度的情緒發展，讓他們對事物的體驗感受更豐富且多樣化。

3.差異性：個體間、兩性間的情緒體驗有很大差異性，例如負面的情緒體驗中，男生傾向於發怒、女生有較多悲傷和懼怕。不同人格特質（內向與外向）與年齡者，其情緒表達也會有不同。

4.兩極波動性：由於青少年在身體、經驗及心理發展的成熟度不足，情緒表達會出現明顯兩極化現象，挫折時垂頭喪氣、成功時得意忘形，情緒反應兩極化。

5.隱藏性：隨著青少年的社會化與心理成熟，青少年能根據特有條件、規範或目標來表達自己的情緒，此時會形成外表情緒與內心體驗不一致的情況。例如對異性有愛慕之情，給對方的印象卻是冷酷無情。

小學兒童階段在人格與社會發展方面有兩個重要面向：「**自我概念**」（self-concept）與「**自尊**」（self-esteem）。自我概念是一個人對自己的優缺點、能力、態度與價值等的知覺；自尊是一個人對自己的特徵、能力、行為與重要性的感受與評價。自我概念在個人出生時就開始發展，之後持續受到經驗的影響；自尊是個體對自己技能與能力的評價（Slavin, 2012）。自我概念與自尊均為「**自我感**」（sense of self）的內涵，由於兒童人格和社會發展間的個別差異，教育歷程中讓學生學會「**接納**」自己是重要的。到了青少年時期，學生的自我感包括了八個不同的範疇：(1)我在學科的表現能有多好？(2)我在運動方面的能力有多強？(3)我能多遵守規矩？(4)我的外表有多吸引人？(5)別人有多喜歡我？(6)我有許多好朋友嗎？(7)我有多強的浪漫魅力？(8)我的前途成功機會有多高？（Ormrod, 2008）。

自我概念與自尊雖有不同意涵，但時常被交互使用，學者以「**思考**」（thinking）與「**感受**」（feeling）區隔二者。自我概念有認知性的結構，自尊是個人所有生活領域中，融入自我概念之一種整體、普遍的自我價值感，它可說是作為一個人價值的「**簡要判斷**」（summary judgment）。

學生的整體自我概念是由其他更特定概念組成，包括學科自我概念與非學科自我概念。非學科領域的自我概念例如生理外表、受人喜愛的特點、令人信賴感受、與父母關係、情緒穩定性等；學科領域例如口語表達、數學表現、問題解決能力、藝術專長、電腦技能等。對於年齡較大青少年與成年人，不一定會將個別、特定的自我概念納入整體自我概念中，對於成年人而言其自我概念有較多「**特定－情境**」（situation-specific）導向，他們更會以目前的興趣及活動來認同自己。學校場域中，會有「**社會比較**」（social comparisons）效應，學生學科自我概念的形成會經由與班上其他同學比較而得，學科能力強者在普通班級中會有較佳的能力感，稱為「**大魚小池效應**」（big-fish-little-pond effect; BFLP）；但其處於一個資優群體中可能呈現相反的結果，稱為「**小魚大池效應**」（little-fish-big-pond effect; LFBP），與待在普通班群體中相較之下，其學業自我概念（academic self-concepts）會有逐漸下降趨勢，但非學科自我概念則沒有改變（Woolfolk, 2011）。

參. 人際了解發展與生涯類型

一、人際了解發展

沙門（Selman）從個人訊息處理過程的社會認知觀點，認為以年齡為發展的基準點，可以將兒童及青少年與他人互動發展的過程分為五個階段，也可以將友誼發展分為五個階段：第一階段為「**暫時性玩伴**」（momentary playmates），第二階段是「**單方面協助**」（one-way assistance），第三階段為「**公平氣氛的合作**」（faire-weather cooperation），第四階段為「**親密與分享階段**」（intimate & mutual sharing），第五個階段為「**自主相互依賴階段**」（autonomous interdependence）。人際理解發展的五個階段如下（劉玉玲，2005；蘇建文等，2014）：

（一）第 0 個階段——自我中心未分化

自我中心未分化階段（egocentric undifferentiated stage）約在 3 至 6 歲之間，兒童認爲他人跟自己的喜好與看法都一樣，以自我爲中心，無法區辨他人感受與自己的差異。自我中心期的幼兒的角色取替有二個時期，前期的幼兒不自覺地把自己的觀點當成別人的觀點；後期的幼兒則是不願意將自己的想法與他人的想法分開。此時的玩伴通常是短暫的，友誼發展特徵爲「**暫時性的外在互動友誼**」，朋友間信任僅止於外表的活動，以直接方法（例如離開、搶回等）解決彼此間衝突，衝突是一方造成的，解決方法只要一方補救就可以。

（二）第 1 個階段——主觀觀點帶領

主觀觀點帶領階段（subjective perspective-taking stage）約在 5 至 9 歲之間，兒童開始察覺自己和他人不同，了解他人的看法或想法與自己可能不同，此階段兒童不會對他人的動機或意圖進行推論，只以他們外在觀察到的行爲判斷他人的情感。這個時期的幼兒雖然明白個人與對方想法會有不同，但仍然將自己的想法與他人看法歸併，歸併原因是個人與他人同處於一個情境脈絡中，他人的想法推估是由個人心理因素主觀認定。此階段由於不能發展互惠的友誼，無法體認付出與回報的重要性，友誼發展爲「**單向友誼**」。

（三）第 2 個階段——自我反省思考期

自我反省思考階段（self-reflective thinking stage）約在 7 至 12 歲之間，此階段的孩童在表現個人行爲時，會考量到他人的觀點，也會顧及他人的反應與感受。他們有內在需求，但受限於現實情境或條件無法滿足，因而會有內在衝突的體會。這時期的兒童知道自己的想法是由個人內在因素來決定，他人無法明白，因此想用自己的想法來推測他人的想法，進而反省自己的想法。他們已意識到自己與他人想法間有某種程度關聯性，又稱爲「**第二個人的看法**」（second-person perspective）。此階段學童約小學教

育階段，學童能了解互惠關係與他人的觀點，也知道共同完成工作的重要性，只是此種合作關係多以「**自私**」爲出發點，友誼發展爲「**公平氣氛下的合作階段**」。

(四) 第 3 個階段── 相互觀點取替（或稱第三個人的觀點）期

相互觀點取替階段（mutual perspective-taking stage）約在 10 至 15 歲之間，此階段的青少年對人際情境脈絡會進行客觀的考量，也會體認到第三者的存在感，他們了解他人的觀點或想法可以與其從交往互動中獲知，也可從活動、遊戲或行爲表現過程中來作推論解釋。此時期個體的發展由二個人的關係發展到群體間的關係，個體可以站在「**第三個人的觀點**」（third-person or mutually perspective）來看待另外二個人間的關係。此時期青少年可以分享祕密、情感，並相互尋求共同解決問題，但此時期的友誼常具有排他性與占有性，友誼發展爲「**親密與相互分享階段**」。

(五) 第 4 個階段── 深層與社會觀點取代期

這個時期的個人體認到每個人都可以擁有自己的想法，而個人所持有的想法或觀點是組成社會系統的根源。「**深層**」與「**社會觀點取代階段**」（in-depth & sociated perspective-taking stage）的青少年會將社會規範納入行爲之中，他們的分析歷程含有潛意識作用，更願意也會更深層地認識自己，理解情感與需求的情況，但卻愈來愈無法與他人建立親密與信任的關係。此時期的友誼較爲複雜，當事者能兼顧自己與相互依賴之需求，友誼發展稱爲「**自主相互依賴階段**」，此階段青少年若人際互動發展不順暢，會影響其「**社會概念**」（social concepts）的發展。

傅來福（Flavell）等人以「**訊息處理**」（information processing）論的觀點，來探討兒童表現角色取替能力的過程，此歷程共有四個階段（蘇建文等，2014）：

1. 第一個階段── 存在期（existence phase）：此階段的兒童能理解到他人對同事件可能也會有不同的看法和態度，這些看法和態度是有可能

「存在」的。

2. 第二個階段——需要期（need phase）：此階段的兒童由於實際需求會「**想要**」推測對方的想法或看法，此種為達到特定目的的動力，會推動個體之所以需要站在別人的角度來看事情的驅力，此外，利用策略以勸服別人打消某種念頭也是引起推測他人想法的驅力之一。

3. 第三個階段——推論期（inference phase）：此階段的個體會利用身邊現有的各種資料、指標來進行心理活動，推定對方內在或隱含的特質，經由推測所得的資料以滿足實際的需要，進而解決現有的問題。

4. 第四個階段——應用期（application phase）：此階段的兒童會利用以往經驗所累積的知識來解決其他類似的問題。傅來福將角色取替表現歷程分成存在、需要、推測和應用四個階段，但在實際生活中，個體在四個階段表現的時程是在短時間內就完成的。

二、生涯發展類型學

霍蘭德（J. Holland）認為，生涯選擇是個人在對特定職業類型進行認同後，個人人格在工作世界中的表露和延伸。「**典型個人導向**」（model personal orientation）是一個經由遺傳和個別對環境需求作出反應的生活歷史，人們會在其工作選擇和經驗中表達自己、個人興趣和價值。已發展的典型個人導向的強度或主宰的主控性，是個人選擇偏好生活風格的關鍵因素。個人會被某些能滿足其需求和角色認定的特定職業所吸引，根據個人對職業的印象和推論，霍蘭德將人們和工作環境作特定的歸類——依個人或環境歸類為六大類型，六大類型也是一種職業興趣：「**實際型**」（realistic，或實用型）、「**研究型**」（investigative）、「**藝術型**」（artistic）、「**社會型**」（social）、「**企業型**」（enterprising）和「**傳統型**」（conventional，或事務型）（吳芝儀譯，1999）。

對應於生涯發展六類型，卡特爾（Cattell）從人格特質論觀點提出 16 種人格特質；艾森克（Eysenck）提出人格三因素模型（簡稱 PEN 模型）：「**精神質**」（psychoticism）、「**外向性**」（extraversion）、

「神經質」（neuroticism）。外向性人格行為為活潑的、支配的、隨意的、善表達的、欠深思熟慮的；神經質人格行為為焦慮的、抑鬱的、情緒化的、困擾的、緊張的；精神質人格行為為好鬥的、獨斷的、易衝動的、固執的、敵意的。寇斯塔與馬克可瑞（Costa & McCrae）提出**「五大人格模型」**（Big-5 model of personality），五大人格特質為**「外向性」**（extraversion）、**「親和性」**（agreeableness）、**「盡責性」**（conscientiousness）、**「神經性」**（neuroticism，或稱情緒穩定性）、**「經驗開放性」**（openness of experience）。親和性為一個人能與他人和睦相處、同理他人的程度；神經性為一個人情緒敏感、焦慮與緊張的程度，是個人情緒穩定的程度；經驗開放性為一個人主動尋求探索與體驗新事物的程度；盡責性為一個人勤奮負責、持續向前及目標取向的程度；外向性為一個人的能量指向於內或朝向於外的程度，對應的人格為內向性。（賴惠德，2019）。

霍蘭德職業類型學取向的要義有以下幾點（教育部教育百科－生涯類型論）：

1. 選擇一種職業，是一種人格表現；一個人的行為是由他人的人格及所在環境的特性所決定。

2. 職業興趣是人格的呈現，職業興趣測驗即是一種人格測驗。

3. 從事相同職業的人，有相似的人格與相似的個人發展史。圖 2-9 之六角形模型圖中若是相鄰者，彼此之間具有較大的相似性或**「一致性」**（consistency），一致性與人格及環境有關；對應的類型間其**「分化性」**（differentiation）愈高，分化性指個人人格特質發展或其所偏好職業環境與其他類型者有明確不同。

4. 由於同一職業團體內的人格特徵接近，人們對於各種情境與問題的反應方式也大致相似，因此可塑造出特有的人際氛圍。個人對於他們的目標、興趣及天分具有明確及穩定的概念，此即為**「身分認同」**（identity）。

5. 個人職業滿意程度、職業穩定性與職業成就，取決於個人的人格

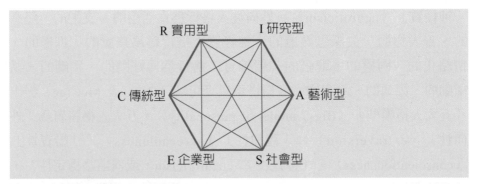

圖 2-9　霍蘭德職業六種類型

與工作環境之間的適配性，人格類型愈符合工作環境特性時，「**適配性**」（congruence）愈高，適配性為個人人格特質與其所處職業環境之間的配合情形。

6. 社會文化中，多數人均能夠被分類到六種類型中（實用型、研究型、藝術型、社會型、企業型、傳統型）（圖 2-9）。

根據六種類型在二度空間上的關係，可以判別人格特質或職業環境的一致性程度；同時也可計算（calculus）出個人人格特質與職業環境之間的適配性程度。六角形的人格類型圖中，每一種類型與其他類型之間存在不同程度的關係，人格類型間的關係有三種情況：

1. 相鄰關係的兩種類型個體之間共同點最多，例如「**實用型 R**」與「**研究型 I**」的人就都較喜愛獨立，不善於社交或人際交往；「**E 企業型**」與「**S 社會型**」的人有較佳的口語能力及說服他人的言辭。

2. 相隔關係兩種類型個體之間共同點較相鄰關係少，例如「**實用型 R**」與「**藝術型 A**」兩種類型個體間共同點較「**實用型 R**」與「**研究型 I**」兩種類型個體間少。

3. 相對關係的二種人格類型共同點最少，例如「**實用型 R**」與「**社會型 S**」；「**C 傳統型（事務型）**」與「**A 藝術型**」。一個人同時對處於相對關係的兩種職業環境都有很高興趣的情況較為少見。

表 2-5　霍蘭德的典型個人風格與職業環境類型

個人風格	人格類型	職業環境
積極、偏好具體非抽象性的工作，較不善於社交，人際間的互動較欠缺；工作者須付出體力，具備一定程度的技能	實際型	具技能性的行業，例如水電工、機器操作員、技工、攝影師、抄寫員與部分服務業
有智慧的、具抽象及分析的能力、獨立；有時是激進的，常是任務取向者；對未知問題的挑戰充滿興趣，喜愛「追根究柢」	研究型	科學家（例如化學家、物理學家、數學家等）；或是實驗室技師、程式設計師及電子工作等技術人員
重視唯美主義、想像力豐富；偏好透過藝術來自我表達、獨立且外向；喜歡以自由和創新性方式來表現自己	藝術型	畫家、雕塑家、設計類的藝術工作者；音樂家、樂團指揮、音樂老師等音樂工作者；或是文學工作者（例如編輯、作家、評論員等）
喜好社會互動、偏愛出現於社交場合，關心社會及宗教議題；社區服務導向，並對教育活動感興趣；有較佳口語能力和社會技巧，關注對社會的幫助	社會型	教師、教育行政人員、大學教授等教育工作者；社工人員、社會學家、諮商師及專業護士等社會福利工作者
外向積極、愛冒險，偏好領導的角色；說服主控他人及應用良好的言辭；有升遷機會，以獲取更多權力、地位和財富	企業型	人事、生產及業務經理等管理工作者；各種銷售職位者（例如壽險推銷、房地產及汽車銷售人員）
務實的、自我控制佳、善於社交、略為保守；偏好結構性任務及社會認可的一致性工作；遵守法令，但較為依賴，有文書和數字計算的特長，組織能力佳	傳統型（事務型）	辦公室及事務性人員（例如作業時間管理員、檔案員、會計、出納、電腦操作員、祕書、書記員、接待，以及財務管理人員）

資料來源：吳芝儀譯，1999，頁 59。

自我練習

( )1. 安士沃斯（Ainsworth）等人透過陌生情境（strange situation）實驗研究，當照顧者離開時不會表現緊張痛苦，照顧者復返時會生氣，對陌生人的出現沒有特別反應者。此類型的依附型態為何者？ (A) 安全型依附　(B) 迴避型依附　(C) 矛盾型依附　(D) 焦慮型依附。
參考答案：(B)

( )2. 從內在運作模式觀點看成人依附模式類型，其中自我意象為高依賴、他人意象為低逃避者，依附類型為何者？ (A) 安全依附　(B) 焦慮依附　(C) 疏離依附　(D) 懼怕依附。
參考答案：(B)

( )3. 從內在運作模式觀點看成人依附模式類型，其中自我意象為低依賴、他人意象為高逃避者，依附類型為何者？ (A) 安全依附　(B) 焦慮依附　(C) 疏離依附　(D) 懼怕依附。
參考答案：(C)

( )4. 人際溝通類型中的「我好、你不好」，對應依附型態為何種？
(A) 安全依附　(B) 焦慮依附　(C) 疏離依附　(D) 懼怕依附。
參考答案：(C)

( )5. 人際溝通類型中的「我不好、你也不好」，對應依附型態為何種？
(A) 安全依附　(B) 焦慮依附　(C) 疏離依附　(D) 懼怕依附。
參考答案：(D)

( )6. 就焦慮與逃避二個向度的連續體而言，安全型依附類型者有何特徵？
(A) 低焦慮且低逃避傾向　(B) 低焦慮且高逃避傾向　(C) 高焦慮且低逃避傾向　(D) 高焦慮且高逃避傾向。
參考答案：(A)

( )7. 周哈理窗中，個人對自己的察覺程度很高，但別人對他的察覺程度很低，這是屬於何種類型的自我？ (A) 開放自我　(B) 隱藏自我　(C) 盲目自我　(D) 未知自我。
參考答案：(B)

( )8. 皮亞傑（J. Piaget）認為自律道德的出現大約在兒童認知發展的哪一個時期？ (A) 感覺動作期　(B) 前運思期　(C) 具體運思期　(D) 形

式運思期。

參考答案：(D)

（　）9. 兒童認為打破三個杯子比打破一個杯子更嚴重、行為更不好。就皮亞傑道德發展觀屬於哪個階段？　(A) 無律道德　(B) 他律道德　(C) 自律道德　(D) 相對主義道德。

參考答案：(B)

（　）10. 從沙門（Selman）之友誼發展階段論而言，國小階段的學童為何種型態？　(A) 自主相互依賴友誼　(B) 親密與相互分享友誼　(C) 公平氣氛的合作友誼　(D) 單方面的協助友誼。

參考答案：(C)

（　）11. 根據霍蘭德（Holland）的人格類型模式與職業環境理論，學校場域中的職員或工友最接近何種類型？　(A) 實用型　(B) 社會型　(C) 企業型　(D) 事務型。

參考答案：(D)

（　）12. 根據霍蘭德（Holland）的人格類型模式與職業環境理論，與社會型人格類型相似性最低（分化性最高）者為何者類型？　(A) 藝術型　(B) 企業型　(C) 研究型　(D) 實用型。

參考答案：(D)

（　）13. 艾肯德（Elkind）認為形式運思期的青少年之自我中心主義的想法最易產生何種形式觀眾？　(A) 想像的觀眾　(B) 真實的觀眾　(C) 崇拜的觀眾　(D) 自我的觀眾。

參考答案：(A)

（　）14. 艾肯德（Elkind）認為由於青少年全神貫注陷入於自己的泥淖中，過度自我專注的現象導致青少年出現所謂「想像觀眾」與何種思維特徵？　(A) 偶像崇拜　(B) 個人神話　(C) 真實自我　(D) 認同迷失。

參考答案：(B)

（　）15. 小強是大一新生，常常對自己說：「我是誰？」「我為何要讀此學系」等問題。就馬西亞（Marcia）描述的自我統合狀態，小強最接近哪一種？　(A) 迷失型統合　(B) 早閉型統合　(C) 未定型統合　(D) 定向型統合。

參考答案：(A)

（　）16.小美在高中時，父母就告知她教師是一個很好的職業，小美聽從父母的指示，很早就決定大學時要修讀教育學程，以便將來考上教師。就馬西亞（Marcia）描述的自我統合狀態，小美最接近哪一種？
(A)迷失型統合　(B)早閉型統合　(C)未定型統合　(D)定向型統合。
參考答案：(B)

（　）17.艾瑞克森（E. Erikson）將每個人的人格發展劃分為八個階段，提出心理社會發展論，此論點的中心要點為何者？　(A) 自我概念　(B) 發展危機　(C) 自我認同　(D) 發展連續。
參考答案：(C)

（　）18.老師常告誡學生不能無照騎車、不能碰觸毒品，以免傷及生命安全，但是許多青少年學生並不理會老師的忠告，心想「這些危險事件不會發生在我身上」。就艾肯德（Elkind）提出之自我中心主義思維特徵為下列哪一個？　(A) 假裝愚蠢　(B) 明顯偽善　(C) 想像觀眾　(D) 個人神話。
參考答案：(D)

（　）19.艾肯德（Elkind）提出之自我中心主義思維特徵中的個人神話，此自我中心現象具有下列哪個特徵？　(A) 不可毀滅性　(B) 普遍性　(C) 現實主義　(D) 考量情境限制。
參考答案：(A)

（　）20.青少年只想以「紙上談兵」、「書生論政」的理想模式來解決遭遇的問題，就艾肯德（Elkind）提出之自我中心主義思維特徵為下列哪一個？　(A) 想像觀眾　(B) 個人神話　(C) 假裝愚蠢　(D) 明顯偽善。
參考答案：(B)

（　）21.沙門（Selman）從個人訊息處理過程的社會認知觀點，提出角色取替理論，將兒童及青少年與他人互動發展的過程分為五個階段。其中「第 2 個階段──自我反省思考期」又稱為「第幾個人的看法」階段？
(A) 第一個人的看法　(B) 第二個人的看法　(C) 第三個人的看法　(D) 第四個人的看法。
參考答案：(B)

（　）22.艾瑞克森（E. Erikson）將每個人的人格發展劃分為八個階段，提出心理社會發展論，每個階段都有發展危機。就青少年階段學生而言，

無法適應環境、順利解決發展階段的問題，人格發展的危機為下列何者？ (A) 羞愧懷疑 (B) 退縮內疚 (C) 自貶自卑 (D) 角色混亂。

參考答案：(D)

( ) 23. 艾瑞克森（E. Erikson）將每個人的人格發展劃分為八個階段，提出心理社會發展論，每個階段都有發展危機。就國小教育階段學生而言，無法適應環境、順利解決發展階段的問題，人格發展的危機為下列何者？ (A) 羞愧懷疑 (B) 退縮內疚 (C) 自貶自卑 (D) 角色混亂。

參考答案：(C)

( ) 24. 艾瑞克森（E. Erikson）將每個人的人格發展劃分為八個階段，提出心理社會發展論，每個階段都有發展危機。他強調個體的理性層次，認為個人的思考、感情與行動都是由下列何者所支配？ (A) 本我 (B) 自我 (C) 超我 (D) 性本能。

參考答案：(B)

( ) 25. 艾瑞克森（E. Erikson）將每個人的人格發展劃分為八個階段，提出心理社會發展論。下列哪個不是其「心理社會危機」（psychosocial crises）的基本主張假定？ (A) 成長是克服每個階段的衝突 (B) 成長法則為根據「後效原則」 (C) 心理社會發展是成熟與社會環境互動促成 (D) 心理社會發展是天生遺傳促發。

參考答案：(D)

( ) 26. 皮亞傑（J. Piaget）認為 7 歲左右孩童的道德判斷準則是採用何種方式？ (A) 客觀責任 (B) 主觀責任 (C) 合理責任 (D) 公正責任。

參考答案：(A)

( ) 26. 艾森克（Eysenck）提出人格三因素模型（簡稱 PEN 模型），下列何者非其所謂的三大人格特質？ (A) 外向性人格 (B) 經驗開放性人格 (C) 神經質人格 (D) 精神質人格。

參考答案：(B)

參考書目

中文書目

甘雅婷（2019）。**成人人際依附風格、自尊與工作成癮傾向之相關性研究**。淡江大學教育心理與諮商所碩士班碩士論文（未出版）。

白惠芳等譯（2011）。**教育心理學：學習者的發展與成長**（J. E. Ormrod 著）。臺北市：洪葉。

朱敬先（2011）。**教育心理學──教學取向**。臺北市：五南。

江南發（2003）。Elkind 與 Bowen 的「想像觀眾量表」之修訂研究。**國立高雄師範大學高雄師大學報，15**，117-133。

余伯泉等譯（2019）。**社會心理學**（E. Aronson 等著）。臺北市：揚智。

吳芝儀譯（1999）。**生涯發展的理論與實務**（V. G. Zunker 著）。臺北市：揚智。

林崇德（2009）。**發展心理學**。臺北市：東華。

林欽榮（2002）。**人際關係與溝通**。臺北市：揚智。

徐驊君（2018）。**大學生依附關係、愛情風格與問題因應之相關研究**。臺南大學諮商與輔導學系碩士論文（未出版）。

時蓉華（1996）。**社會心理學**。臺北市：東華。

張欣戊、林淑玲、李明芝譯（2010）。**發展心理學（上冊）**（D. R. Shaffer & K. Kipp 著）。臺北市：學富。

張欣戊、林淑玲、李明芝譯（2014）。**發展心理學（上下）**（D. R. Shaffer & K. Kipp 著）。臺北市：學富。

張春興（1993）。**現代心理學**。臺北市：東華。

張春興（1994）。**教育心理學**。臺北市：東華。

梁育慈譯（2016）。**兒童虐待與疏忽**（D. Howe 著）。臺中市：財團法人臺灣兒童暨家庭扶助基金會。

許慧雯（2010）。**青少年依附、自尊、自我清晰度與社會焦慮之關係探討**。中原大學心理學系碩士學位論文（未出版）。

郭靜晃（2017）。**兒童發展與輔導**。臺北市：揚智。

陳奎伯、顏思瑜譯（2009）。**教育心理學──為行動而反思**（A. M. O'Donnell 等人著）。臺北市：雙葉。

傅偉勳、韋政通（1995）。**皮亞傑**。臺北市：東大。

黃玉蓮、陳淑惠（2011）。成人依戀量表臺灣修訂版的心理計量特性與預測心理適應之探討。**中華心理學刊，53**(2)，209-227。

黃西庭（1998）。**人格心理學**。臺北市：東華。

黃德祥（1994）。**青少年發展與輔導**。臺北市：五南。

黃德祥等譯（2006）。**青少年心理學**。臺北市：心理。

劉玉玲（2005）。**青少年發展——危機與轉機**。臺北市：揚智。

賴惠德（2019）。**心理學——認知、情緒、行為**。臺北市：雙葉。

駱芳美、郭國禎（2018）。**諮商理論與實務**。臺北市：心理。

蘇建文等（2014）。**發展心理學**。臺北市：心理。

英文書目

Bartholomew, K., & Horowitz, L. M. (1991). Attachment styles among young adults: a test of a four-category model. *Journal of Personality and Social Psychology, 61*(2), 226-244.

Berry, K., Wearden, A., Barrowclough, C., & Liversidge, T. (2006). Attachment styles, interpersonal relationships and psychotic phenomena in a non-clinical student sample. *Personality and Individual Differences, 41*, 707-718.

Goetz, E. T., Alexander, P. A., & Ash, M. J. (1992). *Educational psychology: A classroom perspective*. Columbus, OH: Merrill/Prentice-Hall.

Gross, J. T., Stern, J. A., Brett, B. E., & Cassidy, J. (2017). The ultifaceted nature of prosocial behavior in children: Links with attachment theory and research. *Social Development, 26,* 661-678.

Ormrod, J. E. (2008). *Educational psychology: Developing learners* (6th). Columbus, OH: Merrill/Prentice-Hall.

Slavin, R. E. (2012). *Educational psychology: Theory and Practice. Boston*: Allyn & Bacon.

Woolfolk, A. (2011). *Education Psychology* (11th ed.). Boston: Allyn & Bacon.

第 3 章

學習理論與學習動機

壹. 學習理論

　　「學習」（learning）是由於個人經驗改變，而使當事者的知識產生長久改變的歷程。因個人身心自然發展（例如長高）而產生的改變不是學習，個人在出生時就出現的特徵，像反射性動作及對飢餓或疼痛的反應，也不是學習結果。人類的學習和發展有密不可分的關係（Slavin, 2000）。教育心理學家沃默德（Ormrod）將學習界定為因經驗而習得的一種「**心理表徵**」（mental representations），或「**聯結**」（association）作用所促發的長期改變。學習定義可統整如下：學習為個體因經驗而獲得知識，使行為或內在傾向與能力產生較為持久的改變歷程，學習有以下幾個特性：(1) 學習因經驗而產生，不是因生理成熟，或各種疾患所造成的改變；(2) 學習會促發外顯行為或內在傾向與能力的改變；(3) 學習改變是持久改變的歷程，不只是短暫的運用資訊而已；(4) 學習包含不同類型，包含知識、技能與情意等；(5) 學習與心理表徵或聯結有關（白惠芳等譯，2011；張春興，1993）。

　　皮亞傑（Piget）對學習概念的基本假定為：(1) 兒童天生好奇，會主動積極地探索；(2) 兒童會從他們的經驗建構自己的看法（建構主義者）；(3) 兒童藉由同化與調適兩個互補歷程建構知識；(4) 與周遭的物體及社會環境的互動，有利於兒童的認知發展，發現式學習是有效學習方法；(5) 平衡狀態的過程能促使思維歷程日益複雜；(6) 由於腦的發育成熟，使不同年齡的兒童在思考方式有本質上的不同。認知心理學對於人們學習的假定為：(1) 個人認知歷程會影響學習內容；(2) 對於什麼是要處理及學習的訊息，個體會有所選擇；(3) 意義是學習者建構的，並非直接得自環境；(4) 先前的知識與想法，對個人意義建構有很大影響；(5) 年齡愈大腦部發育愈成熟，認知的能力愈強，愈能進行複雜的認知歷程；(6) 人們是積極地參與他們自己的學習（白惠芳等譯，2011；Ormrod, 2008）。

　　相關學習理論圖示與說明如圖 3-1。

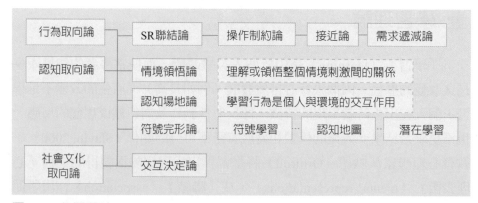

圖 3-1　學習理論

一、行為取向觀點

(一) 聯結論

桑代克認為學習是一連串刺激與反應的聯結，任何刺激情境與反應表現間的聯結，經過多次的練習之後，會自動產生緊密的聯結。刺激與反應的聯結就是一種學習歷程，此歷程主要受「**效果律**」所影響，反應表現後若能獲得滿足的感覺，則聯結強度會增加；相對的，如果反應表現後得到了煩惱或不愉快經驗，則聯結強度會逐次減弱。學習除受反應效果的影響外，也受到練習次數（練習律）與個體身心的準備度影響（準備律）。古典制約論的學習觀點為制約刺激與非制約刺激相伴出現時，可引起制約反應，從 CS（制約刺激）⇨CR（制約反應）的歷程即為學習，此歷程也是一種刺激與反應的聯結，之後學習會有類化、辨別、消弱與自發恢復等行為。對學習者而言，特定刺激與反應聯結的結果，個體行為是否會重複出現，端賴此結果可否讓個體有愉悅之感。

(二) 操作制約論

史肯納提出「**操作制約**」（operant conditioning）理論，認為學習是情境所引發，經由個體作出反應性行為後得到增強而產生的，此種反應是

個體操作所處環境時所展現的一種自發性反應。學習歷程中有效運用增強作用或增強物，可以形塑或制約學習者的學習行為或反應表現。操作制約論認為學習者可以意識到自己所學的內容，能主動對環境作出操作反應，他們的學習行為是一種「**目標導向行動**」（goal-directed actions），而非被動盲目的。操作制約學習理論的重要概念為「**增強**」或「**強化**」（reinforcement），增強作用主要包括二種類型：「**正增強**」與「**負增強**」，二種增強作用對個體行為都具有強化作用。負增強學習例如「**逃脫學習**」（escape learning），白鼠不想受到電擊，會跳離原空間處之閘門，此種跳離行為反應可以解除電擊痛苦。負增強的圖示如下：

> 白鼠 ⇨ 跳離閘門（逃離痛苦情境）⇨ 才不會被電擊（痛苦情境消失）
> 考試前夕 ⇨ 例假日用功讀書（不喜愛的活動）⇨ 才會有好成績
> 睡覺時 ⇨ 早點起床出門（不喜愛的活動）⇨ 才不會塞車影響考績

（三）接近論

華生（J. B. Watson）認為學習是古典制約刺激—反應的聯結，此聯結有二個重要原則：一為「**頻率**」（frequency）原則，一為「**接近**」（recency，或時近）原則。頻率原則指的是個體對某一刺激的反應次數愈多，對該刺激與反應的聯結愈牢固；接近（時近）原則指的是個體對某一刺激的反應，時距愈接近，愈可強化二者的聯結。學者葛斯立（Guthrie）雖承認刺激—反應的聯結是構成學習的必要條件，但關鍵因素不是增強，而是刺激與反應二者間之時間的接近，其理論稱為「**接近論**」（contiguity theory），他也認為凡曾引起某種反應的刺激再出現時，將會引起同樣的反應。他認為某一刺激在第一次與反應相伴出現，即有充分的聯結，因而不需要重複學習（王克先，1987）。

（四）需求遞減論

「**需求遞減論**」（need reduction theory）由美國行為主義心理學家赫爾（C. L. Hull）提出。赫爾採取桑代克效果律的觀念，提出個體「**習慣**

強度」（habit strength），習慣經由制約反應而形成，而強度則受增強的支配，理論強調學習歷程中有四個要素：「**驅力**」（drive）、「**線索**」（cue）、「**反應**」（response）與「**酬賞**」（reward）。驅力是一種推動個體產生行動的內在刺激，為行為的基礎，個體無驅力，便沒有行動，也沒有學習；線索可引發個體反應，並決定個體何時何地產生反應。線索的價值在於它所具有的特徵，驅力的價值在於它的強度，驅力推動個體向線索反應，反應後若得到酬賞，則同樣反應會持續出現，若繼續獲得酬賞，則習慣即可形成。驅力會因酬賞而消減，反應會因酬賞而加強，之後形成學習，驅力消減正表示增強的效用，例如吃東西可以消減飢餓的驅力（王克先，1987）。

赫爾提出的驅力減降論，主要是用以解釋個體（尤其是動物）的學習行為，赫爾認為個體在學習情境中之所以產生學習，是因該學習活動結果能使個體內在需求獲得滿足，進而減低其驅力。當個體內驅力存在時，個體內在的生理運作會失衡，失衡會使個體感到不安，為了消除緊張不安，個體會尋求滿足需求的外顯行為活動。驅力減降論與斯金納的後效強化原理意涵相似，它是以個體本身條件（生理需求）與外在環境（食物）作為決定個體行為的要素。驅力減降論用以解釋狗以前腳與主人握手的動作：(1) 狗因食物需求而產生飢餓驅力，因飢餓驅力而產生求食與進食行為；(2) 狗因獲得食物而使需求得到滿足，因需求得到滿足而使飢餓驅力減降；(3) 飢餓驅力減降後果，就會使「**握握手**」與「**直立起來用前腳與主人握手**」行為獲得強化；(4) 在以後同樣情境中（飢餓驅力再度發生時），狗就會出現同樣的行為（張春興，2003）。

赫爾認為，學習是有機體去自動獲得具有適應性作用的感受器與效應器間的聯結，他將傳入與傳出神經衝動間的動力關係稱為「**習慣強度**」。時間上的接近性是學習歷程的一個重要條件，感受器與效應器活動會因時間接近而產生緊密聯結，學習進行的基本條件就是在強化條件下的刺激與反應的接近，凡是可以導致內驅力下降的事件均可強化刺激－反應的聯結。赫爾提出「**反應潛勢**」（reaction potential，或反應勢能）說，「反

應潛勢」係指個體在一定刺激作用下可能產生某種反應傾向的能量，其作用在於驅動個體在一定方向上的行為，它是由內驅力和習慣強度兩個因素交互作用決定的，其公式為：反應潛勢＝內驅力 × 習慣強度。若內驅力為零時，反應潛勢將是零；內驅力增大時，反應潛勢也增高，增高多少取決於習慣強度，例如操作制約形成壓桿取食條件的白鼠，會被饑餓的內驅力作出壓桿反應，但是已飽食的白鼠則很少會作出此種反應（車文博，1996）。

二、認知取向觀點

認知觀和學習觀的差異在於它們對學習是什麼的假定不同。根據認知觀，知識是學習而來，知識的改變才可能造成行為的改變；但就行為觀而言，新行為本身是學習來的。認知理論學家和行為學家都相信「增強」在學習歷程中所扮演的重要角色，但二派所持的理由不同，嚴格行為主義堅信增強作用可以強化反應，而認知理論學者則只將增強視為一種資訊來源，此來源來自於行為若重複或改變時可能會發生的情況下（Woolfolk, 2011）。

認知心理學對於人們如何學習的假定有以下幾項，這些假定對應的教育涵義如下（白惠芳等譯，2011；Ormrod, 2008）：

1. 個體學到了些什麼，會受認知歷程的影響 —— 鼓勵學生以有助於記憶的方式去思考所學習的教材。

2. 對於什麼是要處理及學習的訊息材料，個體會有所選擇 —— 協助學生找出什麼是最重要的，也要幫助學生認知何以這些事物是重要的。

3. 意義是學習者建構的，而非直接得自環境，他們有能力以許多的、獨立的訊息為基礎，創造或建構出對周遭世界的理解或解釋 —— 提供能幫助學生理解在研讀之課題素材的經驗，指導建構錯誤的知識。

4. 先前的知識與想法，會大大的影響了個體的意義建構 —— 指導學生把新的想法跟學生之前所知、所信、所會的經驗聯結起來。

5. 年齡愈大腦部發育愈成熟，個體進行複雜認知歷程的能力愈

好——對不同年齡層的學生，要考量他們的認知處理能力程度與限制。

6. 個體是積極參與他們自己的學習的，他們是主動的參與者——教師應規劃能讓學生動腦思考並應用所學教材的課堂活動。

（一）後設認知

所謂「**後設認知**」（metacognition）是個體對自己認知歷程能夠掌握、控制、支配、監督、評鑑的另一種知識；是在已有知識之後為了指揮、運用、監督原有知識而衍生的另一種知識，它是一種認知的認知、對思考的思考（陳李綢，1992）。後設認知比原來認知的位階還高，如果原來的認知是「**知其然**」，則後設認知就是「**知其所以然**」，認知之知的程度較淺，後設認知之知的程度較深，前者若為知識，後者則為駕御知識的知識（張春興，1993）。學習策略與技巧的習得可以精進學生的後設認知，幾個原則如下：(1) 教導學生知悉不同的學習策略，對於特殊主題內容的學習能運用特定的策略，例如心智圖、作筆記等；(2) 教導學生有關何時運用、何處運用、為什麼運用策略之自我調整（自我控制）知識；(3) 學生必須知道何時及如何使用對應策略，也要有很大欲望要使用它們（Woolfolk, 2011）。

思考技巧和學習技巧都是一種「**後設認知技能**」（metacognitive skills），教育情境中教師可以教導學生相關策略，讓學生能夠評量自己了解了多少，能評估自己需要花費多少時間來學習某一事物，能夠選擇有效的計畫來讀書或解決問題。其中有效方法如「**自我質問策略**」（self-questioning）、自問自答，自我質問策略為教師給予學生任務後，要求學生從作業中找出共同要素，並且自問這些要素相關的問題（Slavin, 2012）。後設認知研究的代表學者為弗雷威爾（J. H. Flavel），他將後設認知界定為：「**後設認知指的是一個人對自己認知歷程的知識，或是任何與自己有關的知識，像是與學習有關的訊息特性或資料特性，舉例而言，若是我注意到我學 A 類內容的時候，會察覺出它比學 B 類內容的時候遭遇到更多的問題；或是在我確認 C 類內容是正確之前，我知道我得再檢**

查一遍，那麼我便是在進行後設認知。」（O'Donnell et al., 2007）他認為後設認知的內涵有三個面向（張春興，1993）：

1. 後設認知知識：後設認知可視為是個人有關自己學習歷程或有關如何學習的知識，後設認知知識又包括三種知識：(1) 認識自己及了解別人的知識，例如「**知己知彼**」；(2) 對事務難易判斷與對事理對錯辨識的知識；(3) 隨機應變處理問題之方法的知識。例如小強參加教師資格考後，對於選擇題題型的預估分數與實際分數差距不大，小強答題後具有良好的知識監控能力，表示其後設認知知識佳。

2. 後設認知經驗：後設認知經驗是一種認知之後的經驗感受，例如心得、教訓、感想等，此知識一般是從個人成敗經驗中習得，知識特徵為理性中帶有感情，例如「**失敗為成功之母**」、從失敗經驗中學到教訓等。例如小明之前參加考試，將作文題目「**國文與民族精神**」看成「**國父與民族精神**」，作文分數被批閱為 0 分，之後小明在作答申論題與作文題時會仔細看完題目再提筆答題，不會再犯同樣錯誤。

3. 後設認知技能：後設認知技能是隨時機或情境所需的求新求變能力，以及為適應未來的預測與設計能力，例如「**苟日新、日日新、又日新**」。

後設認知包含三種知識：(1)「**陳述性知識**」（declarative knowledge），指有關身為學習者的你，影響你學習和記憶的因素，以及完成一項工作所需技能、策略與資源運用的知識，此知識為知道要做什麼；(2)「**程序性知識**」（procedural knowledge），或知道如何使用相關策略的知識；(3)「**自我調節知識**」（self-regulatory knowledge），指確保工作完成時，知道其所需情境，何時及為什麼要採取對應程序與策略。當工作具有挑戰性且不會太困難時，此時後設認知最為有用；有些後設認知能力的差異是發展結果導致，後設認知能力約在 5 至 7 歲開始發展，在學校階段持續增進，當兒童隨年齡成長時，較有可能精確地執行控制策略；對於成年人而言，他們可以自動化地運用後設認知能力，而不會意識到在使用。

後設認知知識可以用來調節思考與學習，常用的三個技巧為「**計**

畫」（planning）、「**監控**」（monitoring）與「**評估**」（evaluation）
（Woolfolk, 2011）：

1.計畫：包含工作要花多少時間、使用何種策略、如何開始、要蒐集
什麼資源、要遵循何種程序、可略過什麼，以及特別要注意何種事項等。
計畫能幫助個人清楚地表達出某個想要表現的目標，或是某個想表現的作
業目的。

2.監控：指個人對「**我做得如何**」的即時察覺，監控必須詢問自己：
「**這樣做有意義嗎？我這樣做是否太快了？這樣的閱讀對我而言足夠了
嗎？**」制定計畫後，個人就會開始去執行它，有效監控可以察覺自己對工
作或閱讀內容的掌控。

3.評估：指對思考及學習的程序與結果進行判斷：「**我應該改變策
略嗎？我是否應尋求協助？現在我應放棄了嗎？這篇（圖畫、模型、詩、
計畫等）文章結束了嗎？**」

個體間後設認知能力的差異不全然都與年齡與成熟因素有關，某些個
體間後設認知能力的差異也不一定和其智能有關，可能是生理性的不同或
學生經驗間變異造成的。學生間對所處環境中訊息的選擇性注意有很大的
個別差異存在，事實上，有許多被診斷為學習障礙的學生，實際上有注意
力失調的問題。後設認知能力的改善，對於學校有學習困難的學生而言特
別重要（Woolfolk, 2011），其中教導學生有效的研讀策略是一項有用方
法，例如作筆記、畫重點、作摘要、寫下自己對學習的了解內容、作大綱
和概念構圖等（Slavin, 2012）。利用導引問題提升後設認知思考的範例
如下（陳奎伯、顏思瑜譯，2009；O'Donnell et al., 2007）：

1.要解出這個問題需要花個人多少時間與精力呢（自我察覺能力）？

2.關於這個問題或是論點，你已經知道或已了解哪些部分了呢（先
備知識的程度）？

3.要廣泛地、仔細地思考這個問題或論點的目的與理由在哪裡呢？

4.你認為要解出這個問題，或是要作出結論的困難程度如何呢？

5.你要怎樣知道你已經達到目標或完成任務了呢？

6. 有哪些關鍵思考技巧可能有助於你解決這個問題，或是可能會被用來分析這個論點呢？

7. 你正朝向解決問題的路程邁進嗎？

當作業完成後，請學生判斷這個問題處理的程度如何、處理得好不好，或是這個論點分析的周延性爲何。結構嚴謹的問題，能有效幫助學生反思個人的學習，並能讓學生產生對學習歷程的體悟，此種體悟與反思有助未來進一步的學習。

（二）柯勒的領悟論

德國完形心理學家柯勒（Kohler），對行爲主義主張刺激與反應聯結歷程持反對立場，他以黑猩猩爲實驗，根據其觀察發現，黑猩猩在目的受阻的情境中學習解決問題時，並不像桑代克所提出的要經過嘗試與錯誤的過程，而是從能洞察問題的整個情境，進而發現情境中各種條件之間的關係，最後才採取行動，將木棒銜接起來或將木箱堆疊以取得香蕉。柯勒將黑猩猩的此種學習模式稱爲「**領悟**」（insight）。領悟學習探完形心理學的觀點來解釋學習歷程，強調個體的學習過程不必然要靠練習、經驗或觀察，只要領悟或理解整個情境中各刺激之間的關係，就可以學習解決問題的方法（張春興，1993）。

領悟學習有以下幾個特徵：(1) 學習成果是領悟結果，個體必須能夠洞察整個情境的各種關係，才能作出適當的反應或找出解決問題策略；(2) 學習是經由類似探索的練習，才會有領悟產生，一旦領悟產生，問題得到解決，沒有再練習必要；(3) 領悟學習的成效，可以保持很長的時間，並可廣泛應用到類似的問題情境中；(4) 領悟學習與個體智力有關，同屬人類而言，其間也有個別差異存在；(5) 領悟學習與安排的情境有關。觀察與領悟是認知學習活動的關鍵所在，觀察是對刺激－個體－反應間錯綜複雜關係的判別，領悟是發現新關係與新的情境結構（朱敬先，1988）。

（三）勒溫的認知場地論

認知場地論簡稱「**場地論**」（field theory），為社會心理學家勒溫（K. Lewin）以完形心理學觀點為基礎所倡導的人格理論。勒溫認為每個「**人**」，在不同「**情境**」中，會有不同的行為表現，要預測人類行為必須知道整個「**情境**」，包含個人及所處的環境情況（朱敬先，1988）。場地論的基本觀念是人所表現的一切行為，是「**個人**」（P）與「**環境**」（E）兩方面因素交互作用的結果，場地論的概念通常用以下等式表示：$B = f(P \times E)$，B 是行為（behavior）、P 是個人（person）、E 是環境（environment；不是客觀的地理環境或社會環境，而是心理環境，它會對人的心理事件發生實際的影響）、f 是函數（function）。人（物理空間）與環境（心理空間或心理環境）的函數為個體的「**生活空間**」（life space），行為發生在這種生活空間之中，生活空間中的個人、環境與個體行為全部是相互依存的，只要其中一方有變化，其他方面也就會隨著發生變化。一個整體的個人，其內部包括著相互依存的各部分，個人的心理活動分為兩大部分，一為與外界環境接觸的知覺運動領域，一為個體內部的人格領域，人的人格領域中的次領域會相互制約影響，所以人有個別差異（時蓉華，1996）。

勒溫認為人們都生活在一個「**力場**」（field of forces），力場就是個體的生活空間，個體不但對外在刺激反應，也對內部刺激反應，人與環境變因分別代表內外二種力，外部的力稱為「**認知對象**」，內部的力稱為「**動機**」。學習產生的原因是「**認知結構**」（cognition structure）的改變，改變緣由有二：一為認知場域本身發生了變化，一為內部的需要或動機發生了變化，改變可能是漸進也可能是突然的。學習是動機或認知結構的變化，此種變化在於個體能適應新的生活空間的發展（王克先，1987）。

認知場地論認為學習即是動機的改變，行為的動力源於個體需求與意志，當需求不滿足與意志有壓力時，會促使心理生活空間不穩定或不平衡，進而引發個體的「**緊張系統**」（tension system），此種緊張系統就是

學習的原動力，一旦目標達成，緊張解除，心理生活空間才會恢復平衡（朱敬先，1988）。「**需求**」（need）和「**緊張**」（tension）等行為動力系統是勒溫心理場地的核心概念之一。需求可引起活動，它有兩種類型：一為客觀的「**生理需求**」，二為「**準需求**」，準需求為在心理環境中對心理事件產生實際影響的需求。緊張（或張力）為個人與其環境間產生失衡狀態所引發的，當個體具有一定的動機或需求時，身體內部就會出現緊張系統，如果需求無法獲得滿足或動機受阻，緊張系統會持續下去，並且促使個人具有努力滿足需求或重新實現目標的意向或動力。之後實驗證明，半途被終止的任務要比已被完成的任務在回憶時占著優勢，回憶中斷（未完成）的工作要比回憶已完成的工作更容易，此結果稱為「**柴嘉尼效應**」（Zeigarnik effect）。勒溫以實驗方法用於「**團體動力學**」（group dynamics）的研究，被稱為「**實驗社會心理學之父**」（車文博，1996）。

「**柴嘉尼效應**」指的是人們回憶中斷工作（未竟事務或未完成的任務）要比回憶已完成的工作更容易，此種效應與人們對事件完成與否的滿足感有關。人們與生俱來就有一種有始有終的驅力，會有將一件任務完成的動機，當事件未完成時，會對事件中斷本身形成一種新驅力，若是任務已完成，會因為已經得到滿足而將事件遺忘；相對的，如果工作尚未完成，未竟事宜的動機一直存在，對此個人會留下深刻印象，因而回憶較為容易。

（四）托爾曼的符號完形論

美國學者托爾曼（Tolman）承襲完形心理學派領悟學習論觀點，其理論稱為「**符號完形論**」（sign-gestalt theory）。托爾曼從白鼠走迷津（maze）的實驗發現，學習是經由認知而非經由刺激與反應間聯結的歷程，白鼠從到處遊走迷津中，學到了整個迷津的「**認知圖**」（cognitive map），白鼠學會了認知圖後，在迷津中的行為是目標導向而非反應導向（反應導向為操作制約學習，受到增強作用影響），目標導向是個體在目標導引下隨機變化反應以達到目的（張春興，1993）。

　　古典制約及操作制約中的鈴聲與槓桿，斯肯納認為是增強，托爾曼則視為是一種符號，一種「**酬賞期待**」，鈴聲是肉粉的符號，槓桿是食物的符號，這些符號對個體而言是有意義的，因個體會藉由他們的「**知覺**」（perceptual）與「**認知**」（cognitive）能力經反覆練習發現。學習的必要條件是個體對刺激的了解，即個體對符號與符號、符號與目的間關係的認知，只有個體對情境有所認知，行為才會變得有目的（朱敬先，1988）。

　　托爾曼認為心理學應研究行為，他把行為分為「**分子行為**」（molecular behavior，或局部行為）與「**整體行為**」（molar behavior），前者為個體所表現的局部性動作（例如肌肉收縮和腺體分泌的反應）；後者指個體所表現的大單元或整體性行為（例如跑迷津、上學或運動等行為）。整體行為有四個特徵：(1) 它具有目的性，總是趨向或避開某個目標；(2) 它具有認知性，總是利用環境提供的途徑和工具排除障礙，實現目的，同時又會以其障礙、途徑和工具提供的訊息為認知條件，判別進一步行為；(3) 它具有最小努力原則性（principle of least effort），行為會優先選擇容易達到目的的活動；(4) 它具教育變化性，整體行為不是機械的、固定的，它可以透過教育而改變（車文博，1996）。

　　個體的學習是有方向的，能辨識情境中的具體符號，構成認知圖，到達最終目標；學習是個體學會辨認刺激與刺激，或符號與符號之間的關係，因而此理論又稱為「**目的行為論**」或「**符號完形論**」（王克先，1987）。托爾曼的方位學習實驗論點可以解釋許多人們的生活事件，例如人們平常開車上下班總是喜愛開最平、最直接的路，如遇到「道路施工，車輛改道」提示標誌，會立即繞遠路，即使改走較遠的路也可順利回家。托爾曼之早期認知學習理論有三個特徵（車文博，1996）：

　　1. 符號學習理論：又稱「**符號─完形─期待理論**」（sign-Gestalt-expectancy theory），其實驗發現：動物在迷津中行為是受一定目的導引的，學習者所學的東西並不是簡單之機械的運動反應，也非 S-R 的聯結，而是學習達到目的的符號及其意義。

　　2. 認知地圖：又稱認知圖（cognitive map），指在過去經驗的基礎上

面，產生於腦中的某些類似於一張現場地圖的模型。認知地圖是認知行為軌跡和學習策略的圖式，也是「**符號－完形**」模式的別稱，從認知地圖中可以學習到符號標誌間的關係，辨認、區別、了解整個複雜情境。

3. 潛在學習：又稱潛伏學習（latent learning），係指未表現在外顯行為上的學習，即個體在學習過程中每一步都在學習，只是某一階段其學習效果並未明確顯示，其學習活動是處於潛伏狀態。潛在學習為指當事人沒有遭受刺激的情況下，仍然會進行學習活動，且其行為變化無法直接觀察到，它雖然無法直接觀察到，當事人的行為的確發生了改變。例如某市區的計程車司機，對於行經路線的道路名稱及位置瞭若指掌，是一種認知地圖的建構，也是一種潛在學習的行為。

（五）完形心理學

完形心理學又稱為「**格式塔心理學**」（Gestalt psychology），由德國魏特邁（M. Wertheimer）所創建，之後再傳入美國，對認知心理學的興起有重要影響。格式塔是德文 Gestalt 的譯音，在德語中是「**整體、形狀、形式**」的意思，指的是「**動態的整體**」（dynamic wholes），格式塔理論也被稱為「**完形理論**」，強調組織規律（完形法則）。完形心理學從似動現象（關注知覺）、整體與部分（圖形與背景概念）與頓悟學習等實驗研究來說明學習之認知重組或領悟歷程，它是現代認知主義學習理論的先驅。

完形心理學的研究內容以知覺組織、思考、解決問題等為主，其理論與方法與現代認知心理學（cognitive psychology）甚為類似（張春興，1994）。完形心理學的一個主要假定為研究對象應該是鉅觀的「整體」行為，而非微觀的「**局部**」行為，強調人腦的運作原理是整體的，「**整體不同於其局部或部分元件的總和**」，例如人們觀察到個人是其「**整體**」，而不是其他器官之「**個體的總合**」；第二個假定是有機體會對「**分離感官的整體**」作出反應，而非對分離個別感官反應；第三個假定認為感官環境是一個動態歷程；第四個假定認為知覺形成導因於真實情況地理環境與行為

環境間的差異（吳幸宜譯，1994）。它有兩個主要特點：一為強調整體，心理學是個整體，不是彼此獨立元素的拼合；二為描述現象，主張心理學要描述現象而不是分割現象以追求它的結構（車文博，1996）。

完形心理學認為對「**直接經驗**」（同現象經驗）的觀察是一切科學的來源和基礎，直接經驗為一個人直接感知到的知識經驗。考夫卡（Koffka）認為整體行為產生於環境之中，他把環境分為「**地理環境**」（geographical environment）與「**行為環境**」（behavioral environment），前者為外界的現實環境，後者為個人心中意識到的環境，行為產生於行為環境又受行為環境的調節。完形心理學家認為心理現象是完整的格式塔，是完形，不能以人為方法區分為元素（車文博，1996）。

整體各部分是由整個的內部結構和性質所決定的，先有整體後有部分，人們在知覺時總會按照一定的形式把經驗素材組織成有意義的整體，其完形組織法則（Gestalt laws of organization）之一為圖形－背景（形象－背景），它指的是在一個具有配置的場內，有些對象突出形成易被感知的圖形（或形象），其他對象則退居於次要地位成為背景，圖形有形狀、在背景之前、看起來離觀察者近，有確定的空間位置，較容易給人留下深刻印象（車文博，1996）。完形心理學主要論點在探究個體於心理上如何知覺地理環境，其觀點認為知覺歷程會受到整體刺激分布的影響，知覺組織的法則原理有二個（吳幸宜譯，1994）：

1. 蘊涵律：又稱 Pragnanz 原理，指的是在任何特定的刺激群組裡，最具支配力的（亦是較占優勢的）組織是最廣泛而穩定者，「**好**」的定義泛指規則性、對稱性與相似性等特質。

2. 相關的原理：與 Pragnanz 原理相關的法則是「**個別元素特質**」（membership character），每個元素在呈現其特質時，必須根據它們所在的整體結構或情境而定，結構元素的重要特質要由它們與整體系統的關係來界定。魏特邁提出四個在視覺場域中影響知覺的主要特徵：(1)「**接近性**」（proximity）：元素彼此接近，距離相近的各部分會趨於組成整體；(2)「**相似性**」（similarity）：具有共同特徵，在某一方面具相似特

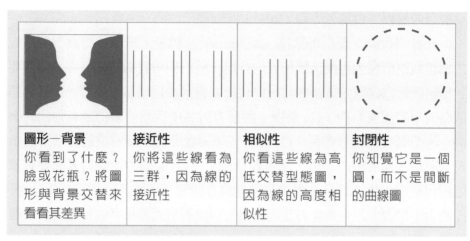

圖形─背景	接近性	相似性	封閉性
你看到了什麼？臉或花瓶？將圖形與背景交替來看看其差異	你將這些線看為三群，因為線的接近性	你看這些線為高低交替型態圖，因為線的高度相似性	你知覺它是一個圓，而不是間斷的曲線圖

圖 3-2　完形心理學之知覺原則

質的各部分會趨於組成整體；(3)「**封閉性**」（closure）：組成完整組型的傾向，彼此相屬、構成封閉實體的各部分會趨於組成整體；(4)「**簡化性**」（simplicity，或整體結構）：具有對稱、規則或平滑的簡單圖形特徵的各部分會趨於組成整體；刺激中能彼此連續成為圖形者，其本身間沒有連續關係；人們也傾向於組合為一個整體關係，此特徵又稱為連續性（continuity）（車文博，1996）。完形心理學之知覺原則解釋了人們如何「**看**」周遭世界的型態（Woolfolk, 2011, p.290）（圖 3-2）。

三、社會文化觀點

　　「**社會認知論**」（social cognitive theory）也稱為「**社會學習論**」（social learning theory），此理論在解釋學習融合了行為主義及認知心理學的觀點，其基本假定有四：(1) 人們可以透過觀察他人（楷模）的行為而習得新反應行為；(2) 學習是一種內在歷程，可能會也可能不會帶來行為上的改變；(3) 人與環境相互影響，學習之三個互為因果的變因為環境、個體與行為；(4) 行為會導向某些特定目標，人們會有動機或受到激勵去完成他們的目標；(5) 人們有自行調節能力，可引導並監控自己的行

為與思考歷程（白惠芳等譯，2011）。

　　社會學習論主要由班都拉（Bandura）所倡導，班都拉認為學習是先由個體觀察楷模，再模仿楷模者的行為，觀察模仿包括認知歷程，個體要對楷模者行為認同，之後內化，內化後才會自發性地產生學習。影響個體觀察的學習因素有四：(1) 動機：觀察者對其所觀察的事物若有強烈的動機，則學習行為自會產生；(2) 注意：學習者若注意觀看或聽聞當事者所說、所做、所展現的行為，學習較易產生；(3) 記憶力：學習者想要有效地模仿楷模人物的行為，需要記得當事者所說、所做的一切行為；(4) 動作能力：學習者若生理能力受到限制，即使觀察到當事者的行為，也很難模仿（葉重新，2000）。

　　班都拉之社會認知論認為學習歷程中，內在動機與外在動機同樣重要，個人因素（例如信念、期望、態度與知識等）、物理與社會環境（例如資源、行為的後果、他人、楷模及教師、物理條件等）、個體行為（例如個體行動、選擇與口語主張等）都會彼此相互影響並影響他人，這三種力量會以一種和諧一致的方式互動著，稱為「交互決定論」（reciprocal determinism）。就學習情境而言，外在因素（學生環境的元素）例如楷模、教學策略或教師對學生的回饋；會影響學生個人學習的因素例如目標設定、對任務效能的感受、對成功或失敗所持的信念或歸因；影響學生自我調節歷程的因素例如計畫、監控及對分心的掌控等。其中教師的回饋會讓學生感受較高信心或有較多沮喪，而調整個人目標；環境與個人的因素可激勵學生展現堅持及努力行為，不僅會影響到個體，也會影響到社會環境（Woolfolk, 2011）。交互決定論如圖 3-3（p.425）。

　　班都拉認為對行為可能結果的預測，是學習者動機的最大來源，它會影響目標、努力、堅持、策略與恢復力，例如**「我會成功或失敗？」「我會被大家喜愛或嘲笑？」「在新學校中我更會被老師接受嗎？」**這些預測都受到**「自我效能」**（self-efficacy）影響。自我效能是個體在某個特定情境中，對自我能力或效能性所持的信念，它是未來導向的，是個體針對某特定任務的表現，對特定情境脈絡下達成任務能力的自我評估。自我效能

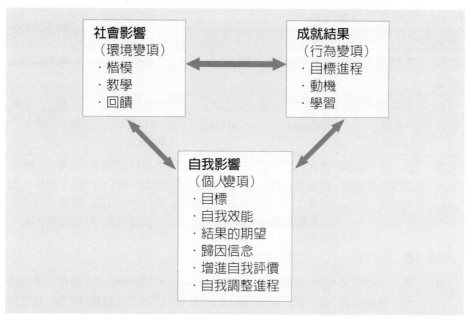

圖 3-3 交互決定論

的範疇小於自我概念（self-concept），自我概念是對自我許多觀感的綜合感知，其中也包含了自我效能；自我效能也不同於自尊（self-esteem），自尊是個體對自我價值的判斷，自我效能是對個人潛能的評估，二者間沒有直接關係。自我效能有「**脈絡情境的特定性**」，會根據個人主觀感知與任務難易而變動（Woolfolk, 2011）。

　　行為論、認知論、建構論及社會認知論四種學習觀點中，每種學習觀點都有變異性和重疊性，尤其是建構主義學者的觀點有許多重疊之處，四種學習理論內涵的摘要如表 3-1（Woolfolk, 2011, p.451）。

表 3-1　四種學習理論內涵

	行為論	認知論	建構論		社會認知論
統合學理	應用行為分析	訊息處理	個人的	社會的／情境的	社會認知理論
代表學者	史肯納（B. F. Skinner）	安德生（J. Anderson）	皮亞傑（J. Piaget）	維高斯基（L. Vygotsky）	班都拉（A. Bandura）
知識	從外在世界刺激獲得實體的知識	從外在世界刺激獲得實體的知識；先前知識影響訊息如何處理	在社會世界建構個人知識、改變主體知識；建立在學習者既有的知識上	社會性地建構知識；建立在參與者付出及共同建構上面	改變主體知識，與他人及環境交互作用中建構知識
學習	獲取事實、技能、概念；藉由訓練、指導的練習而產生	獲取事實、技能、概念和策略；透過有效策略的應用而產生	主動建構、再建構先前知識；透過多種機會和多樣化歷程聯結已知的知識而產生	群體建構社會定義的知識和價值；透過社會建構機會而產生	根據在物理情境及社會世界的觀察及交互作用，主動建構知識，發展動能，增長更多自我調整能力
教學	傳遞呈現（告知）	傳遞、引導學生擁有更「**精確**」及完整的知識	挑戰、導引思考達到更完整的了解	和學生共同建構知識	呈現楷模，示範；支持自我效能及自我調整
教師的角色	管理者、監督者、修正錯誤答案者	教導和示範有效策略；修正迷思（錯誤）概念	促進者、導引者、傾聽學生現存的概念、觀點及思考	促進者、導引者、共同參與者；共同建構對知識不同的解釋，傾聽社會建構的概念	示範者、促進者、促動者；自我調整學習的楷模

	行為論	認知論	建構論		社會認知論
同儕的角色	通常不考慮	不需要，但是能影響資訊處理	不需要，但是能刺激思考、提出問題	知識建構歷程之普通和基本部分	提供典範；知識建構歷程之普通和基本部分
學生的角色	被動接受訊息；主動傾聽者，學習方向的跟隨者	主動處理訊息，策略使用者；資訊組織者及再組織者、記憶者	主動建構（伴隨心智）、主動思考者、解釋者、詮釋者及提問者	主動與他人及自己共同建構；主動思考者、解釋者、詮釋者及提問者；主動社會參與者	主動與他人及自己共同建構；主動思考者、解釋者、詮釋者及提問者；主動社會參與者

貳. 學習動機

　　「動機」（motivation）常被定義爲是一種能喚起、導引和維持外在行爲的內在心理狀態（Woolfolk, 2011），是指引起個體活動，維持已引起的活動，並促使該一活動朝向某一目標的內在歷程。動機有幾個特性：(1) 動機爲內在狀態；(2) 動機是內隱歷程，無法直接觀察測量；(3) 動機對行爲有促發、維持及導引作用；(4) 動機會影響個體認知歷程，並有目標導向行爲（張春興，2003）。由學習者所處環境引發或增進學習者對某些事情的動力，使其維持行爲力量的動機稱爲「**情境化的動機**」（situated motivation），個體動機的強弱，可以從學生在學校活動中，個人的參與情形及其認知、情緒與行爲的投入程度加以判別（白惠芳等譯，2011；Ormrod, 2008）。環境也會引發個體暫時的焦慮，稱爲「**情境性焦慮**」（state anxiety）；另一個由個體人格特質引發的長期性焦慮狀態稱爲「**特質性焦慮**」（trait anxiety）。

　　沃爾夫克（Woolfolk）認爲學習動機在下列六個要素中會被激發，包括：動機來源爲內在的（intrinsic）、目標設定型態屬學習目標（learning goal）、投入型態為工作投入（task-involve）、成就動機為精熟取向（mastery orientation）、將成敗歸因於可控制性的變因、對能力信念持增進觀點（incremental view）。六個要素對學習動機影響的摘要如表 3-2（Woolfolk, 2011, p.492）。

表 3-2　六個要素對學習動機的影響

要素	學習動機的最佳特徵	學習動機的減損特徵
動機來源	內在的：個人的因素，例如需求、興趣、好奇與愉悅等	外在的：環境的因素，例如酬賞、社會的壓力與處罰等
目標設定型態	學習目標：個人滿足於接受挑戰和成長，能選擇難度適中又具挑戰性的目標	表現目標：希望在別人眼中，個人的表現是獲得認可讚許的，傾向於選擇十分簡單或過於困難的目標
投入型態	工作投入：專注於工作的精熟	自我投入：關注於別人眼中的自己
成就動機	精熟導向：成就精熟工作取向	逃避失敗動機取向：避免焦慮產生
可能的歸因	將成功與失敗歸因於可控制的因素，例如努力及能力	將成功與失敗歸因於不可控制的因素
對能力的信念	增進觀：堅信能力是可以透過努力、知識及技能的提升而增進	本質觀：堅信能力是穩定的、無法控制的特質

　　學者艾姆斯（C. Ames）提出影響學生學習動機之教師決定的六個指標，指標組合簡稱為「**TARGET**」（目標模式，target model），六個行為指標為：(1) 學生被要求之工作的本質（工作是否有成就價值、興趣價值及實用價值）；(2) 學生的自主權或工作中學生被賦予的權限高低（較多自行決定權，其動機較高）；(3) 學生完成工作時被認可的程度（肯定學生可激發學生進一步學習活動的參與與學習）；(4) 群組運作的實務（合作情境比競爭模式或個人化學習更易讓學生有成功機會）；(5) 評量過程（不強調分數而強調學習的重要性，採用標準參照或學生自我評量）；(6) 教室中安排的時間表（讓學生有足夠時間完成任務）（Woolfolk, 2011）。

動機主要分為二大類：(1) 生理性動機：指因個體身體上生理變化而產生內在需求，從而引起行為的動機，此類型動機多屬原始性的動機，不需要學習，例如飢餓動機、性動機等；(2) 心理性動機：指引起個體各種行為的內在心理原因，此類型動機多經學習產生。「**學習動機**」是指引起學生學習活動，維持該學習活動，進而使該學習活動朝向教師所設定目標的內在心理歷程。學習動機受外在因素影響者稱為「**外在動機**」（extrinsic motivation），因內在需求而產生的稱為「**內在動機**」（intrinsic motivation）（張春興，1994）。內在動機是當我們追求個人的興趣或為增強個人的能力，自發地去尋找並克服挑戰的自然人類的傾向，內在動機被激發時，不需要任何外在的誘因及懲罰，因為活動本身就有滿足和酬賞的功能。近年來，學者認為內外二種動機並不是連續體的兩端，學習情境中，教師要激勵、培養學生的內在動機，同時也要確定外在支持或誘因是否完備（Woolfolk, 2011）。內在動機的產生可能是活動本身能帶給個人樂趣與滿足成長需求，外在動機不一定不好，通常學習者會同時受到外在動機與內在動機的影響，有效的教學策略是引導學習者從外在動機內化為內在動機。

內在動機的持久力與效益遠大於外在動機，當個體沒有明顯學習動機時，也可能有突然的學習活動產生，此種學習稱為「**偶然學習**」（incidental learning），又稱為「**潛在學習**」（latent learning）。此種學習指的是個體學習不表露在行為上，而是在低等的驅力下進行，學習者似乎沒有任何動機，也未曾作進一步反應，但當增強物一旦出現，學習者竟能運用已學到的知識或經驗。潛在學習是一種未經增強的偶然或無意的反應，個體在某情境中產生了學習，但隱而不顯，直到在有需要時會在行為顯現出來，觀察學習也可能產生潛在學習（朱敬先，1988；張春興，1994）。潛在學習在人們日常生活中屢見不鮮，例如某人假日騎車運動時，雖未特別注意沿途的商店名稱，但當別人問起時，卻能快速說出某商店的位置；國外有些青少年未練習駕駛，平時都坐在副駕駛座位上由父親載送上下學，遇到緊急狀況時，竟然可以自行駕駛父親的車子，這即是觀

察學習而產生的一種潛在學習。

　　心理學家對動機的理論主要有五種：「行為取向動機論」（behavior approaches to motivation）、「人本取向動機論」（humanistic approaches to motivation）、「認知取向動機論」（cognitive approaches to motivation）、「社會認知取向動機論」（social cognitive approaches to motivation）、「動機的社會文化觀」（sociocultural conceptions of motivation），五種動機取向理論中心理學家最常提出者為前四者（Woolfolk, 2011）。

一、行為主義觀點

　　桑代克認為人類動機的來源是起因於對某刺激行為反應後能否帶來好的結果（效果律）；古典制約與操作制約動機理論為個體需求是否得到增強，能得到「增強」（正增強作用或負增強作用）或獎賞的行為，個體才有意願重複出現。行為主義的動機觀重視外在誘因或外在變因來誘導個體行為表現，未能考量到個體內在的心理歷程，其取向從得到獎賞物與避離懲罰物來詮釋學習動機。

二、人本主義觀點

　　人本主義心理學只將動機視為人性成長之發展的基本內在原動力，內在動機是個體為達成自我實現需求（self-actualization）而產生的一種內在動力，此內在動力為與生俱來就想要去實現的傾向，或是一種自我決定的需求。人本主義觀強調的是激勵個體內在的資源或力量，例如潛能、自尊、自主管理及自我實現的需求，人本主義動機論內涵較重視「情意成分」需求（Woolfolk, 2011）。

　　馬斯洛、羅吉斯等人本主義學者，認為人性本善，人有自我實現與自我抉擇的需求與能力，他們重視是的個體內在動機。要提升個體的學習動機必須改善個人的自尊感與責任心、讓個人可以自我抉擇、達到自我實現。人本取向所採用的增強是一種內在增強，內在動力是與生俱來的。馬

斯洛的需求層次論中，將人類需求分爲匱乏需求（包括生理需求、安全需求、愛與隸屬需求、自尊需求）與成長需求（包括知的需求、美的需求與自我實現需求），當基本需求獲得滿足，個體會自發性地產生成長需求。成長需求對基本需求有引導作用，教育的工作就是爲個體營造適宜的學習環境，讓學生自行負責、自我抉擇，進而朝自我實現而努力。

馬斯洛的自我實現心理學之自我實現奠基在「**性善論**」、「**潛能論**」（organic potential theory）與「**動機論**」（motive theory）三大理論上，三大理論各有不同的功能，彼此間又有密切的聯繫。性善論說明人性本善（與孟子、盧梭觀點類似）、是積極的、有建設的、樂觀的，對於存在主義對人性和人類前途持悲觀主義態度（例如煩惱、孤獨、絕望等）不表贊同。潛能論（或機體潛能論）說明人的價值是內在的、固有的、有傾向的，任何有機體都有一種內在傾向，可維持和增強個體活動的方式，發展自身的潛能（potentiality），內在潛能也是個人的內在價值。動機論說明人的活動是有追求的、有動因的並有內驅力的。三者的聯繫爲性善論和潛能論規定了動機論（或需求層次論）的性質、導向和發展的可能性，而動機論提供了性善論的具體內涵與潛能發展的動力（車文博，2001）。

馬斯洛不認同佛洛依德之「**本能決定論**」（instinctive determinism），也不同意行爲主義的「**反本能論**」（anti-instinctive theory）觀點，他認爲人類的複雜行爲不全是由遺傳決定或全由環境決定（完全不是遺傳決定）。人類的基本需求是一種似本能的需求，某種程度是由遺傳決定的，但它們的表現和發展卻是後天的，與它們有關的行爲、能力等是後天學習獲得的。其動機論也稱爲需求層次論，其成長需求有五個特點（車文博（2001）：

1. 從對待動機的態度而言：成長需求者均採取積極、歡迎和認可的態度（對匱乏需求是煩惱的、不愉快的，並持排除的態度）。

2. 從滿足需要的效果而言：成長需求會產生「**正面效應**」（positive effect），增進動機強度、身心健康和人生樂趣與生活意義（匱乏需求的滿足只是消除緊張、避免疾病、降低興奮、感到寬慰）。

3. 從它與環境的關係而言：成長需求較少依賴環境及他人的給予，其滿足歷程主要靠個體的努力與潛能發揮、知識的增進及人格的整合等（匱乏需求的滿足很大程度要依賴環境及他人）。

4. 從它與自我的關係而言：成長需求往往不以自我為焦點而以問題為中心，會因想解決問題而達忘我境界（匱乏需求總是把注意力聚焦於與自己利益密切相關事物上，以外部東西滿足自己）。

5. 從它與基本需求的區別而言：成長需求間具有較大的個別差異，此乃因為高層心理需求的複雜性、多樣性與獨特性導致（匱乏需求不論從基本需求滿足的對象、內容，或從其發展層級和方式來看，均具有明顯的共同性與普遍性）。

羅吉斯提倡「**自我觀念**」（self-concept）、積極關注與自我一致性在學習過程中的重要性。自我觀念是個人對自己的認識與看法，它是從生活及學習環境中，由別人對自己的評價而逐漸形成的；積極關注是個人主動去關心與協助別人，這是一種無條件的愛與付出；自我一致性指的是個人能夠自我統合和諧，沒有自我衝突的心理現象，此時真實自我與理想自我間不會出現不一致性的情況。學生在教育愛中成長與學習，受到老師與同學無條件的關注，老師能接納尊重每位學生，就能培養正向的自我觀念，學習充滿信心，進而自尊、自重與自愛，發揮自我的潛能（葉重新，2005）。羅吉斯的理論又稱為「**自我理論**」（self-theory），在諮商與心理治療方面，羅吉斯聚焦於「**個人中心**」（person-centered）的論點，倡導「**個人中心治療**」（person-centered therapy）法，認為人們是「**功能周全者**」（fully functioning person），能自我努力、成長，擁有「**自我實現的傾向**」（actualizing tendency）。

三、認知取向觀點

認知理論中認為人們會主動與好奇、搜尋有關資訊以解決個人遭遇的問題，它們強調內在動機，認知取向的動機觀在許多方面是對行為主義觀點的反擊。認知理論學者堅信思考決定我們的行為，行為並不僅是受到酬

賞及懲罰所塑造，行為是透過計畫、目標、基模、期望與歸因等所促發及調整而來的（Woolfolk, 2011）。此派學者認為學習動機是介於情境刺激與個人行為（反應）間的中介歷程，表示的是個體對學習事件的一種看法或信念，因看法或信念而產生求知需求，此種內在的學習動機也是一種需求，但此需求主要以滿足認知需求為主（張春興，1994）。美國社會心理學家海德（Heider）認為一般人在解釋自己的行為表現時，會傾向採用「**情境歸因**」（將行為結果解釋為外在歸因），解釋他人行為表現時則偏向於「**性格歸因**」（將行為結果解釋為內在歸因）。認知取向所強調的學習動機為「**內在動機**」，內在動機為個體追求成功時的一種驅力。

「**歸因**」（attribution）指的是個體對自己或他人行為的一種看法或解釋，此種知覺因個人看法不同而異，在社會心理學領域稱為「**社會知覺**」。社會心理學家海德將歸因型態分為二種：一為「**情境歸因**」，一為「**性格歸因**」。前者是將行為結果解釋為外在情境或環境導致，又稱為「**外在歸因**」（external attribution）；後者是將行為或事件解釋為當事者性格因素或個人特質引發，又稱為「**內在歸因**」（internal attribution）。社會心理學家羅特（Rotter）提出制控信念，將個體對事件成敗的歸因分為二種：一為「**外控**」（外在控制信念），一為「**內控**」（內在控制信念）。外控指的是將個人的成功或失敗歸諸於個人無法掌控的因素，例如幸運或情境；內控指的是將個人的成功或失敗歸諸於個人可以掌控的因素，例如努力或粗心（疏忽），內控信念較強的學習者會有較高的學習動機。

溫納（Weiner）從三個向度來說明人們對成敗的歸因：

1. 因素來源：個體認為影響其成敗因素，係來自個人本身條件或外在環境，前者稱為內在歸因（內控），後者稱為外在歸因（外控）。內在因素例如能力、努力、情緒；外在因素例如作業難度、運氣、他人幫助。

2. 穩定性：個體自認影響其成敗的原因在性質上是否穩定，是否在類似情境下具有一致性，例如能力與作業難度是比較穩定的，努力、運氣、情緒與他人幫助是不穩定的。

3. 控制性：當事人自認影響其成敗的原因在自己是否可以掌握或個人能掌控的程度，例如努力為「**可控制**」的，能力、工作難度、運氣、情緒、他人幫助為「**不可控制**」的。歸因三個向度摘要如表3-3（吳明隆等，2019；葉重新，2005）。

表 3-3　歸因三個向度摘要

歸因類別	成敗歸因三個向度					
	原因來源		穩定性		可控制性	
	內在	外在	穩定	不穩定	能控制	不可控制
能力	■		■			■
努力	■			■	■	
工作難度		■	■			■
運氣		■		■		■
情緒（身心狀況）	■			■		■
他人幫助		■		■		■

德威克（C. Dweck）根據溫納的歸因理論提出二種學習取向：「**精熟取向**」（mastery oriented）與「**習得無助取向**」（learned-helplessness orientation）。精熟取向者會將成功歸因於高能力，但對失敗的責任傾向作外在歸因或自己可以克服的不穩定因素，他們會認為「**失敗**」後可以藉由自己努力來增強個人能力。習得無助取向者不會感受到來自視為高能力的自尊，他們常將失敗歸因於穩定及內在的因素，將成功歸因於不穩定因素，自覺缺乏能力（將能力視為固定，無法精進提升──能力實存觀），不期待自己將來會成功，因而會自我放棄，停止嘗試，表現出無助感（林淑玲、李明芝譯，2014）。

學習歷程中，學生若將成功視為高能力，失敗是因為低努力，則個體可以經由努力或練習增進能力，之後會持續努力提升精進能力；相對的，若是個人將成功歸因於運氣或高努力，失敗歸因於低能力，則會持「**能力**

實存觀」（entity view of ability），認為能力是固定或穩定的特質，無法透過練習或努力再改變，此歸因信念會讓個體不再努力嘗試，失敗時出現一種無助感。習得無助感的學生看問題會有所謂「**3Ps**」：(1)「**永恆性**」（permanent）：認為問題絕無法改變，個人能力無法提升；(2)「**滲透**」（pervasive）：認為問題會影響生活中每個地方，自己無法改變，只得以悲觀消極應對；(3)「**個人性**」（personal）：將問題內化為自己個人的無能。

　　動機認知觀的另一代表學者為卡芬頓（M. Covington），其學習動機核心為「**自我價值**」（self-worth），自我價值感是個體學習或追求成功的內在動力。卡芬頓研究發現：個體會將成功視為「**能力展現**」而非努力的結果，對考試成敗的因應信念為不承認自己能力不好，也不認同努力可以獲得成功，以維護自我價值且又有逃避失敗的藉口；成敗歸因中，低年級學生歸因於努力變因，高年級學生則歸因於能力因素（張春興，1994）。卡芬頓也認為個體要不斷成功是不可能的，面對非常困難的任務時，一個維持「**自我價值**」（self-worth）的替代方法是「**避免失敗**」。避免失敗的方法例如拒不從事特定任務、將工作視為不重要之事，或可能表現設下特別低的期望。而當學習者無法逃避他們預期會表現得很糟的任務時，個體會找藉口合理化自己不佳的表現，也可能去做些實際上減損其成功機會的事情，稱為「**自我設限**」（self-handicapping），自我設限的方法例如減少努力、設定達成不了的高目標、拖延、承擔過多任務等（白惠芳等譯，2011）。

　　卡芬頓認為影響自我價值的因素有三個：精熟取向、避免失敗、接受失敗。「**精熟取向學生**」（mastery-oriented students）對失敗會積極適應，視成功為自己努力結果，能對學習負責，也會善用正確策略，認為能力是可促發增長的，因而較易形成持久而成功的學習。「**避免失敗取向學生**」（failure-avoiding students）持「**能力留存觀**」，失敗主因歸因於能力不足，為避免失敗發生，會挑容易成功或自己所擅長的事件去表現，以讓自己有更高的自我價值感；期間雖有少許成功，但會經歷很多挫敗，因

而會設定很低的目標或無法達成的目標，或不在乎策略。「**接受失敗取向學生**」（failure-accepting students）會將連續的失敗視為能力很差，自己是無能的，只能接受它，自我價值被摧毀，自暴自棄，成為壓抑、冷漠與無助學習者（朱敬先，2011；Woolfolk, 2011）。自我價值論三種動機取向摘要如表 3-4（Woolfolk, 2011, p.479）。

表 3-4　自我價值論三種動機取向摘要

動機	面對失敗態度	目標設定	歸因	能力觀	策略
精熟取向	低度懼怕失敗	學習目標：難度適中且有挑戰性	成功的原因為努力、使用正確策略及具備充足的知識	可增進的；可改善的	具適應性的策略，例如採用其他方法、尋求協助、多練習／多努力
避免失敗	高度懼怕失敗	表現目標：太過困難或過度簡單	失敗的原因是缺乏能力或能力不足	本質觀、固定論（能力無法改變）	自我挫敗的策略，例如未盡全力的努力、假裝不在乎
接受失敗	預測失敗；感覺沮喪	表現目標或沒有目標	失敗的原因是缺乏能力或能力不足	本質觀、固定論（能力無法改變）	習得無助；輕言放棄

四、其他相關歸因理論

　　瓊斯（Jones）等人認為人們在判斷他人的言論、行動的原因時，首先會考慮的是外在環境影響因素，只有外在壓力不存在或低壓力情況下，個人的言行才會被視為是內在品質、動機與性格的外在表現，此情況下可作內在歸因。個人特定的行為和其內在特徵（人格特質及動機）會相互呼應，因而他堅信從個體的外在行為可以推斷其動機、人格特質；外在行為是果，動機、人格特質是外在行為的原因，例如知道某個人常常和同學打架，可以判斷他是個攻擊性強的人。瓊斯的歸因理論稱為「**對應推論理**

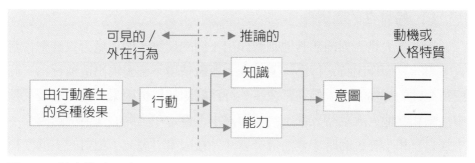

圖 3-4　對應推論理論

論」（theory of correspondent inferences），影響對應推論正確性的要件
有三：(1) 行為結果的嚴重性程度：結果愈嚴重，原因推斷愈困難；(2) 行
為的社會讚許性程度：行為愈讚許、認同的，行為原因推斷愈困難；(3)
行為是否能自由選擇：能自由選擇的行為與其內部品質對應性較高（時蓉
華，1996）。對應推論理論如圖 3-4（同前引，頁 288）。

　　心理學家凱利（H. Kelley）提出三個「**維度**」（面向）的歸因理
論，其理論又稱為「**共變模式**」（covariation model）。他認為人們
在歸因他人行為是情境歸因（situational factors，或外在歸因）或性
格因素（dispositional factors，或內在因素）時，會同時考量到「**共
識性**」（consensus）、「**特殊性**」（distinctiveness）、「**一致性**」
（consistency）三個資訊（危芷芬等譯，2008）：

（一）共識性

　　指在相同情境中有多少人會作出我們觀察到的行為，若共識性高，人
們通常會將行為歸因於情境因素，如果在面對相同刺激時，只有少數人表
現出獨特的行為反應，則會歸因為個體性格導致（例如個人品味）。例如
小強和班上多數同學一樣都對新導師十分喜愛，其喜愛歸因於教師對學生
關懷的特質與活潑有趣的教學方法（情境歸因）導致。

(二)特殊性／區辨性

指當事人是否對同類其他刺激作出不同的反應，個人是否只針對特定人、事、物而作出特定行為，還是在大多數情境下都表現出這種行為。高度特殊性的行為者，人們通常會將其行為歸因於情境因素，例如班級互動中小強和其他人說話時大都不笑，因為小美會逗小強開心（情境歸因），小強只有和小美說話時才會面帶笑容（外在因素引發）；相對的，低度特殊性／低區辨性者，會將其行為反應歸因於其性格（內在歸因）。

(三)一致性

在不同時間點、不同情境中，同一人面對同一刺激的反應是否相同，即某個人的行為是否前後相同。高一致性的行為者，人們通常會將其行為歸因於情境因素；相對的，低一致性者（對同一訊息有較高紛歧性者），會將其行為反應歸因於其性格。若小強前後光顧某餐廳後，第一次稱讚其很棒，第二次則給予很低評價，小強的行為一致性很低，會歸因於其性格所致（例如第二次的心情不好）。

觀察他人行為並做歸因時常會發生偏誤，常見的偏誤有以下幾種（危芷芬等譯，2008）：

(一)基本歸因錯誤

人們在歸因他人行為時，會「**高估**」（overestimate）性格因素，而「**低估**」（underestimate）情境因素，此種傾向的偏誤稱為「**基本歸因錯誤**」（fundamental attribution error，或主要歸因錯誤）。人們在思考判斷他人行為時，非常容易出現傾向性格歸因的偏誤，在犯罪案例中，許多意外受害者實際上不應為自己的不幸負責，但人們也會對他們加以責怪，例如強暴受害者；或將窮人的問題歸罪到他們自己身上（性格因素）。基本歸因錯誤的原因為「**行動者－觀察者效應**」（actor-observer effect），人們在解釋自己行為時常視為是多變且受情境影響，但傾向將他人行為視為是內在性格引發，此種錯誤為著眼點不同導致的偏誤。

研究發現，人們在觀察他人和自己的行為時，看問題的著眼點是不同的，行為者本人對自己行為動機的歸因，不同於他人對自己行為的歸因（時蓉華，1996）。當事人解釋自己行為時較不會發生基本歸因偏誤的可能理由有二：一為人們在看自己時注意的是周圍環境而非自己的行為；二為解釋自己或他人時使用的資訊形式不同，對自己行為的資訊掌握較多，對他人行為的資訊了解較少，因而較易認為他人行為具有一致性（性格導致）。基本歸因錯誤有時候也被稱為「**對應偏誤**」（correspondence bias），如果人們無法取得或難以察覺情境因素的資訊，會看不到他人所處的情境，因而忽略情境的重要性，而人們注意的焦點被當作是重要的資訊，這即是人們「**知覺突出性**」（perceptual salience）所造成的，即人們傾向認為每個人就是他自己行為造成的主要原因。從社會心理學觀點而言，人們在分析他人行為時，會自動地作出性格歸因（內在歸因），之後才思考作出情境歸因（外在歸因），調整原本的內在歸因，此種現象稱為「**歸因兩階段歷程**」（two-step attribution process）（余伯泉等譯，2019）。

（二）虛假共識

人們會將自己對某事物的反應視為代表多數人的反應，表示自己的行為反應和多數一樣，此種偏誤稱為「**虛假共識**」（false consensus）。人們常會認為自己的喜好與他人的相似度很高，此種偏誤的原因可能是「**自尊**」導致，基本上，人們不喜歡或不願意承認自己是與眾不同者，也傾向和自己類似或有相同喜好者與觀點相同者在一起。虛假共識是個人的一種盲點，另一種個人盲點稱為「**偏誤盲點**」（bias blind spot），指的是人們傾向認為他人比自己更容易作出歸因偏誤，這反映人們思考歷程中的盲點（余伯泉等譯，2019）。

（三）自利偏誤

「**自利偏誤**」（self-serving bias）指的是個體對自己的行為歸因時，傾向將成就或成功歸因於性格因素；而將失敗或錯誤歸因於情境因素。造

成自利偏誤的可能原因之一是個體想維護且提升自尊，將失敗歸因於情境時（例如題目太難、老師告知時間太慢等）可以維護個人自尊，將成功歸因於自己內在性格時可以提升自尊，並短暫提升自己的心情。當他人與認知者發生利害衝突時，認知者對於他人行為會有不同的歸因。教育場域內，有些教師對於學習成績差的學生常責備他不夠努力、欠積極；但學生卻認為自己很認真，不認為自己差，而是功課負擔太重、教師講課呆板、不清楚。此種歸因偏差來自雙方利害衝突導致（時蓉華，1996）。

「自利偏誤」是一種「自利歸因」（self-serving attribution），此種歸因型態為個人將成功歸因於自己，將失敗歸咎於外在情境或他人。人們之所以會作自利歸因，其原因有三個：(1) 此歸因策略可以有效維持或提升個人的自尊，尤其是個人認為工作不可能做得更好或更難達成時；(2) 人們想在別人面前呈現自己，想讓他人如何看待自己，覺得自己很棒，以保住個人的面子；(3) 訊息掌握程度的落差（余伯泉等譯，2019）。

五、社會學習觀

社會學習取向的動機理論整合了行為主義取向與認知主義取向的動機論觀點，它們同時將行為取向所關心的結果增強及效果，與認知取向強調的個人信念及期望等影響因素納入，也稱為「價值期望理論」。價值期望理論認為動機主要受二個因素所引導：一為個人對達成目標的期望，二為個人對此目標的價值判斷。社會學習取向動機觀也稱為「社會認知取向」（social cognitive theories）動機觀（社會認知論），理論的含意為：個體的動機為「個體對達成目標的期望」與「個體對目標達成後之價值判斷」二個變因的產物，其中重要的問題有二：一為「如果我努力，我會成功嗎？」二為「若是我成功了，結果對我而言是有價值的或有酬賞作用嗎？」若缺少其中一個條件，則個體就會失去追求目標的學習動機（葉玉珠，2003；Woolfolk, 2011）。舉例如下：

目標期望——「學校教育學程甄試，如果我努力讀書可以考上嗎？」（若是錄取率甚低，則努力讀書動機不高）。

價值判斷——「**考上教育學程，修讀完教育學分對我而言很重要嗎？**」
（若修讀學程對個人而言不是十分重要之事，則努力讀書意願不大）。

　　班都拉以認知觀點建構學習動機論，他增列自我效能論加以補充，
所謂自我效能是指個人知覺對自己從事某特定工作所具備的能力，以及對
此工作可以做到何種程度的主觀評估。班都拉研究發現，個人評估經驗
的來源有四：(1) 之前直接成敗經驗；(2) 觀察學習間接習得的他人成敗經
驗；(3) 書本知識或別人意見給予經驗；(4) 當事者參與事件前對身心狀況
的評估（張春興，1994）。個體面對挫折時，愈高的效能感會產生愈多
的努力及堅持的力量，自我效能會經由目標設定來影響個體的學習動機，
低自我效能者，從事活動的動機較低，很容易拒絕任務，或容易放棄工作
（Woolfolk, 2011）。

　　社會認知取向的學習觀認為，學習者不僅受到楷模所做行為的影
響，也受到楷模在行為後得到什麼後果或無後果的影響，他們認為示範對
學習者的行為有四種可能影響（白惠芳等譯，2011；Ormrod, 2008）：

　　1. 觀察學習的效果（observational learning effect）：指觀察者經由眼
見、耳聽、手動等學會了由楷模所示範或展現的新行為。例如陳老師喜愛
觀看美國職棒大聯盟（Major League Baseball; MLB）比賽，對於 MLB 結
合大數據（Big data）分析打擊者的打擊分布型態十分讚賞，經由陳老師
楷模的示範，班上同學對巨量數據分析的學習十分好奇，常常詢問有關大
數據分析的問題。

　　2. 反應促進的效果（response facilitation effect，或反應助長的效
果）：指觀察者先前學到的行為，在看到楷模表現該行為時被增強（替代
增強）後，他表現該行為的頻率會增加。例如前一學年獨立研究比賽，班
上參加同學榮獲第二名，這學期參加獨立研究比賽的同學對於任務分工及
合作討論更為積極，因為之前獨立研究是由小組成員共同合作完成的。

　　3. 反應抑制的效果（response inhibition effect）：指觀察者先前學到
的行為，在看到楷模表現該行為時被懲罰（替代懲罰）後，他表現該行為
的頻率會減低，觀察者會抑制該行為的發生（不去做）。例如小明上數學

課時偷看課外書，書籍暫時被老師沒收，又被老師責罵，小強目睹後趕快把他帶來的小說收起來，以免也被老師懲罰。

4. 反應解除的效果（response disinhibition effect，或解除對反應的抑制）：指先前禁止或遭受懲罰的行為，若是觀察者發現楷模表現該行為後，並未有負面後果，那麼該行為發生的頻率會增加。例如為了同學安全，學務主任規定不能在走廊奔跑，之前奔跑者都被主任叫到學務處罰站，但小明發現今天在走廊奔跑的同學都沒有被主任責罵，因而與同學也在走廊奔跑嬉鬧。

自我效能是個人對自己處事能力、工作表現、挫折容忍等人格特質的綜合評價，即個人自認在某些特定情境中，能夠有效地表現出適當行為的一種信念，它是個人對自己的看法，對自己適應環境能力的評估。個人的自我效能是在社會情境中從直接經驗與間接經驗學習來的，前者是個人在實際從事活動或任務工作完成中學到的成敗經驗，若成功經驗多於失敗經驗，則個體行為會被自我強化，有助於自我效能感的提升；後者是由在社會情境中觀察別人的行為表現而產生的模仿學習，若是成功事件多於失敗事件，會強化學習的自我效能感（張春興，2003）。

班都拉認為自我效能的來源有四個（Woolfolk, 2011）：

1. 精熟經驗（mastery experiences）：為個人的直接經驗，也是效能訊息最有力的來源，若個人失敗經驗多於成功經驗，會降低個體的自我效能，因為個人會覺得不論如何努力，設定目標都很難達到或任務都無法完成。

2. 生理及情緒的激活（physiological and emotional arousal）：可以讓個體更有活力，例如興奮的、活力十足的、積極的；相對的，面對任務時，若無法喚起生理及情緒，個體可能是懶散的、緊張的、焦慮的、憂心忡忡的，此種情況下會降低效能。

3. 替代性經驗（vicarious experiences）：為間接經驗觀察所得的成敗，心中的楷模或重要他人愈受到個體認同，且其順利完成任務或活動的事件愈多，個人的自我效能會愈提升。例如小學妹妹看到就讀中學的姐姐

對學業能應付自如，且成績很好，此替代學習結果有助於自我效能的強化。從觀察發生在別人身上的事件，個體的行為可能受到增強，類似的反應行為頻率會增多，稱為「**替代增強**」（vicarious reinforcement）；相對的，個體若是看到別人因某行為而受到責罰，則自己較不可能或不會出現同一行為，稱為「**替代懲罰**」（vicarious punishment）。

　　4. 社會性說服（social persuasion）：可能是一句鼓勵性的話語或一個對特殊表現的酬賞。單獨社會性說服無法產生持久性的自我效能提升，但它可以讓學生更加努力、願意採用新的策略或盡最大努力來追求成功。社會性說服力量的影響程度視說服者的聲譽、可靠度與專業程度而定。學習歷程中，教師就是社會性說服的有力他人。

　　班都拉之自我效能的影響因素架構如圖 3-5。

　　預期價值模式的理論公式為：動機 = 知覺的成功率 × 成功時誘因值，二個變因對照班都拉的自我效能內涵分別為「**效能期望**」（相信自己有足夠能力可以成功）、「**結果期望**」（特定知識或技能有助個人成就某些事件，因而會促發個體去做）。期望與價值感二個內涵對應的話語為：

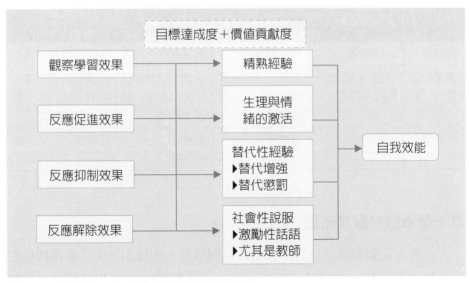

圖 3-5　班都拉之自我效能的影響因素架構

「如果我認真或努力，就可以成功或有好結果？」「成功或有好結果對我而言重要嗎？」艾克爾斯（J. Eccles）等人在期望 X 價值理論中加入「**代價**」（cost）的元素，成功後所能得到的價值會同時考量到個體追求成功歷程中所需付出代價的多少，例如我會花費多少精力？有比較經濟可行的替代方案嗎？我會冒多大的風險？我這樣做很愚蠢嗎？（Woolfolk, 2011）

一位學生決定是否每日聽英語雜誌的決定過程（葉玉珠，2003）：

1. 效能期望：「我的英文學習能力很差，再學習也不會進步」、「我的語言學習能力很強」二種不同效能期望，會分別導致很低或高度的學習動機，展現不同程度的努力。

2. 結果期望：「每日學習和練習這些知識會使我的英語會話更流暢、英語能力更精進。」結果期望提升個體自我價值感，因而採取「**行動**」努力學習（學習英語的字彙、文法及片語）⇨ 結果（英語會話更流暢）。

四種動機取向觀之比較摘要如表 3-5（Woolfolk, 2011, p.464）。

表 3-5　四種動機取向觀之比較

	行為取向 （behavior）	人本取向 （humanistic）	認知取向 （cognitive）	社會學習取向 （社會認知取向） （social cognitive）
動機來源	外在增強	內在增強	內在增強	外在和內在增強
重要影響變因	增強、獎勵、誘因、懲罰	自尊、自我實現、自我抉擇的需求	信念、對成功和失敗的歸因、期望	目標的價值、達成目標的期望、意圖、自我效能
代表學者	史肯納	馬斯洛	溫納 卡芬頓	班都拉

六、動機的社會文化觀

社會文化觀強調在社群中實際的參與情況，個體由參與活動維持他們在社群中的自我「**認同感**」（identity）及人際關係，學生若是在重視價

值學習的班級或學校社群中，就會有學習動機，就像其他的社會文化經驗一般。人們總是會觀看社會文化中有能力的人並加以學習，學生也從學校社群中成員的行為加以觀察並學習，因而人們可透過社群（同儕互動）而學習。當個體認同社群，自願成為社群成員的一分子，會使他們產生動機去學習社群的價值觀，以及社群成員規劃的實務活動。要激發學生學習動機，教學的情境要刻意設計成為適合社群學習的環境，此取向觀點所面臨的一個挑戰是，必須確信社群中所有成員都能和諧相處，全力參與社群事務，因為動機就是來自於學生的認同感與對活動的參與程度（Woolfolk, 2011）。

自我練習

（　）1. 根據桑代克（E. L. Thorndike）的論點，學習為刺激與反應間的一種聯結，此種聯結的強度與有效性最主要是受到何種因素影響？ (A) 學習時身心準備度　(B) 學習後效果　(C) 學習時練習次數 (D) 學習的情境。

　　參考答案：(B)

（　）2. 操作制約實驗中，白鼠不想受到電擊，會跳離原空間處之閘門，此種跳離行為反應可以解除電擊痛苦。「逃避學習」運用的法則主要為下列何種？　(A) 處罰　(B) 正增強　(C) 負增強　(D) 消弱。

　　參考答案：(C)

（　）3. 行為主義學者華生認為有效學習行為要掌握二個原則，一為「頻率」原則，另一個為何者？　(A) 接近原則　(B) 練習原則　(C) 效果原則 (D) 準備原則。

　　參考答案：(A)

（　）4. 有關赫爾（C. L. Hull）之需求遞減論的描述，下列何者正確？　(A) 從認知論觀點來探討動機　(B) 動機是促發個體行為活動的外在動力 (C) 驅力是促發個體學習的動力　(D) 當內在驅力存在時個體內在的生理運作可達均衡。

　　參考答案：(C)

（　）5. 完形心理學家柯勒（Kohler）認為個體習得解決問題的能力主要是何種因素的影響？　(A)效果律　(B)後效強化　(C)頓悟　(D)練習律。
參考答案：(C)

（　）6. 學生騎車上學時，若是道路不通會改道而行，即使繞遠路也可以騎到學校。最適宜解釋此種學習情況者為下列何者？　(A)觀察學習　(B)領悟學習　(C)方位學習　(D)操作制約學習。
參考答案：(C)

（　）7. 場地論基本觀點為人所表現的行為是哪二個因素交互作用的函數？
(A)個人與環境　(B)個人與認知　(C)認知與環境　(D)期望與價值。
參考答案：(A)

（　）8. 小強每天騎車上下學，上下學途中並未注意哪間診所星期日也有在看診，某天樓上鄰居問起時，很快即能告知鄰居星期日有門診的診所及位置。小強的此種學習活動稱為何者？　(A)無意學習　(B)有意學習　(C)潛在學習　(D)意外學習。
參考答案：(C)

（　）9. 小強每天騎車上下學，上下學途中並未注意哪間診所星期日也有在看診，某天樓上鄰居問起時，很快即能告知鄰居星期日有門診的診所及位置。小強此種學習活動的理論基礎為何者？　(A)觀察學習　(B)領悟學習　(C)操作制約學習　(D)方位學習。
參考答案：(D)

（　）10.一位學生將考試成敗歸於下列哪個因素下，會有較高的學習動機？
(A)能力　(B)努力　(C)考試難度　(D)同儕幫助。
參考答案：(B)

（　）11.班都拉（Bandura）社會學習觀認為，個體的學習動機強弱主要是受到哪二個因素的影響？　(A)期望與價值　(B)個體與環境　(C)期望與誘因　(D)誘因與信念。
參考答案：(A)

（　）12.「我要努力讀書才可以通過教師資格考試，通過教師資格考才有可能成為正式教師，有一個穩定的工作。」此種學習動機可以用哪個動機理論來解釋？　(A)需求層次論　(B)期望價值論　(C)認知取向論　(D)行為取向論。

參考答案：(B)

（　）13.從內在增強與外在增強的觀點而言，下列何者理論的學習動機觀為外在增強？　(A) 需求層次論　(B) 期望價值論　(C) 認知取向論　(D) 行為取向論。

參考答案：(D)

（　）14.大雄每次都將定期考查成績不佳原因歸諸於個人的「運氣不佳」，從溫納三向度的歸因論而言，「運氣」歸因類別的屬性為何？　(A) 內在－不穩定－能控制　(B) 內在－穩定－不能控制　(C) 外在－不穩定－不能控制　(D) 外在－穩定－不能控制。

參考答案：(C)

（　）15.從溫納（Weiner）三向度的歸因論而言，下列哪個歸因類別為「內在－不穩定－不能控制」？　(A) 工作難度　(B) 個體能力　(C) 個人努力　(D) 個人身心狀況。

參考答案：(D)

（　）16.小美學會乘法，經過一段很長時間後，她了解與學會乘法的另類簡易算法。從學習的方式而言，這是屬於何種學習？　(A) 延宕學習　(B) 有意學習　(C) 無意學習　(D) 類化學習。

參考答案：(A)

（　）17.「精熟取向」的學習者，對個人「能力觀」所持的論點為何？　(A) 能力實存論　(B) 能力固定論　(C) 能力穩定論　(D) 能力可增進論。

參考答案：(D)

（　）18.下列何者為「當事人中心治療法」對於人性的假定？　(A) 性惡說　(B) 性善說　(C) 中性說　(D) 善惡皆有。

參考答案：(B)

（　）19.教師常會對學生說學習或做事要「苟日新、日日新、又日新」，從後設認知的觀點而言，它是屬於何者？　(A) 後設認知技能　(B) 後設認知經驗　(C) 後設認知知識　(D) 後設認知監控。

參考答案：(A)

（　）20.沃爾夫克（Woolfolk）認為後設知識可以用來調節思考與學習，常用技巧有三種，下列何者<u>不是</u>其所謂的技巧？　(A) 計畫（planning）　(B) 監控（monitoring）　(C) 評估（evaluation）　(D) 理解

（understanding）。

參考答案：(A)

( )21.有關完形心理學的假定下列何者正確？ (A) 整體行為是部分行為的總和 (B) 研究對象為微觀的個別行為 (C) 感官環境是一個靜態歷程 (D) 探究對象為鉅觀的整體。

參考答案：(D)

( )22.班級學習中有關同儕角色的重要性可以用何種學習理論來說明？ (A) 行為論 (B) 個人建構論 (C) 訊息處理論 (D) 社會認知論。

參考答案：(D)

( )23.有關個人中心學派的諮商目標，下列何者描述錯誤？ (A) 目標在於幫助個體解決特定問題 (B) 諮商過程關注個體的情緒狀態 (C) 諮商歷程強調個體的目前情況 (D) 重視諮商者與案主的關係運作。

參考答案：(A)

( )24.以下哪個是「習得無助感」的學習者在看待問題時會持有的觀點？ (A) 問題可以改變 (B) 問題絕無法改變 (C) 問題只影響到生活一部分 (D) 將問題歸因於自己不夠努力。

參考答案：(B)

( )25.有關人們「自私偏誤」（self-serving bias）產生原因的描述，下列何者正確？ (A) 成功歸因於情境因素、失敗歸因於性格因素 (B) 成功或失敗都歸因於情境因素 (C) 成功或失敗都歸因於性格因素 (D) 成功歸因於性格因素、失敗歸因於情境因素。

參考答案：(D)

( )26.學習者學習信念中持「能力實存觀」（entity view），其歸因信念為何者？ (A) 成功歸因高能力、失敗歸因於低努力 (B) 成功或失敗都歸因於努力因素 (C) 成功歸因高努力、失敗歸因於低能力 (D) 成功或失敗都歸因於能力因素。

參考答案：(C)

( )27.以下哪個不是「習得無助感」的學習者在看待問題時會持有的觀點？ (A) 問題絕無法改變，只以悲觀消極應對 (B) 問題是自己不夠努力導致的 (C) 問題影響到生活的每個地方 (D) 將問題內化為自己能力很差。

參考答案：(B)

（　）28.卡芬頓（Covington）認為影響自我價值的因素有三個，下列何者不是因素之一？　(A) 環境脈絡　(B) 精熟取向　(C) 避免失敗　(D) 接受失敗。

參考答案：(A)

（　）29.在教育場域中，哪種學習要素或學習行為可能對學習者的學習動機有減損作用？　(A) 以個人內在需求與興趣學習　(B) 採用自我投入型的投入型態　(C) 堅信能力可透過努力而精進　(D) 能選擇難度適中目標並願意接受挑戰。

參考答案：(B)

（　）30.社會心理學中所謂的「歸因兩階段歷程」指人們在分析他人行為所做的歸因型態。下列何者為歸因兩階段歷程內涵？　(A) 性格歸因 ⇨ 情境歸因　(B) 情境歸因 ⇨ 性格歸因　(C) 性格歸因 ⇨ 內在歸因　(D) 情境歸因 ⇨ 外在歸因。

參考答案：(A)

參考書目

中文書目

王克先（1987）。**學習心理學**。臺北市：桂冠。

白惠芳等譯（2011）。**教育心理學：學習者的發展與成長**。臺北市：洪葉。

危芷芬等譯（2008）。**心理學**（N. R. Carlson 等著）。臺北市：華騰。

朱敬先（1988）。**學習心理學**。臺北市：千華。

朱敬先（2011）。**教育心理學——教學取向**。臺北市：五南。

余伯泉等譯（2019）。**社會心理學**（E. Aronson 等著）。臺北市：揚智。

吳明隆、陳明珠、方朝郁著（2019）。**教育概論——教育理念與實務初探**。臺北市：五南。

林淑玲、李明芝譯（2014）。**發展心理學（上下）**（D. R. Shaffer & K. Kipp 著）。臺北市：學富。

車文博（1996）。**西方心理學史**。臺北市：東華。

車文博（2001）。**人本主義心理學**。臺北市：東華。

時蓉華（1996）。**社會心理學**。臺北市：東華。

張春興（1993）。**現代心理學**。臺北市：東華。

張春興（1994）。**教育心理學**。臺北市：東華。

陳李綢（1992）。**認知發展與輔導**。臺北市：心理。

陳奎伯、顏思瑜譯（2009）。**教育心理學——為行動而反思**（A. M. O'Donnell 原著）。臺北市：雙葉。

葉玉珠（2003）。動機與學習。載於葉玉珠等編：**教育心理學**（頁 311-344）。臺北市：心理。

葉重新（2000）。**心理學**。臺北市：心理。

葉重新（2005）。**教育心理學**。臺中市：北極星。

英文書目

O'Donnell, A. M., Reeve, J., & Smith, J. K. (2007). *Educational psychology: Reflection for action*. New York: Wiley & Sons, Inc.

Ormrod, J. E. (2008). *Educational psychology: Developing learners* (6th). Columbus, OH: Merrill/Prentice-Hall.

Slavin, R. E. (2000). *Educational psychology: Theory and Practice*. Boston: Allyn & Bacon.

Woolfolk, A. (2011). *Education psychology* (11th ed.). Boston: Allyn & Bacon.

第 4 章

智力理論

　　「**智力**」（intelligence）為一種綜合性心理能力，此能力以個體遺傳條件之生理為基礎，在其適應生活環境時，以個人知識、經驗與經驗運用來思考問題、解決問題的一種綜合性心理能力。心理學家將智力界定為個人學習並記憶訊息、辨認概念及其關係，並應用訊息與概念以產生適應行為的能力，晚近有關智力的定義取決於文化脈絡與社會適應（危芷芬等譯，2008）。一般的智力概念型定義包含五個定義：智力是抽象思維能力、智力是學習的能力、智力是解決問題的能力、智力是先天遺傳與後天環境交互作用發展的能力、智力高低可由個體外顯行為測得（張春興，1994）。智力是個體潛在能力（性向）中的普通能力，普通性向能力與特殊性向能力，通稱為個人的性向，性向是個體將來有機會學習某些事物時所具有的「**潛在能力**」（potentiality）（葉重新，2000）。性向中的「**普通性向**」（general aptitude）是一般性的潛在能力，此普通能力就是一般所稱智力。智力不同於「**成就**」（achievement），成就是由實際行為表現出來的具體能力，它是學習或訓練之後學習成果或訓練效果的顯現（張春興，2003）。

　　英國生物學家高爾登（Galton）研究發現人類智力與遺傳或其家族性有密切關係，受後天環境變因影響較少。他認為人類的心智是由感覺所組成，認為智力高的人反應較敏銳，因而個人智力的高低可以由其感覺敏銳度來衡量，其研究偏重於生理基礎的行為測量（生理計量法），忽視高層次心智能力的測量。法國的比奈（Binet）和其助理西蒙放棄「**生理計量取向**」（biometric method），改採「**心理計量取向**」編製智力測驗，1904 年研發世界第一個標準化的智力測驗（比西智力量表）。比奈認為智力是個人對生活情境的判斷、推理以及適應能力的加總體（葉重新，2000）。比奈不同意高爾登有關人類智力的想法，他認為簡單的知覺測驗無法決定個人的智力，建議應改為可測量個人的心理能力來代表智力，例如想像、注意、理解、視覺空間判斷等（危芷芬等譯，2008）。

　　比西智力量表有三個特點：(1) 採用「**作業表現方法**」（performance method），根據受試者在語文、算術、常識等題目實際作業的分數多

寡，判定其智力高低；(2) 創用「**心理年齡**」（mental age; MA，或智力年齡）一詞代表受試者智力的高低，心理年齡高於受試者實足年齡（生理年齡）者智力較高；(3) 採用在學校教育理念下鑑別兒童智力的高低，達到因材施教並促進兒童智力發展的目的（張春興，2003）。心理年齡指的是特定年齡兒童平均心智發展水準，例如一位 8 歲兒童的表現與常模 9 歲兒童表現一樣，則其智力年齡為 9 歲。比奈認為智力是個人幾種不同心理能力測量所得分數的加總。

1916 年美國推孟（Terman）修訂比西量表，稱為「**斯比量表**」（斯坦福－比奈智力量表），成為應用最廣最具權威的智力測驗。斯比量表採用德國心理學家史特恩（Stern）發展出的「**智力商數**」（intelligence quotient; IQ）來表示個人的智力高低。IQ 為個人的「**心理年齡**」（mental age; MA）與「**生理年齡**」（chronological age; CA，或實足年齡）的比值再乘以 100，又稱為「**比率智商**」（ratio IQ），計算公式為 $IQ = \dfrac{MA}{CA} \times 100$。比率智商等於 100，表示兒童的智力中等；比率智商小於 100，表示兒童的心理年齡（心智年齡）低於生理年齡；比率智商大於 100，表示兒童的心理年齡（心智年齡）高於生理年齡。

由於個人心理年齡在成年之後就不再增加，但生理年齡量數會不斷變大，每個人的比率智商量數均會隨年齡成長而逐年下降。美國心理測驗學者韋克斯勒（Wechsler）改採用「**離差智商**」（deviation IQ）來表述個人智力（原離差智商分數的平均數為 100、標準差為 15，轉換為標準分數後平均數為 0、標準差為 1），以個人在同年齡組分布中的所在位置為基礎，先換成標準分數，再看個人的位置離平均數有多少個標準差，來判定其智力高低（張春興，2003）。韋克斯勒也是成人智力測驗的創始者，用於成人之智力測驗稱為「**魏氏成人智力量表**」。比西量表與斯比量表的測驗屬性均為個別智力測驗，之後才有團體智力測驗的誕生。

以 100 人而言，離平均數一個標準差人數約為 34.13 人，離平均數二個標準差人數約為 47.72 人（＝ 34.13 ＋ 13.59），高於（低於）平均數一

個標準差至二個標準差間的人數約爲 13.59 人；離平均數三個標準人數約爲 49.86 人（＝ 34.13 ＋ 13.59 ＋ 2.14）；離平均數四個標準人數約爲 49.99 人（＝ 34.13 ＋ 13.59 ＋ 2.14 ＋ 0.13），高於（低於）平均數三個標準差至四個標準差間的人數約爲 0.13 人。假設一個人的離差智商分數爲 85 分（低於一個標準差），表示在 100 位同年齡組中只高過 15.87 位（＝ 50 － 34.13）；一個人的離差智商分數爲 115 分（高於一個標準差），表示在 100 位同年齡組中高過 84.13 位（＝ 50 ＋ 34.13）。

「考夫曼兒童綜合智力測驗」是智力測驗的新近測驗之一，測驗編製基礎爲現代的訊息處理理論，測驗型態內容屬於非語言，主要以測量卡特爾（Cattell）的「**流體智力**」爲主。流體智力是一個人解決新的或抽象問題的能力，是未經過教導，也不受文化變因的影響。智力測驗的全新取向稱爲「**動態評量**」（dynamic assessment），試圖評估兒童在施測者給予充分的指導時，實際上對新材料的學習表現有多好。傳統心理計量取向，多數不利於不同文化或經濟弱勢背景的兒童，因爲他們沒有機會學習測驗所測量的東西。新的測驗論點認爲智力是在最少指導下快速學習的能力（林淑玲，李明芝譯，2014）。

壹. 心理計量取向的智力理論

一、雙因素論

英國心理學家斯皮爾曼（C. Spearman）以因素分析法求出智力測驗分數的二個向度：「**普通因素**」（一般因素，G 因素）與「**特殊因素**」（S 因素），一般因素代表的是每一個人均具有的心理能量，和智力本質有關，它是人類智力的基礎，一般智力測驗所測量者多屬普通因素（一般因素）；特殊因素爲個體所具有的特殊能力。這二個因素向度均有個別差異存在，個人之一般性活動與特殊活動的行爲展現間沒有必然關係存在，二種能力可各自以特定測驗來測量。其中普通因素（G 因素）包括經驗的理

解（指知覺和了解經驗的能力）、關係的認識及相關法則的應用（例如將某一個案的規則應用於相似個案的能力），常見的心智能力測驗為類比問題，例如知覺律師與當事人間關係的能力、運用於醫師與病人服務間關係的類比能力（危芷芬等譯，2008）。

二、多因素論

美國心理學家桑代克認為智力是多種特殊能力的組合，智力是由人際關係之社會性能力、個體處理事務的具體能力與抽象能力（包含數學、語文、圖形及符號運作能力）等多種因素組合而成，三種不同的特殊能力包括「**社會性智力**」（social intelligence）、「**機械性智力**」（mechanical intelligence）與「**抽象性智力**」（abstract intelligence）等。

三、智力群因論

美國心理學家塞斯通（Thurstone）認為智力是七種互相獨立之「**基本心理能力**」（primary mental ability; PMA）的組合，人類智力不能以單一普通能力或單一因素來表示，智力包含七種基本能力，稱為「**智力群因論**」（group-factor theory of intelligence）。七種基本心理能力為「**語文理解**」、「**語文流暢**」（能快速想出語詞、迅速地完成造句、填詞或解決字謎的能力）、「**數字運算**」、「**空間關係**」、「**聯想記憶**」（能回憶出相關聯的詞彙、公式及概念定義等各種訊息）、「**知覺速度**」（在視覺上能快速把握圖像特徵或其細節，進而區辨圖形間的差異及相似處之能力）與「**一般推理**」（從有限資料或蒐集的訊息中歸納出原理原則的能力）等（賴惠德，2019）。七種心理能力間無所謂前後次序，也無法劃分為一般智力或特殊智力。塞斯通根據七種不同的基本心理能力編製的智力測驗稱為「**基本心理能力測驗**」（簡稱 PMAT），研究發現：測驗所得的不同心理能力間有某種程度的相關。

四、智力結構論

美國心理學家吉爾福德（Guilford）採用因素分析法，檢驗許多智力量表的作業要求，提出三個向度的智力結構模式。他認為智力是由三個向度智力所構成的結構圖，智力種類由早期 120 個擴充到 180 個，這些智能是獨立的。三個向度分別為心理思考「**運作**」（operation）層面（包含認知、記憶收錄、記憶保留、擴散思考、聚斂思考、評鑑等六種）；思考「**內容**」（content）層面（包含視覺的、聽覺的、符號的、語義的、行為的等五種）；思考「**結果**」（product，產品因素）層面（包含單位、分類、關係、系統、轉換、涵義 / 啟示等六種），智力結構 = 6×5×6 = 180 種不同能力，此一「**智能結構理論**」（structure of intelligence theory）一般被簡稱為 SQI（structure of intellect）。智力結構論擴展了智力的內涵，增加了對他人行為的「**社會評價**」及「**創造**」。三個向度中實際代表智力高低者為思考「**運作**」向度，思考之運作可視為一種中介變項（賴惠德，2019）。

吉爾福德之思考運作層面中，擴散思考能力為心理特徵之「**創造**」（creativity，或稱為創造力），是一種解決問題超常、創新而有價值的認知能力。創造思考（creative thinking）是個體面對問題情境時，個人在思維上能跳脫傳統思考模式，超越成規限制及突破習慣約束的認知心理歷程。創造思考與創造同樣強調超常與創新兩種認知心理特徵，但前者強調的是認知心理活動歷程，後者（創造）關注的是認知心理能力的表現（張春興，2003）。創造力（creativity）是產製原創性作品的能力，且此作品有其適切性與有用性。多數心理學家都認同沒有所謂的「**所有目的的創造**」（all-purpose creativity），人們的創造只限定在特殊領域，創造也意味著「**發明**」（Woolfolk, 2011）。

四個有關創造的迷思為：(1) 人們天生就具有創造能力（創造為個人所屬情境及群體後天環境發展、促進及支持的結果）；(2) 創造力會和負向品質行為糾纏在一起（有無創造能力均有不同程度的心理或情感問題，許多老師會誤認具創造力學生是麻煩製造者）；(3) 創造力是一種模

糊軟性構念（有創造力者較易接觸新事物、有組織力，也較有彈性）；(4) 創造力在群體腦力激盪下才有可能出現（其實個體學習活動也會發生創造現象）。綜合創造力的定義，創造有三個特徵：(1) 時常發生在多人的群體中；(2) 於支持性環境中人們可應用能力作為促進歷程時較易發生；(3) 結果為在特定文化或情境內可識別的產品，此產品為新穎的及有用的（Woolfolk, 2011）。

高度創造力的人們一般具備以下人格特質（張文哲譯，2016）：

1. 思考獨立，抗拒順從：高度創造力者對其感興趣的領域較會跳脫傳統思考模式，有能力抗拒順從式的社會壓力束縛。

2. 對問題有高度熱情：高度創造力者在遇到問題時總是會激起他們強烈的動機與熱情，在心裡不斷盤問，常有打破砂鍋問到底的動力。

3. 喜歡重新界定問題：高度創造力者不會只繞著問題打轉，他們常會提出質問，並重新界定所要解決的事件或問題。

4. 偏好複雜困難問題：高度創造力者常會被複雜性事件所吸引，這些事件許多是別人認為棘手或感到困惑的，他們可能偏好其領域中最大、最難及最複雜問題。

5. 有刺激性互動需求：擁有高度創造力者的成長背景通常會有與其具良好互動的高創造力的個體，之後他們會超越其老師，從其他與自己類似特質的同儕中尋求更多刺激。

教育情境中鼓勵學生創造的實務作法，例如接受及鼓勵學生進行擴散性思考，詢問學生：「有人可以提出這問題不同的看法嗎？」容忍學生提出不同的意見；鼓勵學生相信自己的判斷，讓學生對自己要做的事及其方法能夠有所選擇與控制的需求感；避免誇大偉大藝術家或發明家的功績，甚至將他們視為有超人般成就，應強調每個人都有不同形式的創造能力；提供時間、空間及材料以營造有支持性方案的環境；進行創造性的思考刺激，教師可採用班級腦力激盪會議解決獨特的班級問題。學者阿瑪拜爾（T. Amabile）認為創造的來源有三（Woolfolk, 2011）：

1. 領域相關技巧：包括在領域內工作時能具有價值性的天賦和潛能，

範例如米開朗基羅之雕塑技能是從小在一個石刻家庭中發展培育的。認知發展論學家皮亞傑曾說：「**嬰兒看到、聽到的新事物愈多，就愈想多看、多聽。**」營造多元而有刺激的情境，讓學習者有更多探索機會，對創造力培養十分重要。

2. 創造相關歷程：包括工作習慣和個人特質，例如文學家的工作習慣是一天幾小時的寫作、寫作、再寫作之歷程，直到完善作品出現。

3. 內在工作動機或深度好奇心與對任務的迷戀：創造受到社會環境的影響很大，學習環境若能支持學生自主、促發學生的好奇心、鼓勵學生幻想及提供學生有挑戰機會，則學生會有更佳的創造行為。

影響智商分數的變因包括遺傳、環境與社會文化等因素，其中社會階級與文化資本的影響很大。從 1940 年起的研究發現：參與研究的世界各國，每間隔 10 年的智商分數約提高 3 分，此種現象稱為「**弗林效應**」（Flynn effect），推論原因可能與全球教育進步及營養與照顧改善有關，此種改善幫助人們變得更會作測驗、更具備一般知識、更能提出精細策略以解決各種問題。為減少文化／測驗偏誤，「**文化公平**」智商測驗（culture-fair IQ test）乃應運而生，此外對弱勢兒童智力的負面刻板印象，會使他們抗拒主流文化認可的行為，讓他們相信群體是與主流社會團體較無關係，此種現象稱為「**刻板印象威脅**」（stereotype threat）（林淑玲、李明芝譯，2014）。

根據吉爾福德的觀點，創造包含四種能力（葉重新，2005）：

1. 流暢性（fluency）：指心思靈活暢通，能在短時間內產出許多不同的概念或作法，對同一問題想到的可能解決方法愈多者，表示其創造力愈高，因而一個人在單位時間內產出的想法或解決策略的數量愈多，其流暢性愈佳。

2. 變通性（flexibility）：指思考有變化，能隨機應變，不墨守成規，能觸類旁通，舉一反三，如俗諺：「**山不轉，路轉；路不轉，人轉；人不轉，心轉。**」個人的思維能從不同維度內出發思考，個人的變通性愈大。

3. 獨創性（originality，或獨特性）：指思維獨特，有創新性，對問

題解決策略能提出獨特的方法，個人觀點超越自己之前想法，也超越他人意見。人們常說的「**與眾不同**」，或很有獨特的見解或看法，所指的創造內涵即為獨創性。

4. 精密性（elaboration）：指個人對問題能夠深入解析，思考周密，面面俱到，不會遺漏任何細節，因而可使問題解決達到完美。

克拉克（Clark）從思考（thinking）、直覺（intuitive）、感受（feeling）及覺察／感覺（sensing）等四個面向說明創造力的內涵，採用的是多向度的創造理論（蘇建文等，2014）：

1. 思考：指從意識活動中可以測得的理性行為。

2. 直覺：可從非理性和機械等方面測量出個人潛意識和前意識（下意識）的心理狀態，是屬於較高層次的意識活動。

3. 感受：指個人為達自我覺知及自我實現歷程，所產生的情緒活動之需求及反應活動。

4. 感覺：具有才能或潛能，能創新產品，屬於較高層次的生理及心理活動需求發展，以及技能的展現。

心理測驗學家托蘭斯（Torrance）採用吉爾福德智力結構中的擴散思考能力，發展評量創造力的專用測驗，此測驗針對「**流暢性**」、「**變通性**」、「**獨創性**」三個向度的心理特質設計。英國心理學家瓦拉斯（Wallas）認為整個創造思考的心理活動有四個階段（張春興，2003）：

1. 準備期（preparation）：指個人在發現問題之後，到問題探究間的階段，個體在此階段中對相關知識理解與累積有助於之後創造思考行為，例如「**讀書破萬卷，下筆如有神。**」

2. 醞釀期（incubation，或孕育期）：是思考創造準備期得不到結果而先將問題暫時擱置，個體此期間所產生的內在心理變化階段。問題引起的創造思考表面上看似停止，但事實上它仍潛伏在意識之下運作。

3. 豁朗期（illumination）：指經過潛伏性的孕育期之後，具有創造性的新觀念可能突然出現在意識之中，此現象如平常所謂的「**靈感來了**」，它也可能是一種領悟（或頓悟），例如「**山窮水盡疑無路，柳暗花明又一**

村。」

4. 驗證期（verification）：指將豁朗期得到的靈感或新構想之方法或策略加以實際驗證，經多次反覆驗證無誤，創造思考歷程才有真正成果。

高文（Gowan）從自然和文化因素探討創造力，他認為創造力應從個人認知、人格特質、心理健康、心理分析及超心理學等方面加以界定，此種論點為多向度的創造力理論。他結合了皮亞傑認知發展論及艾瑞克森心理社會發展的論點，將創造力的發展階段分為三期（蘇建文等，2014）：

1. 潛伏期：此階段個人很少考慮到我是誰的問題，缺乏自我意識及自我，就國小教育階段學生而言，特徵為了解大小、形狀、事物變化。

2. 統整期：此階段會關注到我是誰？我為何生存？我死後將發生何種事情？就青少年階段學生而言，特徵為追求理想、反抗權威、追求獨立。

3. 創造期：此階段能考慮到與他人的關係，包括創造進取、被關愛、追求愛與被愛等。

創造思考的教學策略之一為以擴散性問題取代聚斂式問題，採用腦力激盪法，尊重學生不同的創意與想法。影響創造表現，或影響個人知識經驗作用對問題解決歷程的二個因素為（彭聃齡、張必隱，2000）：

1. 功能固著（functional fixedness）：指的是日常生活中人們傾向於將某種功能固定地賦予某個物體，即某個物體只有某種特定功用，因而在解決問題時，無法靈活地運用物體。功能固著的個人遇到新出現的問題時，較容易採用過去處理類似問題方式或經驗來看待和解決問題。若是一個人能從各種不同的方向來選擇與應用物體的功能，則能有效產出問題解決策略，稱為「**功能變通**」（functional availability）。

2. 定勢（set，或心向）：也稱為「**心理定勢**」（mental set），指的是個體對活動的一種內部準備狀態，它是由重複某種態度、認知操作或行為方式產生的。心理定勢可以讓個人熟練某些活動，甚至達到自動化程度，但也會讓個體只使用常規或例行方法解決問題。定勢不僅會影響個人對事物的評價、對物體的知覺，也會影響對問題的解決。

五、階層論

1963 年美國心理測驗學家卡特爾（Cattell）與荷恩（Horn）認為智力結構是內含的，其中包含二種結構：「**流體智力**」（fluid intelligence）與「**晶體智力**」（crystallized intelligence）。流體智力包括抽象類推、分類、系列塡空等能力，受到先天生物性或基因遺傳因素影響較大；晶體智力包括字彙、閱讀理解及一般處理訊息能力，此部分是個體應用既有知識與技能來解決各種問題的能力，此能力受生活經驗或後天學習的影響較大。他們以四個階層模式說明智力結構：感覺接受（包含視覺及聽覺）⇨聯合處理能力（包含短期記憶獲得學習及長期記憶儲存檢索）⇨知覺組織（包含視覺組織、文書速度與聽覺組織）⇨相關教育（包含流體能力與晶體能力）（陳李綢，1992）。

卡特爾認為智力是「**能力特質**」（ability traits）的一種，能力特質是指一個人在應付某個複雜的情境時所運用的技能，會決定個體處理問題或事件的結果。將與生俱來的流動智力應用於文化學習中就成為晶體智力（結晶智力），因而晶體智力是一個人在社會學習和學校教育中，應用其先天的智力去解決問題時的產物。流體智力會隨著年齡增長緩緩降低，但個體若是持續從事腦力與精進知識的活動，則晶體智力反而會隨著年齡增長而一直增長（黃堅厚，1999）。能力特質不同於「**氣質特質**」（temperamental trait）與「**動力特質**」（dynamic trait）。氣質特質由遺傳決定，它決定個體情緒反應的速度與強度，表現為一個人的風格，例如情緒性、衝動性、支配性、敏感性及自信心等特徵；動力特質是一種啓動人格的特質，也是人格的動機因素（黃西庭，1998）。

葛特夫斯生（Gustafsson）統合其他學者觀點，提出三個層次的智力結構論。第一層的智力為普通能力，此層次分成三種能力（第二層次）：晶體智力、流體智力、一般視覺組織能力。晶體智力層次下分為語文理解、語文成就、數學成就三種（第三層次）；流體智力層次下分為思考速度、圖形關係的認知、歸納能力及記憶廣度（第三層次）；一般視覺組織

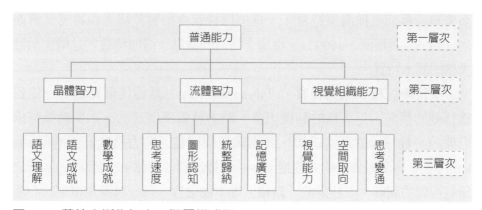

圖 4-1　葛特夫斯生智力三階層模式圖

資料來源：Sattler, 1988, p.50.

能力層次下分為視覺能力、空間取向及思考變通性等三種能力（第三層次）（陳李綢，1992）。（圖 4-1）

六、卡特爾人格理論

　　卡特爾於人格心理學領域提出特質因素，認為人格發展是同時受到遺傳和環境（學習）作用的影響，對人格形成的學習型態為「**整合學習**」（integrative learning，或統整學習），並非是古典制約學習或操作制約學習。人格特質分為幾種：

　　1.「**獨有特質**」（unique trait）與「**共同特質**」（common trait），前者為個人所獨具的特質，後者為人類存在著所有社會成員所共同具有的特質。

　　2.「**表面特質**」（surface trait）與「**潛原特質**」（source trait），表面特質指的是觀察所見的特徵或行為間，表面上是有關聯，但實質上是沒有相互的關係，行為的表現也不一定是基於同樣的原因。潛原特質指的是有關的行為間真的有相互關聯，會一起變動，它們的增長變化是有連帶關係，是基於相同原因，形成人格獨立的一面。潛原特質（例如節儉）是表面特質（不浪費紙張、用錢節省、隨手關燈等）的原因，每一種表面特質

都來自一種或幾種潛原特質，一種潛原特質會影響多種表面特質（黃西庭，1998；黃堅厚，1999）。根據卡特爾的論點，潛原特質才是構成個體人格的基本特質。

卡特爾認為「動力特質」（dynamic trait）是促使個體朝著一定目標行動的傾向，是人格的動機因素。動力特質為個體的認知與動機結構形成的一種複雜的形式組織，此複雜架構稱為「動力格狀」（dynamic lattice），是個人人格的「態度」、「情操」與「爾格」（能，erg）間之錯綜複雜的關聯。卡特爾的「爾格」即本能之意，為一種與生俱來的心理生理傾向，它會使個體對某些事物比較容易產生注意、認識及情緒反應，引發個體行動，在達到某一目標時較易完全停止。「情操」（sentiment）是個體經由與環境的事物接觸所形成的一些動力特質，使個體注意某種或某類事物，以固定的感受對待它們，並以一定的方式進行反應。情操是經過長時期學習而形成的，屬於環境養成的特質，情操會形成一些具體的態度。「態度」（attitude）為在特定情境下，對特定事物採取特定行動的一種特殊興趣，態度與爾格均屬動力特質，只是態度是在環境中習得的，個人態度表示在一定情境下將有某種行動（黃西庭，1998；黃堅厚，1999）。

貳. 非心理測量取向智力理論

一、訊息處理論

訊息處理的智力理論以美國史登柏格（Sternberg）之智力三元論為代表，史登柏格認為智力是一種心理的自我管理能力，傳統之 IQ 並不等於真正智力，且智力無法預測個人未來之事業成就。史登柏格反對傳統心理計量學的智力理論，他認為智力是一種歷程，個人智力包含三個部分（圖4-2）：

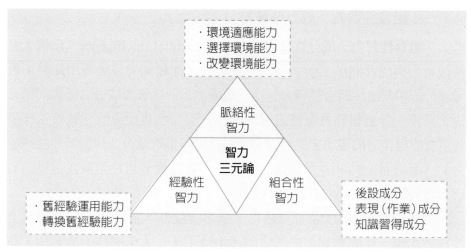

圖 4-2　智力三元論

（一）實用性智力／脈絡性智力

「實用性智力／脈絡性智力」（contextual intelligence）為個體適應環境、改變環境及創造環境的能力，實用性智力受文化影響。具體表現為調適（適度改變自己）、選擇（依主觀需求與客觀情境作出適當抉擇）、改變（改變環境以達成目的）。此智力代表實際的事務，像是生涯的選擇或社會的技巧，在俄國城市的研究發現：成人有較高的實務與分析智力，有較佳的能力去處理因應世界快速改變所產生的心理或生理壓力，校長、教師與父母等群組在此種智力也會有類似的展現（Woolfolk, 2011）。

（二）經驗性智力

「經驗性智力」（experiential intelligence）為個人根據過去生活經驗處理新問題的能力，或隨機應變創造新經驗，進而學習新事物的能力。經驗性智力包含兩種核心能力：一為應付新奇事件的能力或頓悟能力；二為達成自動化的能力，在思考及問題解決上變得有效且自動，因而智力能幫助問題的解決，以及幫助個體能快速地採取新的解決方法，取代例行慣性的思考歷程，此過程無須太多的認知思考（Woolfolk, 2011）。

(三) 組合性智力／成分性智力

「**組合性智力／成分性智力**」（componential intelligence）為個人在傳統智力與成就測驗上所表現的心智能力，此種能力需要運用知識來思考、分析與判斷，組合性智力包括三種成分：一為後設成分（確認問題、決定目標、計畫策略及監控表現的歷程）；二為表現成分（執行工作歷程或實際操作而展現出來的能力）；三為知識獲取成分（學習新知識的能力）（葉重新，2000；葉玉珠，2003）。後設成分可能是斯皮爾曼的 G 因素之另類說法（Woolfolk, 2011）。

史登柏格認為 IQ 除可預測學生學業成就外，無法預測其在事業上的成就表現，此觀點類似中國成語「**小時了了，大未必佳**」的意涵，高智力者之所以事業失敗，乃是許多人格特質是智力測驗無法測得的。美國心理學家戈爾曼（Goleman）認為影響事業成功的要素是個人的「**情緒智力**」（emotional intelligence; EI），情緒智力分數高低稱為「**情緒智商**」（emotional quotient; EQ）。情緒智力包括五種能力：(1) 覺知自己情緒狀態的能力；(2) 控制自己情緒的能力；(3) 情緒不佳時自我激勵的能力；(4) 察覺別人情緒狀況的能力；(5) 與別人建立並維持深厚感情的能力（張春興，2003）。上述五種情緒智力能力依「**自我**」、「**社會**」二個向度可分為四個面向：「**自我覺察**」（self-awareness）、「**自我管理**」（self-management）、「**社會覺察**」（social awareness）、「**關係管理**」（relationship management）。其中社會覺察包括二個次向度；一為在認知上去理解他人的處境，稱為「**觀點替代**」；一為在情緒上體會他人的感受，稱為「**情緒同理心**」（賴惠德，2019）。

二、情緒理論

「**情緒**」（emotion）是個體對刺激－反應的心理歷程，情緒的感受是與生俱來的，但情緒的表達原則因文化不同而有差異性，情緒的一般特性有三：(1) 它是由刺激情境所引發的，是一種行為反應；(2) 情緒是主觀的經驗所致，同一刺激情境引發的情緒內在體驗或外在生理反應，會因個

體認知判斷而不同；(3) 情緒會隨個體成熟度、知覺的能力及生活經驗而改變（郭靜晃，2017）。

一般而言，「**情緒**」有四個彼此相互重疊的元素：

1. 生理激發（physiological arousal）：自主神經及內分泌系統的生理反應，例如心跳加快、呼吸急促。

2. 認知解釋（cognitive interpretation）：對於情境的意識覺察與解釋（例如猜題答對率高故成績很好，個人高興之餘將之解釋為運氣很好）。

3. 主觀感受（subjective feeling）：對情境的一種激發狀態或身體狀態的記憶（例如我很快樂、我現在很生氣）。

4. 行為表達（behavioral expression）：經由外在行為展現的表現方式（例如開懷大笑、憤怒不平）。情緒可以為個人所覺察，但不易為個人所控制。

「**情緒**」與「**動機**」（motivation）的英文字根皆源自於拉丁文，有「**波動而出、蜂擁而上或使之擾動**」之意，從心理學領域觀點而言，情緒與動機間有密切關聯存在（張文哲譯，2016；賴惠德，2019）。

艾克曼（P. Ekman）研究發現，人們經由面部表情來傳達自己所認定的情緒狀態，七種普世皆同的情緒為：憤怒、厭惡、恐懼、快樂、悲傷、輕視與驚訝。面部表情的研究指出情緒有生物基礎，但情緒表達的脈絡、強度及意義，隨文化與國情的不同而有差異，因而人們比較擅長判讀與自己文化相同者的情緒。華生（J. R. Watson）從行為主義觀點提出人類天生三種情緒的反應類型：愛、憤怒與恐懼。相關情緒理論如下（張文哲譯，2016；張春興，1993）：

(一)「**詹朗二氏理論**」（James-Lange theory）

此理論主張生理反應是情緒的主要基礎，情緒是個人對內部生理變化的感知，每一種情緒都對應某種獨特的心理激發模式。例如成績不佳有悲傷情緒是因為他在哭泣；感到憤怒是因為在攻擊同學；遇到惡犬會害怕是因為要逃跑。此種論點與一般常識經驗相反，常識經驗認為人會哭泣是因

為先有悲傷情緒、人會逃跑是因為出現懼怕情緒。

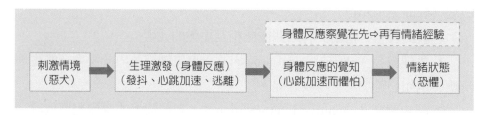

(二)「坎巴二氏理論」（Cannon-Bard theory）

此理論主張特定事件由感官先刺激中樞神經之「視丘」（thalamus，或下視丘），（下）視丘再同時傳遞給大腦皮質（覺知刺激情境的性質）與身體器官（產生生理反應），情緒感受與內在身體反應為同步發生，個人的生理反應與情緒經驗同時受中樞神經控制，二者為同時產生，沒有先後次序。

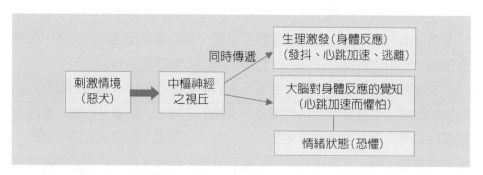

(三) 斯辛二因素理論

斯克特與辛格（Schachter & Singer）之「二因素理論」（two-factor theory），認為個人生理反應的確先於情緒經驗，情緒經驗取決個人對於二個因素的認知：一為對個體內在生理激發狀態（或反應變化）的認知解釋；二為對刺激情境性質的認知詮釋，此理論強調個體的認知解釋，又稱為「情緒歸因論」（attribution theory of emotion）。當人們觀察到自己的生理變化及行為反應，會使用觀察所得的資訊對情緒感受作歸因，其中歸因的二個要素為對刺激情境的認知與生理變化的認知。

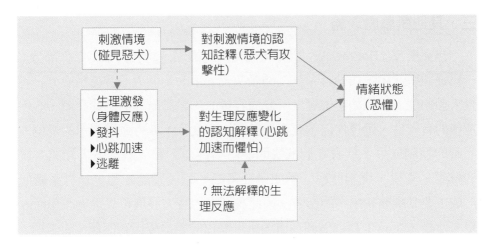

(四)情緒相對歷程論

索羅門（Soloman）與寇比特（Corbit）提出情緒「**相對歷程論**」（opponent-process theory），此理論認為大腦負責情緒部位，可能存有某種組織，該組織於情緒狀態促動時，會發生與此狀態反向的相對作用。例如段考前例假日沒有在家讀書，連續玩二天後很快樂，回到家後有失落痛苦的情緒。此理論原用以解釋人們的動機，之後引申解釋人類的情緒，俗語中的「**苦盡甘來**」、「**樂極生悲**」內涵符應情緒相對歷程論的意涵。

(五)認知調節理論

拉薩魯斯（R. Lazarus）認為情緒是個人對刺激進行「**認知評估**」（cognitive appraisal）後所產生的身心反應，認知評估會經歷三個階段：一為「**初級評估**」（primary appraisal）：個體面對情境壓力對自己威脅或影響的程度評斷；二為「**次級評估**」（secondary appraisal）：個體對選擇各類行動以有效因應事件可能性的判斷，情境特性與個人知覺的自我能力是影響「**控制性評估**」的因素；三為「**再評估**」（reappraisal）：重新評估個體選擇的因應策略，以幫助個體對事件壓力進行回饋（郭靜晃，2017）。

三、其他訊息處理論

包克斯皮（Borkowski）根據訊息處理論觀點，將智力分為二大部分：一為硬體系統，一為執行系統。硬體系統表示的是個人心智結構成分，包含人們的能力（例如記憶廣度、記憶容量）、訊息處理的時間長短、心理運作的有效性、選擇性注意或記憶儲存的速度等；執行系統表示的是個人心智的控制成分，代表人們解決問題時的運作系統，包括個人知識系統的檢索、基模、控制歷程（例如複誦策略）和後設認知等，執行系統的形成主要受經驗和學習的影響，因此，個人的智力發展可以透過教學而改變。斯諾（Snow）認為個體在處理訊息歷程的差異變因有四個（陳李綢，1992）：

1. 參數差異（parameter difference）變項：指個人處理訊息的歷程或組成成分的差異性，例如記憶容量與訊息編碼時間。

2. 順序差異（sequence difference）變項：指個人處理問題先後次序的不同。

3. 例行差異（route difference）變項：指個人處理訊息之慣用的程序間差異。

4. 策略差異（strategic difference）變項：指個人處理事情時使用方法的差異。斯諾智力內涵聚焦於個體的認知歷程與問題解決過程的探究，他認為智力是可改變的。

「**訊息處理論**」（information processing theory）為認知心理學的一個重要理論，它從訊息的輸入、編碼、儲存、解碼、檢索提取等說明認知的內在運作歷程。認知觀（cognitive views）和行為觀（behavioral views）的差異在於它們二者對「**學習是什麼**」的假定不同。根據認知心理學論點，知識是學習來的，知識的改變才有可能造成行為的改變；但就行為心理學論點而言，新行為本身才是學習來的。認知學家和行為學家都認為增強在學習中扮演重要角色，但他們所持的理由並不同，極端的行為學家堅稱增強可以強化反應；而認知理論學家則認為當行為若是可能重複或改變時，增強是其改變的訊息來源，他們將學習視為為個人已理解的擴

172

展與轉換，而非只是黑板上書寫文字的習得。認知心理學家的研究情境範圍較行爲主義學者（聚焦於實驗室的情境控制）廣，他們聚焦於個別差異及認知發展的差異上，不關心一般的學習法則（Woolfolk, 2011）。

與皮亞傑認知發展論最大的不同是，訊息處理論認爲認知發展是一種「**連續漸進**」的過程，沒有階段的分別；解決問題的策略方面，個體會隨著年齡而逐漸改變，人們的認知發展是「**積少成多的量變，而非階段式的質變**」。訊息處理理論與皮亞傑認知發展論相同的論點皆認爲，生理的成熟對於認知能力的成長有重要的幫助，此部分皮亞傑的說詞較爲含糊，訊息處理理論則明確指出腦與神經系統的成熟能力決定兒童對訊息的處理速度（張欣戊等譯，2010）。訊息處理理論的重點在於說明訊息如何進行系統性改變，以成爲永久性記憶的歷程，它也強調記憶的功能性。記憶的三個基本工作爲「**編碼**」（encoding）、「**儲存**」（storage）與「**提取**」（retrieval），與電腦記憶不同的是人們有認知記憶系統，可以將感官接受的各種刺激，轉換不同形式儲存，日後提取時成爲「**有意義的組型**」（meaning pattern）。各種訊息在編碼、儲存或提取時都可能受到干擾或破壞，此現象稱爲「**訊息遺失**」（information loss），因爲所有外在刺激個人不可能全部接受，儲存在記憶中的訊息無法一次提取。人們的記憶稱爲「**鮮明心像**」（eidetic Imagery），最有意義、最吸引個人注意、最新奇的訊息較易儲存與提取（張文哲譯，2018）。

三種記憶類型如下（吳明隆等，2019；張文哲譯，2016；張春興，1993；Slavin, 2012；Woolfolk, 2011）（圖 4-3）：

（一）感官記憶

「**感官記憶**」（sensory memory；又稱立即記憶，immediate memory；或感官收錄器，sensory register）的容量很大，其生物基礎爲感覺通路，它會藉由各種感官接受大量訊息，訊息只維持很短時間，此階段要將訊息保留的方法是「**知覺**」（perception）與「**注意**」（attention）。視覺登錄器稱爲「**圖像**」（iconic）記憶，可以圖像經驗編碼成視覺心像

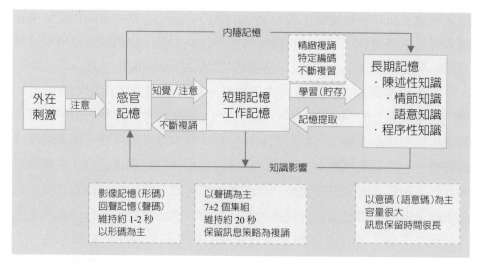

圖 4-3　三種記憶類型

儲存；聽覺登錄器稱為「**回聲**」（echoic）記憶，保留且編碼聽覺的刺激。感覺記憶中的圖像本身沒有任何意義，教育歷程中引起學生注意的方法例如使用線索、口語強調、可使學生驚奇的刺激，或讓學生感到特別重要的刺激等。感官記憶中的心像是短暫的，當事人若能注意或篩選出重要訊息，可以將訊息保留到短期記憶內。

（二）短期記憶

　　「**短期記憶**」（short-term memory; STM）又稱為「**運作記憶**」或「**工作記憶**」（working memory），其生物基礎為涉及海馬迴與額葉。短期記憶容量有限，維持時間很短（約 12-20 秒），容量大小（記憶廣度）約 7±2 個意元集組（魔術數字 7），訊息可以從感官記憶或長期記憶進入工作記憶中，短期記憶中的字形、字音、字義會分別編為形碼（視覺碼）、聲碼（聽覺碼）、意碼，研究證實語文學習歷程以聲碼（聽覺碼）為先，其次為形碼（視覺碼）與意碼，訊息保留的方法為反覆思考與再三「**複誦**」（rehearsal）。短期記憶是三個記憶階段容量最小的，加上約 20 秒後訊息就馬上消失，成為整個記憶系統中的訊息瓶頸，「**有限容量**」與

「時效短暫」二項是學生記憶的困擾，解決方法為「集組化」（chunking）
與「複誦」（rehearsal）。

（三）長期記憶

「長期記憶」（long-term memory; LTM）的容量無限，其生物基礎
涉及腦皮層的不同部分。長期記憶的保留時間很長，訊息進入的歷程很慢
（訊息進入工作記憶的時間很快），訊息提取時若因干擾、缺乏適當線
索、提取方式與特定編碼方法不同，或器質性病變等因素，會造成訊息無
法回憶或遺忘；長期記憶中之語文學習以「意碼」為主，非語文訊息的處
理以「形碼（視覺碼）」為主。短期記憶階段訊息保留的複誦為「維持性
複誦」（maintenance rehearsal），若要從短期記憶中將訊息或素材送入
長期記憶內，較佳的策略例如「精緻性複誦」（elaborative rehearsal）、
「組織」（organization）、「有意義學習」（meaningful learning）、「視
覺意象」（visual imagery）等。

「處理層次論」（levels of processing theory）者認為新資訊處理層次
愈深入，愈能與長期記憶產生關聯，新訊息會變得更有意義而更易記得。
長期記憶中訊息有效儲存的策略分述如下（白惠芳等譯，2011；Ormrod,
2008）：

1. 精緻性複誦法：利用自己之前的經驗或學過的知識，給新訊息添
加額外的註解或想法，讓新訊息與工作記憶訊息產生關聯，學習者愈詳細
地闡述新資訊，愈能運用自己已有的知識去幫助個人理解並解釋新資料，
愈能有效儲存與記憶。讓新訊息與先前知識經驗產生關聯，是一種有意義
學習法，對應於簡單複誦（機械式學習），有意義的學習更為有效，此種
學習法類似「理解」或「了解」，若學生能將新概念聯結到自身的描述或
個人的生活經驗，更易掌握抽象概念的意涵。

2. 組織法：找出新訊息彼此間關聯之處，將原本沒有關係的訊息整
合起來，形成一個整體的、有次序的結構，組織架構如以圖表建構，可以
明顯看出訊息間相互關係，易於學習及記憶。對於新素材的學習而言，若

其組織良好不凌亂、概念層次分明、內容不是零碎材料，對於學習者對新素材內容的學習有事半功倍之效。

3. 視覺意象法：將新資訊、物件或概念以圖像呈現，對於資料儲存與記憶有很大功效。視覺意象即抽象概念轉化為視覺化資訊，例如照片、圖片、圖表、心智圖等。視覺意象或能與其他編碼方式並用，記憶效果更好。目前中小學常用的心智圖（又稱思維導圖），能夠將核心概念、次要概念、事物情境及它們之間的關聯性以圖像視覺的景象呈現，以更具體、易懂、易記憶的形式讓學習者記憶，即是訊息儲存的有效策略運用。

長期記憶的知識分為「**陳述性記憶**」（declarative memory）與「**程序性記憶**」（procedural memory）二種。陳述性記憶（知道是什麼）分為「**情節記憶**」（episodic memory）與「**語意記憶**」（semantic memory）：情節記憶是有關個人生命的事件或情節，它提供生活經驗的紀錄，所儲存的事件構成自傳，內容包含我們所做、所見、所聽、所感受之特定事件的記憶，這些記憶與特定脈絡有關；語意記憶由許多網絡組織而成，這些由有關觀念及關係所構成的網絡群稱為「**基模群**」（schemata）或「**基模**」（schema），它是由長期記憶所貯存的資料、事實與知識等概念訊息所組成，包括個人感覺系統的運作及其行為的展現，記憶內容為代表事物之抽象符號。程序性記憶（知道如何做）為能讓人們記得如何做某件事情，這些事件的活動完成有前後順序，除認知活動外主要為身體動作技能（例如開車、彈奏樂器、跳舞等），此種記憶是一系列刺激與反應配對方式的儲存（危芷芬等譯，2008；吳明隆等，2019；Slavin, 2012）。

認知心理學家將記憶視為「**意識運作**」歷程，此歷程中也包含控制複雜行為的潛意識記憶系統，其中的「**語意記憶**」和「**情節記憶**」為個人所覺知的事情，二種記憶稱為「**外顯記憶**」（explicit memory），外顯記憶為陳述性記憶，此種記憶需要個人有意識的覺察。另一種記憶位於潛意識，無法直接與人討論其內容，但其記憶也會影響人們的行為，此記憶為「**內隱記憶**」（implicit memory），此類記憶為「**程序性記憶**」（或稱非陳述性記憶），它可以達到自動化運作的功能，進而控制行為；程序

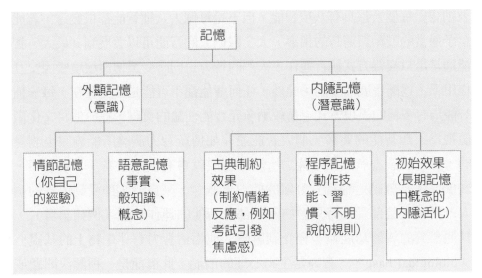

圖 4-4　長期記憶之外顯記憶與內隱記憶

練習得愈多，行動愈能自動化，內隱記憶也愈多；古典制約效果與「**初始效果**」（priming effect）也是內隱記憶。提取線索對於內隱記憶的影響大於外顯記憶；處理層次對外顯記憶的影響則大於內隱記憶（危芷芬等譯，2008；Woolfolk, 2011）。

　　外顯和內隱記憶系統依循不同的規則，與腦中不同的神經系統聯結，每種記憶的細分類也與不同的神經系統聯結。長期記憶之外顯記憶與內隱記憶如圖 4-4（Woolfolk, 2011, p.299）。

四、智力多維論

　　美國心理學家葛敦納（Gardner）提出多元智力理論，認為人類心智能力中至少有八種：語文智力、邏輯數理智力、空間智力、音樂智力、身體動作智力、社交智力（人際智力）、內省智力（自知智力）、自然觀察智力（之後，再增列神靈智力、存在智力）。傳統智力測驗所測得的 IQ 只有語文智力、數理智力與空間智力三種，其餘心智能力並無法測出。葛

敦納認為每個人都具有八項智能，但不是每個人八種智能都很發達，若能給予適當的鼓勵與適時的指導，大多數個人的智能可以發展到其最大。智能通常是以複雜方式統合運作，人們的智力是同時受遺傳與環境變因交互作用下，逐漸發展而成的；此外，任何智能都不可能是獨立存在，每一種智能均有多種的表現方式。葛敦納多元智能理論的貢獻，在於他將文化價值視為人類智能的要素，個人智能並非如傳統智力測驗所能夠完全測量的，每一種智力有其核心能力，其終極成就會有很大差異（李心瑩譯，2000）。葛敦納這種獨立分離的能力之概念，來自於腦部受到傷害的個人，當某人腦部受損時只會妨礙某部分智能的運作功能（例如語言），其他部分的智能功能並不會受到影響。他相信智力有「**生物上的基礎**」（biological base），智力是生物心理的潛能，此潛能是一種解決問題或創造對文化有價值的作品之能力（Woolfolk, 2011）。

葛敦納八種智能的目標狀態及其核心要素如表 4-1（吳明隆等，2019；Woolfolk, 2011, P.142）。

表 4-1　葛敦納八種智能的目標狀態及其核心要素

智力	目標狀態	核心要素
邏輯數理	科學家、數學家	擁有分辨邏輯與數字組型的敏感度及能力，可處理一系列推理的能力
語文	詩人、新聞工作者	具備對聲音、押韻與字義的敏感度，對語言的不同功能也有敏銳度
音樂	作曲家、小提琴家	具有創作與欣賞韻律、音調與音色的能力，能鑑賞音樂表現的形式
空間	航海家、雕刻家	可正確地感知視覺空間世界的能力，並能將最初的感知有效且展現出來
身體動作	舞蹈家、運動家	具備控制身體動覺，且有技巧地操作物體的能力
人際	治療師、推銷員	分辨及適當地反應情緒、性情、動機及他人需求渴望的能力
內省	具有敏銳且正確自我覺知者	可察覺自己擁有的情感並能分辨它們，且能用它來導引個人行為、優缺點、欲望與智能的認知能力

智力	目標狀態	核心要素
自然觀察	植物學家、農夫、獵人	辨識植物與動物的能力，對自然世界能加以區辨，了解生態系統與定義的類別（甚至可能是智力的種類）

五、動態智能論

皮亞傑（Piaget）認為一個人的智能是動態的，個人智力發展與其認知發展息息相關，兒童的智力會隨個體與環境的互動而改變。皮亞傑將智力界定為幫助個體適應環境的一種基本生活功能，它是個人所有「**認知結構**」（cognitive structure）都傾向於「**平衡化**」（equilibration）的歷程，平衡化指的是個人的思考過程與環境間產生一種平衡或和諧的關係，它是內在所有智能活動的唯一目標，此種平衡狀態稱為「**認知平衡**」（cognitive equilibrium）（張欣戊等譯，2010）。皮亞傑認為智力是由「**認知結構**」、「**認知功能**」（cognitive function）與「**認知內容**」（cognitive content）三個要素所組成（吳明隆等，2019；林淑玲、李明芝譯，2014；葉玉珠，2003；Dacey & Travers, 1994）：

（一）認知結構

基本單位為「**基模**」（scheme）。認知是透過心理結構或基模的修正與轉換而發展，基模為人們用以認識周圍世界的基本模式或心理表徵，它是一種思想或行動的組織型態，是個人建構來解釋經驗的知識庫；認知結構的改變即是智力的成長，認知結構具有整體性、轉換性與自我調節性，它隨年齡與成熟會產生質的改變。

（二）認知功能

包括「**適應**」（adaptation）與「**組織**」（organization）兩大功能，此二者不會隨年齡而改變。組織是兒童將現有基模納入新而更複雜的智力基模的歷程；適應是個體對環境要求的調整歷程，當個人基模與其經驗間

出現和諧狀態，就能產生「平衡」狀態。適應包括「**同化**」（assimilation）與「**調適**」（accommodation）兩種方法：同化為根據現有基模來解釋新經驗的歷程；調適為改變或修改現有基模結構以解釋新經驗或新事物的過程。適應為個體因環境限制而不斷改變認知結構的歷程，以讓內在認知與外在環境能保持「平衡」，個體從適應環境的過程中增進智能的成長。

舉例

基模：學步幼兒看到鳥在飛，媽媽告知他這是「小鳥」，之後認為所有會飛東西都是「小鳥」。

同化：看到飛機在天上飛，幼兒也將那個會飛的物體叫「小鳥」（試著透過現有基模去適應解釋新的經驗）。

調適：幼兒隨後注意新物體沒有羽毛也沒有拍動翅膀動作 ⇨ 認知結構產生失衡或衝突 ⇨ 改變原先基模，會飛的物體不是「小鳥」⇨ 重新命名新物體（父母告知為飛機）⇨ 認知結構恢復平衡狀態。

（三）認知內容

指反應智能活動中可觀察的行為與反應，這些行為與反應會隨年齡增加而改變，個體智能發展會經感覺動作期、前運思期、具體運思期與形式運思期四個階段。每個認知發展階段，認知結構不在「量」的不同，而在「質」上的變化，智力發展與成熟有關，隨著年齡增加，不僅認知能力會提升，個體智力也會提升。由於孩童的智力是隨著認知發展而變動，因而採用傳統的標準化智力測驗來測量個人的智能是不適切的。

參. 皮亞傑與維高斯基認知發展理論

一、皮亞傑認知發展理論

皮亞傑的認知發展理論認為，兒童智力與認知能力的發展有四個階段，四個階段分別為感覺動作期（出生至 2 歲）、前運思期（2-7 歲）、具體運思期（7-11 歲）、形式運思期（11 歲到成年期），每一個階段

都有新的智能展現（Slavin, 2012）。他認為影響兒童認知發展的變因有四個：「**成熟**」（maturation）、「**經驗**」（experience）、「**社會環境／社會傳遞**」（social environment/transmission）、「**平衡作用**」（equilibration）。個體經由成熟與經驗，導致身心變化，促進認知發展；經由社會環境及與他人交互作用的過程增進認知發展；經由失衡狀態的刺激，改變基模或發展新基模，達到平衡化歷程，獲得認知發展。

皮亞傑經過長期的實驗研究，提出了「**發生認識論**」（genetic epistemology，或發生知識論），將兒童的認知發展劃分為四個階段，其理論要義有四（車文博，1996）：

1. 兒童心理發展觀可以分為幾個具有「**質**」的差異連續階段，每個階段都有一個整體結構，每個階段行為模式都有其主要特徵。

2. 前一階段的結構是形成後一階段結構的基礎，前一階段的行為模式會整合融入到下一個階段，並為後者所取代。

3. 發展的階段不是階梯式型態，每個階段間具有某種程度的交叉重疊。認知發展（如數量守恆、重量守恆與質量守恆等）是同時發生的，其認知結構變化同時有「**量**」與「**質**」的改變。

4. 各階段和特定的年齡有關，但不是由年齡變因所決定。各階段出現的年齡因每人認知程度、社會環境及教育影響的不同而有所差異，認知能力階段可能提前或延遲，但各階段的發展順序是不變的。

(一) 感覺動作期

兒童注意的是他們當下正在做的事及看得見的東西；他們的基模以行為與知覺為主，藉由感覺和動作技能來探索世界，具有「**物體恆存**」（object permanence）概念，從反射行為逐步進展到目標導向行為，知道物體在物理空間的存在性與穩定性，即使物體看不見，它仍然存在。幼兒從較早的嘗試錯誤取向，進展到有計畫性解決問題取向，出現生命史第一次能對物體和事物形成的心理表徵。

（二）前運思期

兒童比以前更具有思考能力，而且心裡能運用符號來表徵物體，逐漸發展語言的使用及運用符號語言功能（例如以腳踏車的照片或字卡代表沒有被實際呈現在眼前的實體），思考以自我為中心，思考能力有六個限制（林清山，1991）：

1. 具體（concreteness）：指兒童思考只限於實際存在的物體或與當時情境有關聯的對象，無法根據向度進行物體分類與排序。

2. 不可逆性（irreversibility）：指兒童無法在內心裡以合乎邏輯的方式重新排列物體，或無法進行逆性向的思考（無法將問題過程還原或倒回思考）。

3. 自我中心主義（egocentrism）：指兒童表現得好像是別人所知道和所知覺到的，都與他們自己所知道和所知覺到的完全一樣，兒童認為別人所看到的世界與自己看到的完全相同，因而只能完全以自己的觀點來解釋事件，不能從別別人的觀點來看事物。

4. 集中（centering）：又稱專注現象，指兒童一次只能集中注意於情境中的一個向度或一個面向，例如無法同時注意容器的高度與寬度，此種只關注情境的單一面向稱為「**知覺受限**」。

5. 狀態對轉變：兒童把注意集中在靜止的知覺狀態上，而不集中在產生此靜止狀態的動作或轉變過程，例如學生拒絕相信毛毛蟲會變成蝴蝶，而堅稱是毛毛蟲爬走了，蝴蝶過來取代它（白惠芳等譯，2011）。

6. 直接推理：兒童進行的是直接思考，在聯結物體間或事件間的關係時，不會使用演繹的或歸納的推理。學生的推理是將無關的事情結合在一起，會僅因兩件事發生的時間與地點很接近，便推斷兩者有因果關係（白惠芳等譯，2011）。

（三）具體運思期

此時期兒童能進行簡單邏輯思考，對守恆概念（例如容量守恆）不再感到困難，運思能力具有「**可逆性**」（reversibility），能進行客觀的

思考與「**去自我中心式**」（loss of egocentrism）的看法，能區分自己與他人的觀點，能夠進行分類及排序，使用邏輯方式排列事物。「**守恆**」（conservation）概念包含數量守恆、容量守恆，守恆必須克服前運思期之限制，它具有下述特質（林清山，1991）：

1. 可逆性：兒童能使用合乎邏輯的方式操作物體，例如進行邏輯性排序。

2. 去集中化（decentering）：指兒童能在同一時間內使用合理的方式處理一個向度以上的問題，例如同時考量到容器的高度與容器的寬度。

3. 轉變對狀態：兒童不再被狀態的形象或影像所控制，會思考導致狀態轉變的過程，例如學生能理解毛毛蟲經過蛻變可以變成蝴蝶的轉變過程。

4. 去自我中心：兒童不再只從自己的觀點看事物，也能從他人角度或多元的觀點來看事件，知道別人的看法可能與自己的不同，自己的看法不完全是正確的。

5. 邏輯思考：在面對具體事物的情況下也會運用適合的邏輯思考。

具體運思期的思維特徵如下：(1) 兒童有時會自我中心地回應，但比較能察覺到他人的不同觀點；(2) 兒童更能覺察到生命的生物基礎，不會將似生命的特質加諸在無生物上；(3) 兒童對於因果關係的原則有更正確的評價（此知識會持續到青少年之後）；(4) 兒童在尋找問題的答案時，已會忽略事物的表象並注意一個以上的情境面向（去集中化）；(5) 兒童可以在心理消除他們看到的改變，作出前後比較並考量變化如何讓情境跟著改變；(6) 自我中心知覺減少，具備可逆的認知運思，具有保留概念，能正確地根據幾個向度分類物體，也能以量化向度排序物體，可根據簡單邏輯作出結論（林淑玲、李明芝譯，2014）。

（四）形式運思期

此階段的兒童能進行抽象及純符號的思考，能透過有系統的試驗來解決問題。這些類似成人思考的特徵，主要有三個方面：假設－演繹思

考、抽象思考與系統性思考，達形式運思期者能提出多重的假設並加以驗證。兒童抽象思考像真實思考一樣，除會利用具體或真實物體思考外，也能利用符號思考，並利用抽象的命題來進行運思（次級運思）（林清山，1991）。一旦學生能進行形式運思，他們的科學推理能力也會比之前進步，個人會採取科學方法，就所觀察的現象提出可能的解釋並有系統地進行考驗。此階段的另一個特徵為「**青少年自我中心**」（adolescent egocentrism），它指青少年不會像幼童的自我中心，青少年不會否定別人可能也有不同的知覺及信念，青少年只會變得更聚焦於他們自己的看法及觀點，他們在分析自己的信念態度時，也會出現所謂的「**想像觀眾**」（imaginary audience），感覺每個人都正在看著自己，也在分析評判自己（Woolfolk, 2011）。

形式運思期的兒童能作抽象思考，能夠處理可能的或假設性的情況，能區分「**內容**」（content）與「**形式**」（form）。此時期的認知特徵為（車文博，1996；陳李綢，1992）：

1. 具反射性及系統性思考：學童思考問題時能反覆地回頭思考之前曾經想過的問題，並加以評斷。在面對問題時也能進行有組織、有系統的分類組合，控制無關變項，進行科學研究程序般的思考歷程。

2. 能進行假設─演繹推理：「**假設─演繹推理**」（hypothetical-deductive thought）指學生面對問題時能提出假設，再根據假設推演出某些邏輯結論，最後再判別事物是否如預期或原先所想那樣（假設情境與真實情境符合的情形）。

3. 能進行命題邏輯思維：學童能夠在擺脫實際內容的情況，對一系列推理的正確性進行評估；跳脫傳統思維模式，建立前提與結論間的邏輯關係，能對命題間的運作進行合理推理，判斷事情的真偽。

4. 區別形式與內容差異：學童的認識能超越現實本身，無須具體事物作為中介，能把握抽象概念，進行形式推理，以符號邏輯的抽象標記代替具體的命題。兒童利用抽象命題進行運思的過程，皮亞傑將之稱為「**次級運思**」（second degree operation）。

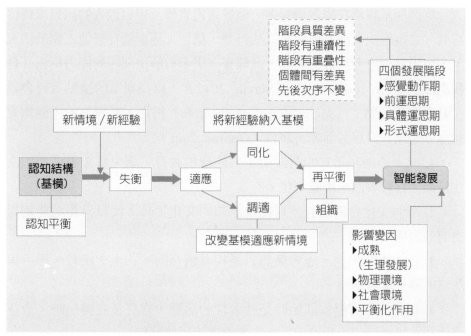

圖 4-5　皮亞傑之發展知識論要義統整圖

　　皮亞傑之發展知識論要義簡要統整如圖 4-5。

二、維高斯基認知發展理論

　　俄國心理學家維高斯基（Lev S. Vygotsky）的認知發展觀不同於皮亞傑，皮亞傑主張「**發展先於學習**」，維高斯基認為「**學習先於發展**」，學習可促進個人的認知發展。他堅信人類活動是在文化情境中發生的，排除了情境因素便無法了解這些活動，人們特定的心理結構與歷程，都跟之前人們與他人的互動有關，這些互動不僅影響個人的認知發展，也真實地創造人們的認知結構及思考歷程。維高斯基認為高層次心理歷程（例如引導個人注意與透過問題的思考能力）首先會經由兒童與他人分享的活動間被共同建構形成，之後此歷程會被兒童內化成為其認知發展的一部分（吳明隆等，2019；Woolfolk, 2011）。

維高斯基認為在學習過程中，個體透過教學及來自他人的訊息來獲得符號，之後經由發展歷程內化這些符號，讓個人逐漸能在無他人協助情況下，也可進行思考與解決問題，此種獨立思考與解決問題的能力稱為「**自我調節**」（self-regulation）（Slavin, 2012）。維高斯基的論點有時會以「**社會文化觀點**」（sociocultural perspective）稱之，其理論的主要假定有以下幾項（白惠芳等譯，2011；Ormrod, 2008）：

1. 成人透過非正式的對談與正式的學校教育，讓兒童知道他們的文化是如何詮釋與回應所處文化。

2. 每個文化會傳遞許多實體及認知的文化工具，使日常生活能過得更有效能與效率。

3. 在人生的早期，思考與語言是相互依存的，約至 2 歲時，思考與語言的關係緊密聯結。

4. 複雜的心智歷程開始時是社會性的活動；當兒童在發展時，會逐漸內化在社會情境中的歷程，之後獨自運用這些歷程。

5. 當兒童得到能力比他們更好、更精進的人協助時，他們更能完成具挑戰性的任務。

6. 具挑戰性的任務最能增進兒童認知上的成長，而遊戲活動有助於他們認知能力的發展及成長。

維高斯基倡導的「**社會文化理論**」（sociocultural theory），其核心要點為強調兒童的智力發展與其所處的文化環境有密切關係，由於文化環境間的差異極大，因而兒童智力成長的進程與內涵與皮亞傑所強調的具「**普遍性**」不同。維高斯基認為應從四個面向來探討兒童與環境的關係（張欣戊等譯，2010）：

1. 個體的（ontogenetic）發展：個體在一生中所發生的較大規模變化。

2. 微觀的（microgenetic）發展：指個人在相當短的時間內（例如幾分、幾天）所發生的變化。

3. 族群的（phylogenetic）發展：演化時代間的變化，此種變化可了解物種歷史。

4. 社會歷史的（sociohistorical）發展：爲個人的文化及歷史的變化情況。

維高斯基的理論要義如下（陳奎伯、顏思瑜譯，2009；Slavin, 2012; O'Donnell et al., 2007; Woolfolk, 2011）：

（一）私自話語

「**私自話語**」（private speech，或自言自語）是兒童對自己說話，兒童的自我語言可以引導他個人思考與行動進行，兒童面對困難作業時，私自話語或自我對話的情形更會出現。兒童經由自言自語來進行計畫、解決問題，引導自己的行爲，進而促進自己的認知發展。維高斯基認爲兒童的私自話語不是其認知不成熟的徵兆，兒童的喃喃自語行爲在認知發展上扮演重要角色，它將兒童導向能進行自我調節、計畫、監控和引導自己思考及解決問題。私自話語是一種被唸出聲來的想法，它的功能是在理解與解決問題時，爲了自我引導與自我導向等目的，藉由它（私自話語）來與自己溝通。以下三種私自話語對於孩童的問題解決能力，以及對於孩童的認知發展均能帶來正面的效果（陳奎伯、顏思瑜譯，2009）：

1. 自我引導：談論自己公開但非特別針對某人的活動。此種話語例如：「我想唸一些書，讓我來看看，我需要一本書。書在哪兒呢？喔！在這兒。好，我要看哪本呢？我上次讀了⋯⋯？」

2. 出聲朗讀：大聲地唸出書本內容或是其他教材、唸出字的發音，或是以嘴巴默唸。此種話語例如：「ㄑ⋯⋯ㄧ⋯⋯ㄡ⋯⋯秋！ㄊ⋯⋯ㄧ⋯⋯ㄢ⋯⋯天！」

3. 無聲自語：用他人無法聽見的聲音來談論。例如小孩的嘴唇會動，也會發出一些聲音，但是那些聲音無法被他人理解，或他人聽不懂。

皮亞傑把兒童的自我指導式談話稱爲「**自我中心語言**」（egocentric speech），自我中心語言不會促進兒童的認知發展，它只是兒童不能透過其他人的眼光來看待世界的另一種表示方式，即自我中心語言只是兒童認知發展的一種表達，兒童談論時不會考量到傾聽者的需求或興趣；當兒童

成長時，若不同意同儕觀點，會採用社會化語言（socialized speech），學習傾聽及與他人交換（爭論）看法。

（二）近側發展區

學童的心智發展與其生活經驗及所處社會文化有密切關係，其重視學習文化的性質，在成人指導或能力更佳的同儕協助之下，兒童的問題解決能力會提升，此能力與原先兒童獨立完成問題解決能力間的差異稱爲「**近側發展區**」（the zone of proximal development; ZPD，或最大可能發展區）。維高斯基將兒童的能力分爲二種：一爲「**實際發展程度**」（actual development level），一爲「**可能發展程度**」（level of potential development，或潛在發展程度），前者是兒童獨自工作所表現的能力水平，後者是在比自己能力更佳者協助下所表現的可能能力水平。近側發展區爲潛在發展程度與實際發展程度表現間的差異，因而兒童的認知發展能力可能受到外在社會文化或情境影響而改變。

（三）鷹架構築

「**鷹架構築**」（scaffolding）指的是能力更佳的同儕或成人教師所提供兒童的協助，在兒童學習早期階段，在他人指導與協助之下，更有能力獨立解決問題，之後他人的支持逐次減少，以增加兒童的責任感。鷹架構築中一個重要概念爲「**認知見習**」（cognitive apprenticeship），認知見習的整個過程包括楷模學習、「**教練式教導**」（coaching）、搭鷹架與評量。傳統教學的教學對談稱爲「**IRE 對談模式**」，爲「**啓動**」（initiate）、「**回應**」（response）及「**評價**」（evaluate）；鷹架構築的教學對談則是利用「**PQS 對談模式**」，爲「**試探**」（probe）、「**詢問**」（question）與「**搭鷹架**」（scaffold）。IRE 是由老師啓動一個題目開始的，PQS 則是由老師去試探或是調查學生在想些什麼開始的，當老師及學生相互試探、詢問、構築彼此的思考時，他們會把不同的看法與既有的知識帶進對談中，讓所有參與者獲得獨立學習時所無法得到的知識，這就

是「**社會共享認知**」（social shared cognition）。

（四）合作學習

合作學習中，同儕的能力差不多在彼此的近側發展區內，可以相互成為楷模，提供促發進步的想法，經由合作學習，兒童也可以接觸到他人的內在話語，兒童因他人「**放聲思考**」而受益。有些情況下，若是能力相當的學生，可以貢獻所長，彼此成為楷模，也可一起共同完成困難的作業；若是群體中有不同程度表現的 ZDP 學生，教師可給予不同的任務與作業，才能使他們得到最能促發其個人認知成長的挑戰機會（白惠芳等譯，2011；Ormrod, 2008）。維高斯基假定嬰兒天生即具有一些「**基本的心智功能**」（例如注意、感覺、知覺與記憶等），社會文化會提供這些功能的「**智能適應工具**」（tools of intellectual adaptation），讓原先心智功能更為精進，轉換為更複雜與全新的「**高層次的心智功能**」（張欣戊等譯，2010）。資訊社會與非資訊社會的學習者，對於記憶與資料處理的方式截然不同，這就是文化適應工具傳遞的功能。

維高斯基和皮亞傑同樣都強調主動而非被動的學習，並且花很多心思評量學習者知道什麼，進而再估計學習者的學習能力。教育意涵中，兩個人的論點主要差別在於教導者的角色，皮亞傑強調教室裡學生會花較多的時間在獨立探索，關注以發現為基礎的活動；維高斯基論述之教師角色比較偏好「**引導式參與**」（guided participation），組織學習活動，提供有幫助學習的提示或根據兒童當前能力適度調整指導，引導式參與是一種非正式的「**師徒式思考**」；此外，教師應安排合作學習作業，讓團隊中較差的成員因更有技巧同儕的指導而獲益，能力佳的成員則透過老師角色而成長（林淑玲、李明芝譯，2014）。

皮亞傑和維高斯基的認知發展觀比較摘要如表 4-2（陳奎伯、顏思瑜譯，2009，頁 79；O'Donnell et al., 2007）。

表 4-2　皮亞傑和維高斯基的認知發展觀比較

教育議題	皮亞傑	維高斯基
認知發展的過程會發展出什麼？	能在各種脈絡下發展解決問題的跨領域心智運用思考能力。認知發展主要具有泛文化普遍性	為因應在文化上有特殊價值的問題，而發展特定領域技能、知能與專業。認知發展因文化而有很大差異性
學習是如何發生的？	1. 透過發現、創造，學習是一種用來理解外在世界的內在歷程。兒童經由經驗及互動，不斷以同化及調適新訊息方式，主動建構知識 2. 源自於獨立探索，兒童為主動建構者	1. 透過社會傳承來學習，學習是一種認知見習過程，此過程中，知識由文化中較有能力的成員，指導傳遞給能力較差成員 2. 源自於社會互動，共同建構而來
認知發展的性質為何？	認知發展具有普遍一致性，它會依照一個固定的次序展開，發展特定的認知結構，學習才能發生；發展先於學習，學習是發展的下位概念	認知發展文化特殊性，個人會發展有價值的技能與知識，不會發展文化上認為沒有價值的技能與知識；學習先於發展；學習是一個主動歷程，不必等到準備完全
促發認知發展的的因素為何？	豐富的、富刺激性的、好奇的、富挑戰性及能有所回應的情境，在此種情境下，學生主動且獨立地探索，便能從中建構知識	社會脈絡及文化中能力高成員的社會互動與指導，學生經由與有能力夥伴或成人的引導，從同儕指導與人際互動中來建構知識
老師的角色為何？	提供學生豐富的、富刺激性的、好奇的、富挑戰性及能有所回應的情境；設計認知衝突與失衡環境，詢問學生與關係相關的問題	選擇文化上有價值的問題讓學生解決，介紹文化中可使用的工具與符號系統，在學生近側發展區範圍內提供鷹架構築、在與學生的對話中，探索－詢問－鷹架構築學生思考
同儕的角色為何？	刺激認知衝突，造成失衡狀態，之後再經由同化與調適歷程達到平衡化	同儕相當於老師指導協助角色，扮演良師益友、指導者的角色；社會互動是學習的一個關鍵點

教育議題	皮亞傑	維高斯基
語言發展對於認知發展的重要性？	非常不重要，語言只是思考的產物，兒童自我中心語言是認知發展的一種表達方式	非常重要，自我中心語言可促進認知思考發展，私自話語對於複雜作業的完成十分有用，它可與自己溝通來引導其行為與思考
建議的教學策略為何？	以發現為主的學習；蒙特梭利的學習環境；感興趣的領域；以計畫導向的學習；好奇心的誘發策略	在近側發展區中構築鷹架；用教學對談的方式對話；強調合作學習或同儕學習

維高斯基的社會文化觀要義統整如圖 4-6。

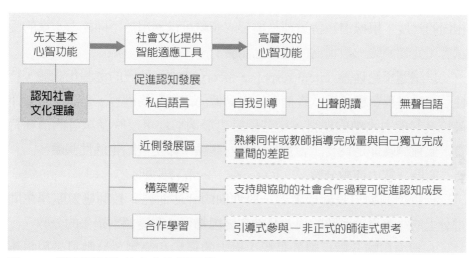

圖 4-6　維高斯基的社會文化觀要義

肆. 智力測驗

一、潛在特質論

心理計量學者羅德（Lord）首先倡導「**潛在特質理論**」（latent trait theory，又稱爲試題反應理論），之後拉許（Rash）提出單參數的對數模式，不同學者之參數理論雖然不完全一致，但持潛在特質理論的學者有以下相同之點（葉重新，2000）：

1. 心智能力無法直接觀察，只能從個體的外在行爲或表現加以推估。

2. 估計測驗題的難度時，應排除受試樣本程度的影響。

3. 估計個人智能時，應排除測驗題目特性的影響。

4. 在解釋與預測個人測驗的結果，應先將試題難度和特質分數化成相同的尺度。根據潛在特質理論編製的測驗可以適用於不同能力水準的受試者，此類測驗一般稱爲「**適性化測驗**」。

以試題反應理論（item response theory; IRT）建置的電腦化測驗，特性是測驗歷程會根據受試者個人能力高低決定試題的內容，受試者可以作最符合其能力水準的題目，這些題目也最適切地可反映受試者的潛在特質，此種測驗即是爲受試者量身定製的測驗，即是電腦化適性測驗。

有關「**智力商數分數**」（IQ scores）的解釋原則有二：

1. 智力測驗只是對學習者一般性向的評估而已，教師應忽略學生間得分上的小差異，測驗的誤差及外在變因都可能改變個別學生的分數。

2. 智力測驗分數反映的是學生過去的經驗和學習，分數只是用以預測學校的能力而非先天智慧能力，若是有位學生在班上表現很好，不要因爲一個智力分數低就改變教師對他的觀點，或降低教師對他的期望；對於少數族群的學生，要特別注意測驗分數的文化差異；要同時從適切的技能展現與智力測驗分數綜合評估決定智能的優劣。此外，教育者也應確認分數是爲個別測驗或爲團體測驗，因爲二者的解釋有很大差異存在（Woolfolk, 2011）。

二、良好測驗的特徵

一個優質的能力測驗必須有良好的信效度，與建立常模及標準化程序，其特徵架構如圖 4-7。

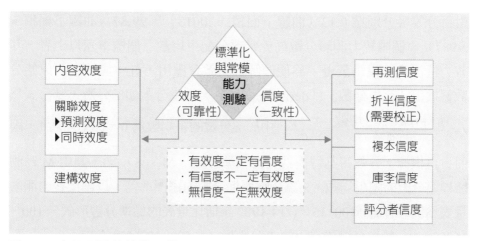

圖 4-7 良好測驗的特徵架構

（一）標準化與常模

一個好的測驗或智力測驗量表建構時會建立「**常模**」（norm），常模不是標準參照，常模不一定是心中的標準或想要達到的結果，即常模不是目標而是測量本身（即所謂的現狀）。常模提供一個與參照團體比較的平均數，精確的常模需要具代表性的樣本，大部分的智力測驗或標準化測驗都基於全國性參照團體中的年齡或年級常模（主要標的團體），有些會含有性別或地理位置（特殊次團體）（Hopkins, 1998）。常模的建立要經過標準化程序，標準化程序包括以下幾項：(1) 測驗的題項有良好的內容效度，測驗的內容與測驗的目標符合；(2) 常模的建立需要蒐集有代表性的大樣本，這些樣本是從母群體隨機抽取而得，如此，樣本統計分析求得的統計量才能有效作為母群體的參數；(3) 施測程序標準化，有指導手冊說明，測驗有時間的限制、測驗程序有一定流程、每個人的測驗情境相

同；(4) 測驗記分標準化。

若是抽取的樣本足夠，也具有代表性，則人類在智力測驗得分的分配會呈「**常態分配**」（normal distribution），常態分配曲線是左右對稱的鐘形曲線，集中量數之中位數 = 眾數 = 平均數，-3σ 與 $+3\sigma$ 相對百分等級分別為 0.13（曲線下面積 = .0013）、99.87（曲線下面積 = .9987）。個體智力測驗分數高於常態分配平均數三個標準差以上者，其智力情況會被視為資優。為便於解釋與教育應用，許多測驗會將原始分數轉換為「**衍生分數**」（derived score），衍生分數如 z 分數，其公式為 $z = \dfrac{\text{所得分數} - \text{平均數}}{\text{標準差}} = \dfrac{x - \mu}{\sigma}$，由於 z 分數的平均數為 0、標準差為 1，因而會再根據 z 分數將其轉換為其他標準分數 = M + S×(z)，其中 M 為測驗標準分數的總平均數，S 為測驗標準分數的總標準差，以魏氏智力測驗量表為例，智商 =100+15×(z)；1987 年斯比量表的標準分數形式 = 100 + 16×(z)；一般教育測驗常用的 T 分數形式 = 50 + 10×(z)。

（二）效度

「**效度**」（validity）指的是測驗能否真正測出其要測得的潛在特質或心理構念，為測驗分數的正確性與可靠性，缺乏效度的測驗對受試者施測之後無法獲得正確的結果。效度比信度更重要，常見的效度有三種（吳明隆，2015；游恒山譯，2010；黃德祥等譯，2011；葉重新，2000）：

1. 內容效度：指測驗題項能真正反映出要測得的心理特質，內容效度要回答的主要問題為「**測驗是否可以真正測出所要達成的目標？**」在教室情境中，內容效度指的是測驗有測到原先預定的教學目標嗎？如果測驗題目與課程目標符合，且對教材內容的範圍有代表性，則該測驗具有高的內容效度，此種內容效度乃是根據課程目標與教材內容，以邏輯方法檢證測驗的效能，又稱為「**邏輯效度**」（logical validity）或「**課程效度**」（curricular validity）。國內測驗編製程序中會增列學者專家審核檢視，專家評審的效度是一種內容效度的共識法（commonsense approach），如

二位專家評審一個有 50 個題項的測驗，其中有 45 的看法是相同的或接近的，則內容效度 $= \frac{45}{50} = .90$。與內容效度對應的效度稱爲「**表面效度**」（face validity），表面效度眞正而言不能視爲一種效度，它指的是測驗外表上看來似乎能夠適切地測量它打算要測量的特質或行爲，它讓使用者、施測者與受試者覺得是有效的，表面效度實際上只是社會接納性的題項，這些題項無法眞正反映客觀的心理特質。

2. 效標關聯效度：指特定測驗和外在的一個可靠的、精確的「**標準**」間之關聯，外在標準又稱爲「**效標**」（criterion），效標是一個參照標準，如果某個測驗與公認且廣爲熟知的效標間有高度相關，表示此測驗是可靠的，此種效度稱爲效標關聯效度（criterion-related validity）。例如某出版者設計一份簡易版的 IQ 測驗，此測驗和最新版的斯比量表及魏氏兒童智力量表得分間有高度相關，表示簡易版的 IQ 測驗有良好的效標關聯效度，此情況下的相關係數又稱爲「**效度係數**」（validity coefficient）。效標關聯效度又分爲「**同時效度**」（concurrent validity）與「**預測效度**」，同時效度爲新的測驗與現存測驗或效標間的相關程度，其施測時間十分接近，新測驗與已建構好的測驗（效標）施測之時間差距很小或根本不存在；預測效度爲測驗分數與將來參照效標間的相關，即新測驗實施一段時間後，再求得與效標間的關係，例如高中學業成就測驗與畢業後指考成績間的相關。預測效度係數值稱爲「**預測效度係數**」（predictive validity coefficient），預測效度指測驗能夠有效預測受試者在未來某特定行爲的正確性，此種形式的效度證據對性向測驗（用來預測測驗受試者在將來場域可以做好的程度）特別有用與重要。

3. 建構效度：又稱構念效度（construct validity），是某個測驗與某個理論訊息間有良好的對應關係，即一個測驗可以測量出相關心理學理論之概念程度。心理學的概念例如成就動機、歸因信念、人格特質、自我效能、自尊、自我概念、焦慮或壓力等，構念效度即一個測驗能夠測量說明或描述個體之抽象心理特徵、心理學概念或潛在能力的程度。構念效度

的建構一般會採用統計之因素分析法，抽取測驗中的共同因素（構念）。「構念」（construct）指的是某一理論上、不具實體（無形）的特性或特質，隨不同人們而異，構念是從行為推論出來，但不是行為本身，在理論上被認為具有某些形式的獨立存在，且對人類行為給予廣泛且有某種程度上的預測影響力。構念效度驗證法除因素分析外，還有測驗同質性法、「聚斂效度法」（convergent validity）與「區別效度法」（discriminant validity）：測驗同質性法乃是統計方法求出每個題項與測驗總分的相關，然後挑選有高度相關的題項；聚斂效度為某一測驗與其他也可測得同一構念的變項或測驗之間的相關程度，相關愈高聚斂效度愈佳；區別效度為某一測驗與其他完全互異的變項或測驗之間的相關程度，相關愈低或完全沒有相關，測驗區別效度愈好。

（三）信度

「信度」（reliability）是測驗的一致性或穩定性，一個品質佳的測驗，重複施測的結果應是大同小異的，信度很少是全有或全無的，它是程度的問題。一般而言，測驗的長度愈長（題項數愈多），其信度係數值會愈大；群體的變異程度愈大（異質性愈高），其信度也愈高。常見的信度估計方法有以下幾種：

1. 再測法－再測信度：一份測驗對一群異質、具代表性的受試者重複實施二次測驗，前後二次測驗間的積差相關係數，為其「再測信度」（test-retest reliability）指標值，數值愈大，表示信度愈佳。再測信度法的實施可能會受到練習、遺忘或成熟的影響，一般而言，前後二次測驗間的間隔時間愈長，再測信度係數就愈低。教育場域中，決定再測信度的大小，是以相同測驗對同一群學生施測二次，計算二次分數間的相關，其中「時間」變因會影響信度係數的高低，學生的學習與成長會隨時間而改變，若是二次測驗的間隔特別長時，求得的信度係數較可能是反映測量學生特質的改變而非測驗的信度。

2. 複本法－複本信度：所謂「複本法」（alternate-form method）係

指同一群受試者接受同一測驗的二種複本測驗，所謂複本是根據相同測驗目標獨立建構完成的，複本間的含括範圍與難易度均相同，常模特性也一樣，因而它們被視為是等值或等同版本的測驗。同時間施測之二個複本間的係數稱為「**等值係數**」（coefficient of equivalence），等值係數值愈接近 1.00，表示測驗信度愈佳，二個複本施測時間不同所得到的信度指標值稱為「**穩定與等值係數**」（coefficient of stability equivalence）。複本信度方法主要誤差變異來源為「**題目取樣**」（item-sampling），複本平均難度雖是等同或等值，但個別題項的不同可以讓受試者填答時有較困難或簡易的感覺，由於測驗複本的研發在心理計量方法上較為繁雜且成本昂貴，近年來較少為人們採用。

3. 折半法－折半信度：「**折半信度**」（split-half coefficient）為「**內部一致性係數**」（coefficient of internal consistency）的一種。將受試者在某種測驗的結果拆成等同的二半，常見的方法是偶數題的題項為一半，奇數題的題項為另一半，然後根據受試者在二個半測驗的得分（此種折半信度又稱奇偶信度），計算二者間的相關係數，由於每個半測驗的題項數只有總量表題項數的一半，整個測驗的真正信度值會被低估，因此一般會採用「**斯皮爾曼－布朗公式**」（Spearman-Brown prophecy formula）加以校正，校正公式為：測驗實際信度 $= \dfrac{2 \times \text{原折半後之相關係數 r}}{1 + \text{原折半後之相關係數 r}}$。當測驗是測量一致性或同質性的概念時才可使用折半法，折半信度係數值愈高表示測驗兩半的內容之一致性愈高。折半信度除可採用斯布校正公式外，也可採用福樂蘭根（Flanagan）或盧隆（Rulon）發展的校正公式；克朗巴賀（Cronbach）發展之 α 係數（coefficient alpha）則是所有可能折半係數的平均值，之後再經斯布公式校正，係數值也為內部一致性指標值，在多因素或單維度的態度量表中常會以 α 係數值作為量表信度的指標值（例如李克特態度量度）。

4. 庫李法－庫李信度：「**庫李法**」（Kuder-Richardson method）求得的庫李信度也屬於內部一致性方法，此方法在測量測驗內的部分題項與

相對題項的一致性程度。通常庫李法求出的信度係數值會較折半信度為低，但會比再測法或複本信度的信度值為高。常見的庫李方法有二種：一為庫李 20，一為庫李 21。庫李 20 只適用於單選的測驗題，答對與答錯的計分別給予 1 分與 0 分，其公式為：$KR20 = \dfrac{測驗總題數}{測驗總題數-1}\left(1 - \dfrac{\Sigma pq}{\sigma^2}\right)$，其中 σ^2 為測驗總分的變異數、Σpq 為測驗中題項答對人數百分比（p）與答錯人數百分比（q）乘積的總和，庫李 20 的計算雖較困難但它計算的係數值是最精確的。庫李 21 公式算法比較簡易但較不精確，求得的係數值較 KR20 小，其公式為：$KR21 = \dfrac{n}{n-1}\left[1 - \dfrac{M(n-M)}{ns^2}\right]$，其中 n 為測量題目的總題數、M 為測驗的平均數、S 為測驗的標準差。

（四）評分者信度

對於一些沒有標準答案的測驗，其評分內容可能會受到個別評分者主觀判斷的影響，若是二位評分者對作答內容的看法共識性低，則評分者的信度便不高。**「評分者信度」**（scorer reliability）是由二位或二位以上學者專家各自就測驗內容加以評分，之後再根據所評定的分數，求出其相關係數，此相關係數值即為評分者信度。評分者信度常用於例如投射測驗、創造思考力測驗、申論式的作答題等，評分者信度愈高，表示評分者所評定分數的一致性愈高；相對的，評分者信度愈低，表示評分者所評定分數的一致性愈低，評分者間的看法有很大歧異性。

自我練習

（　）1. 在心理學領域中，經學習或訓練後顯現的學習效果一般稱為何者？
(A) 能力　(B) 智力　(C) 成就　(D) 潛能。
參考答案：(C)

（　）2. 教育場域中，老師會對學生說：「你是可造之材」、「你有天分」等，老師所指的是學生哪一方面？　(A) 成就表現　(B) 潛在能力

(C) 學習表現　(D) 未來成就。

參考答案：(B)

（　）3. 有關智力測驗之父「比奈」（Binet）編製的智力測驗內涵，下列何者正確？　(A) 採用生理計量取向　(B) 使用生理年齡表示智力　(C) 使用心理計量取向　(D) 智力高低完全受遺傳因素影響。

參考答案：(C)

（　）4. 一個人的心理年齡為 12 歲、實足年齡為 10 歲，從比率智商的論點而言，其 IQ 為多少？　(A)1.2　(B)100　(C)110　(D)120。

參考答案：(D)

（　）5. 某人在韋克斯勒（Wechsler）成人智力測驗量表的得分為 115 分，該員的智力在 100 人當中大約贏過多少人？　(A)75%　(B)80%　(C)84%　(D)90%。

參考答案：(C)

（　）6. 韋克斯勒（Wechsler）成人智力測驗量表對於智力分數的解釋，採用何種方法？　(A) 智力商數　(B) 比率智力　(C) 離差智商　(D) 平均差智商。

參考答案：(C)

（　）7. 有關「斯比量表」的描述，下列何者錯誤？　(A) 是一種團體智力測驗　(B) 偏重於語文能力測量　(C) 只適用於兒童　(D) 以智力商數表示智力。

參考答案：(A)

（　）8. 下列何種智力理論是採用訊息處理取向建構的？　(A) 智力結構論　(B) 智力群因論　(C) 智力二因論　(D) 智力三元論。

參考答案：(D)

（　）9. 小明到一個新環境後很快就能適應，也能快速改變自己適應新環境的要求，達到自己的目的。從智力三元論（triarchic theory of intelligence）的觀點來看，這是小明何種的智力展現？　(A) 組合智力　(B) 脈絡智力　(C) 經驗智力　(D) 適應智力。

參考答案：(B)

（　）10.與擴散性思考能力最接近，個體善於從經驗中得到啟發，形成個人的創造力。從智力三元論的觀點來看，這是個體何種的智力展現？

(A) 組合智力　(B) 脈絡智力　(C) 經驗智力　(D) 適應智力。

參考答案：(C)

(　)11.美國心理學家卡特爾（Cattell）採用心理測量取向觀點，將智力分為兩大類，其中受到後天學習活動影響較大的智力為何種智力？　(A) 流動智力　(B) 晶體智力　(C) 經驗智力　(D) 普通智力。

參考答案：(B)

(　)12.智力理論中，倡導動態智力論的代表為何人？　(A) 史登柏格（Sternberg）　(B) 葛敦納（Gardner）　(C) 皮亞傑（Piaget）　(D) 卡特爾（Cattell）。

參考答案：(C)

(　)13.有關智力測驗中的「文化公平測驗」（culture-fair test）的描述，下列何者正確？　(A) 採用文字式的測驗編製　(B) 採用圖形動作為題材的測驗編製　(C) 採用數理知識的題型編製測驗　(D) 重視個體間的差異編製測驗。

參考答案：(B)

(　)14.俗諺說：「山不轉，路轉；路不轉，人轉；人不轉，心轉。」從吉爾福德（Guilford）的創造論點是屬於哪個能力？　(A) 流暢性　(B) 變通性　(C) 獨創性　(D) 精密性。

參考答案：(B)

(　)15.人們常說：「山窮水盡疑無路，柳暗花明又一村。」從瓦拉斯（Wallas）之創造思考階段觀點，是屬於哪個創造階段的思考歷程？　(A) 準備期　(B) 醞釀期　(C) 豁朗期　(D) 驗證期。

參考答案：(C)

(　)16.一個智力測驗之測驗結果能真正代表當事人實際的智力高低，此種要件稱為何者？　(A) 測驗信度　(B) 測驗效度　(C) 測驗鑑別度　(D) 測驗質度。

參考答案：(B)

(　)17.史登柏格（R. Sternberg）提倡智力三元論，主要是以何種取向來詮釋智力的理論？　(A) 認知結果取向　(B) 認知歷程取向　(C) 心理能力取向　(D) 問題解決取向。

參考答案：(B)

（　）18.包克斯皮（Borkowski）從訊息處理論觀點來說明智力理論，其中為
　　　人們在解決問題時智能，其形成受經驗和學習的影響，可以透過教
　　　學而改變者為何？　(A) 硬體系統　　(B) 軟體系統　　(C) 執行系統
　　　(D) 記憶系統。
　　　參考答案：(C)

（　）19.美國心理學家吉爾福德（Guilford）提出三向度智力之智能結構論，
　　　其中「思考運作」向度中與創造力最有密切關係者為何種思考運作？
　　　(A) 認知　　(B) 記憶保留　　(C) 擴散思考　　(D) 評鑑。
　　　參考答案：(C)

（　）20.教育場域中有關創造力的描述何者正確？　(A) 人們天生就具有創造
　　　能力　　(B) 創造力只有在腦力激盪下才會出現　　(C) 高創造力學生常
　　　有負向行為　　(D) 創造是後天環境發展促發的。
　　　參考答案：(D)

（　）21.從 1940 年起的研究發現，參與研究的各國，每間隔 10 年的智商分數
　　　約提高 3 分，這個現象稱為何種效應？　(A) 高爾登效應　　(B) 弗林
　　　效應　　(C) 比奈效應　　(D) 吉爾福德效應。
　　　參考答案：(B)

（　）22.有些學生碰到問題時總是使用之前學會的或例行的方法來解決問題，
　　　無法從多方角度思考，或產出較有效的解決策略，此種思考模式一般
　　　稱為何者？　(A) 功能變通　　(B) 行為單一性　　(C) 功能固著　　(D) 思
　　　維簡化。
　　　參考答案：(C)

（　）23.一個人應用其先天智力解決學習及生活中遭遇的問題，就卡特爾
　　　（Cattell）智力學說觀點，這是當事者的何種智力展現？　(A) 流動
　　　智力　　(B) 晶體智力　　(C) 後設智力　　(D) 普通智力。
　　　參考答案：(B)

（　）24.就卡特爾（Cattell）智力學說觀點下列何者正確？　(A) 流動智力隨
　　　年齡增長而增長　　(B) 流動智力隨年齡增長緩緩降低　　(C) 晶體智力
　　　隨年齡增長緩緩降低　　(D) 晶體智力不隨年齡增長而改變。
　　　參考答案：(B)

（　）25.就卡特爾（Cattell）智力學說觀點而言，他認為「智力」是何種特質（traits）？　(A) 能力特質　(B) 氣質特質　(C) 動力特質　(D) 動機特質。

參考答案：(A)

（　）26.陳老師是新進教師，選填分發時分發到住家附近的學校，校長的要求與對新進老師的期許很高，陳老師剛報到時不太適應，經過幾個星期的調適與自我要求，陳老師對新學校的適應非常好。就智力三元論的內涵而言，這是哪一種智力的展現？　(A) 經驗性智力　(B) 組合性智力　(C) 脈絡性智力　(D) 成分性智力。

參考答案：(C)

（　）27.外在刺激很多，從感官收錄的觀點而言，因為訊息只維持很短時間，要將刺激收錄在感官記憶中最有效的方法是何者？　(A) 知覺與注意　(B) 精緻化複誦　(C) 組織法　(D) 處理層次。

參考答案：(A)

（　）28.從訊息處理論觀點而言，要將短期記憶訊息有效送入長期記憶中儲存，策略方法中何者功能最差？　(A) 維持性複誦法　(B) 精緻化複誦法　(C) 組織法　(D) 視覺意象法。

參考答案：(A)

（　）29.從訊息處理論觀點而言，長期記憶的知識有不同類型，何者記憶稱為「內隱記憶」？　(A) 陳述性記憶　(B) 情節記憶　(C) 程序性記憶　(D) 語意記憶。

參考答案：(C)

（　）30.下列何種信度指標一般要再採用校正公式加以校正，以得到更精準的信度指標值？　(A) 再測信度　(B) 折半信度　(C) 複本信度　(D) 評分者信度。

參考答案：(B)

（　）31.戈爾曼（Goleman）提出情緒智力模式，將一個人可以重新導引內在的情緒狀態與衝動，失敗後仍能保有樂觀態度之情緒智力稱之為何者？　(A) 自我覺察　(B) 自我管理　(C) 自我省思　(D) 自我改進。

參考答案：(B)

（　）32.有關學生「情緒」（emotion）特性的描述何者錯誤？　(A) 情緒感受是與生俱來的　(B) 情緒是主觀經驗的覺知　(C) 情緒是固定不變的　(D) 情緒表達有文化差異性。

參考答案：(C)

（　）33.華生（J. R. Watson）提出情緒反應類型論，認為人類天生有三種基本的情緒反應，下列何者不是三種情緒反應？　(A) 快樂　(B) 愛　(C) 恐懼　(D) 憤怒。

參考答案：(A)

參考書目

中文書目

白惠芳等譯（2011）。**教育心理學──學習者的發展與成長**（J. E. Ormrod 著）。臺北市：洪葉。

危芷芬等譯（2008）。**心理學**（N. R. Carlson 等著）。臺北市：華騰。

吳明隆（2015）。**SPSS 操作與應用：問卷統計分析實務**。臺北市：五南。

吳明隆、陳明珠、方朝郁著（2019）。**教育概論──教育理念與實務初探**。臺北市：五南。

李心瑩譯（2000）。**再建多元智慧**。臺北市：遠流。

李茂興譯（2003）。**教育測驗與評量**（K. D. Hopkins 著）。臺北市：學富。

林清山（1991）。**教育心理學──認知取向**（R. E. Mayer 著）。臺北市：遠流。

車文博（1996）。**西方心理學史**。臺北市：東華。

張文哲編譯（2016）。**心理學導論：核心概念**（P. G. Zimbardo 著）。臺北市：學富。

張欣戊、林淑玲、李明芝譯（2010）。**發展心理學（上）**（D. R. Shaffer & K. Kipp 著）。臺北市：學富。

張欣戊、林淑玲、李明芝譯（2014）。**發展心理學（上）**（D. R. Shaffer & K. Kipp 著）。臺北市：學富。

張春興（1993）。**現代心理學**。臺北市：東華。

張春興（1994）。**教育心理學**。臺北市：東華。

張春興（2003）。**心理學原理**。臺北市：東華。

郭靜晃（2017）。**心理學概論**。臺北市：揚智。

陳李綢（1992）。**認知發展與輔導**。臺北市：心理。

陳奎伯、顏思瑜譯（2009）。**教育心理學──為行動而反思**（A. M. O'Donnell 原著）。臺北市：雙葉。

彭聃齡、張必隱（2000）。**認知心理學**。臺北市：東華。

游恒山譯（2010）。**心理測驗**（R. Gregory 著）。臺北市：五南。

黃西庭（1998）。**人格心理學**。臺北市：東華。

黃堅厚（1999）。**人格心理學**。臺北市：心理。

黃德祥等譯（2011）。**教育測驗與評量：教室應用與實務**（T. Kubiszyn & G. Borich 著）。臺北市：心理。

葉玉珠（2003）。智能與批判思考。載於葉玉珠等編：**教育心理學**（頁 347-388）。臺北市：心理。

葉重新（2000）。**心理學**。臺北市：心理。

葉重新（2005）。**教育心理學**。臺中市：北極星。

賴惠德（2019）。**心理學──認知、情緒與行為**。臺北市：雙葉。

蘇建文等（2014）。**發展心理學**。臺北市：心理。

英文書目

Dacey, J. ,& Travers, J. (1994). *Human development across the life span* (2nd ed.). Madison, Wisconsin: Brown & Benchmark.

Hopkins, K. D. (1998). *Educational and psychological measurement and evaluation*. Boston: Allyn & Bacon.

O'Donnell, A. M., Reeve, J., & Smith, J. K. (2007). *Educational psychology: Reflection for action*. New York: Wiley & Sons, Inc.

Ormrod, J. E. (2008). *Educational psychology: Developing learners* (6th). Columbus, OH: Merrill/Prentice-Hall.

Sattler, J. M. (1988). *Assessment of children* (3rd ed.). San Diego: Jerome M. Sattler.

Slavin, R. E. (2012). *Educational psychology: Theory and Practice*. Boston: Allyn & Bacon.

Woolfolk, A. (2011). *Education Psychology* (11th ed.). Boston: Allyn & Bacon.

第 5 章

記憶與遺忘

壹. 記憶的理論

測量記憶的方法很多，常見者有三種：

1. 回憶法（recall method）：將學過的事物重新表現出來，個人必須從少數線索中提取一段記憶。

2. 再認法（recognition）：將學過的材料讓學習者再辨認一次，常見的題型如選擇題、是非題。再認是從多個呈現的刺激中，指認出過去曾經經歷過的刺激，或是那個刺激與特定事件情境最為吻合。很多人常說：**「對方的姓名我記不起來，但是他的長相我可以過目不忘。」**指的是人名的「**回憶**」比臉孔的「**再認**」困難。考試時在相同難度下，選擇題的作答比填充題較為容易，即是前者是採用「**再認**」法，後者是採用「**回憶**」法。

3. 再學習法（relearning，或節省法）：讓學習者再次學習，達到初次學習之精熟程度，計算二次學習的次數或時間差異量。節省法的計算公式為：〔初次學習時間（次數）－再次學習時間（次數）〕/〔初次學習時間（次數）〕×100。

學習之所以可以保存訊息，相關的理論如下：

一、神經鍵論

「**神經鍵論**」（synapse theory）為桑代克所提，桑代克認為記憶是神經鍵的作用，學習是人類對環境刺激作適當的反應，刺激與反應聯結時會在腦中建立神經通路（neural path），使進入腦中樞的神經衝動遭遇的抗拒減小。學習或練習次數愈多，抗拒愈小，神經衝動愈容易通過神經原間的「**突觸**」（synapse），進而在神經裡留下痕跡，心裡便產生了一種熟知之感，於是便有訊息記憶作用（王克先，1987）。突觸是某一神經細胞之終端鈕和另一細胞（包括神經細胞，或者肌肉、腺體或內部器官細胞）之細胞膜的交會處，一個神經細胞可以接受多個終端鈕的訊息，然後再由它的終端鈕傳給多個神經細胞，各神經細胞藉由突觸與其他神經細胞傳遞

訊息，其歷程稱爲「**突觸傳導**」（synaptic transmission）（危芷芬等譯，2008）。

二、全量說

「**全量說**」（mass activity theory）由拉希萊（Lashley）等人提出，拉希萊等人實驗發現，神經系統的基本功能是一個單位，記憶是全部神經系統的作用，不只是神經鍵的聯結，記憶的機能存在於全部神經系統，並不是大腦皮質及細胞之局部作用而已。記憶是大腦的統整與分化作用，是腦神經大量活動作用的結果（王克先，1987）。

三、痕跡說

完形心理學者認爲學習過程中，由於大腦神經系統的活動，所學的資料會在大腦中留下「**記憶痕跡**」（memory trace），學習素材或性質不同，大腦中留下的記憶痕跡也不同。考夫卡（Koffka）等人即認爲記憶就是一種痕跡留存，痕跡是空間性的時間（spatial time），大腦中的痕跡不是獨立零亂的個體，有其前後相互關聯的程度，會依接近性、相似性、封閉性、簡化性等原則而傾向於整體性，如此記憶較易保存（朱敬先，1988）。

四、RNA說

瑞典科學家海登（Hyden）研究發現記憶是腦細胞中RNA（核醣核酸）之量與質的變化所引發的。RNA（核醣核酸）爲細胞內一種蛋白質分子，常隨大腦之各種活動而迅速改變，是思想的化學基素。學習後之所以會產生記憶，是個體內RNA的作用，若將個體內的RNA去掉，則記憶即會喪失（朱敬先，1988）。

五、過濾論

英國心理學家布洛賓（Broadbent）認爲人類的記憶分爲短期記憶與

長期記憶，由於短期記憶的容量有限，因而在短期記憶中的資料會經過選擇過濾後，才經由有限度的瓶頸通路而進入長期記憶。個體在選取資料方面考量到二個原因：一是只選取保留重要的訊息或是符合個人所需的訊息，二是與長期記憶中的經驗有關的訊息。經由以上二個考量，長期記憶時會對過濾產生回饋作用，回饋作用主要包括「**選擇資料**」及「**過濾資料**」，此記憶理論稱爲「**過濾論**」（filter theory）（王克先，1987）。

從感官記憶接受刺激而產生感覺，再由感覺轉爲知覺時，訊息的過濾會受到刺激的「**熟悉度**」、刺激的「**新奇度**」與刺激對個人的「**重要性**」影響（張春興，1993）。將外在訊息從感官收錄送到短期記憶（工作記憶）的方法是「**注意力**」（attention），許多認知心理學家認爲，在感官收錄的訊息無法獲得個人注意，就會從記憶系統中消失。感官收錄在單一時間內只能注意非常少量的訊息，多數人一次只能注意一件事情，此種情況稱爲「**雞尾酒會現象**」（cocktail party phenomenon）（白惠芳等譯，2011）。影響訊息保留的因素還有以下幾個效應（張春興，1993）：

（一）序位效應

「**序位效應**」（serial-position effect）指的是最先學習的材料與最後（時間點最近）學習的材料最容易記得，這二種現象分別爲「**初始效應**」與「**時近效應**」。

（二）閃光燈效應

「**閃光燈效應**」（flashbulb effect）指對引人震撼的事件或與個人有關的重要事件，較容易讓人們留下深刻的記憶，訊息較易保存，此種事件通常會促動個人的情緒，讓個人永難忘懷。例如某年火車出軌造成多數死亡事件時，人們對於火車出軌的地點與火車車種的記憶會有較深印象。2001 年美國紐約世界貿易中心的 911 恐怖襲擊之事件，對美國人心理造成深遠影響，對歷經或目睹事件的當事人可能終身難忘。

（三）萊斯托夫效應

「**萊斯托夫效應**」（Restorff effect）指學習材料中最爲特殊的事件，較容易讓人們留下深刻的記憶，訊息較易保存。例如同學自我介紹時，有位同學相貌極像演藝界某位明星，則大家對於此同學的印象會最爲深刻；新進的歷史老師第一次上課時說學逗唱樣樣都有，同學都對老師的教學留下非常深刻的記憶。

貳. 學習遷移

「**學習遷移**」（transfer of learning）是先前舊的學習經驗或已學會的學習效果對新學習的一種影響，若舊經驗對新學習有正向作用（助長），稱爲「**正向遷移**」（positive transfer），又稱「**順向助長**」（proactive facilitation，或順向促進）。刺激類化現象即爲正向遷移，正向遷移效用可以使新學習的學習時間縮短或練習次數減少，或使學習的保持更爲持久。運動技能學習中，個體身體某一部分的練習（左腳訓練）有助於其他部分的同類練習（右腳學習），稱爲「**對邊遷移**」（bilateral transfer）或「**交叉訓練**」（cross education）。相對的，舊經驗對新學習若有負向作用（阻礙學習）稱爲「**負向遷移**」（negative transfer），又稱爲「**順攝抑制**」，負向遷移會讓新學習的學習時間增長或練習次數增多，或使學習的保持量減少。舊經驗對新學習沒有影響，或無法認定二種學習間會有相關，稱爲「**零遷移**」，零遷移在學習中較少出現。

新舊兩種學習除了會發生抑制現象，也有可能產生「**助長**」或「**促進**」（facilitation）作用。當一個人的舊經驗或學習了某件事物後，有助於日後其他學習類似事件或新經驗的學習活動，此種學習助長稱爲「**順攝助長**」（proactive facilitation），例如以英語爲母語的學生，學了西班牙語後，有助於他學習類似的語言——義大利語。另一種助長是新的學習經驗習得之後，有助於原來對舊經驗或已學過學科的學習，例如學生學了第二語言後（如拉丁文），更有助於原來母語（英語）的學習或對自

己母語的了解，此種學習助長稱為「**倒攝助長**」（retroactive facilitation）
（Slavin, 2000）。

　　正向遷移的例子如學會騎自行車者，之後再學騎機車會比較快速，
學會加減的學習者有助於乘除的學習；負遷移的例子如學開車時學會右邊
行駛後，再去學靠左邊行駛的車輛會較為不順暢。學習遷移若依遷移方
向來區分可分為「**垂直遷移**」（vertical transfer）與「**水平遷移**」（lateral
transfer）。垂直遷移又稱「**縱向遷移**」，指的是不同層次或不同經驗之
上下的影響，自下而上或由簡單到複雜的遷移，例如先學會加法才能學
會乘法，學過初等統計學的學習者再學高等統計學較易理解；自上而下
的遷移表示較高層次的經驗會影響較低層次的經驗，例如學會騎機車者
很容易就學會騎腳踏車。依遷移內容區分，可分為「**一般遷移**」（general
transfer）與「**特定遷移**」（specific transfer），一般遷移指的是學習經驗
可遷移到一般情境，一般教育情境中的學習多為一般遷移；特定遷移指的
是所學經驗只能應用於特定領域或相類似的問題情境中，它有情境限制存
在，動作技能的學習較偏向於此種遷移（葉重新，2005）。

　　心理學家以系統的理論來解釋學習遷移的現象，較具代表性的有以下
幾個（王克先，1987；朱敬先，1988；葉重新，2005）：

一、形式訓練論

　　「**官能心理學**」（faculty psychology）是最早且最有系統的對學習遷
移提出解釋學說者。此派學者認為人的大腦細分為許多區域，每個區域均
有其獨特的功能，稱為「**官能**」（faculties），包括注意、意志、記憶、
想像、推斷、判斷等。教育的作用，在於訓練這些官能，這些官能經過訓
練後，其強度與功能會格外發達，可以隨心所欲，應用到所有事件學習，
因而可以遷移到各種學習活動。官能心理學的官能訓練即「**形式訓練**」
（formal discipline）的教育理念。

二、共同元素論

「共同元素論」（identical elements theory）係由桑代克（Thorndike）所提出，桑代克認為舊學習與新學習活動間之所以會產生學習遷移現象，乃是新舊二種學習之間有「共同元素」存在，共同元素包括內容、歷程（例如方法、態度、習慣、情緒等），共同元素愈多，學習遷移愈大，若是兩種學習之間沒有共同元素存在，則不可能有學習遷移情況。例如學會了算術有助於學習代數，學會遵守班規有助於校規的遵守。共同元素論內涵簡單明瞭，但可能陷於原子論觀點，無法兼顧整個學習情境的關係。奧爾波特（Allport）對共同元素有以下幾點批判：(1) 客觀事實可能找出共同元素，但人與環境交互作用情況複雜，其經驗很難以用元素剖析；(2) 二種情境間，不可能找出共同的人類經驗元素；(3) 元素相同的程度與學習遷移量的多少，不成比例。

三、類化論

美國心理學家賈德（Judd）認為經驗中學到的原理原則產生類化，才是在新學習情境中產生學習遷移的主因。學習遷移現象是基於新舊二種學習活動間的近似性上，一般原則的學習，可遷移到類似的情境中，有助於問題的解決，如果應用於不適當的情境裡，可能會造成負向遷移。類化論的內涵是持認知論的觀點，此理論應用時，有一個先決的條件，即學習者在舊學習中必須學到並了解原則，才能對新學習產生遷移的效用，原則的了解與學習，又與學習材料的性質及個人能力等因素有關。原則類化並自動產生，它需要情境間有類化的可能，也需要學習者具有正確類化的能力。

四、轉換論

「轉換論」（transposition theory）由完形心理學者提出，對為何有學習遷程現象的解釋與類化論接近。完形心理學強調行為或經驗的整體

性，認為每一個行為或經驗各自成一個特殊「**型態**」（pattern），並各具特徵，前後兩種學習的型態愈相似，愈有可能產生學習遷移。學習者若能於新學習活動中察覺新情境內的「**關係型態**」（pattern of relationship）與原來的情境相同或類似，則可以從原先情境中經由頓悟所發現的關係型態應用於新情境中。轉換論強調整體型態，各元素本身並不重要，個體能了解關係才具有意義，材料愈有意義，個體了解愈深入，或兩個學習之間相似的特徵愈多，關係愈密切，愈可能從一個學習轉換到另一個學習，因而轉換論又稱為「**關係論**」（relationship theory）。轉換論也可視為是功能的轉換，猩猩學會了以手杖鉤取香蕉後，也能容易學會以樹枝取代手杖來鉤取香蕉，日常生活中的「**人生如戲、戲如人生**」、「**商場如戰場**」、「**求忠臣於孝子之門**」等，都是一種功能的轉換，所以有些心理學者又將轉換論稱為「**功能相似論**」。

五、能力論

「**能力論**」（ability theory）從個體能力的觀點來說明學習遷移現象。舊經驗是否對新學習產生遷移作用，應基於以下二點假定：(1) 新學習活動中需要什麼能力；(2) 舊經驗活動中個體已學到了什麼能力。如果新學習中所需要的能力，早在舊經驗活動已學到一部分或已經學到，則學習可以產生遷移的效果；相對的，若是新學習中所需要的能力，在舊經驗活動中完全空白或沒有學到，則無法達到遷移的效果。能力論所探討的遷移作用偏重於學得的概念與原理原則等。

參. 遺忘

要增進記憶，減少遺忘，個體要掌握一些策略，例如發揮運作記憶功能、善用意元集組作用與不斷複述，以將訊息保存在短期記憶中；使用形碼、意碼與聲碼等多種編碼方法，以快速將外界刺激特徵編碼而在記憶中儲存（張春興，2003）。此外，也應善用合於心理學原則的讀書技巧，例

如作筆記、畫重點與作註記、作摘要（summary）、作大綱和構圖（例如繪製網狀組織圖、概念構圖），採用 SQ3R、OK4R 讀書技巧、關鍵字法（key-word method，運用心像聯想或字根、字首、字尾特定意涵學習外國單字）、軌跡法（loci method，又稱位置法，融合空間順序概念學習）等。

　　SQ3R 為瀏覽（survey）、質疑（question）、閱讀（read）、背誦（recite）、複習（review）；OK4R 為概略（overview）、要點（key ideas）、閱讀（read）、回憶（recall）、反思（reflect）、複習（review）。由 SQ3R 法發展而成的策略稱為 PQ4R，PQ4R 為預覽（preview）、質疑（question）、閱讀（read）、反思／省思（reflect）、記誦／複誦（recite）、複習（review）。PQ4R 的內涵為（朱敬先，2011；Woolfolk, 2011）：

　　1. 預覽：閱讀大標題、小標題、章前目標或章後總結、重要文句或圖表，以對閱讀教材作大概的了解，也可為閱讀設定一個目標。

　　2. 質疑：在每個主要段落提出或寫下與個人有關的相關問題，其中一個有效方法就是將大標題及各次標題轉換為問題。

　　3. 閱讀：從完整閱讀中找到個人所提的問題，閱讀歷程要注意重要概念、論點或相關資料，個人可根據閱讀目的及材料難易度調整閱讀速度。

　　4. 省思：閱讀時宜邊讀邊思考，試著想出範例或創造教材心像，使所讀和所知內容形成有機聯結。

　　5. 複誦：讀完每個段落後，休息並回想當初閱讀目的是否達成，以及所提疑問是否得到解答，個人想想是否不用看書就能回答這些問題。複誦歷程可以監控自己是否完全理解，或要再重讀教材內容。

　　6. 複習：有效複習可以有效地讓所學新材料進入長期記憶，隨著學習的進展，複習或回想內容應逐漸累進，包括之前所讀的段落和章節。

　　閱讀文學或學習中可用的策略如 CAPS 與 KWL：CAPS 策略分別為 C—誰是事件中的主角（characters）？A—故事的目標或事件結果（aim）為何？P—發生什麼問題（problem）？S—問題如何被解決（solved）？

KWL 策略分別爲：K—我對這個主題或學習訊息已經知道（know）多少？W—接下來我想要（want）知道或學會什麼？L—在閱讀或探究後，我學到了（learned）什麼？另一種有效學習方法爲 READS（Woolfolk, 2011）：

R（review）—複習標題和次標題。

E（examine）—檢驗粗體字（粗體字標示的是爲重要概念或關鍵字）。

A（ask）—詢問自己：「**我期待學習哪些內容？**」

D（do it）—閱讀。

S（summarize）—用自己的話語摘要內容。

對於長期記憶中的外顯知識——「**陳述性知識**」（declarative knowledge）的學習與記憶保留，教學者若沒有採用好的教學策略或教學方法，學習者無法掌握有效學習原則或技巧，學習者學習後很容易遺忘大部分的訊息或材料內容，在之後訊息檢索提取時都會碰到「**阻塞**」（block）現象。遺忘的原因或理論有以下幾種：

一、遺跡論

完形心理學者認爲學習過的事物之所以會遺忘，乃是時間流逝所造成的。他們認爲個體學習活動後，在其大腦或神經系統的運作下會留下「**痕跡**」（trace），此種痕跡是個人在學習之前未曾發生的生理變化，稱爲「**記憶痕跡**」（memory trace），個人若不再練習或不使用編碼策略，隨著時間的流逝，由於大腦的新陳代謝作用，記憶痕跡會逐漸消失，最後產生遺忘，此種解釋與所謂「**日久淡忘**」的說法相符合（王克先，1987；葉重新，2005；Slavin, 2012）。

二、資訊干擾論

行爲主義學者認爲遺忘的原因是資訊（學得經驗）與資訊相互干擾所造成的。此理論的要點爲：(1) 遺忘發生在於學習經驗間相互干擾所致，若是個體生活中只學習單一經驗，則此經驗不會遺忘；(2) 如果個體前後

學習新舊二種經驗，且二種經驗的刺激情境愈相似，則回憶時經驗間干擾情況愈大；(3) 學習素材間相似性愈高，發生干擾可能性愈高；無意義的材料比意義化材料較易受到干擾；情緒性材料是造成干擾的重要因素，例如昨天與女友談判分手事宜，今天上課時教授內容很難記得。干擾情況有二種：一為回憶舊經驗時受到新學習經驗的干擾（即新的學習資訊干擾到之前學習資訊），此種干擾稱為「**倒攝抑制**」（retroactive inhibition）；一為單獨回憶新訊息或學習新經驗時受到舊學習經驗或之前記憶資訊的干擾（即先前學過的學習資訊干擾到新學習資訊），此種干擾稱為「**順攝抑制**」（proactive inhibition）。因為多數新經驗學習之前，個體都有不同程度的舊經驗存在，所以順攝抑制的作用比倒攝抑制為大；日常生活事件遺忘中，順攝抑制是構成遺忘的主因（王克先，1987；張文哲譯，2016）。

順攝抑制是指先前學習到的資訊，對後來學習資訊的記憶或記憶提取產生了干擾作用，即就是前面學到的經驗干擾了對後面所學的經驗之回憶。例如換了新的電話號碼後（後來的記憶或學習資訊），由於受舊的電話號碼（先前的記憶或學習資訊）干擾而常常忘記新電話號碼。「**倒攝抑制**」剛好與「**順攝抑制**」相反，表示後面學到的經驗干擾了對之前已學的經驗之回憶，早前資訊的回憶受到後面新學習經驗或資訊的影響，例如先學字母「**b**」，再學字母「**d**」後影響到原來字母「**b**」的學習；再如先學習甲教材再學習乙教材，間隔一段時間後，回憶甲教材時常受到乙教材的影響。順攝抑制與倒攝抑制以圖 5-1 表示。

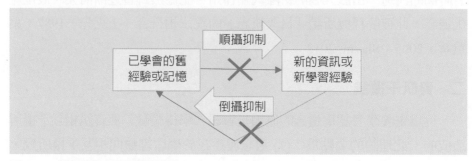

圖 5-1 順攝抑制與倒攝抑制

　　新舊二種學習經驗之所以會產生干擾的二個理論為持續論與反應競爭論（朱敬先，1988）：

（一）持續論

　　「**持續論**」（preservation theory）又稱「**凝固論**」，米勒（Miller）等學者認為學習後，中樞神經系統因學習促發的活動歷程會持續一段時間，以便讓學習過的事物凝固地印在腦子裡，所以學習後適當休息、減少干擾，記憶保存最好。若學習後跟隨其他不同的學習活動，會有礙於「**凝固**」（consolidation）作用的進行，產生抑制作用，而遺忘部分的記憶量。若把二個不同學習活動時距拉大，則干擾程度較低，記憶量的保存效果較佳，此理論可以解釋「**分布練習**」（distributed practice，或分散練習）為何優於「**集中練習**」（massed practice）的原因，對於大部分學習者而言，即使每次只花費短暫時間，分散練習還是較有助於記憶保留。持續論可以解釋部分的倒攝抑制現象（新學習活動抑制了舊經驗的記憶），但不能解釋順攝抑制情況。

　　從訊息處理論之觀點而言，訊息從外在環境進入短期記憶會暫時儲存，經過不斷複誦會進入長期記憶，進入長期記憶的訊息，當事人若停止思考，訊息也不會流失，此歷程稱為「凝固」（consolidation）。根據凝固假設，短期記憶包含訊息編碼的神經活動，當神經活動消退後，訊息就會被遺忘，但若經由複誦過程（例如維持性複誦或精緻化複誦）可維持神經活動，經過相當時間後，神經活動會促發腦部結構的變化，腦部結構變化會讓訊息凝固，因而記憶可以持久、穩定（危芷芬等譯，2008）。

（二）反應競爭論

　　「**反應競爭論**」（competition of response theory）由波斯特曼（Postman）等人提出，他們認為人們學過的事物之所以會遺忘，是由於前後二種不同學習活動反應相互競爭所引發的。個人對新學習中的新刺激會有新反應，新反應與舊反應競相出現，會彼此相互影響干擾。倒攝

抑制是因為二種學習反應互相衝突，產生負遷移（negative transfer），如果二種學習反應間，其互相干擾程度降低，較易產生正遷移（positive transfer），有利於記憶量的保存。

梅爾頓（Melton）等人研究發現「**倒攝抑制**」的發生受到二個因素的影響：一為學習時的反應競爭，二為「**學習消失現象**」（phenomena of unlearning），二個遺忘因素稱為「**遺忘二因子理論**」（the two-factor theory of forgetting），或稱「**干擾二因子理論**」。學習消失現象指的是在學習新的經驗時，舊的學習經驗或記憶量會產生學習消失（unlearning）情況，影響之後對舊經驗的回憶或保留，因而新素材的學習會引發個體遺忘舊材料的內容。

三、壓抑論

精神分析學者佛洛依德（Freud）認為遺忘主因在於個人主動的將記憶予以壓抑所致，個人將不愉快的經驗壓抑成潛意識，不願意去回想之前的事件或經驗，甚至有意地把習得的經驗掩蓋，不讓它出現在自己的記憶中。遺忘是個體有意的壓抑歷程，因而遺忘是一種行為，行為背後有其動機，此種動機稱為「**動機性遺忘**」（motivated forgetting），為一種「**壓抑**」（repression）作用。動機性遺忘理論所解說的經驗，多數是個體痛苦、負向的經驗，這些經驗回憶會讓個人覺得有愧疚感、恐懼感、不安心等，事件或經驗的回憶反而讓個人有焦慮、痛苦，因而寧願埋藏在內心深處將其遺忘掉（王克先，1987；葉重新，2005；Slavin, 2012）。有些學習者在國中小學習歷程中受到霸凌，造成生理、心理與生活上的傷痛，之後的學習往往刻意忘掉此階段的學習過程，記憶從意識層被送入潛意識層，即是一種動機性遺忘。

四、記憶檢索論

米勒（Miller）認為儲存在短期記憶的記憶廣度為 7 加減 2 個「**組塊**」（chunk，或意元），此組塊並不是刺激的物理單位數目，支配此時期的

代碼主要爲聽覺碼（聲碼）。訊息處理論認爲儲存在短期記憶的資訊之所以會遺忘的理論有二：第一種理論認爲遺忘之所以發生是沒有去「**複誦**」記憶的材料，個體短期記憶的材料沒有進行複誦，短期記憶的信息很快消失，此種理論稱爲「**消退理論**」。長期記憶中的訊息若是很少檢索使用，資訊會逐漸變得微弱，也可能發生「**消退**」（decay）現象。複誦可以將短期記憶的資料送入「**緩衝區**」（buffer）予以保存，故保護短期記憶資料的方法爲複誦（聲碼）。第二種爲個體對其他材料的記憶，或對其他作業的操作干擾了對材料的記憶，因而產生了遺忘，此理論稱爲「**干擾理論**」。干擾理論有幾個假定說明（彭聃齡、張必隱，2000）：

1. 短期記憶的表徵（訊息）並不只是時間的函數，在強度上已發生了變化，理論上可以無限期被保存（長時記憶）。

2. 一種短期記憶表徵的遺忘，是由於形成了非目標的表徵而干擾目標表徵的記憶。

3. 短期記憶儲存新訊息（第二個表徵）後，第二個表徵傾向於從儲存中排擠或取代先前的資訊（第一個表徵），表徵間的相互作用，會使它們都發生變化，或受到歪曲而發生遺忘。

4. 複誦作用在於防止人們形成新的干擾之表徵，複誦可能阻止了在短期記憶中新訊息的登錄而防止遺忘。

5. 進行長期記憶中的訊息不是被遺忘，也不是提取不順，而是送至長期記憶的線索被扭曲，以適合自己的認知形式建構，記憶的建構錯誤稱爲「**記憶的再建構**」（memory reconstruction）（賴惠德，2019）。

記憶提取時若是提取的線索與當時儲存的訊息編碼脈絡愈一致，則愈能提取長期記憶中儲存的訊息，此種編碼的特定性稱爲「**編碼特定原則**」（encoding specificity principle），例如與小時的玩伴聚餐閒聊（情境脈絡相似），兩人的對話會讓個人想起之前幼時遺忘的許多回憶。但不是每個訊息都能檢索出來，有時會發生一個常用字詞，急用時卻寫不出，或是遇到熟悉的事物或朋友，話到嘴邊卻叫不出什麼。個人明知道答案訊息有儲存在長期記憶中（腦海中），但突然忘記或無法檢索的情況稱爲「**舌尖現**

象」（tip-of-the-tongue phenomenon; TOT）。舌尖現象會讓個人記憶接近失誤，又稱「**指尖**」（tip of the fingers）現象，以手語溝通的聾啞人士，有時也會發生此種知道某種字詞，但找不到提取的手語訊息。

舌尖現象是一種確信記得某種字詞或訊息，但就是找不到提取的訊號，因而常讓個人有沮喪的經驗感受。造成舌尖現象的原因有幾種（張文哲譯，2016；張春興，1993）：

1. 刺激原先之編碼處理時，同時編成形碼、聲碼、意碼，並將三種代碼儲存在長期記憶中的不同部分，分別儲存保留，若檢索原刺激時，同時對刺激物的形象、名稱、意義三者一同提取，提取訊號自然正確；若是一時之間三種個別代碼聯結有問題，例如只能提取形碼與意碼，則自然無法對聲碼訊息檢索（例如見到好友叫不出名字）。

2. 新題目未提供充分的情境脈絡，作為激發或喚起與正確答案有關的基模，當特定的情境脈絡薄弱時，個人就無法活化必要的認知基模，形成一種訊息「**阻塞**」（blocking），壓力、分心、年齡與腦傷都會與訊息阻塞有關。

長期記憶的支配代碼為語意碼（意碼），主要記憶策略為「**編碼特定原則**」與「**提取線索**」（retrieval cue，或檢索指引）。從長期記憶提取的內容若與原先學習素材的內容或事實案例不符合，雖然記憶內容有被提取，但卻是聯結到不同的時間、空間、人物或事件上，稱為「**記憶扭曲**」（memory distortion），心理學家沙克特（Schacter）將之稱為「**錯誤歸因**」（misattribution）。記憶扭曲的現象例如學生同讀一本英文課外書，抽考時試題相同，但每個人作答的內容各不相同。錯誤歸因有時會讓人們誤信別人的想法是他自己的，即人們聽到某事件或看到某想法，保留在記憶中，事後忘記它的來源，造成所謂的「**無意剽竊**」行為（張文哲譯，2016；張春興，1993）。

儲存在長期記憶的資訊之所以會遺忘的原因主要為訊息提取失敗，包括記憶編碼不當與訊息檢索方法不適當。如果個體提取信息的線索與當時保留線索的編碼原則無法匹配，因而訊息無法回憶而造成減退消失，

學者涂爾文（Tulving）將此稱為「**線索依存的遺忘**」（cue-dependent forgetting）。二種長期記憶的遺忘之干擾假定理論如下：

（一）反應組干擾假設

「**反應組干擾假設**」（response-set interference hypothesis）由波斯特曼（Postman）等人提出，他們認為個體不能夠回憶一個目標詞表是因提取困難所導致，是個體不能夠轉換反應選擇機制於目標反應組，只要呈現目標反應，個體的反應選擇機制就能集中目標項目，測驗時產生的干擾，是暫時不能提取適當的反應組之項目的結果（彭聃齡、張必隱，2000）。

（二）依存線索遺忘假設

依存線索遺忘假設，不能回憶出某種信息是由於對依存線索的遺忘，遺忘是由於提取線索不能與記憶中項目編碼的性質相匹配。「**線索依賴論**」（cue-dependence theory）認為長期記憶的遺忘，並非儲存訊息的消失，而是由於檢索記憶的線索不適當導致。回憶時線索不當的情形有二種：一是線索資訊不足，無從回憶；二是線索錯誤，無法在語意組織中找到所儲存的記憶（張春興，2003；彭聃齡、張必隱，2000）。

五、初始效應與時近效應

學習過程中愈早呈現給學習者的訊息，學習者愈容易記得，因為此時學習者會付出更多注意，且投入較多的心智努力在最先接受的資訊上，此種學習傾向稱為「**初始效應**」，持續之後接受的訊息會有較多的遺忘。學習時距中最後呈現給學習者的資訊，學習者也愈不會忘記，遺忘的量會較少，此種學習傾向稱為「**時近效應**」。課堂教學時，每節課開始或結束前所教導的訊息，比其他時間教導的訊息，學生更可能保留下來，因而教師應將最重要的新概念放在每節課的最前面時段，或在該節課結束前再作摘要複習（Slavin, 2012）。

六、器質性因素

人們由於大腦記憶神經受到物理性的傷害，包括顱腦損傷、腦腫瘤、腦外傷、腦中風、腦血管疾病等，使得掌管記憶的海馬迴，以及掌管人格特質的大腦皮層的神經細胞發生病變退化，就可能造成記憶力減退或喪失。此種由腦部器質性病變直接引發的遺忘，是由個體腦部組織暫時性或永久性的功能障礙所導致的，稱為「**器質性健忘症**」（organic amensia，或器質性失憶症）。器質性健忘症會讓個體完全或部分、永久或暫時的記憶喪失或記憶紊亂。其他如某些全身性嚴重疾病，例如內分泌功能障礙、營養不良等，也會造成大腦的損傷而造成健忘。此外，人們隨著年齡的增長，大腦等腦部生理機能也會有不同程度的退化，導致腦功能衰退而發生健忘。器質性遺忘之嚴重程度會變成失智症，這些病變例如阿茲海默症、巴金森氏症、血管性失智症、額顳葉型失智症等。

記憶遺忘理論簡要統整如圖 5-2。

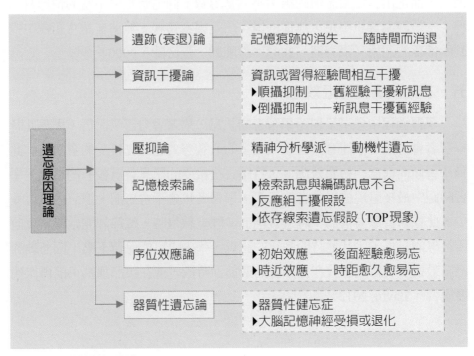

圖 5-2　記憶遺忘理論

　　沙克特（Schacter）對於記憶為何會遺忘，為何儲存在長期記憶中的訊息無法有效提出，提出所謂的「**記憶七原罪**」（seven sins of memory），認為它們其實是人類記憶發展成具適應性過程中所產生的副產品（張明哲譯，2016）：

　　1. 短暫（transience）：或稱「**非永恆**」（impermanence），其特性指長期記憶中的記憶內容會隨時間消逝而遺忘，艾賓浩斯（Ebbinghaus）的學習「**遺忘曲線**」（forgetting curve）說明典型的遺忘型態為開始陡降，之後隨著時間消逝變得較平坦。

　　2. 心不在焉（absent-mindedness）：指的是個人提取過程時轉移注意力，造成提取訊息失敗，它是一種錯失注意力而造成的遺忘現象，此種情況例如邊聽音樂邊寫功課，就會出現較多的錯誤。

　　3. 阻塞（blocking）：或稱「**阻隔**」，指個人無法接觸記憶中的訊息，阻塞情況即所謂「**舌尖現象**」（TOT）。

　　4. 錯誤歸因（misattribution）：指個人提取不完整的訊息，並補上不正確的訊息，造成情境脈絡中的記憶是錯誤的。錯誤歸因情況也稱為記憶扭曲，會造司法上的冤獄。

　　5. 接受暗示（suggestibility）：指的是外在線索扭曲了記憶或額外創造了記憶（例如他人暗示或引導），此種記憶扭曲情況是因為加入了錯誤訊息導致，又稱為「**錯誤訊息效應**」（misinformation effect）。

　　6. 偏誤（bias）：即個人的信念、態度與主觀意見影響記憶內容。偏誤有二種：一為「**預期性偏誤**」（expectancy bias），指人們容易記住與個人預期一致的事件，只記得情節扭曲但其結果與個人預期相同的訊息；二為「**自我一致性偏誤**」（self-consistence bias），指個人只記得與自己想法或觀點一致的訊息。

　　7. 堅持性（persistence）：或稱糾纏，指某些想法、事件一直停留在記憶中，造成個人強烈的負面情緒，糾纏整個記憶訊息。此種情況例如創傷壓力症候群，這是一種記憶系統對情緒性經驗的影響，這些記憶在提取時個人都不想用心去回憶，故意將其遺忘。

自我練習

( )1. 教育學者認為教導學生數學、語文基本學科,有助於學生邏輯思考能力的提升,這些思考能力都是不同官能,經訓練後可以產生有效學習遷移。此種論點是何種學習遷移理論? (A) 共同元素論 (B) 形式訓練說 (C) 轉換論 (D) 類化論。

參考答案:(B)

( )2. 「人生如戲、戲如人生」、「商場如戰場」等描述可以下列何種學習遷移理論來解釋? (A) 共同元素論 (B) 形式訓練說 (C) 轉換論 (D) 類化論。

參考答案:(C)

( )3. 桑代克(E. L. Thorndike)認為二種學習間之所以會產生學習遷移現象,是由於新舊二種學習活動有何種要素存在? (A) 共同基模 (B) 共同現象 (C) 共同官能 (D) 共同元素。

參考答案:(D)

( )4. 經驗中學到的原理原則產生類化,才是在新學習情境中產生學習遷移的主因,因而要產生學習遷移必須讓學習者在舊學習中學到並了解原理原則。此觀點是何種學習遷移理論? (A) 共同元素論 (B) 形式訓練說 (C) 轉換論 (D) 類化論。

參考答案:(D)

( )5. 小強入學後學會遵守師生訂定的班級規約,之後也能遵守校規不會作出違反學校規定的行為。此種學習情況可採用下列何種學習遷移理論來解釋? (A) 共同元素論 (B) 形式訓練說 (C) 轉換論 (D) 類化論。

參考答案:(A)

( )6. 有些中小學學生會將學習過程中的不愉快經驗壓抑在內心深處,讓它自然遺忘,以忘記痛苦或傷感的記憶。此種遺忘原因的理論基礎為何者? (A) 動機性遺忘 (B) 資訊干擾論 (C) 記憶痕跡流逝論 (D) 生理性遺忘。

參考答案:(A)

（　）7. 為了不讓進入短期記憶的訊息快速被遺忘掉，最佳而有效的方法為下
列何者？　(A) 持續注意　(B) 不斷複誦　(C) 大聲說出　(D) 特定編
碼。

參考答案：(B)

（　）8. 人類生活事件中所謂「日久漸忘」的遺忘說法，是何種遺忘理論所持
的觀點？　(A) 壓抑論　(B) 資訊干擾論　(C) 記憶痕跡流逝論　(D)
生理性遺忘論。

參考答案：(C)

（　）9. 在學習過程中原先舊的學習經驗干擾了新學習經驗，或是先學會的
慣性阻礙了新學習活動，此種學習干擾稱為何者？　(A) 順攝抑制
(B) 倒攝抑制　(C) 單攝抑制　(D) 反向抑制。

參考答案：(A)

（　）10.有關持續論引發的新舊經驗干擾程度，較適宜解釋下列何種現象？
(A) 順攝抑制　(B) 倒攝抑制　(C) 單攝抑制　(D) 雙向抑制。

參考答案：(B)

（　）11.梅爾頓（Melton）等人研究發現「倒攝抑制」的發生受到二個因素的
影響，一為學習時的反應競爭，另一個為下列何者？　(A) 負遷移
(B) 正遷移　(C) 資訊壓抑　(D) 學習消失。

參考答案：(D)

（　）12.研究發現，短期記憶中占支配地位的代碼為何者？　(A) 視覺碼
(B) 聽覺碼　(C) 語意碼　(D) 嗅覺碼。

參考答案：(B)

（　）13.遺忘理論中的消退理論認為，一旦訊息被儲存在短期記憶中就會開
始消退，記憶量的消退是何種變項的函數？　(A) 個體　(B) 環境
(C) 時間　(D) 訊息。

參考答案：(C)

（　）14.訊息處理論主要有三種不同的記憶特徵，就長期記憶的訊息儲存而
言，占支配地位的代碼主要為何者？　(A) 視覺碼　(B) 聽覺碼
(C) 語意碼　(D) 嗅覺碼。

參考答案：(C)

（　）15.課堂教學時老師最好在該節課結束前作摘要複習或重點統整，這樣的
教學策略能讓學生對重要訊息有較佳的保存效果，較少的遺忘量。此
種學習可用何種效應來解釋？　(A) 時間效應　(B) 教學效應　(C) 時
近效應　(D) 個體效應。

參考答案：(C)

（　）16.三年二班學生讀完老師指定的文學書籍後，老師以一份相同的試題評
量，結果學生在試卷的回答內容各不相同，差異甚大。從訊息處理論
觀點，這種現象稱為何者？　(A) 舌尖現象　(B) 指尖現象　(C) 提取
干擾　(D) 記憶扭曲。

參考答案：(D)

（　）17.小強某天逛街時與幼時鄰居好友克昌相遇，小強一眼認出克昌，但突
然忘記其姓名，小強自覺不好意思，心想對方是我幼時的玩伴，怎
麼突然姓名叫不出來。從訊息處理論觀點，這種現象稱為何者？
(A) 舌尖現象　(B) 錯誤歸因　(C) 提取干擾　(D) 記憶扭曲。

參考答案：(A)

（　）18.教學評量試題類型之一的選擇題題型考試，從訊息處理論觀點是何種
訊息提取歷程？　(A) 內隱知識回憶　(B) 外顯知識回憶　(C) 內隱知
識再認　(D) 外顯知識再認。

參考答案：(D)

（　）19.有關外顯記憶的訊息提取過程，下列何者描述錯誤？　(A) 問答題測
驗需靠回憶法　(B) 再認法可運用的線索較多　(C) 回憶法較再認法
容易提取記憶　(D) 配合題測驗需靠再認法。

參考答案：(C)

（　）20.談到大眾運輸殺傷案例，人們對北捷殺人事件都會留下深刻的印象與
記憶，很多人可能終身記得，不會遺忘。此種影響人們記憶結果的
效應稱為何者？　(A) 初始效應　(B) 時近效應　(C) 閃光燈效應
(D) 萊斯托夫效應。

參考答案：(C)

（　）21.一年六班開學第一天同學自我介紹時，班上有位男同學的身高特別
高，上臺時全班同學都驚呼：「超人！」之後全班同學都立即記得
這位同學的姓名及其專長。就心理學觀點而言，這是何種效應造成

的？　(A) 時近效應（recency effect）　(B) 閃光燈效應（flashbulb effect）　(C) 初始效應（primary effect）　(D) 萊斯托夫效應（Restorff effect）。

參考答案：(D)

（　）22.教學過程中要增進學習者記憶、減少遺忘的方法策略中，下列何者的效用可能最差？　(A) 單一編碼原則　(B) 作大綱及構圖　(C) 畫重點與作註記　(D)SQ3R 法。

參考答案：(A)

（　）23.下列何種理論最能解釋學習時「分散學習／分布練習」優於「集中學習」？　(A) 反應競爭論　(B) 凝固論　(C) 壓抑論　(D) 遺跡論。

參考答案：(B)

（　）24.艾賓浩斯（Ebbinghaus）的學習「遺忘曲線」（forgetting curve）說明典型的遺忘型態為何？　(A) 開始陡降，隨著時間消逝降得更多　(B) 開始陡降，隨著時間消逝變平坦　(C) 開始平坦，隨著時間消逝陡降　(D) 開始平坦，隨著時間消逝變得更平坦。

參考答案：(B)

（　）25.長期記憶的類型有外顯與內隱二種記憶，下列何種記憶歸屬為「內隱記憶」（implicit memory）？　(A) 小強回答英文考卷上題目　(B) 小美回應了老師的提問　(C) 參加環保搶答比賽迅速回應　(D) 小明學會騎腳車。

參考答案：(D)

（　）26.進到長期記憶的訊息故意被扭曲，以符合當事人的認知型態，造成之後訊息無法有效提取，形成所謂的「遺忘」現象。此種遺忘原因稱為何者？　(A) 記憶的再建構遺忘　(B) 線索依賴式遺忘　(C) 動機性的遺忘　(D) 訊息干擾遺忘。

參考答案：(A)

參考書目

中文書目

王克先（1987）。**學習心理學**。臺北市：桂冠。

白惠芳等譯（2011）。**教育心理學：學習者的發展與成長**。臺北市：洪葉。

危芷芬等譯（2008）。**心理學**（N. R. Carlson 等著）。臺北市：華騰。

朱敬先（1988）。**學習心理學**。臺北市：千華。

張文哲編譯（2016）。**心理學導論——核心概念**（P. G. Zimbardo 等著）。臺北市：學富。

張春興（1993）。**現代心理學**。臺北市：東華。

張春興（2003）。**心理學原理**。臺北市：東華。

彭聃齡、張必隱（2000）。**認知心理學**。臺北市：東華。

葉重新（2005）。**教育心理學**。臺中市：北極星。

賴惠德（2019）。**心理學——認知、情緒、行為**。臺北市：雙葉。

英文書目

Slavin, R. E. (2000). *Educational psychology: Theory and Practice*. Boston: Allyn & Bacon.

Woolfolk, A. (2011). *Education Psychology* (11th ed.). Boston: Allyn & Bacon.

第6章

人格與諮商治療理論 (I)

壹. 人格特質論

「**人格**」（personality）一詞的內涵有三大特性：(1) 人格是個體對己、對人及對一切環境適應時所展現不同於他人的性格；(2) 個體的性格是在遺傳與環境交互作用下，由逐漸發展的「**心理特徵**」（psychology characteristic）所構成；(3) 心理特徵表現於行為時，具有統合性也具有持久性。人格特質論（trait theory of personality）指的是個人的性格是多種「**心理特徵**」所構成，心理特徵與「**生理特徵**」相對，前者由個體在行為與心理歷程中所顯示，後者是由個人身體或生理器官的功能所顯示。若是將心理特質分為知、情、意三大類，人格心理學所探究的範圍主要為「**情**」與「**意**」二大類（張春興，1993）。

人格的特性強調整體的人、穩定的自我、獨特性的個人及具有心身統合化的社會化行為。人格和氣質不同，氣質是個人與生俱來的心理活動之動力特徵，它是依賴於生理素質或身體特性的人格特徵；人格也不同於性格（character），性格是人格結構中的一個部分，它是個人有關社會規範、倫理道德等習性的總稱，性格是後天形成的道德行為特徵。人格四個基本特徵如下（黃西庭，1998）：

1. 人格的整體性（unity）：人格中雖有多種成分和特質，但它們並不是獨立存在的，彼此有密切的關係。人的行為其實都是整個個體協調一致、共同運作的結果，一個人行為表示的是這個人整體的心理特徵。

2. 人格的穩定性（stability）：人格是由多種性格特徵所組成的，其結構是相對穩定的，此種特性表現在二方面：一是人格跨時間的持續性，昨天的我是今天的我，也是明天的我；二是人格跨情境的一致性，不同情境展現的心理和行為特徵是一致相似的。人格穩定性並不意味著人格是一成不變的，它可能會隨年齡增長而改變，也可能因機體或決定性環境因素而有變動。所謂「**江山易改、本性難移**」即是人格的穩定性或持久性。

3. 人格的獨特性（uniqueness）：由於人格結構的組合是多樣性的，因而每個人的人格都有其自己的特點，雖然人與人之間在某些特徵可能相

同，但他們的整體人格間還是有不同程度的差異性。人格的獨特性（特殊性）也是人格的個體性。

4. 人格的社會性（sociality）：由於社會化作用，把人變成社會的成員，具有社會化的行為與適應社會生活的性格與能力。人格的社會性並不排除人格的自然性，人格同時也受個體生物特性的制約，是個體的社會化歷程和自然性的綜合體。

美國人格心理學家奧波特（G. Allport）以個案研究法分析個人的人格特質，有別於卡特爾以因素分析法分析人們的人格特質。奧波特將人格定義為「**人格是個體內在心理物理系統中的動力組織，它決定了個體對環境獨特的適應。**」人格的元素是「**特質**」（trait），特質是一種「**神經心理**」結構，當一個人具有某種特質時，他的思想和行為經常有朝著某個方向反應的傾向。特質在行為上會產生很廣泛的一致性，因而行為會有持久性與跨情境的特點，但同時特質也會受到特殊場合及個體所處人群脈絡的影響而自我調整。因而人格並不是固定不變的東西，所謂「**性相近，習相遠**」，表示的是特質包含多種習慣，個人習慣受到文化環境影響，導致特質相近，但習性不同的情況（黃西庭，1998；黃堅厚，1999）。

奧波特將特質分為二類：一為「**個人特質**」（individual trait），一為「**共同特質**」（common trait）。「**個人特質**」是某個人所具有的特質，其後期著作中，將個人特質也稱為「**個人傾向**」（personal disposition）；「**共同特質**」是許多個體共有的那些特質。兩種特質的區別取決於被說明的對象，當描述對象為群體時就稱為共同特質，當描述對象為個人時，便稱為個人特質。共同特質屬於共性研究，較不精確，因為世界上不可能兩個人的特質結構完全相同（黃西庭，1998）。奧波特根據特質對人格作用的影響程度，將特質分為三種（張春興，1993；黃堅厚，1999）：

1. 首要特質（cardinal trait）：或稱樞紐特質，是指足以代表個體最獨持個性的特質，此特質對於個人各方面行為都會有影響。小說或電影中的某個人物被用一個形容詞來描述他整個人格，即表示當事者具有首要特質，例如《三國演義》中關雲長的「**忠義**」、曹操的「**奸詐**」。對一般人

而言，具有首要特質者不多。臺東傳統市場菜販陳樹菊女士，將一生辛苦賣菜所得全部捐助給社會弱勢族群，被《富比士》雜誌選入亞洲慈善英雄人物榜，由於其長年行善的展現，大家都以「**慈善家**」來形容她。慈善家（純粹利他主義）即爲其首要特質。

2. 中心特質（central trait）：或稱主要特質，是構成人格特質的核心部分，代表個人性格幾方面的特徵。例如對一位相當熟識的人，要用簡短的幾句話誠實地描述或介紹他時，所列舉出來的往往就是對方的中心特質，例如勤奮的、樂觀的、開朗的字詞等。

3. 次要特質（secondary trait）：表示的是個人在某些情境下表現的性格特徵，與首要特質與中心特質相較之下，次要特質所影響的範圍要小些，但數量上會比較多一些。次要特質接近於習慣或態度，包括個人獨特偏好、一些偏好或想法，以及其他由情境制約的習性。例如一個人很喜愛聽音樂會、比較喜愛欣賞某些藝術家的作品，或比較偏好某地區的口味等。班級學生中，有些學生在陌生人面前不善言辭表達，從陌生情境看他的性格表現爲「**沉默寡言**」，此種性格即屬次要特質。

奧波特用「**機能自主**」（functional autonomy，或功能獨立、功能自主）來表達他對人們動機的看法。機能自主是那些成爲獨立的動機，這些動機與它原先賴以產生的需要已沒有依存關係。例如一個人起先爲了應付老師作業規定而被迫看課外書，後來即使老師沒有規定或父母沒有要求，也喜愛閱讀書籍。奧波特認爲「**機能自主**」的動機理論核心符合四項要求：(1) 動機作爲行爲的動力，必須是現實的；(2) 幾種動機可以同時並存的概念；(3) 動機理論要能承認認知的重要性；(4) 強調每一個人都具有獨特的動機形式。奧波特機能自主的人格動力概念認爲人的動機不一定與生理需求產生關聯，在個體發展的任一階段都存在著像好奇、探索、操縱、控制、感覺尋求與自我實現等動機（黃西庭，1998）。功能自主（機能自主）作用時的動機爲內在動機而非外在動機。

奧波特認爲人格是一種動力組織，它是由生物結構與心理結構（例如個人傾向）所組成，他把人格的組織機構稱爲「**統我**」（proprium），

完善的「**統我**」在個體發展中有八個階段（黃西庭，1998；黃堅厚，1999）：

1. 身體「我」的感覺階段（sense of bodily "me"）：為年齡 1 歲的嬰兒，此時他們能體察到自己身體的存在，這是最早出現的「**自我**」，是個體自我概念的基礎，當個體生病時會更深刻意識到其身體（或軀體）的存在。

2. 自我認定階段（sense of self-identity）：年齡約 2 歲，能認識自己在時間上的延續性，個體會和自己的姓名聯結在一起，認定自己的存在，自己名字所指的就是他自己。

3. 自尊感的階段（sense of self-esteem）：年齡約 3 歲左右，能自己獨立做一些事情，自己能夠表現某些行為，常會說「不」或「不要」，企圖擺脫父母及成人的監護，有典型的否定性行為。

4. 自我擴展的階段（sense of self-extension）：年齡約 4 歲左右，兒童能了解「**我的**」一詞之意義，會將許多事物視為屬於自己的，自我意識也會擴展到外部事物上。此階段兒童早期是自私的，但之後不一定是自私的。

5. 自我意象顯露的階段（emergence of self-image）：年齡約 4-6 歲左右，兒童一方面聽到許多人對他的評語，一方面個人有了一些「**是非觀念**」，可以用來評價自己。此階段兒童學習去做大人期待他們要做的事，並避免遭致反對的行為。

6. 自我理性調適顯露的階段（emergence of self as a rational coper）：年齡約 6-12 歲左右，學童的自我逐漸察覺到他們自己可以克服外界，也可用理智思考的方法來解決問題，開始思索需要思考的問題。

7. 統我追求顯露的階段（emergence of propriate striving）：年齡約 12 歲至青年期，個體的發展是朝向未來的，他們會建立未來目標，賦予整個生命某些意義，顯露出統我需求。奧波特把動機分為「**周圍動機**」（peripheral motives）與「**統我動機**」（propriate motives）：「**周圍動機**」為獲得基本需要（例如飲食、禦寒等）的努力，此類動機要求立即得到滿

足以降低緊張；「**統我動機**」要求個體對重要目標的緊張關注，與努力程度的提升及維持，目標的建立會增加或引起緊張，促進個人不斷的努力。

8. 自我覺知顯露的階段（emergence of self as a knower）：為成年期人格發展的特徵。此階段的自我能覺知或了解前面七個階段的發展，並將它們統整起來超越前七個自我的階段，此時個體能操縱它們並綜合靈活運用，有如「**知者**」（knower）一般。

奧波特認為健康成熟的人格有幾個特徵：(1) 有寬廣的生活能參與多方面的工作及活動；(2) 與他人建立親切溫暖的互動關係；(3) 能自我接納、面對現實自我，承受衝突與挫折；(4) 對於生活事件有客觀的認識及了解；(5) 察覺自己的優缺點；(6) 有統整的人生觀，能為心中目標而活。他也認定兒童早年環境的重要性，若是兒童早年缺乏適度的安全感，當事者成長過程中會表現出對安全的病態追求，而無法承受挫折（黃堅厚，1999）。

貳. 榮格分析心理學

榮格（C. G. Jung）為瑞士精神分析學家與「**分析心理學**」（analytical psychology）的創始人，屬於新精神分析論的代表學者之一。個人的核心理論為「**人格整體論**」（personality mass theory），人格的發展是經過「**個體化**」（individuation；人格各部分的分化）與「**超越功能**」（transcendent function；統一平衡人格結構的各部分）的成長歷程。他深入擴大對潛意識的研究，潛意識與人類的整體發展歷史有關，有消極的、破壞性的，也有積極的、建設性的；他提出了先天就存在的集體潛意識及其中的心理原型，原型在診療中具有治癒力，在藝術中具有創造力，在人格發展中是有指向性，在非理性行為中又具有破壞力。榮格認為「**力比多**」（libido）為普遍的生命力，佛洛依德所指的性愛只是其中一部分。在治療方面，榮格認為有效方法是依據患者的年齡、發育程度與氣質等修正治療手段，強調「**關係**」的建立（沈德燦，2005）。榮格的心理學突顯了心理結構

之「**整體論**」的方法論，擴大了潛意識的內涵和功能，溝通了個體和種族歷史經驗的文化聯繫，開創了心理類型學和「**字詞聯想測驗**」（word association tests）（車文博，1996）。

一、人格的組成

榮格心理學中，人格作為一個整體被稱為「**精神**」（psyche，或心靈），精神為其理論的基本思想，從本體論看，是一個實體；從現實存在看，是一個自律性的主體；從人類個體看，是一個整體人格。精神（或心靈）是人的一切軟件內容之全體，例如思維、情感、行動……，一切意識到的，一切潛意識的。在理論上追求個人心靈的整體統合，在臨床上要求恢復人格完整（車文博，1996）。個人從一開始就是一個整體，精神分析的終極目標是精神的綜合，精神（心靈）或人格結構包含三個層次：「**意識**」（conscious）、「**個人潛意識**」（personal unconscious）、「**集體潛意識**」（collective unconscious）（史德海、蔡春輝譯，1988；黃堅厚，1999）：

（一）意識

意識是人心中唯一能夠被個人直接知曉的部分，它在生命過程中出現較早，很可能在出生之前就已經有了，人的個體化（individuation，或個性化）即是個人意識發展的過程。自覺意識透過思維、情感、感覺、直覺四種心理功能，與內傾（意識指向於內部主觀世界）及外傾（意識指向於外部客觀世界）二種心態而逐漸成長，意識個性化的過程，產生了一新的要素──「**自我**」（ego），它是意識的中心。自我是人們能意識到的一切心理活動，只占全部心理總和的一小部分，但它可作為意識的門衛與具有高度選擇性，某種觀念、情感、記憶或知覺，如果不被自我認可，則永遠無法進入意識，由於自我有這種特性，才保證人格的統一性、完整性與連續性。

（二）個人潛意識

　　曾經被意識察覺到但又被壓抑或遺忘，或是一開始就沒有形成意識的印象內容，沒有被意識察覺，榮格的個人潛意識層次與佛洛依德的「**前意識**」（preconscious）概念類似。個人潛意識中一個重要又對當事者行為有重要影響的心理叢集——「**情結**」（complexes），例如戀父情結、性愛情結、批評情結等。情結是以當事人所重視的某一問題或事物為中心的意念，常集結在一起，帶有強烈的情緒色彩，常會防礙或減低個人的工作效率，例如自卑情結，榮格傾向於相信「**情結**」起源於童年的創傷性經驗。某人具有情結，指的是他執意沉溺於某種東西而不能自拔，像是「**上癮**」一樣，但情結並不一定成為人調節機制中的障礙，情結可以轉化，也可能是靈感和動力的源泉，例如沉迷於美的藝術家，不會只滿足作品創作，更會執著於最高的美或技巧提升。

　　情結是個人潛意識內的感情、思想、知覺和記憶等一組組心理內容的叢集，是一個有組織的集合體，它有自己的驅力，可以控制一個人的思想與行為，也能干擾意志的決定，例如人們在關鍵性時刻往往猶豫不決，或重大問題時，遲遲無法作出決定，即是情結干擾所致。榮格將由急性事件（例如危險、死亡）引發的強烈情感之情結稱為「**急性情結**」（acute complex），此情結往往帶來創傷情感；另一個連續主動的情感，有持續性及穩定性的情結稱為「**慢性情結**」（chronic complex）。情結中與個人經驗有關者稱為「**個人情結**」（personal complex），例如語詞聯想測驗；情結中與個人內容（personal content）無關，且超越了個人生活領域的情結稱為「**非個人情結**」（impersonal complex）（沈德燦，2005）。榮格從文字聯想的實徵探索中發掘出情緒的概念，在諮商心理治療過程，建議諮商師要使用適當的關鍵字詞來導引當事人把情緒中的感覺想法反映出來（駱芳美、郭國禎，2018）。

（三）集體潛意識

　　「**集體潛意識**」又稱「**種族潛意識**」（racial unconscious），為榮格

理論的核心概念，它在人的一生中從未被意識察覺，它是人類發展歷程的沉積物。與個人潛意識不同，集體潛識對所有人而言都是共同的，它的內容到處可以找到。印刻在人腦中的祖先經驗（例如人對蛇和對黑暗的恐懼）稱為「**原型**」（archetype），是那些經歷許多世代一直保持不變的經驗，深深鏤刻在人大腦中的先天傾向。集體潛意識是人格或心靈結構最底層的潛意識部分，是在生物進化和文化歷史發展過程中所獲得的心理沉積物，它包括祖先在內的世世代代的活動方式和經驗庫存在人腦結構中的遺傳痕跡，它與個體潛意識的不同有二：一為它不是個體後天習得的，而是由種族先天遺傳的；二為它是個體始終意識不到的東西，而非是被意識遺忘的部分（車文博，1996）。

原型是集體潛意識中彼此分離的結構，但也可以某種方式結合，因而個體的人格間會有差異存在，例如英雄原型與魔鬼原型的結合，可能成為「**殘酷無情的領袖**」之個人類型。原型是普遍的，每個人都繼承相同的基本原型意像，例如「**母親原型**」、上帝、太陽、英雄等。人生中有多少典型的情境就有多少原型，它們代代遺傳，決定著個人對世界反應的傾向性。對個人的人格與行為有特別重要的原型有以下幾種（史德海、蔡春輝譯，1988；黃堅厚，1999）：

1. 人格面具（persona）：保證一個人能夠扮演某種性格，但此性格並不一定是當事人的性格，其目的在於給人好印象以便得到社會的承認，此種情況又稱為「**順從原型**」（conformity archetype）。人格面具對於人的生存是必需的，每個人都可能不只一個面具，所有面具的總和即構成他自己的「**人格面具**」。人格面具有利也有害，但過度的膨脹會傷害到個人的心理健康，因而要採取一種較有節制的形式。有些父母會把自己的人格面具加諸在子女身上，導致不幸的結局，與個人有關的法律和習俗，其實是集體人格面具的表現。

2. 阿尼瑪與阿尼姆斯（異性性格）：人格面具是一個人公開展示的面向，榮格把它稱為精神的「**外部面具**」（outward face）；把男性的「**阿尼瑪**」（anima；陰性基質）與女性的「**阿尼姆斯**」（animus；陽性基質）

稱爲「**內部面具**」（inward face）。阿尼瑪指的是男性精神所具有的女性特質，這是在漫長歲月中男性與女性交往或接觸中所形成的原形，第一個投射對象爲自己的母親；阿尼姆斯則是女性精神所具有的男性特質，是女性在長久以來和男性交往或接觸中所形成的原形，第一個投射對象爲自己的父親。榮格認爲不管是男性還是女性身上，都潛居著一個異性形象，他認爲要使人格和諧平衡，就必須允許男性人格中的女性特質與女性人格中的男性特質，能於個人意識和行爲中得到展現，可以使自己發展成一個均衡而有創造性的人格。

3. 陰影（shadow）：是祖先流傳下來有關於自己黑暗的一面，代表一個人自己的性別，並影響這個人與其同性別之人的關係。陰影原型比其他原型容納更多人的基本動物性（獸性），是人性的陰暗面或獸性面（例如想作出反社會的行爲），它可能是一切原型中最強大危險的一個，是人身上所有那些最好與最壞東西的發源地。人們不需要完全消除陰影的作用，而是要善於運用它，否則會削弱個人的自然活力、生命力與創造力的源泉。富於創造性的人彷彿充滿了動物性精神，讓人覺得他們古裡古怪，這像天才與瘋狂之間的確存著某種聯繫一樣，陰影原型（獸性）的韌性與堅持力，從來不會被澈底地被征服。

榮格強調人們之所以有反道德或反社會的想法與衝動，都是自己的陰影在作祟，人們不願意面對陰影，也常試圖要隱藏它（駱芳美、郭國禎，2018）。榮格認爲陰影是不可避免的，沒有了它，人就不完全，一種完全沒有陰影的生活很容易流於淺薄且缺乏生氣，若個體試圖將陰影面完全壓抑是徒勞無益的。人應該找到一種面對他的陰影面生活的妥善因應方法，陰影作爲集體潛意識的原型，蘊藏了人們基本的和正常的本能，是生存價值與活力的源泉，它類似佛洛依德所說的「**本能**」（沈德燦，2005）。

4. 自身（the self，或統整我）：或稱自我、自性、自己，是整體人格的思想，爲榮格心理學的核心原型或最重要原型。它與佛洛依德的「**自我**」（ego）不同，佛洛依德的「**自我**」並不是一個原型或原始意象，而

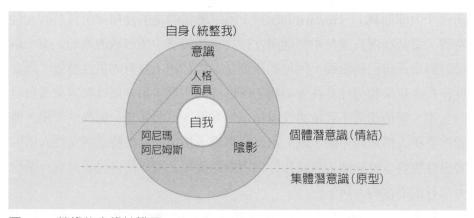

圖 6-1　榮格的人格結構圖
資料來源：沈德燦，2005，頁 263。

是理智的我或意識的主體。榮格的自身概念有二個基本涵義：一為它指先天潛在的整體性和代表人格各部分平衡與穩定的發展，及意識和潛意識的相互滲透；二為指在不同文化中反覆出現的一種象徵，稱為「曼達拉」（mandala），如幾何圖形、圓圈和方塊組成的符號，表現人格統一的整體性。榮格將「曼達拉」圖形視為「自身」象徵，每個人都必須創造出屬於自己的曼達拉（車文博，1996）。自身把所有別的原型（在意識和情結中顯現）都吸引到它的周圍，使它們處於一種和諧的狀態，把它們統合成一個完整的人格，使得人格能穩定、一體、平衡。人格的最終目標為自我充分發展及自我實現（此為後來人本主義學者重視的概念），人格統合作用要經過一段時間才能完成，因而一個人的自身（自我）常要到中年才會出現。自身完善的歷程，需要不斷的約束、持久的韌性、高度的智慧與責任心，此境界達到的人並不多。

　　榮格的人格論中意識、個體潛意識與集體潛意識之結構如圖 6-1。

二、人格的動力

　　榮格認為人格所需要的能量為心理能（psychic energy，或心理能量），他以「力比多」（libido）來稱呼，佛洛依德認為「力比多」為追

求性滿足的慾力，榮格把它視為是一種生命能量，改以「**心理能量**」（或精神能量）一詞取代力比多，飢餓、性慾和侵略等本能只是心理能量諸多的表現方式，人的經驗和體驗會轉化為心理能量。心理能量可以在不同管道流動，某個管道不通，會改變方向流向另一管道，以保持整體心理（精神）的平衡（沈德燦，2005）。心理能量在意識中顯現的特性為努力、欲望和意願，隨著年齡成長，會從滿足生理需求、心理需求至生活問題的解決。心理能量分配至不同心理要素的量數（高低程度）稱為「**心理值**」（psychic value），心理值量數愈大，表示投入的觀念或情感愈高，此觀念或情感愈有力量可以操控個人的行為。心理值受到幾個原則影響：

（一）等值原則

「**等值原則**」（the principle of equivalence）為心理能量的總量是恆定不變的，精神能量不會白白消逝，而是會進行轉移，例如一位學生學習興趣心理能量降低，其運動或打電玩的其他心理能量即會增加。能量恆等原則表示某種興趣消失，意味著是新的興趣產生，意識與潛意識的心理能量也會互相移轉。因而等值原則要表述的是個體某特定心理要素的心理能量消退，對應另一個心理要素的心理能量會增加，例如某位學生不喜愛課堂內的學習活動，但卻偏愛課外書籍的閱讀，表示的是能量在心理要素中轉移和變動。

（二）均衡原則

「**均衡原則**」（the principle of entropy）為熱力學第二定律（熵原理），指的是兩個不同溫度的物體置放在一起時，熱能會從高溫轉移到低溫物體，直到兩個物體的溫度完全相同；二種心理值的強度不同，也會進行心理能量的轉移，直到二方面達到平衡。由於外部世界的能量會不斷加入到人們的精神中，因而精神系統內的絕對平衡不可能完全實現，人格中心理結構之心理能量分配愈不均衡，個人愈會體驗內心的衝突、緊張與壓抑，若是人格中心理能量分配能達到均衡，才能達到自我原型之人格整合

的目標。

　　榮格認為，年輕人的騷動是由於來自外部世界和身體內部的大量心理能量（精神能量）同時湧入其精神系統導致，此時熵定律不能很快就發生作用，給予重新充分配置。而個體不斷獲得的新經驗持續產生新的心理值，不同心理要素的心理值不能迅速達到均衡狀態，雖然熵定律不停地作用，但剛達成的平衡狀態可能馬上又被打破，所以年輕人的緊張、衝突、狂飆總無法消除。至於老年人的寧靜則與年齡無關，而是老年人已經有過各式各樣的經驗，並和諧地融入到其心理結構中，任何新經驗都只占其整個精神所擁有的全部能量的極小部分而已，不會引起大的變動（沈德燦，2005）。

（三）前行與退行

　　心理動力學中兩個重要概念是心理能量的「**前行**」（progression）與「**退行**」（regression）。前行指的是那些能夠讓一個人的心理適應能力得到發展的日常經驗，它是一種對環境主動適應的歷程。由於環境和經驗都在不斷變化，一個人的進步也就是一個持續不斷的過程，因而適應的過程也就永遠沒有止境。退行是力比多的反向運動，力比多的前行是把能量賦予心理要素，力比多的退行則是把能量從心理要素處帶走，在整個發生衝突的危機期間，由於退行的作用，對立雙方都喪失了心理能量，這樣新的心理功能才能逐漸發展產生。退行作用使思維得以激活而成為一種新的心理功能，它激活了潛意識的心理功能，也激活了潛意識中擁有豐富種族智慧的原型。一個人內心的和諧是同時適應了自己的內心世界，也適應外部世界所提的要求（外在環境）（史德海、蔡春輝譯，1988）。

三、心理類型

　　榮格將人的精神分為二種：一為「**內傾型**」（introvert，或內向性格），一為「**外傾型**」（extrovert，或外向性格），二種態度並存在一個人身上，其中一個傾向會較強烈。內傾型的態度指向內部主觀世界，對探

究和分析自己的內心較有興趣，他們不願與人交往，表現多慮、退縮、冷漠、孤僻，關注自己的主觀世界。外傾型的力比多會投向外部客觀世界，表現對人、物及事件興趣，這種人具有開朗、直率與隨和的天性，偏好與人爭辯，但易陷入情境之中，有喪失獨立性的危險。榮格認爲許多人的態度是在外傾與內傾二極間搖擺不定的，性格特徵並不是無法改變的，屬於哪種性格類型與他童年時期養成的態度有關（黃西庭，1998；黃堅厚，1999）。

「心理功能」（mental functions）是一種渴望理解事物的認知性功能，爲決定個人如何看待世界，如何處理各種訊息與經驗的心理活動歷程。人們四種心理功能爲（沈德燦，2005）：

1. 感覺（sensation）：爲一種感官的活動，包括所有經由感官刺激而產生的意識經驗，也包括來自於內部的感覺，它告知個人的是「**某物的存在**」。

2. 思考（thinking）：由具有邏輯的觀念所組成，以客觀及合理的態度去應付周圍環境或尋求問題答案，其簡單形式爲告知東西爲何物，並給它命名。

3. 情感（feeling）：爲一種價值判斷的功能，以感情爲基礎去衡量判斷，反映是愉快的或厭惡的、令人激動欣喜的或沉悶乏味的，它告知的是事件是否爲個人所接受，事物對個人有何價值。

4. 直覺（intuition）：不是來自於外在感官刺激，也不是源自於理性的分析及判斷，而是只憑直覺的經驗決定自己的行爲，它與感覺同樣被視爲非理性功能（思考與情感均爲理性的功能，二者是對立的）。

榮格給四種心理功能下的定義非常簡潔：「**這四種心理功能符合於四種明顯的意識方式，意識通過這些方式使經驗獲得某種方向。感覺（感官知覺）告訴你存在著某種東西；思考告訴你它是什麼；情感告訴你它是否令人滿意；而直覺則告訴你它來自何處和去向何方？**」（史德海、蔡春輝譯，1988，頁 119）。

由於思考和情感都是理性的功能，二種心理功能是相互衝突和相對立；感覺和直覺都是非理性功能，二種心理功能也是相互衝突和相對立，彼此不能作爲主導功能的輔助功能，但若以思考或情感作爲心理功能的主導功能，則感覺和直覺可以成爲它們的輔助功能；另一方面，如果以感覺和直覺作爲心理功能的主導功能，則思考和情感可以成爲它們的輔助功能。

根據內傾與外傾二種態度，以及感覺、思考、情感、直覺四種心理功能，可以組合成八種不同的人格類型。榮格認爲，每個人身上都會有不同程度的一種占優勢的性格類型，可能也有第二種相對重要的性格類型和第三種性格類型在他的意識中發揮作用（史德海、蔡春輝譯，1988；沈德燦，2005；車文博，1996）：

(一) 外傾感覺型

「**外傾感覺型**」（extraverted sensation type）性格類型者主要爲男人，對客觀事物有高敏感度，判斷事物的感官較靈敏，常常注意並記住事物的外部特徵，他們是現實主義者、實用主義者，頭腦清醒但不會對事物追根究柢。此類型者沒有理性，較少情感，生活只是爲了獲得一切能夠獲得的感覺，極端行爲會成爲粗陋的縱慾主義者或浮誇的唯美主義者。

(二) 外傾思考型

「**外傾思考型**」（extraverted thinking type）性格類型者喜愛對外在世界進行有條不紊的分析，對事物的結果感興趣，至於對隱藏於結果後面的觀念則不感興趣。此類型的人物如科學家，進行客觀思考是其生命中最重要的活動，在別人眼中他可能缺乏鮮明的個性，甚至冷漠和傲慢。

(三) 外傾情感型

「**外傾情感型**」（extraverted feeling type）性格類型者多表現在女性身上，情者會隨外界而變化，因而反覆無常、多愁善感，樂於追求最時髦的風尚。此類型者特別喜愛和睦的人際關係，爲人熱情、樂於助人，有歷史感和傳統感，但會固守已有的傳統價值觀。正向人格表現是熱情、能

幹、有魅力；負向人格則為淺薄、虛偽、矯揉造作，失去了人情味。

(四) 外傾直覺型

「**外傾直覺型**」（extraverted intuitive type）性格類型者通常為女性，異想天開、喜怒無常，對不確定的客觀事物有敏銳的覺察和體驗，對外部環境中任何新奇事物都感到興趣，但缺乏持久的興趣，無意之中常會傷害他人。注意力與愛好易轉移，喜愛冒險，認為不能「**坐失良機**」，因而可作為新企業或新事業的推動者和發起人，但之後無法把興趣維繫在那上面，「**只知耕耘不問收獲**」，做事難以堅持到底。

(五) 內傾感覺型

「**內傾感覺型**」（introverted sensation type）性格類型者較看重事物的效果，而不太看重事物的本身，對客觀事物有深刻的主觀感覺，感覺受內心狀態的影響很大，彷彿來自心靈深處。外表看來，他們安靜、隨和、執著，實則由於思想、感情的貧乏，較沒有趣味，類型代表人物為藝術家、音樂家。

(六) 內傾思考型

「**內傾思考型**」（introverted thinking type）性格類型者喜愛抽象思維，對事物的內在規律和原理感到興趣，常根據自己的主觀認識來分析事物，對事實不感興趣，而對觀念感興趣，不重視及不善於體諒他人，較易剛愎自用、驕傲自大，典型的如哲學家或存在主義心理學家，他們理解的是個人的存在。

(七) 內傾情感型

「**內傾情感型**」（introverted feeling type）性格類型者多為女性，沉默寡語，不易接近，態度隨和又冷淡，往往有一種憂鬱和壓抑的神態，其內心情感體驗豐富，富有同情心。與外傾情感型的熱情友善不同，會把自己的感情深藏在內心，但可能出現情感風暴，屬於「**水靜則深**」的人，其

創造性會表現在詩歌、音樂之中。

(八) 內傾直覺型

「**內傾直覺型**」（introverted intuitive type）性格類型者關注主觀體認的隱密背景，內在想像十分豐富，並在心理生活中占據重要地位，試圖從每一客觀情境中發現各種可能性，常常產生各種離奇幻覺、想像，甚至具有「**超感知覺**」（extrasensory perception; ESP）能力（榮格本人就屬這種心理類型）。朋友眼中他們是不可思議者，自己眼中則是不被理解的天才，他們與現實及傳統都不發生任何關聯，不能有效與他人交流溝通。類型中包括夢想家、神祕主義者、幻想家等稀奇古怪者，一些藝術家也屬此類型。

二種人格態度與四種心理功能組合的個體心理類型如圖 6-2，其中思考心理功能與情感心理功能是對立的，均屬理性的功能；感覺心理功能與直覺心理功能也是對立的，均屬非理性的功能，對立的心理功能只能有一個是支配角色。

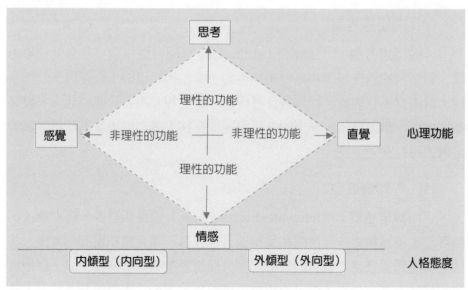

圖 6-2　二種人格態度與四種心理功能組合的個體心理類型

四、夢

　　榮格提倡「**分析心理治療法**」（analytical psychotherapy），不但採用自由聯想和夢的解析法，也對患者過去和現在進行了解。此外，還應用繪畫、泥塑、雕刻等技巧，以及通過與患者討論幻想和夢等途徑的來源來揭曉潛意識。榮格認為潛意識領域的任何事件都會以夢的型態向人們展現，集體潛意識中的各種原始意象則會以原始的象徵方式顯現出來。他不同意佛洛依德之夢是象徵關於幼年受壓抑的欲望及偽裝的觀點。榮格認為夢的確可以喚醒和復活早期的記憶，但夢也具有實現平衡人格發展的功能，它能幫助人們指向過去也指向未來；夢也可能是種補償，試圖補償所有那些遭到忽視的精神，它們因未獲發展，藉由夢的出現來達成某種平衡，這即是夢的「**補償作用**」（compensation）。例如一個在現實生活中與妻子沒有性生活者，可能常夢到與女性朋友發生親密的性關係；一個現實生活中極為害羞的人，可能夢到非常活躍和具攻擊性的夢（史德海、蔡春輝譯，1988；沈德燦，2005）。

　　夢的第二個功能為「**預示未來**」，由於集體潛意識是全人類具有之共同經驗的沉積物，當集體潛意識的內在意識不被認識時，會藉由夢境、幻覺等表現出來，因為潛意識象徵基本的人性，因而人們可藉由研究夢來充分了解自己。榮格認為中世紀煉金術以化學實驗的方式表達的願望和努力，同患者以作夢的方式表達的願望和努力相同。煉金術士希望轉化物質以獲得完美的實體，作夢的人也希望在夢中使自己個性化，成為一個豐富的有機統一個體。在榮格看來，夢是心理治療中訊息的客觀來源，可以藉由夢來診斷患者病情（史德海、蔡春輝譯，1988；沈德燦，2005）。

　　不同於佛洛依德將夢界定為通往潛意識之路，榮格對夢的定義為夢是個人心理為自己所畫的圖像，榮格相信：(1) 作夢為個人心理上正在進行的一種自我療傷；(2) 夢透過象徵的圖像或畫面將意識及潛意識間的鴻溝填補起來；(3) 夢境提供的線索可作為個人未來發展的指標；(4) 夢境以象徵的語言傳達了真正的意涵，某些可能是當事者尚未處理好的問題

（Harris, 1996）。諮商者藉由「夢境分析」（dream interpretation）策略可以協助案主克服困擾及痛苦情緒，此外，此學派也採用「敘述性解釋」（narrative interpretation）、「文字聯想測驗」（word association tests）與「象徵性策略」（symbolic approach，例如玩沙土、藝術治療與舞蹈治療）等方法作爲諮商策略（駱芳美、郭國禎，2018）。

榮格在學理發展強調一個人中年以後發展的重要，中年雖有危機，但也是人格與創造力整合的最佳時機。榮格「分析心理」（analytical psychology）諮商學派著重在鼓勵案主能深層地了解並整合其個人潛意識與集體潛意識，以幫助案主克服人生中經歷的痛苦，並在痛苦與快樂間取得平衡。當案主觸及潛意識時可能會感受到痛苦，但若能將案主導引至其意識中，接受與理解其中的眞實意義，諮商歷程就會有很大進展。諮商師要採取主動態度，同時扮演分析師、教育者、處理問題的夥伴。榮格強調諮商者之分析的專業特質可以提供案主很好的典範，可作爲案主思維轉型與成長改變的參考與推力。諮商師與案主在意識或潛意識中會彼此影響，會相互交流，諮商歷程中會發生「轉移作用」（working in the transference），也會有「反轉移」（countertransference）現象，因而榮格提出：「假如諮商者希望幫助案主改變，諮商者也必須願意讓案主改變你。」（駱芳美、郭國禎，2018；Harris, 1996）

參. 阿德勒個體心理學

阿德勒（A. Adler）爲奧地利的精神分析學家，「個體心理學」（individual psychology）的創始人，人本心理學的先驅。阿德勒採用「現象學」（phenomenology）取向，透過當事人的主觀參考架構來了解他對外界世界的獨特感受及看法，其理論核心爲「自卑感」（inferiority feelings）。個體心理學（或個別心理學）強調人是一個不可分的生物有機體，人的心理也是一個整體，三個重要的前提爲（沈德燦，2005；Corey, 2013）：

1. 人格的整合性：人是不可分割的整體，個人是一個整體的人，是一個與他人及社會和諧相處，追求與社會理想一致的人。個人具有統合性與不可分割性，個人所有層面都是相互關聯的，彼此統合的整體觀又稱為「**全人概念**」（holistic concept）。

2. 主動的反應者：人不是被動的機器，人是主動的，是自身行為的發動者，人能主動地理解和運用外部條件達到自身目的，不只是被動性的反應，個人有自創性與自我生產力。個人對重大事件的主觀詮釋，形塑出個體的人格，個人錯誤的詮釋會導致錯誤的「**私人邏輯觀**」（private logic），產生情緒困擾或行為問題。

3. 生活目標導向：人的成長離不開「**生活目標**」（life goal），人們的人格經由個人所發展出來的生活目標而獲得統合。生活目標泛指個體希望在日常生活中獲得的事物，或所欲達到的成就；目標具有指導作用與預知作用，預知作用能讓個體知道要發生何事，勾畫出行動方向。

阿德勒界定人生的三大普世「**生命任務**」（life tasks）為：「**建立友誼**」（社交任務）、「**貢獻社會**」（工作任務 / 職業任務）與「**親密任務**」（性任務 / 愛情及婚姻關係）。他認為要認識一個人，要從情緒、想法、人格特質與「**生活型態**」（life style）著手，人們常以其「**私人的邏輯觀**」（private logic）來創造生活型態。私人邏輯指的是個體在幼年時期，從觀察與理解個人所處生活經驗中，所推敲而得的一套邏輯信念，此種邏輯觀念相當主觀且含有偏見成分在內，通常除了當事者自己外，他人很難了解。人們就是以這種私人邏輯信念去創造個人獨特的生活型態，按自己堅信的方式去面對事物及處理事情，因而每個人顯現的人格特質與行為舉止均不相同，俗諺說：「**一種米養百種人**」，就是個人獨特性的差異。每個人都會根據「**私人的邏輯觀**」自創個人的生活型態，由於是個人自己創造的，因而個人也有權改變它，也有能力修正錯誤的私人邏輯信念，帶來正向改變（駱芳美、郭國禎，2018；Corey, 2013）。

個體心理學學派認為，當事人的困擾常導因於個人不符合社會現實的「**私人邏輯觀**」，他們以這種不切實際的「**私人邏輯觀**」作為行動依據，

才造成心理問題或行為困擾。諮商治療的核心，就是諮商師要協助當事人發現自己的行為或症狀的目標為何，以及他們所採取的錯誤因應方式，不斷學習如何矯正原先錯誤的假設與結論，其主要程序階段為：(1) 維持合作關係；(2) 評估問題與探索當事人的內在世界；(3) 激勵當事人自我察覺及領悟行為內在的目的；(4) 協助當事人作出新的抉擇與改變，此階段稱為「**再定向**」（reorientation），從個案、治療師共同合作下所得到的洞察與資訊詮釋，協助當事人發現先前無效的信念與行為的替代方案（馬長齡等譯，2019；修慧蘭等譯，2013；Corey, 2013）。

　　阿德勒倡導人格的人本理論，和佛洛依德對人性看法的論點相反。佛洛依德將人描述為陰沉、追求物質的傾向，阿德勒則認為人具有利他傾向、創造、獨特與洞察作用，個體本身可以在其遺傳性質的運用和對環境的解釋及反應上，有獨特的作用（黃堅厚，1999）。他認為人有相當的自主傾向，是理性動物，能在自主意識支配下，決定自己的未來，創造自己的生活，其觀點較佛洛依德樂觀。佛洛依德強調個人早期的童年經驗，認為個人行為是被動的；阿德勒重視個人未來希望，強調個人行為能在目標下自主表現（張春興，1993）。

　　個體行為主要是家庭與社會所塑造出來的，阿德勒倡導的人格理論之基本要義如下（黃西庭，1998；黃堅厚，1999；葉重新，2000）

（一）自卑感與補償

　　「**自卑感**」（feeling of inferiority）為個人無法達成目標時，對自己產生無助感和無力感的心態，阿德勒認為自卑感為人類的正常心態，它是人類向上的根源。自卑感是人格發展的動力，它驅使人產生對優越的渴望；自卑感可能導因於身體的、心理的及社會的障礙，常起因於嬰幼時期的無力、無能與無知。為了彌補自己的缺點、克服自卑，產生了「**男性反抗**」（masculine protest）的補償（compensation）行為，男性反抗描述的是一種堅強不屈、發奮圖強的心理，此傾向是兩性所共有的。例如有口吃的學生（自卑情結），每天面對大海勤奮演練（促發男性反抗），終於成

爲一位有名的演說家（補償），即是盡最大努力去補償天生的缺陷，原天生缺陷的自卑感激起當事人更大的動力。

（二）追求優越

「**追求優越**」（striving for superiority）並不是超越他人，而是追求本身的完美，它是人類最重要的動機，此種傾向是生命的基本現象，而且是與生俱來的（先天遺傳的）。「**優越**」（superiority，或卓越）可以讓一個人從較低的知覺層邁向較高的知覺層，從不好的狀態變爲較好的狀態。自卑感能使個體力爭上游，但若忽視他人及社會需要，會使個人產生「**優越情結**」（superiority complex），產生傲慢態度、愛慕虛榮。如果個人長期缺乏愛與安全感、沒有自信、預測會失敗，失敗的負面後果又被誇大渲染，則自卑感會盤踞個人心理，形成「**自卑情結**」（inferiority complex），行爲上展現「**退縮反應**」或「**過度補償**」。「**追求優越**」是阿德勒個體心理學的核心，也是支配個體行爲的總目標，阿德勒認爲人人都有一種「**向上意志**」或「**權力意志**」，此天生的內驅力將人格匯聚成一個總目標，力圖做一個沒有缺陷的「**完善者**」，因而羨慕別人、勝過他人等都是追求優越的人格展現（車文博，1996）。

（三）生活風格

個人生長和發展的目標是克服自卑感、追求優越，至於克服自卑感及追求優越的方式和途徑爲何，則隨個人「**生活風格**」（type of life，或稱生活格調、生活型態與生命風格）而定。生活風格是個人試圖獲得優越的獨特手段，它是後天習得的，大約在 5 歲左右就已定型，它受到家庭環境和親子關係的影響，對人格的影響可能是潛意識或被動的。對於兒童經驗的重視程度，阿德勒與佛洛依德看法相近，不過阿德勒比較重視家庭內外的社會因素（例如家庭及學校教育），而佛洛依德偏重生物性需求。

阿德勒將人視爲演員、創作者及藝術家，個人對重大事件的主觀詮釋與之後人格的形塑有密切關係。阿德勒認爲要理解一個人的生活風格可以

藉助以下三個途徑（修慧蘭等譯，2013；Corey, 2013）：

1.「**出生順序**」（birth order）：兒童在家中的排行會使當事人的地位不同，影響其生活風格與人格形成，長子／長女、老二、老么、獨生小女的性格完全不同，不同的出生序會有其獨特的生活風格及與人格傾向。由於幼時經驗與家庭動力（尤其是手足關係）與個人人格養成有關，因而在治療過程中這二個變因成為關鍵因素。

2.「**早期記憶**」（first memories）：「**早期記憶**」（早期回憶）為當事人 10 歲以前發生過的事件或經驗。當事人能夠說出記住的最早事件，無論是現實的或幻想的事件，這些事件影響了當事人的生活風格。早期回憶在諮商心理運用方面是十分有用的評估工具，此外，採用問卷蒐集當事人早期與父母、手足及共同生活者的家人關係，也可獲得當事人早期的社會生活，此種資料稱為「**家庭星座**」（family constellation）。

3.「**夢的解釋**」（dream interpretation）：阿德勒認為夢能夠反映一個人的生活風格，是未來行動的一種事前演練，它能反映當事者生活中重要目標，也能為當事人提供問題的可能解決方案。夢有目標導向，它定向於現在和未來（指向目標）。

（四）設定的目標

阿德勒認為人們對未來的看法和希望決定其行為，主觀的想法和目標會影響個人現在的行為，個體設定的目標和信念並非絕對不可改變，健康的人會調整自己的目標和想法，尋找新途徑而維持自身的成長和發展；至於有精神官能症者之調整能力較欠缺，他們會以為設定的目標就是現實，不容許變動。

（五）創造性自我與社會興趣

人類不是被動地接受環境或遺傳的影響，人們會按照自己的方式自由運用這些影響，進而創造組合，這就是人格結構的「**創造性自我**」（creative self），因為每個人都能自由選擇自己的生活風格與追求目標。

追求優越與自卑情結差異的關鍵因素在於個人的「**選擇**」，遺傳和環境提供的只是素材，如何運用素材是個體的任務。「**社會興趣**」（social interest）是個人對於自身以外的人與事物之注意與關懷，它不僅是一種情感，而且是一種對生活的評價態度。阿德勒特別指出母親和子女的關係，是個人社會興趣發展的關鍵因素，兒童透過父母來認識他人和社會，也藉由對父母的信賴，推廣到對社會及所有人的信賴。社會興趣可以解決人生三大問題：職業任務、社會任務、愛情和婚姻任務，健康者的生活意義應是奉獻、對別人發生興趣與互助合作。阿德勒認爲「**所有失敗者——神經病患、精神病患、罪犯、酗酒者、問題少年、自殺者、墮落者、娼妓——之所以失敗，就是因爲他們缺乏從屬感和社會興趣。**」（黃光國譯，1984，頁 11）個體有無社會興趣，是衡量其是否健康的主要準則。

個人許多早年生活經驗常會反映與他人、自我興趣或權力欲望的迴避或退縮，這些基本錯誤與阿德勒社會興趣相左。馬塞克（Mosak）等人提出人們有一些常見的基本錯誤，會導致個人心理或情緒困擾。治療過程中的洞察與詮釋、分析與評估的有用資源包括個人的家庭動力、早年回憶、夢境與基本錯誤等（馬長齡等譯，2019），讓當事者知覺「**社會興趣**」的重要性與必要性。阿德勒把社會興趣視同於「**認同感**」及對他人的「**同理心**」，因而它是「**用他人的眼、耳、心來看、聽及感受這個世界**」。社會興趣是心理健康的重要指標，當錯誤信念改變，發展出社會興趣，個人的自卑感與疏離感也會跟著消失掉，這就是個體心理學的重要要義：人們的成功與快樂大部分來自個人與社會的互動聯結（Corey, 2013）。困擾個人的基本錯誤爲（馬長齡等譯，2019）：

1. 過度推論（overgeneralization）：例如「**每個人都應該喜歡我**」、「**我從來沒有做對過任何一件事情**」、「**每個人都想盡辦法傷害我**」。

2. 錯誤或不可能的安全目標：個人總誤認社會每個人都反對或否定他，而常感到焦慮，例如「**有人想要占我便宜**」。

3. 生活或生活需求的錯誤知覺：此種錯誤知覺例如「**生活太苦悶了**」、「**我連喘口氣的機會都沒有**」、「**我的生活沒有意義**」。

4. 貶抑或否定個人的價值：誤認自己是沒有價值者，例如「**我很笨**」、「**從來沒有人喜歡我**」、「**我是一位沒有用的人**」。

5. 錯誤價值觀：指與行為相關的偏差認知，例如「**必須先欺騙他人，才能得到個人想要的**」、「**要先占他人便宜，免得被別人占到便宜**」。

阿德勒個體心理學內涵之主要概念統整如圖 6-3。

阿德勒學派對心理治療與諮商主要採取「**實用主義**」的模式（馬長齡等譯，2009）。阿德勒個體心理學派的諮商目標有三：(1) 增加案主的歸屬感與社會興趣，察覺個人的不當信念；(2) 藉由鼓勵，透過資訊提供與教導來協助案主克服自卑感，增強其自信與勇氣；(3) 改變案主信念，幫助其找到人生的新目標。簡要的諮商策略可分為四個階段，這四個階段間沒有嚴格的分界線：(1) 諮商者以同理心方法與案主建立友善積極關係；(2) 利用主客觀訪談法，評量、分析及了解案主的生活型態；(3) 以領悟、對質及自相矛盾法，鼓勵案主自我了解並能獲致領悟，進而正向改變；(4) 重新定位與再教育，協助案主選擇新的生活型態，改變行事動機與取向（駱芳美、郭國禎，2018）。

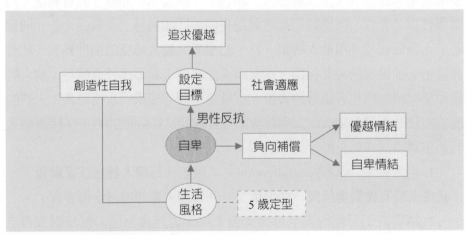

圖 6-3　阿德勒個體心理學內涵之主要概念

　　阿德勒的個體心理學，是精神分析學派內部第一個反對佛洛依德的心理學理論體系，是生物學定向的本我心理學轉向社會文化定向的自我心理學，但阿德勒的個體心理學與佛洛依德的精神分析論仍有關聯。以神經症個案而言，佛洛依德將其視為是潛意識的作用所產生，原因是性本能被壓抑的結果；而阿德勒則認為是導因於「**自卑感**」和「**向上意志**」的衝突，是潛意識中的一種補償作用（車文博，1996）。佛洛依德提出自我防衛作用，而阿德勒提出「**自我保護策略**」（self-guarding strategies），例如藉口及托詞、攻擊性行為（輕視他人、責備他人、責罰自己以增加他人不安等）、拉大自己與問題的距離（例如退縮、裹足不前等），治療目標就是改變當事人的生活風格，給予充分注意與接納，明確告知情境如何改善與未來的安排。他也主張家長也應參與兒童治療過程，開啟近代「**家庭治療**」與運用「**家庭星座**」（family constellation）的先例（黃堅厚，1999）。

自我練習

（　）1. 人格心理學中的「人格」範疇主要包括哪幾項？　(A) 知與情　(B) 情與意　(C) 知與意　(D) 情與行。
　　　　參考答案：(B)

（　）2. 《三國演義》中的關雲長過五關、斬六將，保護兄嫂，人們給他的評價為「忠義」。就奧波特（G. Allport）人格特質論的內涵而言，這是何種特質？　(A) 首要特質　(B) 中心特質　(C) 次要特質　(D) 功能特質。
　　　　參考答案：(A)

（　）3. 七年三班陳老師在小強的成績單評語書寫：「小強是位樂觀的、勤勉的同學。」就奧波特（G. Allport）人格特質論的內涵而言，這是何種特質？　(A) 首要特質　(B) 中心特質　(C) 次要特質　(D) 功能特質。
　　　　參考答案：(B)

（　）4. 某位學生幼年因父母親之命學習拉小提琴，後來自己對拉小提琴產生興趣，不用父母督促，有空時都會自動練習。就奧波特（G. Allport）的人格理論，稱之為何者作用？　(A) 學習自主作用　(B) 興趣自主作用　(C) 功能自主作用　(D) 個體自主作用。

參考答案：(C)

（　）5. 就奧波特（G. Allport）之統我（proprium）的意義及發展階段論點，國民小學教育階段學生屬於何種發展階段？　(A) 自我意象顯露的階段　(B) 自我理性調適顯露的階段　(C) 統我追求顯露的階段　(D) 自我覺知顯露的階段。

參考答案：(B)

（　）6. 榮格（C. G. Jung）人格理論要義中認為意識的中心為何者？　(A) 情感　(B) 信念　(C) 驅力　(D) 自我。

參考答案：(D)

（　）7. 榮格（C. G. Jung）人格理論要義中認為億萬年來，有一些相同需求和被養育照顧經驗，累積經驗使人們會形成某些預存的行為傾向，例如害怕黑暗、遠離痛苦等。此種人格結構稱為何者？　(A) 集體知覺　(B) 集體意識　(C) 集體前意識　(D) 集體潛意識。

參考答案：(D)

（　）8. 榮格（C. G. Jung）人格理論要義中認為每個時代的人經歷過的經驗，與相應的原型，其中有五個原型對人格和行為特別重要。下列何者不是？　(A) 人格面具　(B) 陰影　(C) 需求　(D) 阿尼瑪／阿尼姆斯。

參考答案：(C)

（　）9. 榮格（C. G. Jung）人格理論要義中對於所謂貪婪、殘忍及不道德等行為都是由某「原型」（archetypes）產生，此原型為人性中的黑暗面。榮格將此「原型」稱為何者？　(A) 人格面具　(B) 陰影　(C) 慾望　(D) 暗溝。

參考答案：(B)

（　）10. 榮格（C. G. Jung）人格理論要義中將心理功能分為四種，其中屬於理性的功能（rational functions）為那二種？　(A) 思維與情感　(B) 感覺與直覺　(C) 思維與感覺　(D) 情感與直覺。

參考答案：(A)

（　）11.榮格（C. G. Jung）人格理論將人格類型分成八種，其中最接近藝術家、音樂家者為何種類型？　(A) 內傾直覺型　(B) 內傾感覺型　(C) 外傾直覺型　(D) 外傾感覺型。

　　　參考答案：(B)

（　）12.榮格（C. G. Jung）人格理論將人格類型分成八種，其中最接近哲學家或存在主義心理學家者為何種類型？　(A) 內傾思考型　(B) 外傾思考型　(C) 內傾情感型　(D) 外傾情感型。

　　　參考答案：(A)

（　）13.阿德勒（A. Adler）認為人格的動力為社會動機，社會動機內涵主要有二，一個為追求優越，另一個為下列何者？　(A) 焦慮　(B) 需求　(C) 自卑感　(D) 滿足感。

　　　參考答案：(C)

（　）14.阿德勒（A. Adler）認為人的最終目標是追求優越，每個人都有獲得優越的獨特手段與方式，阿德勒將此種獨特手段與方式稱為何者？　(A) 生活動力　(B) 生活風格　(C) 生活策略　(D) 生活運作。

　　　參考答案：(B)

（　）15.阿德勒（A. Adler）認為一個人的生活風格（life style）和幼年生活經驗有密切關係，家庭環境和親子關係是重要影響因素。生活風格大約在幾歲時就已定型？　(A) 3 歲　(B) 5 歲　(C) 6 歲　(D) 7 歲。

　　　參考答案：(B)

（　）16.阿德勒（A. Adler）認為所有失敗者（例如問題少年、罪犯、酗酒者、墮落者等）之所以失敗，主要是他們哪一個傾向發展不順導致？　(A) 社會興趣　(B) 社會需求　(C) 自我觀念　(D) 排行序位。

　　　參考答案：(A)

（　）17.阿德勒（A. Adler）認為個人的人格是整體不可分割的，對於此意涵的描述下列何者錯誤？　(A) 個人有自我創發能力　(B) 人們無法改變自創的生活型態　(C) 個人的行為都有其目的　(D) 自卑情結也是一種前進動力。

　　　參考答案：(B)

（　）18.榮格（C. G. Jung）的分析心理諮商學派要義，對於「夢」內涵觀點何者正確？　(A) 夢是通往潛意識之路　(B) 作夢表示個體心理正處

於矛盾狀態 (C) 夢提供的線索有發展作用 (D) 夢會說謊也會騙人。

參考答案：(C)

( )19.榮格（C. G. Jung）的分析心理諮商學派要義中，下列何者不是其所倡導的諮商策略或方法之一？ (A) 夢境分析法 (B) 敘述性解釋法 (C) 文字聯想測驗法 (D) 玩撲克牌治療法。

參考答案：(D)

( )20.榮格（C. G. Jung）的分析心理諮商學派要義中，倡導象徵性的策略諮商法，下列何者不是象徵性策略諮商法的運用？ (A) 案主敘說故事 (B) 玩沙土 (C) 將圖像畫在紙上 (D) 舞蹈表演或創作。

參考答案：(A)

( )21.阿德勒（A. Adler）個體心理學諮商學派要義中，認為要了解當事人的生活風格（或生活型態）可以從幾個面向著手，下列何者不是面向之一？ (A) 個人出生序 (B) 早期記憶事件 (C) 夢境評估 (D) 困擾問題類型。

參考答案：(D)

( )22.榮格（C. G. Jung）所謂的「阿尼瑪」（anima）與「阿尼姆斯」（animus）原型的內涵指的是下列何者？ (A) 異性性格 (B) 性別平等 (C) 夢境評估 (D) 幼時經驗。

參考答案：(A)

( )23.榮格（C. G. Jung）的心理發展理論特別強調一個人在哪個階段的發展？ (A) 幼兒階段 (B) 國小教育階段 (C) 青少年階段 (D) 中年以後階段。

參考答案：(D)

( )24.榮格（C. G. Jung）之分析心理諮商學派論點中提出「力比多」（libido）能量觀，有關榮格「力比多」概念的內涵何者錯誤？ (A) 只是一種追求滿足的慾力 (B) 可以在不同管道流通 (C) 是一種生命的能量 (D) 可由人的經驗與體驗轉化而來。

參考答案：(B)

( )25.陳先生非常富有但卻十分吝嗇，學校或社會公益活動請他幫忙贊助，每次都以不同理由推託，同事及朋友都稱他為守財奴。就奧波特（G. Allport）人格特質論的內涵而言，陳先生「守財奴」的人格為何種特

質？ (A) 首要特質 (B) 中心特質 (C) 次要特質 (D) 功能特質。

參考答案：(A)

( )26.研究所二年級的林同學告知學弟妹：「所上的古老師對研究生非常親
切與友善，教學也非常認真，是位很棒的老師。」古老師具「親切友
善態度」，就奧波特（G. Allport）人格特質論的內涵而言，此人格
為何種特質？ (A) 首要特質 (B) 中心特質 (C) 次要特質 (D) 功
能特質。

參考答案：(B)

( )27.阿德勒（A. Adler）界定人生有三大普世「生命任務」（life
tasks），下列何者不是？ (A) 貢獻社會 (B) 親密任務 (C) 需求
滿足 (D) 建立友誼。

參考答案：(C)

( )28.阿德勒（A. Adler）提出「自卑感」（feeling of inferiority）觀點，
認為它是個人無法達成目標時，對自己產生無助感和無力感的心態。
就阿德勒而言，對於自卑感內涵的解釋何者正確？ (A) 幫助人格發
展的一種動力 (B) 阻礙個人人格發展的根源 (C) 是一種病態或疾
患 (D) 是一種負向的情結。

參考答案：(A)

( )29.阿德勒（A. Adler）個體心理學要義中認為對人格發展最重要的影響
變因為下列何者？ (A) 父母的教養方式 (B) 先天的遺傳 (C) 後天
所處環境 (D) 個人想法或信念。

參考答案：(D)

( )30.阿德勒（A. Adler）個體心理學要義中常使用問卷調查蒐集當事人與
父母、手足及其他共同生活者的關係，進而了解當事人早期的社會
生活。這個資訊的評估，阿德勒把它稱為何者？ (A) 家庭關聯
(B) 家庭星座 (C) 家庭文化資本 (D) 家庭生活事件。

參考答案：(B)

( )31.阿德勒（A. Adler）個體心理學之諮商與治療策略主要採用何種模式？
(A) 存在主義 (B) 經驗主義 (C) 實用主義 (D) 理想主義。

參考答案：(C)

中文書目

史德海、蔡春輝譯（1988）。**榮格心理學入門**。臺北市：文笙。

沈德燦（2005）。**精神分析心理學**。臺北市：東華。

車文博（1996）。**西方心理學史**。臺北市：東華。

修慧蘭等譯（2013）。**諮商與心理治療理論與實務**。臺北市：雙葉。

馬長齡等譯（2019）。**諮商與心理治療**（R. S. Sharf 著）。臺北市：心理。

張春興（1993）。**現代心理學**。臺北市：東華。

黃光國譯（1984）。**阿德勒──自卑與超越**。臺北市：志文。

黃西庭（1998）。**人格心理學**。臺北市：東華。

黃堅厚（1999）。**人格心理學**。臺北市：心理。

葉重新（2000）。**心理學**。臺北市：心理。

駱芳美、郭國禎（2018）。**諮商理論與實務**。臺北市：心理。

英文書目

Corey, G. (2013). *Theory and practice of counseling and psychotherapy*. Belmont, CA: Brooks/Cole Cengage Learning.

Harris, A. S. (1996). *Living with paradox: An introduction to Jungian psychology*. Pacific Grove, CA: Brooks/Core Publication Company.

第 7 章

人格與諮商治療理論 (II)

壹. 佛洛依德傳統精神分析學派

佛洛依德（S. Freud）根據其多年對精神病人研究治療的經驗，在 1896 年首創「**精神分析**」（psychoanalysis），或稱精神分析論（psychoanalytic theory），用以解釋精神病形成的心理原因，其理論又稱為「**古典精神分析**」（classical psychoanalysis）。根據依佛洛依德的看法，人之所以罹患精神疾病，主要是由於長期內在心理衝突所導致的情緒困擾。病人的情緒困擾並非起於當時現實生活的困難，而是起於幼年（主要在 6 歲之前）生活的痛苦經驗積壓過多所致。在內心中積壓多年的痛苦經驗得不到適時紓解的後果，終於使當事人無法承受長期情緒困擾而陷入人格異常的病態。其人性觀有二個特徵：

1. 人的行為受孩提時代的生活經驗所影響，尤其親子關係，此種論點屬於「**精神決定論**」，人們成年的性格或發展（果）均受到幼年生活經驗（因）影響。

2. 人的行為受到本能衝動與驅力所支配，本能源於「**潛意識**」（unconscious），「**潛意識動機**」促發的個體行為當事人無法有效察覺。

一、三個心理層次

佛洛依德將個人心理分為三個層次，由內至外為「**潛意識**」（unconscious）、「**前意識**」（preconscious）、「**意識**」（unconscious）（車文博，1996；黃堅厚，1999）：

(一) 潛意識

潛意識被佛洛依德視為人格的核心，潛意識隱藏在內心深處，當事人自己都無法覺知，但會影響當事人的所作所為，通常是被「**壓抑**」（repression）的欲望、本能性衝動及其替代物。佛洛依德認為夢境及精神病人的行為都與潛意識有關，潛意識的主要特性是非理性、衝動性、無道德性、反社會性、非邏輯性、不可知性、非時間性與非言語性。就佛洛

依德心理分析論觀點，潛意識層的作用比意識層的作用還要重要。「**酒後吐眞言**」或「**夢中行爲**」都是潛意識的一種作用。

(二) 前意識

前意識爲潛意識中可以召回的部分，人們在一般情況下不會察覺的事物或印象，經過努力思考或回憶歷程都可察覺它們的存在，「**我想起來了**」、「**我記起來了**」就是把前意識層的印象喚起進入意識層，若是潛意識層中被壓抑的痛苦或事件，則無法進入意識層，爲個人所覺知。前意識層爲心理結構最表層的意識層與最深層之潛意識層之間的屏障。

(三) 意識

心理層次的最上層部分，它是當事人在某一時間能意識到或可以覺知的心理狀態與活動，也是與外界接觸，個體直接感知到但可能會立即消逝的心理現象。與意識相對的層次爲「**無意識**」（nonconscious），無意識是指個體對其內在與外在環境中一切刺激情境均無所感、無所知、無所察、無所記的一種精神狀態（張春興，2003），若是無意識層跑進了意識層，就成爲潛意識。佛洛依德的冰山比喻中，浮在水面上的部分爲個人「**意識**」層，只占約十分之一；水面下冰山爲「**潛意識**」層，面積占大部分。

二、人格結構

人格的構成中包括「**本我**」（id）、「**自我**」（ego）及「**超我**」（superego）三個部分，三個部分各司其職，在生命過程中，彼此之間相互作用，處於融合平衡狀態。人格的活動是整體的，而不是三個各自獨立運作的。以潛意識爲基礎的人格結構三個部分爲（沈德燦，2005；張春興，2003）：

(一) 本我

本我是人格系統中最原始、最隱私的部分，處於潛意識的深層，它

是與生俱來，只具尋求生存滿足的本能性的衝動（例如飢、渴、性），而以尋求性慾滿足的衝動為最強；佛洛依德稱之謂「**慾力**」（或稱力比多，libido）。本我不與外在世界產生關聯，受潛意識所支配，遵循的原則為「**快樂原則**」（或稱唯樂原則，pleasure principle）。心理發展中年齡愈小，本我作用愈重要，本我的目的是趨樂避苦。本我把記憶意象看成與知覺一樣，形成所謂的「**知覺同一性**」（identity of perception），回憶起食物與吃食物的感覺完全一樣，將飢餓感與找食物吃認為相同，此種過程佛洛依德將之稱為「**原始歷程思考**」（primary process thinking）狀態，指的是本我無法將「**主觀**」記憶和關於對象的「**客觀**」知覺區隔，本我的「**反射活動**」（reflex）及記憶意象，並沒有考量到現實情況，生理需求藉由「**產生幻想**」與「**進入夢境**」來獲得滿足。

（二）自我

自我是意識的結構部分，出生後經學習而獲得的，其位置介於本我與超我之間，其功能是在現實環境中尋求個體需求的滿足。自我是人格結構中的現實部分，它受到「**現實原則**」（reality principle）所支配，它能考量客觀環境的限制，運用模式為「**次級歷程思考**」（secondary process thinking）。本我若為馬（潛力、動力無限大），則騎馬者為自我。自我會協助本我滿足需求，其主要特徵有：(1) 自我從本我中發展而成，當本我的生理需求與性衝動無法立即得到滿足時，自我會考量到現實限制，以實際方法調節本我的原始性衝動，調整改變自己去適應環境，例如飢餓時會開冰箱找食物吃；(2) 自我大部分活動受意識支配，個體了解自己活動的目的，管制不為超我所接受的原始性欲望；(3) 自我介於本我與超我之間，下對本我衝動有約束作用，上對超我的控制有緩衝功能，它是本我的主人，又是超我的僕人。

（三）超我

居於人格結構中的最上層，超我是在社會化過程中被塑造而成的，

具有管制或壓抑本我衝動，而使人們的行為合於社會道德規範的功能。超我有二個重要次級系統：一為「**自我理想**」（ego ideal），二為「**良心**」（conscience）。自我理想是個人在道德良心之下對自我的約束，若自我的行為和意圖符合自我理想要求，個人就會有尊榮感；良心是經過社會規範內化的自我約束力量，所作所為違反良心，就會產生愧疚和罪惡感。超我是人格結構的仲裁者，其支配為「**完美原則**」（perfection principle，或至善原則），它是社會化產物，受到父母行為準則影響，將父母的行為規範與道德觀內化。

> 本我（唯樂原則）⇦⇨ 自我（現實原則）⇦⇨ 超我（完美原則）
> 本我（潛意識支配）⇦⇨ 自我（意識支配）⇦⇨ 超我（社會規範支配）

佛洛依德心理分析論中之人格也稱精神或心理生活，人格結構被稱為「**地形觀**」（topographical view），人格結構示意如圖 7-1（修改自黃西庭，1998，頁 89）。

佛洛依德人格的本我、自我、超我三者的性質及作用如表 7-1（黃堅厚，1999，頁 57）。

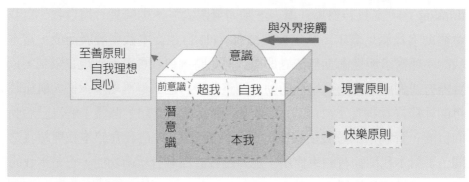

圖 7-1 人格結構示意圖

表 7-1　佛洛依德人格的本我、自我、超我三者的性質及作用

	本我	自我	超我
性質	生物性的	心理的	社會的
來源	遺傳、本能	經驗、自我	文化、良心
取向	過去	現在	過去
意識層次	潛意識	意識	潛意識
活動原則	快樂原則	現實原則	道德原則
目的	取得快感 逃避痛苦 立即的滿足	配合現實 明辨真偽 安全與妥協	表明是非 追求完美 社會與規範
理性	無理性	有理性	不合邏輯
實質	主觀	客觀	主觀

　　佛洛依德認為人格三大系統的能叫「**心理能量**」（mental energy），它和其他形式的能量相同，可以執行動態運作，進行思維、感知與記憶。心理能量的來源是嬰兒與生俱來的「**本能**」（instincts），此種本能有二種：一為「**生之本能**」（life instinct），一為「**死之本能**」（death instinct）（黃堅厚，1999；蘇建文等，2014）：

　　1. 生之本能：以促進自我生存為目標，引導個體各種維持生命的活動，以及其他滿足身體需要的行為，個體所有正面的、有建設的行為都是生之本能的展現。佛洛依德早期論述生之本能時，常以「**性**」本能為代表，「**性**」可以讓個人追求身體快感，而快感則是滿足生理需求的指標。生之本能的內在動力為「**慾力**」（力比多），慾力的能力可以促發人格其他部分的發展。

　　2. 死之本能：是存在於個體本身的破壞力量，其由來是個人潛意識中的願望，要回到一種無緊張、無生命的狀態。當死之本能的心理能量大於生之本能的心理能量時，能量會向外宣洩，表現型態為攻擊，例如戰爭、鬥毆、自虐、暴力傷害、吸毒等都是死之本能的流露。

三、人格發展階段

主要產生在自出生到青少年的成長階段，佛洛依德把人格的發展階段命名為「**心理性慾階段**」（psychosexual stages，或性心理發展期），以強調「**性本能**」活動在人格形成中的重要性（黃西庭，1998）。佛洛依德將性心理發展期分為五個階段：「**口腔期**」（the oral stage）、「**肛門期**」（the anal stage）、「**性器期**」（the phallic stage）、「**潛伏期**」（the latency stage）、「**性徵期**」（the genital stage，或「**兩性期**」、「**生殖期**」；青春期以後）。佛洛依德堅信早期的經驗或感受情況對於個人長大後人格發展有重要影響（林崇德，2009；修慧蘭等譯，2013）：

(一) 口腔期

出生到 1 歲嬰兒從吸吮母親的乳頭，滿足了食物及快感的需求，嬰兒吸吮產生的快樂感稱為「**自發性性慾**」（autoerotic）。幼兒在早期階段得不到足夠的食物和愛，日後將變得貪婪無厭。口腔固著導源於幼時口腔滿足被剝奪，而人格發展成不信任別人、排斥他人的愛及無法維持親密的人際關係，口腔期發展受挫，日後性格發展可能偏向於悲觀、退縮。

(二) 肛門期

1-3 歲肛門期是人格形成很重要的階段。此時期的主要發展任務包括：學習獨立、接受個人力量，以及如何表達負面的情感，例如嘲諷、攻擊。父母訓練小孩排便時的方式、態度，深深影響他日後的人格發展。父母親過分嚴格的教導方式，會使兒童長大後發展出吝嗇、剛愎自用的性格。

(三) 性器期

3-6 歲性器期的基本衝突，在於兒童對異性雙親衍生亂倫性愛的渴望。因為這種情感本質上具有威脅性，所以通常被壓抑。處於男性性器期的男童渴望獨占母親的注意力，這就是所謂的「**伊底帕斯情結**」（Oedipus complex，又稱戀母情結）。戀母情結指的是男童愛戀母親的

現象，男童的心理衝突會以向父親學習及模仿的歷程得到化解，爲了克服戀母情結焦慮，害怕閹割發生，因而壓抑對母親的愛慕，轉而以父親爲對象而認同父親，學習父親的行爲態度與表現。女性性器期情結稱爲「**艾烈克特拉情結**」（Electra complex，又稱戀父情結），指的是小女孩渴望得到父親的愛與讚許，有殺母嫁父的焦慮。此時父母對孩子這種情結的反應，將會影響日後他們對性的態度及感受。

（四）潛伏期

6-12 歲在前幾年性愛衝動的苦痛過後，此時個體的人格結構已大抵形成。在潛伏期，兒童將對性的興趣轉爲對學校、玩伴、運動及許多新的活動等興趣。此時期的兒童將向外發展社會化，並著重與他人的人際關係。進入潛伏期時，兒童性的發展呈現停滯或退化現象，之前三種時期的記憶都逐漸被遺忘，被壓抑的性慾差不多也不再出現，潛伏期是一個相當平靜的階段。

（五）性徵期

「**性徵期**」（或稱異性期）階段約 12-18 歲，早先性器期的舊有主題將重新再現，本階段始於青春期而終於老年，性本能復甦，容易有性衝動，但個體有採用禁慾導引策略或理性作用活動，以正向宣洩性衝動。雖然社會上有很多的限制與禁忌，但青年可以將他在性方面的精力，轉移到社會所接受的活動，例如形成人際關係、從事藝術與運動、職業與婚姻準備等活動，或將問題轉移到抽象的、使用動腦的智力活動。

五個階段的人格發展可能出現的發展障礙主要有二種（黃堅厚，1999）：

（一）固著現象

「**固著現象**」（fixation，又稱停滯現象）爲兒童於發展過程中遭遇到挫折、困難，或接觸陌生的事物或新的情境時，產生了焦慮感，沒有勇氣嘗試新的調適策略，不考量事物特性或情境限制，還是使用原先行爲模

式與反應習慣，因而無法自己獨立，對人過度依賴或要求。例如早期與母親同睡，到了國高中就學階段，還是不肯單獨睡；要好的兄妹入學後，還是只找對方聊天，而不與班上同學交往。

（二）退化現象

「**退化現象**」（regression）指個體的行為表現不隨年齡增長，採用更成熟更合乎年齡層人們的行為，反而退化至以前使用過但更幼稚的方法來解決問題。所謂的「**愈長愈回去了**」、「**愈長愈小了**」等就是退化現象的表述。有些成年人遇到挫折或問題，變得蠻不講理，以一些不合邏輯的話語與人爭辯，或是爆發脾氣，展現的行為就像「**小孩子**」一般，也是常見的一種退化現象

四、焦慮論

「**焦慮論**」（anxiety theory）是佛洛依德有關矯正人格障礙和保持人格完整的一個基本理論問題。他從本能決定論觀點出發，堅持社會和人的本性是對立的，人們總是處於被壓抑之中，當個人的心理能量無法獲得「**釋放**」（release），就會形成「**焦慮**」（anxiety）。焦慮是各種精神疾病患者最常見的一種精神症狀，它的特徵是原因模糊，只覺得不安、憂慮、緊張等，但其真正緣由許多當事者卻無法明確說出，但它會讓當事人從事某些事件時表現出異常的緊張狀態（車文博，1996）。

佛洛依德早期焦慮學說認為其是由被壓抑的「**力比多**」（libido，或稱為慾力）轉變而來，「**本我**」是焦慮的根源，「**神經症**」（neurosis）是焦慮的原因，亦即神經症為因、焦慮之複雜情緒為果。後期焦慮學說提出了不同論點，此時期的要點有二：(1) 自我才是焦慮的根源，焦慮是自我所發出的危險信號；(2) 焦慮先存在才會有其他神經症候出現，焦慮為因，神經症之其他症狀為果。自我體驗的焦慮有三種（沈德燦，2005）：

（一）現實的焦慮

「**現實的焦慮**」（reality anxiety）為客觀環境中存在的危險和威脅所

引發的，性質上與「**恐懼**」類似，是有對象的，事件可能是已發生或即將發生的，又稱「**客觀性焦慮**」（objective anxiety）。例如小明每到月考或段考前夕都會十分緊張與不安，此種考前焦慮症候往往影響到小明臨場的表現。

（二）神經性焦慮

「**神經性焦慮**」（neurotic anxiety）為當事人懼怕無法控制本我之本能性衝動，以致發生不良後果所引發的情緒狀態，這種焦慮多見於神經症患者，這方面形成的焦慮一般比較強烈。神經性焦慮的表現有三種形式：(1) 自由浮動焦慮（free-floating anxiety，或游離性焦慮）：對恐懼對象與客體說不出所以然，卻無法擺脫焦慮不安感；(2) 恐懼症（phobia）：對特殊情境或事物表現莫名的恐慌，即使明知不會受到傷害，也會出現恐懼情緒，例如不敢一個人走路上學；(3) 驚恐反應（panic reaction）：自己無法解釋的突如性反應，例如沒有緣故地攻擊路人。

（三）道德性焦慮

「**道德性焦慮**」（moral anxiety）為當事人良心所體驗到的羞愧及罪惡感，當事人因懼怕所想的或所做的違反了道德規範或自我理想，會受到懲罰或不安而產生的情緒狀態。例如小明因為跟老師撒謊而耿耿於懷，接連數天內焦慮不安、情緒焦躁。神經性焦慮與道德性焦慮是由個人內在的「**動力平衡**」（balance of power）受到威脅而產生的，二種類型的焦慮在提醒當事人的「**自我**」，除非立即採取有效因應策略，自我察覺的危險度會一直升高，直到自我完全崩裂為止（修慧蘭等譯，2013）。

依《精神疾病診斷準則手冊》，常見的「**焦慮症**」（anxiety disorder）有四種型態：

1. 泛慮症：患者無特定的焦慮對象或情境，又稱為「**游離性焦慮**」（free-floating anxiety）。

2. 恐慌症（panic disorder）：行為特徵為無事不怕與無時不怕，患

者自覺會大禍臨頭，時時提心吊膽而有「**預期性焦慮**」（anticipatory anxiety）的併發症。

3. 恐懼症（phobia）：指對不具任何傷害性事件的過度懼怕反應，它與「**害怕**」（fear）不同，恐懼症是潛意識作用，害怕是意識狀態的運作（不稱為病態），恐懼症如懼幽閉症、懼空曠症、社交恐懼症等。

4. 強迫症（obsessive-compulsive disorder；簡稱 OCD）：患者行為不受自主意志支配，一再身不由己地重複出現特定行為，當事人既有強迫思想又有強迫行為。焦慮症的成因是多重的，包括先天生理因素、後天學習因素、認知與信念因素、人格與壓力因素等（郭靜晃，2017）。

五、自我防衛機轉

以說謊來降低焦慮、維護自尊的作法，在心理學上稱為「**防衛機轉**」（defense mechanism），或「**自我防衛機制**」（ego defence mechanism）。個體在生活經驗中，為了應付或適應挫折與減低焦慮，會學習或採取某些適應行為，而這些適應方式在性質上是保護、防衛自己的安全，以免自己受到焦慮的痛苦或自尊受到威脅。「**防衛機轉**」是個人自我為應付「**本我衝動**」、「**超我壓力**」與「**外在現實**」情境要求等三個方面的心理調適及防衛手段，以減輕和消除心理緊張，保持人格結構的平衡。自我防衛機制雖是經由潛意識歷程來運作，但它是個人一種自我保護方法（車文博，1996）。

自我防衛機制有以下二個特徵：(1) 它們或多或少都有歪曲現實或否定事實的傾向；(2) 它們是透過「**潛意識**」層來運作。若是個人所作所為是經由意識層的覺察而保護自我作用歷程（例如為保護顏面或尊嚴而故意說謊的行為），並不算是防衛機轉行為（黃堅厚，1999）。根據安娜‧佛洛依德（Anna Freud；佛洛依德最小女兒）的論點，自我防衛機制（或自我防禦機制）有以下幾種（吳明隆等，2019；馬長齡等譯，2019；修慧蘭等譯，2013；駱芳美、郭國禎，2018）：

（一）壓抑作用

「**壓抑**」（repression）指將具有威脅性或痛苦的念頭與感情排除在我們的意識之外，而抑制到潛意識裡去的作用。壓抑是一種最基本的防衛方式，也是一種應用直接方式所進行的自我防衛，它是一種故意採用遺忘及抑制回憶的積極活動之心理歷程。壓抑可以讓個人對那些本是一目了然的情境視而不見，或者歪曲所見所聞，或者扭曲感官傳達的訊息，使自我不能意識到導致焦慮的事件或引發不安的事物（沈德燦，2005）。例如失去至親感到非常痛苦，故意不去想此事，表面上看起來好像已經走出喪親之痛，其實是把它壓抑在內心深處；小時候被虐待的兒童，長大後與人談論生活事件時，都會避開幼時的生活，將之壓抑在潛意識層中，但被壓抑在潛意識層的生活經驗對當事者長大的行為卻有重要影響。

（二）否定作用

「**否定**」（denial，或否認）為扭曲個體在受創傷情境下的想法、情感和感覺來逃避心理上的痛苦。例如接到親人過世的消息時完全否認此事，不相信它是真的，或是以「**那不可能發生**」來回應。日常生活中所謂的「**視而不見、聽而不聞**」的現象，也是一種否定作用。教育場域中學生車禍意外死亡，班級導師照往常把其坐位空出來，點名冊的名字依然有此學生的姓名，就是否認學生已經死亡的事實，藉由否定事件的發生來減輕心中痛苦。有不良習慣者（例如酗酒、從事風險行為等）會常說：「**我沒事**」、「**我很好**」等字詞來迴避生理健康的狀態，以否認問題的存在。

（三）反向作用

「**反向作用**」（reaction formation）為個人為了要對抗不為自己所接受的欲望或衝動，往往會積極地表現出與原意旨相反的行為或衝動，以極端仁慈的面貌來偽裝他內心深處的暴戾。反向行為及其情緒表達與真正的行為及情感流露是不同的，前者會給人一種過分、浮誇、做作的感覺。例如繼母內心不喜歡前夫的小孩，但外表顯示出來的行為卻非常溺愛他；一

位不喜歡校長強勢領導與不近人情作風的老師，反而讚賞校長是位友善且具同理心的領導者。

(四) 投射作用

「投射作用」（projection）將個人所不能接受的欲望或衝動，歸之於別人或周遭事物身上，**「投射」**對當事者而言是不自覺的，是一種**「自我欺騙」**（self-deception）的作用。例如將好色的、好鬥的或其他的衝動說成是**「別人擁有的特質」**，而不是自己。一位很想蹺課的學生勉強到了教室，看到還有很多同學還未到，就跟老師說：**「這些同學很不用功，連上學都遲到。」**一位國中學生很討厭某位任課教師（因為曾被老師公開羞辱過），反而告知同學，老師很不喜歡他，對他有成見。在行為表現上**「借題發揮」**、**「以小人之心度君子之腹」**、**「以五十步笑百步」**也是一種投射作用（黃西庭，1998）。

(五) 替代作用

「替代作用」（displacement，又稱轉移作用）為對於某一對象所無法直接表達的心理能量，轉移到另一個較安全、較能為社會接受的目標上，或將個人負向情緒轉移到第三者。例如把對上司的不滿情緒發洩在孩子身上；老師在家中與家人大吵一架後，到了教室將生氣及憤怒全轉移宣洩於學生身上；同學在校被老師責罵，回到家後攻擊玩具或貓狗。教育場域中可能的教師替代作用為：在家中與家人吵架 ⇨ 把怒氣轉移到違規學生 ⇨ 嚴厲責罰學生 ⇨ 學生放學攻擊他人或破壞同學財物。

(六) 合理化作用

「合理化作用」（rationalization）指個體製造**「好的」**理由來解釋並遮掩自我的傷害。合理化作用包括對失敗或損失的解釋，它使得某些特殊行為變得合理，並有助於緩和內心的沮喪與痛苦。合理化防衛機制可以找到讓自我接受、超我寬恕的理由，來解釋個人行為及事件結果。合理化的例子如小強很想參加這學期的校內專題研究比賽，但是沒有被老師選上，

小強每看到同學都說：「**學校的專題研究比賽，我一點興趣也沒有，下課後我還要去才藝班，如果老師選上我，我也不會參加。**」

合理化作用有三種情況：

1. 酸葡萄作用：例如買不起車時，會說是開車不方便，道路常塞車。

2. 甜檸檬作用（希望目的未達到，認為自己目前所擁有的更好）：開學教室分配時，被分配到老舊大樓，便將教室比喻為民宿，是很好的學習場域。

3. 推諉作用（把引起不安事件或過失推諉到第三者）：參加甄試失利，就說評分不公平，或是早已內定人選了。學生考試作弊，為減少心中的不安，會以「**作弊的同學很多**」、「**哪個同學考試沒有作弊過**」的話來合理化自己的不當行為。

（七）昇華作用

「**昇華作用**」（sublimation）將原本社會所不允許的衝動或欲望，轉變為社會認為是健康的，甚至贊許的方向，是一種最富建設性與價值性的防衛機轉。例如好鬥的人去從事警察工作，把精力放在保國衛民上；班級中有過動症的學生，鼓勵他們參加球隊或動態社團活動（例如拳擊活動或樂器打擊活動），讓他們好動的特質及體力有正當宣洩之處。

（八）退化作用

「**退化**」（regression）指行為模式重返早期的發展階段。「**退化**」又稱「**倒退**」，當事人為了引起他人注意或博人同情以減低焦慮，行為倒退至較幼稚或不成熟的狀態。例如媽媽生了老二之後，本來會自己吃飯的老大變成什麼都不會；高年級數學考試時，看到考題較難或不會的題目較多時立即大哭出來；國小新生被老師責罵後焦慮萬分，將大便直接大在褲子內或尿濕褲子。

（九）內化作用

「**內化**」（introjection，或內射）是一種個人吸收與鯨吞他人價值觀

和標準的過程，將重要他人價值觀與情緒態度內化形成超我的心理歷程，不一定表示認同對方，其型態可能為正向內射（楷模），也可能為負向內射，負向內射會造成個人不健全的人格。例如被虐待的兒童，全然接受父母用暴力來處理壓力的方式，結果造成他又毆打下一代小孩的惡性循環；小學一年級新生入學後常被老師責罵或處罰，之後求學歷程中會認為自己沒有價值，表現負向消極的求學態度。

（十）認同作用

「**認同作用**」（identification）可以增進自我價值感，避免失敗者的焦慮，它會以認同有名望的人事物來逃避面對自己不足的地方。例如追星族藉由認同偶像來提升自己的價值感；或是參加活動或宴會時，總要背個名牌包或搭配名牌衣服，來減輕自我焦慮，彰顯個人的價值。

（十一）補償作用

「**補償**」（compensation）為個人掩蓋本身知悉的弱點，或者發展某些正向的特質來彌補這些缺陷，以減輕其焦慮；「**補償作用**」是一種截長補短的方法。例如因車禍失去雙手，但努力成為一位口足畫家，來彌補身上的缺陷；某人因行動不便，但專心練習歌喉，成為社會上有名的歌手。

（十二）抵消作用

「**抵消作用**」（undoing，或取消作用、解除作用）為個體以象徵性活動或事情來抵消已經發生的不愉快事件，或先前不被接受的衝動或負向的行為，它有一種「**贖罪補過**」作用。例如某人做了錯事或壞事後，便採取修建廟寺或捐贈財物等形式，讓潛意識中的罪惡感獲得解脫，消除來自超我與外界的壓力（沈德燦，2005）；段考結束後班上英文成績不佳，任課教師很生氣地責罵班上學生，使用「**懶散、不認真**」、「**將來沒有前途**」等字詞，事後老師覺得會傷害同學自尊，下節課時改口「**老師是一時氣話**」、「**同學盡力就好**」；節慶過年之日，失手打破碗盤，為了消除不吉利的焦慮感，會改口說出「**歲歲（碎碎）平安**」、「**愈打愈發財**」等吉

利字詞。

（十三）隔離作用

「**隔離作用**」（isolation，或孤立）是使一件事情或衝動和其情緒分開或相隔離，避免情感涉入太深而傷害到自己，當事者會否定或遺忘出現在意識中的不安事件或衝動，由於個人將情緒隔離，會產生「**理性化**」（intellectualization）現象（黃堅厚，1999）。例如被判死刑者，會在聽完判決後出現不在乎的態度，並回應說：「**死刑有什麼好怕，十八年後又是一條好漢。**」

（十四）自我約束作用

「**自我約束作用**」（turning-against-self）是把個人衝動向內轉向自我，而不是向外發洩到某一對象，此種結果會導個體的心理不適、罪惡感、抑鬱及受虐癖的情感。例如某人在兒童時期十分嫉妒爸爸和姐姐的親密關係，長大後將憤怒情感轉向自我，產生強烈的自責、消極和自卑的情感（沈德燦，2005）。

六、諮商心理目標與方法

佛洛依德心理分析學派認為，案主的心理症狀或情緒困擾皆來自潛意識層，潛意識雖不為個體所覺知，但案主許多行為均與潛意識有關，隱藏在潛意識的需求與動機深不可測。諮商治療的首要目標之一，就是協助案主能意識到被壓抑在潛意識內的事物對其目前症候的重要影響，若能喚起潛意識中事件的記憶與感覺，對於治療有很大助益；目標之二為增強案主自我的發展，不要意氣行事、讓衝動的本我主導，或只聽從超我的權威指揮，能考量現實情況與限制；目標之三為幫助案主處理之前問題未能獲得解決事宜，疏通阻塞管道，讓案主之潛意識裡的東西能進到意識層內，成為有意義的事件（駱芳美、郭國禎，2018；修慧蘭等譯，2013；Corey, 2013）。

　　強調經由探索潛意識的訊息以找出解決問題的方法，是精神分析學派最常使用的方法，患者若能處理內在潛意識的衝突，就能提升個人的適應功能，當事人若能做到二點：一為將潛意識化為意識；二為強化自我功能，則個體的行為更能符合現實，少受本能衝動或非理性罪惡感所驅使。由於潛意識無法直接觀察，唯有透過行為來加以推論，在臨床上推論潛意識存在的證據包括下列幾點：(1) 夢的解析：夢通常被視為是潛意識的需求、欲望及衝突象徵的再現；(2) 失言及遺忘：例如講錯或遺忘一個原本極熟悉的鄰居玩伴名字；(3) 催眠後的暗示與表述的內容；(4)「**自由聯想**」（free association）技術所追溯到的素材（包含身體的知覺、感覺、想法、記憶、發生的事件及諮商師個人等）；(5)「**投射測驗**」（projective test）所得到的資料（例如羅夏克墨漬投射技術、主題統覺測驗）；(6) 精神疾病症狀的象徵內容（修慧蘭等譯，2013；Corey, 2013）。

　　治療的方法最常使用者主要有二種方式：

(一) 夢的解析（interpretation of dreams）

　　夢的解析為讓案主敘述其夢境，經由夢的解析，可以讓案主幼童時代的衝突、未竟事務或被壓抑的事件從潛意識中浮上表面。要幫助案主有所改變，必須處理其「**轉移**」（transference，或移情）的問題。所謂「**轉移**」（移情）作用，是案主會不自覺的將潛意識裡對幼年時期重要他人的感覺或幻想，投射到諮商者身上；移情含有個體之前未能解決或尚未克服，於現時生活中不斷重複出現的潛意識衝突（Corey, 2013）。移情作用有二種類型：一為「**正向移情**」（positive transference），指患者將其隱藏在心中對權威人物或重要他人的愛意與情感，轉移到治療師身上；二為「**負向移情**」（negative transference），指患者將其隱藏在心中對權威人物或重要他人的敵意與憤怒，轉移到治療師身上。二種移情作用都可以讓患者原本被壓抑的情緒糾纏被解脫出來（賴惠德，2019）。

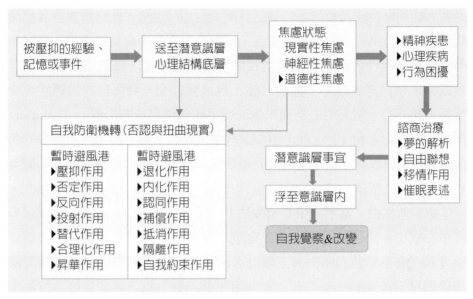

圖 7-2　精神（心理）分析治療的要義

（二）自由聯想法（free association）

自由聯想為案主在諮商者鼓勵下，於放鬆舒適情境中盡情述說出現在腦中的所有各種想法，無論內容為何都能完全表述出來。案主在這種聯想情況下，原存於潛意識中的東西都會不自覺的浮現出來，諮商者乃能發現案主症狀的背後問題所在（黃堅厚，1999；駱芳美、郭國禎，2018）。

精神（心理）分析治療的要義之簡要架構如圖 7-2。

貳. 個人中心治療法

「個人中心」（person-centered）諮商學派的代表學者為羅吉斯（C. Rogers）。羅吉斯提倡「自我觀念」（self-concept）、積極關注與自我一致性在學習過程中的重要性。自我觀念是個人對自己的認識與看法，它是從生活及學習環境中，由別人對自己的評價而逐漸形成的；積極關注是個人主動去關心與協助別人，這是一種無條件的愛與付出；自我一致性指的

是個人能夠自我統合和諧，沒有自我衝突的心理現象，此時真實自我與理想自我間不會出現不一致性的情況。學生在教育愛中成長與學習，受到老師與同學無條件的關注，老師能接納尊重每位學生，就能培養正向的自我觀念，學習充滿信心，進而自尊、自重與自愛，發揮自我的潛能（葉重新，2005）。個人中心諮商學派的應用如「**情緒焦點治療**」（emotion-focused therapy; EFT），此治療強調理解情緒在人類心理運作所扮演的角色，以及情緒改變在諮商治療中的重要性。EFT 的設計歷程在於幫助個案更能覺察個人情緒，進而以建設性方式運用情緒（修慧蘭等譯，2016）。

羅吉斯提倡「**當事人中心治療法**」（person-centered therapy，或以人為中心療法），他稱受助者為「**案主**」而非「**病人**」或「**病患**」，稱受助者為「**案主**」乃表明對尋求協助者的尊重。諮商過程中，諮商師扮演「**催化員**」（facilitator）角色，與案主共同努力以達諮商目標，協助案主發展潛能；此外，個人中心治療也倡導「**會心團體治療**」（encounter group therapy，或交朋友小組治療法），是一種非指導式的治療（non-directive counseling，或非指導性諮商），強調治療師本身的態度和個人特質，強調治療「**關係**」才是決定治療效果的最重要因素（車文博，2001）。諮商師的功能任務為：(1) 幫助案主與潛在的自己接觸，以了解真正的自己；(2) 協助案主能夠在自在與自願情況下接受別人的關懷；(3) 幫助案主建立正向自我認同，學會喜歡自己；(4) 幫助案主了解與發覺自我的人格核心是積極正向、富有成長動力及社會性、合理與真實的；(5) 幫助案主以真正的自己來經驗自己，鼓勵案主接觸到真實的自我（駱芳美、郭國禎，2018）。

個人中心取向強調當事人有能力整合自身擁有的資源去和他人互動，能朝著建設性的方向前進，並能克服阻擋他們成長的內在（來自個人）及外在（來自環境）障礙，經由自我覺察及自我反省，個體學會自我抉擇。當事人是他們自己內在的專家，可以作出有效改變（修慧蘭等譯，2016）。當事人中心治療法的特點或要義如下（車文博，2001；駱芳美、郭國禎，2018；修慧蘭等譯，2013）：

一、人性假設

堅持「**人之初、性本善**」，堅信人具有完善機能與自我實現的傾向（行為主義環境決定論的人性假設為「**人之初、性本無**」；精神分析學派的人性假設為「**人之初、性本惡**」）。每個人都有追求自我實現導向的內涵有四：(1) 人們是主動追求目標而非被動等待的；(2) 每個人的行為是目標導向的；(3) 當個體願意改變時，行為就有改變的可能；(4) 每個人都有解決問題的能力，這些能力與個體自信心有密切關聯。羅吉斯相信，面臨困境的案主與在暗室裡能發芽的馬鈴薯一樣，富有活力與自我發展潛能，只要提供積極正向的環境，潛能都能發揮出來。

二、哲學基礎

堅持存在主義和現象學的立場，重視當事人的主觀現象世界，其主觀經驗世界是他的真實之存在，當事人只有「**進入**」他的現象世界才能理解（行為主義堅持 S-R 式的機械唯物論及邏輯實證論；精神分析學派堅持唯能論和精神決定論——用精神能量解釋人的心理和行為）。由於每個人都是獨特個體，可能遇到瓶頸如：(1) 誤把別人的觀點視為是自己的價值觀；(2) 每個人從與環境互動中會形成自我架構，之後與自我架構不吻合訊息常會被個人忽略；(3) 帶給個人威脅感的訊息常常會被個人否定。羅吉斯認為個體要堅信自我、接受自己，不要只為了符合他人期望而活。

羅吉斯認為「**自我**」（self）是人格的核心，「**自我**」是人格形成、發展和改變的基礎。隨年齡增長個人「**自我概念**」（self-concept）也隨之擴展，個人的自我有二種：一為「**真實自我**」（real self；真實存在的自我，個體目前的實際情況），一為「**理想自我**」（ideal self；期望中的自我，希望將來的形象自我）。當理想自我接近而稍高於真實自我的情況下，個人的人格會比較穩定；當二者之間無法和諧，產生衝突，就會出現心理異常或人格障礙。羅吉斯認為人類幼時受到父母撫養、關懷、接納與保護等過程，會自然形成人格成長的基本需求，此種需求稱為「**積極關注**

需求」（need for positive regard），個人之積極關注需求獲得滿足後，就會有自我實現的需求（張春興，2003）。羅吉斯認為自我概念會直接影響當事人對世界與自己行為的認知，但不一定能真實反映「**真實自我**」，常用的自我概念的測量方法有「**訪談法**」（interview）與「**Q 分類法**」（Q-sort method）。

三、角色扮演

治療者把自己的工作和服務對象稱為「**案主**」、「**來訪者**」、「**當事人**」（client），而不是以「**病人**」（patient）、「**患者**」或「**病患**」來稱呼他們。心理醫生稱為「**促進者**」（facilitator）而不稱為「**治療者**」（therapist）。當事人是自己問題的專家，有能力找到解決自己問題的方法，治療歷程中有其主體地位與決定作用（行為主義治療者把人視為被動的裝置或大白鼠；精神分析學派把人視為一個受個體本能支配的低能弱智的生物）。

四、諮商者與案主關係

諮商者與案主（來訪者）關係為朋友與夥伴，不是專家或權威之支配者與處於消極被動的被支配者，諮商者主要致力於幫助創造一種讓案主能夠自由體驗情感、探索自我的氛圍，建立和發展雙方之間的情感交流。促使案主人格改變的是治療者本身的態度，而不是其知識、理論或技術，治療者與案主的關係是「人—人」的層次關係（person-to-person level），而非治療者與患者關係，治療者與當事人（來訪者）的關係是「**平等的**」。治療的成效基於當事人的二種知覺：一為其在治療過程中的感受經驗，一為諮商員本身的態度。

五、實施方法

強調尊重、寬容、理解、鼓勵，整個過程關注於「**此時此地**」，創造良好的心理氛圍，不解釋、不加以指引、不重視過去、不下診斷等，此

種治療觀類似人生哲學，有點像禪宗讓修行者「**自悟**」法（行為主義採用獎懲等行為控制手段治療當事人；精神分析學派為患者解釋早年被壓抑於潛意識中的經驗和欲望）。幫助人們成長的要素有四項：「**真誠**」態度、「**接納**」對方（無條件與積極尊重）、以同理心「**了解**」對方、「**自由**」的思考空間。

羅吉斯從臨床經驗中發現每個人都有追求成長的潛能和傾向，如果個體的心理環境健康，個人真正的能力就能表現出來，「**個人中心**」（person-centered）學派屬人本主義的論點，治療目標為幫助當事人更為統整、獨立。一般性的治療目標不在解決當下的問題，而是協助當事人成長，如此他們便能克服現在與未來所面臨的問題，並使個人往後能充分發揮其自我功能，邁向自我實現之路。這種人會有以下的幾項特質：(1) 對個人經驗開放；(2) 過誠摯的生活；(3) 信任有機體（相信自我）；(4) 有一個內在評價系統；(5) 有繼續成長的意願，為求自我實現而不斷努力（修慧蘭等譯，2013；Corey, 2013）。

個人中心治療的諮商目標著重於個體的獨立性及個人的統整，治療的焦點放在「人」上面，而不是案主當下所面臨的「**問題**」。治療目標在於提供安全氣氛，幫助當事人成為「**功能完全的人**」（fully functioning person），一位功能完全發揮的個體能領悟到自己的價值與信任自己，此種個人因已揭下面具，能體認真實的自我，它有幾個特質：(1) 擁有自由選擇的能力，並為選擇負責；(2) 能善用環境資源，具有創造能力；(3) 知道如何與人良性互動，是位值得他人信賴的人；(4) 勇於接受挑戰並從經驗中學習，促使人生更加豐富。個人中心諮商的主要目標如下（馬長齡等譯，2019；駱芳美、郭國禎，2018；Kirchenbaum, 2009）：

(一) 幫助個體成長

諮商不是替個體解決某個特定問題，而是在幫助個體成長，讓他們有能力解決目前遭遇的問題及未來可能面臨的問題，其中關鍵為個體追求成長的意志，擁有健康和適應的動力。

（二）聚焦情緒情況

諮商過程關注的是個體的「**情緒狀態**」而不是「**個人智商**」程度，認為對當事人進行心理診斷是沒有必要的。

（三）強調目前狀態

諮商歷程中強調的是個體「**目前的狀況**」，而不是他們過去的歷史或之前行為。個案目前的心理狀態是一種無助、恐懼、焦慮或煩惱，知覺理想自我與真實自我間的「**不一致**」（incongruence）。

（四）重視人際關係

重視諮商關係的重要性，因為諮商關係本身就是一個成長的經驗。羅吉斯強調治療師與案主的溝通過程中二者關係的「**一致性**」（congruence），二者能夠彼此相互影響，使案主能參與其中。這是個案改變的必要條件之一，稱為「**心理接觸**」（psychological contact）。

（五）關注自我指導

個人中心心理治療的治療目標來自「**個案**」，而非治療師，讓案主能從開放的態度去體驗與信任自己，成為「**真實的自我**」。由於強調自我指導，個人自我知覺更為實際，更能減少防衛心理，有利問題解決。諮商員的特質與諮商關係為治療的基礎，才是治療有效的主要因素，技術則是其次的。

六、治療者需要的核心特質

羅吉斯認為有效而正向的人格改變只會發生在正向關懷之中，個人中心治療法認為諮商員要具備的三項「**核心條件**」（core conditions）為「**真誠一致**」（congruence）、「**無條件積極關注**」（unconditional positive regard）與「**同理心**」（empathy；設身處地理解）。人格與心理治療過程中讓當事人改變的要件，除三項核心條件外，還有三項配合條件：(1)諮商師與「**來訪者**」彼此能相互影響的關係，此關係稱為「**心理接觸**」

（psychological contact）；(2) 來訪者實際體驗與個人知覺呈現「不一致」（incongruence）情況，此時來訪者的心理爲無助，感受到焦慮、恐懼或煩惱；(3) 案主自己能感受到他被了解與「**接納**」（accept），眞心的以口語或非口語型態表現，此結果稱爲「**同理與接納的知覺**」（馬長齡等譯，2019；修慧蘭等譯，2013；Corey, 2013）：

（一）眞誠一致

「**眞誠一致**」是最重要的態度，它包括治療者的「**眞誠性**」（genuine）與「**一致性**」（congruence）。治療者內在經驗與外在表現一致，他們是可靠的、眞實的、沒有虛僞的。治療者會以自發、開放的態度，向當事人表露其感覺與情感，可促進當事人進行誠實的溝通，在治療過程中表達各種情緒與感受。「**眞誠**」並非指治療者向個案坦露所有的感覺，而是治療師能夠觸碰自己的感覺，在適當時機顯露出來，藉以增進治療的關係。

（二）無條件的積極關懷與接納

透過行動讓當事人了解，治療者重視他、關懷他，他可以自由表達其感受與經驗，而不會失去治療者的接納。治療者要傳達給當事人的態度是深度而眞心的關懷，對個案無條件的接納，欣然接受個案原來的面貌，此種對人的關懷稱爲「**無條件的正向關懷**」（unconditional positive regard）。治療師能接納個案是獨立個體，就不會以正向或負向特質去評斷他，價值條件是他人加諸的，並不是由治療師促發的。

（三）正確的同理心

「**同理心**」（empathy）爲與當事人共同了解他內心的主觀世界，了解當事人所說的話（初層次的同理心），更進而進入當事人的主觀經驗，將其模糊不明、未表達出來的想法感受說出來（高層次的同理心）。正確的同理心是個人中心諮商取向的基石，有正確同理心的諮商者才能感受到當事人感受的經驗，自己彷彿身歷其境但又不會迷失在情感之中。此外，

個案自己也必須以某種型態感受到他被了解與接納，當有同理溝通與被接納的察覺，個案的改變才有可能。同理心不同於「**同情心**」，同情心指能主觀地體驗到他人內心的感情（例如快樂或痛苦），同理心則是設身處地以別人的立場去體會當事人心境的心理歷程（車文博，2001）。

羅吉斯堅信明顯而正向的人格改變只發生在「**關係**」之中，即治療者與當事人的關係。肯恩（Cain）認為治療者與來訪者的關係有六個內涵（修慧蘭等譯，2016）：

1. 治療者與來訪者（當事人）有心理上的接觸，處於平等關係。

2. 來訪者（當事人）有「**不一致**」或焦慮的行為。

3. 治療者在關係中是一致的或是真誠的，此種一致或真誠能讓來訪者感受到。

4. 治療者能夠表達出對來訪者無條件的正向關懷（積極關懷）。

5. 治療者能夠同理了解來訪者的內在參考架構，並努力把這樣的感受傳遞給來訪者。

6. 治療者能將他的同理了解與無條件積極關懷，在一定程度上傳送給來訪者知道。

個人中心治療要義如圖 7-3。

參. 認知治療法

一、基本要義

「**認知治療**」（cognitive therapy; CT）學派的代表學者為貝克（A. T. Beck），貝克認為認知決定我們的感受與行為，矯正當事人錯誤的自我思考（負向自動化思考，即非理性信念），可有效減輕其情緒困擾問題。認知治療屬於心理教育模式，是一種學習的歷程，貝克認為有情緒困擾者常伴隨有「**邏輯錯誤**」，因而會延伸錯誤的假設與不正確的觀念，稱為「**認知扭曲**」（cognitive distortions），為經由特殊的刺激自動引發個

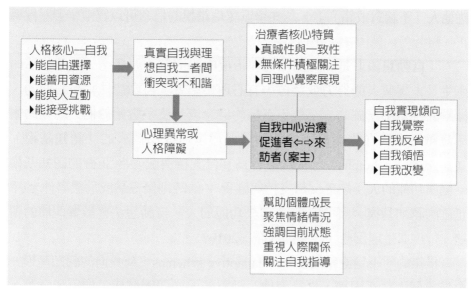

圖 7-3　個人中心治療要義

　　人獨特的想法，因而導致特殊的情緒反應，此種思考稱為「**自動化思考**」（automatic thoughts，或自動想法），情緒困擾者的自動化思考為一種負向的自動化思考型態（修慧蘭等譯，2013；Corey, 2013）。

　　貝克的理論以「**認知模式**」（cognitive model）為基本架構，根據可觸及的程度分為不同層次，意識層中的自願性想法最易觸及，較難觸及的是「**認知組織**」（cognitive organization）層中的「**自動化思考**」（automatic thought）、「**中介信念**」（intermediate belief）與「**核心信念**」（core belief）。「**核心信念**」是人們用來界定自我的中心概念，源自於早期經驗的累積，偏差的核心信念會讓當事人有無助或不被愛的感覺，長期下來信念扭曲的認知會導致個人的情緒困擾。「**中介信念**」包括對人事物的態度、基本假設及規範與原則，人們經由中介信念來評價自己與他人，例如幼年時常被挑剔，存有「**失敗、被拒絕**」的偏差核心信念者，中介信念中的態度為「**被拒絕是很可悲的**」；錯誤假設為「**只要努力聽從他人，就不會被拒絕**」；規範與原則為「**為了不被拒絕，必須事事順**

應他人（不論對或錯）」。認知學派認為錯誤的信念可以經由學習歷程導正（駱芳美、郭國禎，2018）。

「**自動想法**」是貝克認知心理治療中的一個重要概念，此種想法的產生是未經個人的努力或選擇，有心理疾患者其自動想法常是扭曲的、極端的或是不正確的。這些不正確的信念或想法多數始於個人幼年的生活經驗，之後在生命歷程中持續發展形塑而成為個人的「**認知基模**」（cognitive schemas）。簡要歷程為父母支持與關愛 ➾ 正確的認知基模 ➾ 健康功能的人；缺乏父母支持與關愛 ＋ 幼時創傷經驗或危機事件 ➾ 不正確的認知基模 ➾ 不健康或心理失功能的人。自動想法會影響個體的情緒、行為與生理反應（馬長齡等譯，2019）。

早年的「**不適應基模**」（maladaptive schemas，或負向的認知基模）會造成個人生活困擾，之後與他互動不佳，遭遇困難或工作不如意等，會讓基模更活躍，個人負向情緒反應會愈強烈。這些不適應基模有五大類型：(1) 需求無法與個人聯結，或預期無法得到安全、關懷、接納與同理的需求；(2) 自主與表現無法獨立發揮功能，之前因曾經失敗，個人也認為一定會繼續失敗；(3) 與他人互動的界限無法掌控，個人在尊重別人的權益、與人合作、控制自己的行為有很大困難；(4) 「**他人為上**」（other directedness）信念，把別人需求置於個人需求之上，以得到他人的關愛；(5) 過度警戒與壓抑，個人必須壓抑自己的感覺與選擇，或盡量去達到他人對自己的高度表現之期望，因為無法達成而常會擔心和焦慮。有憂鬱症的患者常伴隨負向的認知基模（馬長齡等譯，2019）。

二、認知扭曲

認知諮商學派強調個人心理問題或情緒困擾並不是來自所處情境，而是導因於個人本身邏輯推理的錯誤，即所謂的「**認知扭曲**」或負向自動化思考。負向自動化思考（常見的錯誤基本假設）有以下幾種（修慧蘭等譯，2013；駱芳美、郭國禎，2018；Corey, 2013）：

（一）武斷的推論

「**武斷的推論**」（arbitrary inferences，或稱不當的推論、過度主觀的推斷）指沒有充足的證據就驟然下負向結論。當事者此種認知扭曲會在大部分情境中認為事件都會發生最糟糕的狀況，例如期末考考完時，只因一題不會，就認為自己此門課程一定不及格；到一個新單位報到，只因同事還不認識你，與你互動不熱絡，就認為同事都不喜歡你；小明聽同學說他的女友與一位男性在文化中心狀似親密地談天說笑，就認為女友移情別戀，愛上別人了；班上新轉來的同學成績表現不錯，在走廊上沒有跟小強點頭微笑，小強回到教室後認為新同學討厭或瞧不起他。

（二）選擇性斷章取義

「**選擇性的斷章取義**」（selective abstraction，或選擇性的抽象化）指未顧及整個背景的重要意義，當事者未能就事件作全盤考量，只以整個事件的部分細節作結論。例如每個學習領域學期成績只有一個甲等，其餘都是優等，就沮喪萬分，終日惶恐不安；老師告訴小明，如果他期末考不好好努力，就有可能會被當掉，結果小明就認為老師要把他當掉了，之後的學習惶恐不安。

（三）過度類化

「**過度類化**」（overgeneralization）指將負向信念推論至不適當的環境或事件中，當事者只根據一點點的資料或訊息，就作出超出科學證據的結果。例如課堂分組報告中老師給了一個批評性的意見，小組成員就推論說老師對組別同學有意見，之後的分組報告老師也不會給予肯定與給予高分；小明只是失戀（或被對方拒絕），結果他就認為自己在功課、人際等方面都表現不好，是個澈底的人生失敗者（其實小明在之前的功課或人際關係表現都很好）。

（四）誇大與低估

「誇大與低估」（magnification and minimization）指過度強調負面事件的嚴重性，或低估事件的重要性（將事件重要性打折）。有此錯誤認知信念者往往很難接受他人的讚美，也較會看輕自己所獲得的成就，認為他人的讚美是一種善意謊言，而否定自己真正的表現。例如獲得他人讚許時，當事者會說：「這沒什麼了不起，多數同學都會。」

（五）個人化

「個人化」（personalization）為將負向外在事件毫無理由地與自己作聯結，個人所思所想的都是自己，因為太在乎自己，無法從客觀角度來看待別人與自己的關係，對客觀的環境無法有正確認知。有「個人化」認知扭曲者往往有「都是我害的」、「都是我造成」的想法。例如英文老師課程遲到 20 分鐘，當事者認為是上次他與老師課堂衝撞造成的，使得老師不高興才延遲進到教室（實際上是老師與主任在討論英文成果展覽事宜）。

（六）標籤化或錯誤的標籤

「標籤化」（labeling）或「錯誤的標籤」（mislabeling）指僅以一點小小的缺失或錯誤，就給自己貼上負面的標籤或標記。例如大隊接力比賽時，只因不小心掉了棒子，被別班同學追上，就一直認為自己是個沒有用的人，連跑步都會輸人家，自己真的是一無是處。

（七）極端化思考

「極端化」（polarization）或稱「二分法的思考方式」（dichotomous thinking），指思考或解釋事情時採全有或全無的二分法，事件不是「對」就是「錯」，非黑即白。例如考試沒有考到 90 分以上就是失敗者；參加科展比賽沒有得到前二名就是輸家。

（八）災禍來臨了

「災禍來臨了」（catastrophizing）指當事者會把發生的事件都想到最壞或最差的可能結果，即使發生的事情沒有太嚴重，個人也會先驚嚇自己。例如看到颱風警報就覺得自己沒有明天，大災難要降臨自己身上了。

三、諮商目標與方法

理情行為諮商學派的諮商者較常扮演教學者的角色，採用指導性、說明性方法，配合示範理性的思考方式，幫助當事人確認其非理念信念，說服當事人能加以駁斥。認知學派的治療方法採用蘇格拉底式的「**對話方法**」（dialogue），用開放式問句幫助當事人反思個人的錯誤信念，讓當事人知道其想法是「**較不正確**」而非「**不理性**」的，進而作出正確的評估與修正，歷程要採用行為實驗證據來檢證想法的正確性與否。其諮商目標有四：(1) 幫助案主找出目前最急迫的問題，教導其預防再犯的策略；(2) 鼓勵案主辨認出其自動想法，探究影響自動想法的核心信念與中介信念；(3) 採用閱讀治療與家庭作業等策略，協助案主找出替代性想法，重新建構新的信念；(4) 幫助案主找出與改變被扭曲的認知，以正確而合於現實情況的觀點來看待事件（修慧蘭等譯，2013；Corey, 2013）。

認知學派中，諮商師與案主是一種平等合作的關係，二者是合作夥伴關係。貝克認為治療關係品質（建立合作關係）是有效治療基礎，此種治療過程稱為「**合作經驗主義**」（collaborative empiricism）（Corey, 2013）。諮商過程中諮商師扮演的角色為提問者、催化者與引導者。諮商師以問問題及引導式方法，協助案主之前意識未察覺的事項，鼓勵案主找出心中不符合邏輯性的想法或錯誤的認知為哪一個，進而幫助案主以邏輯性的推理，判斷自己想法的適切性，修正錯誤的認知，自己成為治療自己情緒困擾或心理疾病的治療者（駱芳美、郭國禎，2018；Corey, 2013）。

認知治療的理論架構簡要統整如圖 7-4。

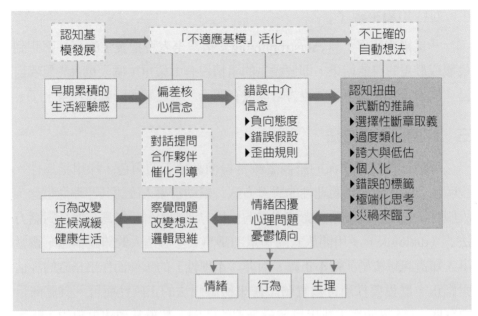

圖 7-4　認知治療的理論架構

肆. 完形治療

一、基本前提

　　皮爾斯（F. Perls）將完形心理學概念應用於諮商治療領域，稱爲「**完形治療**」（Gestalt therapy），是一種體驗式治療。完形心理學重視學術和經驗，強調知覺與整體；完形諮商進一步將它應用到心理治療的範疇。皮爾斯採用「**完形**」（Gestalt）一詞，個人的完形表示一個人達到自我實現時，人生就達到圓滿境界。就完形諮商而言，案主能夠接受自己兩極端人格特質並加以統整，人格的完形就是圓滿；當人們能負起責任並完成任務，就達到「**行爲完形**」（behavioral Gestalt）。完形諮商的應用奠基於五個「**基本前提**」（basic premise），爲「**組織性**」（organize）、「**平衡作用**」（homeostasis）、「**整體性**」（holism）、「**場地理論**」

（field theory）與「**形象及背景**」（figure & ground）（駱芳美、郭國禎，2018）：

（一）組織性

人類能將所見的無關聯的單獨個體，組織成一個有意義且是整合的形式體。

（二）平衡作用

人們具有「**自我調整歷程**」（self-regulation process，又稱適應）的能力，所有行爲都是以追求平衡、確保需求獲得滿足爲主要導向。當原有需求、知覺或是興趣被擾動時，個體會採取行動及進行接觸讓它重回平衡，進而達到改變與成長。

（三）整體性

人是一個整體性，任何分割都會破壞它的本質，部分組成的整體是一個全新的事物，其功能與原來部分功能是全然不同的。

（四）場地理論

人的行爲是個人與環境交互作用結果，了解有機體必須由其所處環境、脈絡情境整體檢視，才能有完整而清楚的知悉。

（五）形象及背景

形象爲當事者經驗範圍內能注意察覺的事物，未能注意察覺的部分即爲背景，形象與背景會互換，視個體當下的「**需求**」而定。

二、覺察與接觸界限的困擾

「**覺察**」（awareness）是完形治療中重要的一環，代表接觸個人自己的內心，以及他人和其他對象的接觸。完形治療學派將覺察分爲四種：

1. 對於感覺和行動的覺察（awareness of sensations and actions）：指

個人透過看、聽、摸或其他感官來感受，進而經由動作、聲音、表情等來表達自己。

2. 情感的覺察（awareness of feeling）：為個人對自己情緒感受及生理感受的覺察，例如緊張時手心冒汗，或事件未順利完成時眉頭深鎖。

3. 欲望的覺察（awareness of wants）：為個人能覺察到希望發生但尚未發生的未來事件的欲望，例如希望中樂透，或研究所能順利畢業。

4. 價值觀及評估的覺察（awareness of values and assessments）：此覺察最為廣泛，包括個人如何評估他人、社會或靈性議題，以及其他對於事件的評估等。

覺察關注的是「當下」事件，而非記憶中的事物。當個案能充分自我覺察，則能自行探索接觸界限的困擾，進行自我調整，朝向自我實現目標邁進（馬長齡等譯，2019）。

完形治療學派不是一個「目標導向」的治療方法，治療的有效性包含六個重要元素：(1) 持續性的經驗；(2)「當下」（here and now）；(3)「改變的矛盾理論」（paradoxical theory of change）；(4)「實驗」（experiment）；(5) 真誠的接觸；(6) 歷程取向的診斷（Corey, 2013）。完形治療的改變概念稱為「改變的矛盾理論」，此原理主張：改變往往發生在個體想成為他自己的時候，而不是他想要成為另一個人的時候。當事人與其改變自己，變得脫胎換骨，不如盡可能地充分覺察自己各方面的體驗，如此之後，加上個體信任身為有機體的自我有調節的歷程，才能達到真實的改變，對自己有真實的了解與覺察，達到「自我實現」（self-actualization）改變，而非是「自我意象實現」（self-image actualization）的改變。個人的改變並不是消極禁止，而是採用積極行動策略，讓當事人明白成長與改變是經由持續不斷的覺察、接觸與同化所產生的自然過程（張莉莉譯，2010）。

完形治療者也重視個人要發展與他人有效「接觸」（contact），當接觸發生就會出現自我感，以及一種影響界限的感受。許多自閉症與過動症學童對於接觸界限掌握有困難。皮爾斯認為有效的接觸有五種神經

質層次，為了心理的成熟度，個人必須拋開這五層的束縛：(1)「**虛假**」
（phony）層次；(2)「**恐懼**」（phobic）層次；(3)「**僵局**」（impasse）層次；
(4)「**內爆**」（implosive）層次；(5)「**外爆**」（explosive）層次。「**僵局**」
為個人能量被阻擾，害怕改變；「**內爆**」為可經驗自己感受，開始覺察真
實的自我，但無法有效處理情感；「**外爆**」為率真而不虛假的，人們要活
出自我，必須經驗此一爆炸歷程，親身經驗的挫折感對個人而言也是一種
成長（馬長齡等譯，2019）。

　　完形諮商學派認為覺察是一種體驗的形式，一個有覺察的人能知道自
己在做什麼？應該怎麼做？也能了解自己有選擇的自由，個人可以選擇成
為他自己（Yontef, 1993）。覺察在「**接觸界限**」（contact boundary）上
具有同化與成長的力量，也是人們自我了解、選擇與創造的能量。皮爾斯
將覺察區域定義為三種界限：「**內界**」（inner zone）、「**外界**」（outer
zone）與「**中界**」（middle zone）（張莉莉譯，2010）：

　　1. 內界：為當事人的內在世界，此區域是治療師無法感受到的部
分，它包括一些主觀的現象，例如當事人的「**身體情感狀態**」（bodily-
affective states）、內臟感覺情況、肌肉的緊張或鬆弛、心跳、呼吸等。把
當事人的注意力導引到自己身體的感覺與知覺上，可以提高當事人對內界
的覺察，例如「**你現在感覺如何？**」「**我察覺到……**」「**我注意到……**」
等。

　　2. 外界：指當事人與外在世界接觸的覺察，包括感官之「**接觸功能**」
（contact functions）、所有行為或動作等。與外界覺察可以轉換為體驗，
讓自己覺察可以選擇，並改變行為。此部分的覺察為自己正在做什麼？個
人行為帶給自己與他人有何影響？

　　3. 中界：為內界與外界間的協調角色，由個人的思維、記憶、幻想
與期望所組成，中界也包含自我設限的想法與對環境固著的理解方式。中
界主要功能為組織個人的體驗，讓體驗變成有某種程度認知與情感性的
理解，常以「**你如何解釋？**」「**你如何理解？**」「**你對事件有何看法或期
盼？**」等字詞得知此部分的覺察。

根據完形諮商學派論點，個人心理困擾的緣由主要有二大因素（馬長齡等譯，2019；張莉莉譯，2010；駱芳美、郭國禎，2018；修慧蘭等譯，2013；Corey, 2013；Perls, 1973）：

（一）未竟事宜

當影像從背景中浮現出早期沒有完成或順利解決的事宜，會讓個人耿耿於懷，造成不可預期的情緒經驗，例如怨恨、憎恨、痛苦、罪惡感、恐懼、焦慮等，這些情緒未被充分地覺知，還只停留在背景中，阻礙到個人與自己、他人及環境的互動，因而形成所謂的「**僵局**」（impasse）。此種僵局引發的心理困擾會表現於肢體語言上，治療者的任務就是協助當事人打破「**僵局**」，從身體的體驗開始，面對事實處理「**未竟事宜**」（unfinished business，或未完成之事）。經由未完成事件的概念，可以讓個體覺知過去如何影響現在，過去及未來的事件都是透過「**當下**」（here and now）而被看到，治療過程在於幫助個案經驗自我接納、覺察當下，以及對衍生的經驗許下承諾。

未竟事宜是當事人尚未得到圓滿解決或結束的一個過去情景，特別是遭遇創傷或艱困的情境，如何讓當事人把未竟事宜從背景浮現變成圖像，相關的作法是從背景探索開始，包括未竟事宜的起因、歷史淵源、支持未竟事宜的信念、內攝等，只有經過大量探索，使問題或不適感加深之後，未完成的情境才可能浮現。其次是面對議題或僵局，僵局狀態一方出現成長、擴充與改變的驅力；另一方則出現抗拒改變、持續採用原始性的創傷調適法。最後，是利用想像或極性（好與壞、健康與不健康等）來進行治療（張莉莉譯，2010）。

（二）接觸或抗拒接觸

完形治療過程中，「**接觸**」（contact）是改變與成長的必要條件，有效接觸的條件是有清楚的覺察力、充沛的能量及自我表達的能力，正確的接觸是思考層次的接觸。「**接觸界限**」（contact boundaries）強調的是一

種健康的「**界限**」，它是一種和他人或其他物體聯結或分離的過程，此種界限包括「**可聯結**」（to connect）與「**能分離**」（to separate），此種接觸是知所進退或進退有據。人際接觸不順暢會產生抗拒接觸情形，抗拒通常是在個人尚未覺察到就忽然發生的，它會導致失功能行為出現。個體若是和物體或他人的接觸受到抗拒，個人與物體或他人的互動會有下列的表達方式：

1. 內攝－被動接受者：「**內攝**」（introjection）為不假思索地接受他人的觀點及所設立的標準，自己沒有主動思考需要的是什麼，只是全盤吸收外在所在資源，類似囫圇吞棗。例如孩童常常把父母親的意見當作是事實而非是一種價值信念，「**晚上九點以前要回家**」、「**不要到河邊玩耍**」、「**不能依靠別人**」等都是內攝實例。內攝連續譜的另一端為「**拒絕**」（rejection），習慣性拒絕被視為缺乏信任、反抗或過度自我依恃者。

2. 投射－怪罪他人者：「**投射**」（projection）為把自我不喜愛或摒除的人格特質推卸給他人及環境，即使是自己犯錯，也會將罪惡或憤怒感責怪到別人身上，個人以無辜者姿態怪罪他人，此時容易看到他人身上也有與自己一樣的特質，但被自己拒絕、否認。投射連續譜的另一端為「**擁有**」（ownership），過度的擁有會讓個人承擔不屬於自己的責任，表現出自責或極端的罪惡感。

3. 迴射－轉向自己者：「**迴射**」（retroflection）為個人想要對他人做的事，轉回給自己做，或是把想要別人為自己做的事，轉為自己對著自己做。生活事件中常希望他人幫忙時，反而說「**這件事我可以自己來**」，就是迴射。有憂鬱症或自殘行為者，常是抑制自己不對環境作出任何反應，將箭頭轉向自己者。迴射連續譜的另一端為「**衝動**」（impulsiveness）或「**不受限制的表達**」（unrestrained expression），最佳情況下，它是行為與自發性內在動力，但不適當的情感表達或衝動行為，會為自己或別人帶來傷害，例如出現暴力行為。

4. 偏離－分散注意者：「**偏離**」（deflection）為個人意圖經由過度

的幽默、不斷插話、不說重點，或極度詼諧方法來避免與他人及環境的接觸，與他人講話喜愛亂提出問題、不就事論事、偏離主題，它是一種混亂的歷程。例如治療過程初期，案主抽象地描述他們的問題，或提及不相關問題，或將自己形容為另外他人等，均是一種避免接觸行為。偏離是一種主動迴避覺察的過程，當事人會對治療介入策略素材置之不理。偏離連續譜的另一端為「**接受**」（reception），接受過多的刺激無法讓個人作出選擇，可能表現出無所適從或優柔寡斷的言談方式，有些精神疾患者就是接受過度刺激，喪失形成有意義完形的能力。

5. 融合—順勢而行者：「**融合**」（confluence）為將自己與他人的界限混淆，將界限變得模糊，誤認自己內心經驗與外在現實環境是沒有距離的，知覺他人的情緒與想法都與自己相同，很少與人發生衝突，也很少發脾氣，「**你中有我**」、「**我中有你**」，都是缺乏區分人際界限的能力。盲目跟從他人，無法將個人真正的感覺及想法說明，此種抗拒接觸的個案，諮商師常會問：「**你現在在做什麼？**」「**你此刻經驗到什麼？**」「**你現在在想什麼？**」融合連續譜的另一端為「**退縮**」（withdrawal），習慣於退縮模式者，可能用隱喻來形容自己，例如感覺自己像個外星人，或說自己困於虛幻世界中。

三、諮商心理目標與方法

完形治療者重視個人的自我探索，且認為當事人有能力自行探索出阻礙其覺察與經驗的是什麼，他們強調的是此時此刻，我與汝對話及身體語言線索（尤其是非語言線索）。完形治療的目標在於協助當事人獲得更多覺察，進而能擁有更多選擇，覺察就是去經驗「**當下**」，「**當下**」即此時此刻的所有事件與生活點滴，覺察包括對環境的理解、對自己的覺知。缺少覺察，個體就不具備人格改變的動力，個人潛能就無法發揮。完形治療學派認為協助當事人知道自己的覺察歷程，當事人就同時具備負責、選擇及辨識等能力。當事人自我覺察時，未竟事務就能一一浮現出來，也能察覺自己「**能量**」（energy）所在，這些能量如何被使用及是否遭到「**阻塞**」

（block；能量被卡住——能量被凍結為一種抗拒方式）。當個人能特別留意阻擾其困擾的事件或挫折經驗，即可以把這些被阻塞的能量轉化為正向行為，進而協助當事人自我實現（修慧蘭等譯，2013；Corey, 2013）。

完形治療師在與當事人設計及建構實驗時，一項常使用的策略稱為「**空椅技術**」（empty-chair technique）。簡單的「**空椅技術**」是在諮商室中擺放一把不常使用的椅子，邀請當事人想像他目前或過去生活中的一個人（經驗優勢者與經驗弱勢者角色），正坐在這把椅子上，再請當事人與坐在椅子的人交談與對話，此種方法可以讓情境的所有面向都浮現出來，並進入當事人的意識層面，讓當事人有更直接的體驗與表述（張莉莉譯，2010）；或是經由當事人扮演對立二個極端的角色者，讓他們接觸與體驗被自己否定的感覺，從互相對話與了解中，可使分離的兩極端趨於統合形式。「**空椅技術**」可以幫忙當事人處理未竟事宜所造成的困擾行為（駱芳美、郭國禎，2018；Corey, 2013）（圖 7-5）。

完形治療的心理治療過程中，實驗的功用有以下幾項：探索新的存在方式與行為模式、提高個案覺察、增加自我支持的能量、表達那些未曾表述或處於意識邊緣的體驗、重新承認那些被自我否認的部分、完成未竟事宜、嘗試及排練新行為。完形實驗除使用空椅技術外，另外一個常用的策

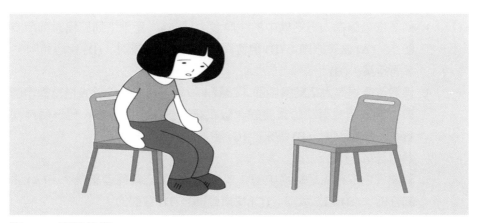

圖 7-5　空椅技術

略爲「**誇大**」（amplification）與「**節制**」（moderation）。誇大是讓當事人誇大他們目前的行爲（例如腳在抖動，就請當事人抖動大一些），從誇張練習的動作行爲中，可以讓當事人體驗意識邊緣事項，揭露其否認或迴避的感受（腳抖動那麼大的動作要表達的是什麼）；節制是不要讓當事人使用誇大或快速說話等來逃避自己的體驗（張莉莉譯，2010）。在負向情緒狀態下，個體多數想要逃避，治療者可鼓勵案主學習「**停留在情緒裡**」（staying with the feeling），若案主能做到節制與停留，表示能面對眞實情感與思想的接觸，願意負起責任並爲度過難關而努力（駱芳美、郭國禎，2018）。

自我練習

（　）1. 佛洛依德認爲人罹患精神疾病或心理困擾的原因主要爲何？　(A) 工作不順利　(B) 學業成就不理想　(C) 幼時痛苦經驗積壓　(D) 與人溝通不順暢。
參考答案：(C)

（　）2. 佛洛依德認爲人的行爲受到本能衝動與慾力所支配，個人的「本能性」源於何者？　(A) 無意識　(B) 前意識　(C) 意識　(D) 潛意識。
參考答案：(D)

（　）3. 佛洛依德認爲人格結構中的「自我」（ego）受到下列何種原則所支配？　(A) 唯樂原則　(B) 現實原則　(C) 至善原則　(D) 良心原則。
參考答案：(B)

（　）4. 佛洛依德認爲人格結構中的「超我」（superego）位於人格結構中的最上層，超我有二個重要的次級系統，一爲自我理想，另一個爲何者？　(A) 良心　(B) 需求　(C) 夢　(D) 社會適應。
參考答案：(A)

（　）5. 有關佛洛依德人格結構中的「本我」（id）內涵何者錯誤？　(A) 生物性的　(B) 過去取向　(C) 快樂原則　(D) 客觀的。
參考答案：(D)

( ) 6. 佛洛依德將人們的性心理發展劃分為五個階段，五個階段的順序為下
列何者？ (A) 口腔期→肛門期→性器期→性徵期→潛伏期 (B) 口
腔期→肛門期→性器期→潛伏期→性徵期 (C) 潛伏期→口腔期→肛
門期→性器期→性徵期 (D) 肛門期→潛伏期→性器期→性徵期→口
腔期。

參考答案：(B)

( ) 7. 佛洛依德將人們的性心理發展劃分為五個階段，其中哪個階段會發生
所謂的「戀父親結」或「戀母親結」？ (A) 性器期 (B) 潛伏期
(C) 性徵期 (D) 肛門期。

參考答案：(A)

( ) 8. 小明走在路上，一直擔心他人會攻擊他，正好小強與他擦身而過，他
自覺有很大的焦慮感，不明原因的便出手攻擊小強。就佛洛依德自我
體驗的焦慮類型，小明為何種焦慮？ (A) 神經性焦慮 (B) 現實的
焦慮 (C) 道德性焦慮 (D) 生理性焦慮。

參考答案：(A)

( ) 9. 小強從國小起每到定期考查前夕都擔心得睡不著覺，內心惶恐不安，
十分緊張、焦慮與不安，此種焦慮多次影響到小強的考試表現。就佛
洛依德自我體驗的焦慮類型，小強為何種焦慮？ (A) 神經性焦慮
(B) 現實的焦慮 (C) 道德性焦慮 (D) 生理性焦慮。

參考答案：(B)

( ) 10.小美於國文課課堂學習中，非常不喜愛任課林老師的上課方式與管教
方法，但與英文老師閒談時，又告知英文老師林老師是位十分幽默與
令同學喜歡的老師。小美的行為為何種防衛機轉的運用？ (A) 壓抑
作用 (B) 否定作用 (C) 反向作用 (D) 投射作用。

參考答案：(C)

( ) 11.下列何者不是心理分析學派於諮商治療過程中使用的技巧？ (A) 夢
的解析 (B) 自由聯想 (C) 移情作用的詮釋 (D) 家庭星座的解釋。

參考答案：(D)

( ) 12.心理分析學派於諮商治療過程中使用「羅夏克墨漬測驗」（Rorschach
inkblot test）作為素材資訊之一，其主要功能為何？ (A) 投射作用
的解釋 (B) 解釋人格結構類型 (C) 移情作用的詮釋 (D) 家庭星

座的解釋。

參考答案：(A)

( )13. 依佛洛依德精神分析論觀點，認為從下面哪個面向著手<u>無法</u>探索及了解當事人的潛意識？ (A) 自由聯想 (B) 夢的解析 (C) 移情作用 (D) 家庭星座。

參考答案：(D)

( )14. 日常生活中的「視而不見、聽而不聞」行為為何種防衛機轉的運用？ (A) 壓抑作用 (B) 否定作用 (C) 反向作用 (D) 投射作用。

參考答案：(B)

( )15. 羅吉斯（C. Rogers）倡導「當事人中心治療法」，在諮商治療歷程中將當事人稱為何者？ (A) 案主 (B) 病人 (C) 病患 (D) 患者。

參考答案：(A)

( )16. 羅吉斯（C. Rogers）倡導「當事人中心治療法」，就人性假定方面認為人性為何？ (A) 人性本善 (B) 人性本惡 (C) 善惡均有 (D) 無善無惡。

參考答案：(A)

( )17. 羅吉斯（C. Rogers）認為自我是人格的核心，自我有「真實自我」與「理想自我」二種，這二種自我在下列何者情況下，人格會較為穩定健康？ (A) 理想自我稍高於真實自我 (B) 理想自我遠高於真實自我 (C) 理想自我稍低於真實自我 (D) 理想自我遠低於真實自我。

參考答案：(A)

( )18. 羅吉斯（C. Rogers）倡導「當事人中心治療法」，認為治療者須具備三大核心特質，下列何者<u>不是</u>其所謂核心特質？ (A) 真誠一致 (B) 良好說服力 (C) 無條件積極關注 (D) 同理心。

參考答案：(B)

( )19. 羅吉斯（C. Rogers）倡導「當事人中心治療法」，認為治療者與案主的關係或層次為何？ (A) 上－下層次關係 (B) 正常人－病患關係 (C) 人－人平等關係 (D) 下－上層次關係。

參考答案：(C)

( )20. 羅吉斯（C. Rogers）倡導「當事人中心治療法」，諮商治療目標在幫助當事人成為「功能周全者」（full functioning person）。下列何者

不是功能周全者的人格特質？ (A) 滿足個人需求的能力 (B) 擁有自由選擇的能力 (C) 勇於接受挑戰的能力 (D) 值得他人信賴的能力。

參考答案：(A)

( ) 21. 貝克（Beck）認為有情緒困擾或心理疾患者常伴隨有何種問題？

(A) 認知扭曲 (B) 自殘行為 (C) 憂鬱行為 (D) 神經性焦慮。

參考答案：(A)

( ) 22. 貝克（Beck）倡導認知治療法，認為錯誤的「自動想法」或不正確的信念導因於何者？ (A) 求學的失敗經驗 (B) 求職的不順經驗 (C) 結婚感情不睦經驗 (D) 幼年生活經驗。

參考答案：(D)

( ) 23. 貝克（Beck）倡導認知治療法，認為錯誤的「自動想法」或不正確的信念導因於早年生活經驗，之後持續發展而被形塑而成。此想法或信念稱為何種基模？ (A) 行為基模 (B) 認知基模 (C) 基本基模 (D) 組合基礎。

參考答案：(B)

( ) 24. 小明因睡過頭，早上二節教育心理學課程老師點名未被點到，同學告知後心情變得很焦躁，認為這學期教育心理學一定會被老師當掉。就貝克認知治療之認知扭曲類型，小明負向自動化思考屬於何種？

(A) 選擇性斷章取義 (B) 錯誤的標籤 (C) 武斷的推論 (D) 極端化思考。

參考答案：(C)

( ) 25. 小明數學考試時抱持「成績未達 90 分就是失敗者」，第二次月考數學試題的難度較大，小明只考 89 分，對此小明認為自己是個沒有前途的人，鬱鬱寡歡失去學習動機。就貝克認知治療之認知扭曲類型，小明負向自動化思考屬於何種？ (A) 誇大與低估 (B) 錯誤的標籤 (C) 武斷的推論 (D) 極端化思考。

參考答案：(D)

( ) 26. 課堂分組報告中，老師對第三組的報告內容提出幾個批評性意見與建議，成員之一的小強推論老師對他們這組成員有成見，故意找他們麻煩，學期成績可能也不會給予高分？就貝克認知治療之認知扭曲類

型，小強負向自動化思考屬於何種？　(A) 誇大與低估　(B) 錯誤的標籤　(C) 過度類化　(D) 極端化思考。

參考答案：(C)

（　）27. 貝克（Beck）倡導的認知治療法中，認為有心理疾患者在此概念常是負向的或被扭曲的，這個重要概念為下列何者？　(A) 個人良心　(B) 自動化思考　(C) 利社會行為　(D) 永不失敗的看法。

參考答案：(B)

（　）28. 完形治療學派認為，個人心理困擾或心理疾患的緣由主要為下列何者？　(A) 未竟事宜　(B) 認知扭曲　(C) 過多失敗　(D) 發展不順。

參考答案：(A)

（　）29. 從小父母親就教育小孩「農歷七月不要到河邊玩耍」，這種把父母親意見當作事實而不是價值信念的接觸調整方式稱為何者？　(A) 投射　(B) 內攝　(C) 迴射　(D) 偏離。

參考答案：(B)

（　）30. 治療過程初期，有些當事人會抽象地描述他們的問題，或提及不相關問題，或將自己形容為另外他人等，均是一種避免接觸行為。從完形治療接觸調整方式而言屬於何種接觸？　(A) 投射　(B) 內攝　(C) 迴射　(D) 偏離。

參考答案：(D)

（　）31. 皮爾斯（F. Perls）倡導完形治療，認為有效的接觸有五種神經質層次，為了心理的成熟度，個人必須拋開這五層的束縛。其中第一層為何者？　(A) 虛假（phony）層次　(B) 恐懼（phobic）層次　(C) 僵局（impasse）層次　(D) 外爆（explosive）層次。

參考答案：(A)

（　）32. 皮爾斯（F. Perls）倡導完形治療，認為有效的接觸有五種神經質層次，為了心理的成熟度，個人必須拋開這五層的束縛。其中第五層為何者？　(A) 虛假（phony）層次　(B) 恐懼（phobic）層次　(C) 僵局（impasse）層次　(D) 外爆（explosive）層次。

參考答案：(D)

（　）33. 皮爾斯（F. Perls）倡導完形治療，理論應用的前提之一為「形象與背景」的轉換，當事人對情境脈絡中特別注意或關注的事項會成為形

象，影響個人注意或關注的因素為何？　(A) 個人的想法　(B) 個人的需求　(C) 事件的難易度　(D) 個人能力的評估。

參考答案：(B)

（　）34.「我心中有你、你心中有我」，這種無法區分個人與他人界限，誤認他人的情緒及想法都與自己相同者，從完形治療接觸調整方式而言屬於何種接觸？　(A) 融合　(B) 內攝　(C) 迴射　(D) 偏離。

參考答案：(A)

（　）35.認知諮商治療過程中，治療者要與當事人合作，並且要建立目標。有關認知治療目標設定下列何者錯誤？　(A) 具體化及優先性考量　(B) 目標可兼顧情感、行為及認知　(C) 易於幫助個人認知基模改變　(D) 滿足當事人需求。

參考答案：(D)

（　）36.下列何者為完形治療在設計與建構實驗中時常採用的技術？　(A) 空桌技術　(B) 空椅技術　(C) 空唱片技術　(D) 空白紙張技術。

參考答案：(B)

參考書目

中文書目

吳明隆、陳明珠、方朝郁（2019）。**教育概論——教育理念與實務初探**。臺北市：五南。

沈德燦（2005）。**精神分析心理學**。臺北市：東華。

車文博（1996）。**西方心理學史**。臺北市：東華。

車文博（2001）。**人本主義心理學**。臺北市：東華。

林崇德（2009）。**發展心理學**。臺北市：東華。

修慧蘭等譯（2013）。**諮商與心理治療理論與實務**（G. Corey 等原著九版）。臺北：雙葉。

修慧蘭等譯（2016）。**諮商與心理治療理論與實務**（G. Corey 等原著十版）。臺北：雙葉。

馬長齡等譯（2019）。**諮商與心理治療**（R. S. Sharf 著）。臺北市：心理。

張春興（2003）。**心理學原理**。臺北市：東華。

張莉莉譯（2010）。**完形諮商與心理治療技術**（P. Joyce & C. Sills 著）。臺北市：心理。

郭靜晃（2017）。**心理學概論**。臺北市：揚智。

黃西庭（1998）。**人格心理學**。臺北市：東華。

葉重新（2005）。**教育心理學**。臺中市：北極星。

黃堅厚（1999）。**人格心理學**。臺北市：心理。

賴惠德（2019）。**心理學：認知、情緒、行為**。臺北市：雙葉。

駱芳美、郭國禎（2018）。**諮商理論與實務**。臺北市：心理。

蘇建文等（2014）。**發展心理學**。臺北市：心理。

英文書目

Corey, G. (2013). *Theory and practice of counseling and psychotherapy*. Belmont, CA: Brooks/Cole Cengage Learning.

Kirchenbaum, H. (2009). *The life and work of Carl Rogers*. Alexandria, VA: American Counseling Association.

Perls, F. S. (1973). *The gestalt approach and eye witness to therapy*. Palo Also, CA: Science and Behavior Books, Inc.

Yontef, G. (1993). *Awareness, dialogue, and process*. Highland, NY: The Gestalt Journal Press.

第 **8** 章

心理學／管理學效應的教育應用

壹. 效應論點內涵

常見之心理學／管理學效應或法則的教育應用如下（吳明隆，2014）：

一、比馬龍效應

「比馬龍效應」（Pygmalion Effect）又稱「期望效應」、自我應驗效應或稱皮革馬利翁效應，指的是教師的期待或期望會於學生行為表現上得到自我應驗，因而又稱為學生自我應驗效度或羅森塔爾效應。學習歷程中，學生態度與自我概念發展會受到教師期望與行為的影響，教師認為學生有潛力、能表現得很好，則學生的行為會朝向教師所期待的展現。

範例

1. 陳老師常稱讚小碟是位有潛力的學生，只要學習方法對，一定可表現得很好，小碟在陳老師時時鼓勵之下，更加努力學習，想把潛力發揮出來，因而學習表現比之前進步很多。

2. 黃老師常對小雄講：「**你的理解力不好，又容易粗心，數學的進步有限。**」長久下來，小雄對自己數學學習的信心遞降，學習表現日漸退步。

二、月暈效應

「月暈效應」（Halo Effect）又稱「光環效應」、「光圈效應」、「光暈效應」或「成見效應」，表示人們看問題時，是由一個點逐步推估到整個面，或由一個部分推估到事件行為的全部。指的是教師以偏概全的謬誤，是一種偏見，一種認知上的偏誤，教師從學習者的某個點或某個學習行為，全面擴散對學習者所有學習表現進行評斷，例如學科成績較好的學生，教師也會認為其課堂實作作品會做得較好。

範例

1. 陳老師開學第一次批改回家作業，看到小強的字體欠工整，直覺認為小強是一位學習不認真的同學，考試成績一定很差。

2. 林老師是三年二班新學年度資訊領域教師，開學時得知小強與小美在班上的學業成績很好，認為他們的程式設計也會很強。

三、霍桑效應

「霍桑效應」（Hawthorne Effect）起因於行政管理領域的實證研究，研究發現當受試成員的自尊心或意義感受到他人重視，工作產能會變得很高；當群體自覺受到他人高度肯定與認同，尊榮感得到滿足，每個成員會更加惕屬認真。藉由群體的共識產生的非正式組織，影響程度更大於正式組織。教學觀摩（公開觀課）時，被觀摩班級同學的常規與行為表現通常均會比平時更好，即是霍桑效應的結果。

範例

1. 二年三班被學校指定為校慶活動之趣味競賽的示範觀摩班級，同學得知後都很興奮，觀摩當天全校一年級同學及導師都參加，二年三班同學的表現比去年校慶競賽時還好，沒有一位同學失誤，得到師生高度的讚賞。

2. 開學時，二班導師告知同學，因為上學期班上榮獲整學期秩序總冠軍，第一個月早自修每位同學有一臺平板電腦可以輔助學習。同學聽完後都很高興，也很珍惜早自修自學時間，為能有繼續使用平板電腦的機會，同學們相互約束，早自修自學的常規比之前更好，同學的學習也更認真。

四、蝴蝶效應

「蝴蝶效應」（Butterfly Effect）的現象為「**巴西的蝴蝶展翅，德州就可能颳起颶風**」，蝴蝶效應的詮釋觀源自於混沌理論，混沌理論認為在混沌系統中，初始環境的微小變化經過不斷放大，會造成未來狀態的巨大改變，由於系統內的次系統的關係是一種非線性關係，其結果很難預測，開始時的微小差異可能導致很大的變化。在班級經營情境中的應用，指的是班級內細小事件若沒有謹慎有效處理，最後可能會導致一發不可收拾的

窘境，造成親師生間的衝突。蝴蝶效應於班級經營的應用內涵與「**漣漪效應**」一詞類似。

範例

1. 小明與小強在下課時間爭執打架，小明用力推了小強，害小強額頭撞到牆壁。小強告知導師後，導師只把小明叫來訓誡，沒有採取其他處置，也沒有將事件發生的來龍去脈告知雙方家長。隔天小強爸爸直接進到教室，當著同學面前打了小明兩巴掌，小明打電話告知父親，他被小強爸爸打了，小明父親堅決要以傷害罪提告。

2. 第二次段考成績公布，小美的成績退步很多，從班級第一名掉落到第五名，導師看到成績後有點不悅，告誡小美：「知不知道妳這次段考成績退步很多？」當天晚上，導師也告知小美媽媽小美成績退步的情況，媽媽聽後十分生氣，也責罵小美一番，結果隔天早上小美便逃學沒有到學校上課。

五、寒蟬效應

「**寒蟬效應**」（Chilling Effect）是新聞學領域的名詞，指的是新聞傳播媒體受到內外在環境的掌控，而無法正常發揮監督政府施政及傳播媒體應盡的社會責任。如果學生出現不當行為，教師從不探究事件的來龍去脈，或是不當行為的嚴重程度，一律以嚴厲的責罰或怒斥來懲戒當事人，則長期下來，師生間的關係會疏離，班級的寒蟬效應就會發生。班級學生很怕做錯事情或因疏失而受到教師嚴厲的處罰，因而畏首畏尾，形成「**多做多錯，少做少錯、不做不錯**」的心態，課堂學習中會緊閉嘴巴，不敢與教師溝通互動，不想問也不敢提問。

範例

1. 課堂中同學有不懂之處，舉手發問，老師都會板起臉孔，回應：「**這個問題剛剛老師講過了，你就是沒有專心在聽才不會。**」「**這麼簡單的問題你也不會，真不知課堂中你有沒有用心在聽講。**」當多數學生在課堂中向老師提問問題後，不僅沒有獲得期待的結果，還被老師當眾奚落，

傷及自尊,長期下來,同學都不敢再提問。

　　2. 趣味競賽練習時,某些同學若是無法一次正確投擲,陳老師總是以「**你怎麼這麼笨!**」、「**你真的是笨手笨腳**」、「**從沒有教過像你動作這麼不協調的學生**」等口語來責罵同學,造成同學練習時心生恐懼,很多同學怕投擲不進,都不想參加校慶趣味競賽活動。

六、普利馬克原則

　　「普利馬克原則」(Premack Principle)使用的增強物多數採用「**活動性增強**」,以學生喜愛的行為或活動(高頻率性的活動)來增強學生較不喜愛的行為或活動的展現(低頻率性的活動)。普利馬克原則即以學生「**喜愛**」及「**高頻率表現**」的活動為增強物,來增強其較不喜愛的活動或低頻率表現的行為。普利馬克原則又稱為「**祖母原則**」或「**條件契約**」論(教師與學生訂定契約),例如傳統家庭中阿嬤教育孫子(孫女)常運用的一個方法是「**你先把功課寫完,才能看電視**」、「**你把這碗飯吃完,等一下才能去玩**」。

　　範例

　　1. 陳老師告知同學,早自修想到電腦教室打電腦者,必須先把負責打掃區域的垃圾撿拾或打掃乾淨。

　　2. 中午想要到視聽教室觀看影片的同學,要利用下課時間把數學練習卷錯誤的題項訂正完畢,並讓數學小老師檢查才能去觀看。

七、破窗效應

　　「**破窗效應**」(Broken Windows Theory)指出,出現第一扇破窗時,當事人沒有立即修補處理,路人或行人就會開始往裡面丟擲雜物及垃圾,之後,第二個、第三個完好的窗戶會被陸續破壞,並被丟擲更多的雜物與垃圾,很短時間內,它會變成一間髒亂不堪、破損可怕的房子。破窗效應於班級經營中的運用,常見者為學生丟垃圾行為及置物櫃整理。原先櫃子是空的,內無任何物品或東西,一旦有人將不用的東西或壞掉的學用品丟

入，教師沒有立即糾正或派人整理，不久之後，整個置物櫃或櫥櫃都是班級丟棄的東西或垃圾，連櫃子附近也會變為教室的死角。

範例

1. 學校放學時，有位家長將車停在校門口旁紅線上，導護老師沒有立即勸導，隔了不久，其他接送小孩的家長也把車輛暫停在校門口紅線上，嚴重影響師生及家長的進出。

2. 二年六班的小強帶漫畫書到校，下課時在看，導師沒有注意到因而沒有加以勸戒，其他同學目睹後以為可以帶漫畫書到學校，因而陸續去租借或購買漫畫書，利用下課時交換觀看，嚴重浪費休息時間與影響學習專注度。

八、增強相對立原則

「**增強相對立原則**」又稱「**行為不相容原則**」，指的是一個人極端的兩種行為很少或不可能同時出現，例如一個人哭時，不可能又同時在笑；個體站著時，不可能同時又坐著。班級經營的應用，例如教師指定班上帶頭起鬨的學生擔任風紀股長，則學生的不當行為可能會因為個人角色扮演而收斂或改變；某同學打掃公共區域時總是散漫不用心，很少把負責的區域打掃乾淨，老師特別指定此同學身兼外掃區的組長，負責管理及監督外掃區的整潔工作，因為他要管理與監督外掃區所有同學的打掃工作，因而自己必須先把負責的區域打掃乾淨。

範例

1. 六年五班的小強在班上常常搗蛋、帶頭起鬨。陳老師為改善其不當行為，請他當風紀股長，協助管理班級秩序，以期導正其行為。

2. 大雄之前看到他人錢財就想拿，也有偷竊行為。為改善大雄的不良習性，班級收繳費用時，導師請大雄協助費用的收取，大雄收取班上同學的費用時，總務股長會在旁協助督導，收取後的金錢再直接交給總務。自從大雄協助各項費用收取後，對拿取他人錢財的衝動感降低很多。

九、強亨利效應

「**強亨利效應**」或稱「**亨利效應**」（Henry effect），此效應一詞來自實驗設計程序，實驗設計中通常會有實驗組與控制組，實驗組是被研究者實驗操弄的對象。在教育現場中，準實驗設計的組別通常是以「**班級**」爲單位，當控制組班級群體知道自己不是被實驗操弄的對象時，可能會覺得不公平或有被看不起、歧視的感覺，因而抱著不服輸的精神，行爲表現得比之前更好，這是一種「**你看不起我們，我們就拚給你看**」的心態。亨利效應會影響研究結果的「**內在效度**」，實驗組群體的感受則可能會造成「**霍桑效應**」，也是影響到結果的內在效度（眞實的準確度）。

範例

1. 二年三班與四班的英文課任課教師都是陳老師，經過幾個星期後，三班學生發現四班學生的英文課都在電腦教室上課，他們班上的課程都在原班上課，詢問導師才知道陳教師是在進行教學實驗，四班學生除採用傳統講述法外，也融入了語音多媒體教學。三班學生認爲他們只是對照組而已，全班不服輸，認爲他們班上英文成績與對外表現都比四班好，因而學習時更加專注，考試前更加認眞，第一次段考結果，他們班的英文成績反而比四班學生還好。

2. 運動會示範趣味競賽時，學務處沒有挑選去年第一名的三班，反而挑選第三名的四班表演給全校一年級學生觀看，三班學生十分不悅。校慶運動會趣味競賽時，三班同學更加團結，成績比去年更好。

十、刺蝟法則效應

「**刺蝟法則**」（Hedgehog Effect）是社會心理學理論中人際交往時，「**心理距離效應**」的重要性。生物學家以寒冷天候中的刺蝟相處爲例，來說明人與人之間最佳距離的好處，當刺蝟們找到一個可以使自己受到最小傷害及感受最大溫暖的距離，這個最適距離可以使大夥們達到最低「**凍傷**」與「**刺傷**」的目標。刺蝟法則（或刺蝟效應）於班級經營的應用，就

是教師與學生心理距離效應的掌控。師生間的最佳關係是亦師亦友，良好的師生關係或相處也要有適度「**個人距離**」，否則會違反教師倫理，容易發生性騷擾的情況。

範例

大明國中一年五班陳姓男老師在之前的班級任教時，對於有優良表現的同學，常會拍拍同學肩膀並說：「**很好，繼續加油。**」接任新班級後，小雅因語文競賽得到年級第一名，現場公布成績後，在下面聆聽的陳老師事後拍了小雅肩膀，恭賀她榮獲第一名，這個舉動讓小雅覺得不舒服，回家後哭訴著告知母親。

十一、跳蚤效應

跳蚤如果自由自在地跳躍，可以從地面上躍起一公尺以上的高度。生物學家在一公尺高的地方置放一個硬板，每當跳蚤跳起後便會撞到硬板，剛開始時，跳蚤會試圖依自己能力往上跳，但每次都撞到堅硬木板，因為撞擊時很痛，所以漸漸的跳蚤跳躍時就不想再跳那麼高，只要不撞到硬板，就不會有疼痛的感覺；後來，生物學家將硬板拿掉，再讓跳蚤自由跳躍，雖然跳蚤還是可以自由跳躍，但跳起的高度皆無法再超過一公尺以上，直到跳蚤生命結束還是無法再躍過一公尺。跳蚤效應理論，應用於教育心理學領域即是所謂的「**習得無助感**」（learned helplessness），是後天學習經驗習得產生的無助感，當學習者不斷地遭受挫折與失敗，便會喪失信心，感受到自己對學習或一切事件都無能為力，陷入一種無助的心理狀態，因而自暴自棄。

範例

小華國小時在同學從旁幫助指導下，雖然理解力較差，但重複學習之下，數學考試成績還可考到 50 幾分。自從升上國中後，由於數學教材的廣度與難度較深，看到題目往往不知如何下手解題，加上班級氛圍不像國小和諧，班上同學不想額外花時間教導他，久而久之，小華覺得自己再怎麼努力數學也不會進步，因而直接放棄數學，對數學領域的學習態度變得

十分消極。

十二、刻板印象

「刻板印象」（stereotype）又稱「**刻板效應**」、「**社會定型**」、「**定性效應**」，是指對某人或某一類族群一種簡化性、固定性的看法或認知，此看法或認知通常是有偏誤的，或是不完全正確的。與刻板效應有關的社會認知為「**第一印象**」（first impression），第一印象對社會認知的作用又稱「**初始效應**」（primary effect）。社會人際脈絡中，很多人很重視第一印象，當事人的談吐、儀態、穿著、長相、外表、家庭背景等都是影響人們第一印象的重要因素。校園中性別差異偏見與種族學習偏見均是刻板印象的實例。

範例

1. 很多家長認為運動好的同學，其學業成績通常都不會很突出，他們對運動員的看法就是「**頭腦簡單，四肢發達**」。

2. 就學習能力的差異而言，早期人們普遍認為男生的數理能力與抽象能力優於女生；女生的語文能力與口語表達優於男生，因而男生較適合選修理工領域，女生較適合選修人文領域。

十三、漣漪效應

「**漣漪效應**」（Ripple Effect）一詞由庫寧提出，所謂漣漪效應指的是班級發生的任何事件，如果教師沒有適時介入處置，或是教師用錯方法，處理不當，可能會使一件很小的事件擴大為班級的親師生衝突事件，其中尤以教師對學生不當行為或意外事件的處理最容易引發。

範例

1. 小強與小明均帶漫畫至教室，國文課上課時，小強與小明均拿出漫畫來看，由於小強坐在前面第一排，因而很快被國文老師發現並將其漫畫暫時保管，還訓斥小強上課不專心，坐在後面也偷看漫畫的小明看到小強被老師責罰，趕快把漫畫收起來並專心聽講。

2. 班會時陳老師默許同學們訂定段考成績退步罰錢的班規，有同學回家後告知家長，少數家長認爲不妥，在 LINE 群組留言，陳老師告知是學生們共識產出的罰則，不是他個人自訂的，不認爲自己有錯。陳老師的留言引發家長對其專業的質疑，在班級 LINE 群組中紛紛留言與老師論述。

十四、地板效應與天花板效應

當所有題目的難度很高（難度指數 P 很小），所有同學即使盡力作答，平均所得的測量分數還是很低，在心理學上稱爲「**地板效應**」（Floor Effect）；相對的，多數試題很簡單（難度指數 P 很大），受試同學平均得分都很高，稱爲「**天花板效應**」（Ceiling Effect）。地板效應會造成學生眞正表現在評量結果有「**分數縮減**」情況，天花板效應會造成學生評量結果之分數有「**分數膨脹**」情形。

範例

1. 二年忠班這次英文定期考查之考試題目十分艱澀，考試結果各班均有三分之二以上學生成績不及格，各班都是哀鴻遍野。但因爲是出題的偏誤，因而學生考試成績無法眞正反映學生英文學習表現（地板效應）。

2. 二年忠班這次數學定期考查之考試題目十分簡易，考試結果各班90 分以上的同學均有三分之二以上，各班平均成績比之前段考高了約 10分。此結果是因爲題目的難度較簡易，因而學生考試成績無法反映學生數學學習表現之常態分配情況。

十五、馬太效應

20 世紀 60 年代社會學家羅伯特·默頓首先將富者愈富、貧者愈貧的現象稱之爲「**馬太效應**」（Matthew Effect）。「**馬太效應**」指好的愈好、多的愈多；壞的愈壞，少的愈少的一種社會兩極化不公現象。文化資本與閱讀素養的差異，造成學童入學後在語文表達、閱讀理解能力與學習表現上顯著不同，若是未經學校教育的適時介入補救，群體間的差異會愈來愈

大，到最後形成一種學習表現高雙峰現象。

範例

1. 隔代教養及偏鄉區域長大的學童，自小文化素養刺激較為缺乏，入學後其學習表現通常較不理想，入學起始點的差異，造成之後學習的落差更大。

2. 小雅的父母親都是醫師，家庭經濟屬於高社經地位，家中文化資本豐富，從小進到全美語補習班就讀，入學時英文已有一定程度，各項學習表現均優於同學，每年寒暑假參加國外研習營，國中二年級時已通過全民英檢中高級檢定，之後到高中的英文學習表現更突出。

十六、鯰魚效應

挪威漁夫在捕獲沙丁魚後，在回程之前，都會在魚槽內放一條大鯰魚。鯰魚是沙丁魚的天敵，沙丁魚為了躲避鯰魚的吞食，在魚槽內自然會四處快速游動，以保持較佳的體能與旺盛的生命力，若是靜止不動或慢速游動，會變成鯰魚的佳餚。鯰魚效應在說明人們若長期處於一個安穩狀態，缺少外在的激發，就會失掉原先的鬥志與進一步奮發向上的毅力。教師若沒有持續在職進修研習，以終身學習者自許，則無法跟上教育變革的社會脈動，因而只能「**以過去所學的知能，教授新時代的學生，去適應未來變遷的社會。**」「**鯰魚效應**」（Catfish Effect/Weever Effect）於課堂班級中的運用，即是要讓學生動起來，給予學生適度壓力，讓學生良性競爭。鯰魚效應的作用包括二個方面：帶動及激勵，帶動是一種示範作用，是一種積極向上的態度；鯰魚效應的本質在於激勵而不在於懲罰。

範例

1. 林老師是高中國文老師，認為學習要有適度壓力才能鞭策學生，因而每個單元結束後都會舉行小考，再根據小考結果調整單元進度。

2. 十二年課綱揭示的目標為「**適性揚才、終身學習**」，就教師本身而言，若沒有在職進修吸取新知，無法在新課綱實施後精進教學與深耕課程，教師若沒有動力，則無法跟上教育革新的脈動。

十七、青蛙法則

19 世紀末，美國康乃爾大學以青蛙爲受試對象進行實驗，先把一隻活蹦亂跳的青蛙放進一個盛滿沸水的鍋中，青蛙接觸到沸水，被這突如其來的強烈刺激嚇到，無法適應，竟然使勁地從沸騰的鍋中一躍而出。若將青蛙重新放入裝滿冷水的鍋裡，任其自由自在的來回游動，之後將鍋放在火上慢慢加熱，隨著溫度慢慢的升高，青蛙就不會從鍋中跳出，直到水即將沸騰時，青蛙已沒有力氣從鍋中躍出，會被活活的煮死在鍋裡。

青蛙法則用於班級經營中，爲學習活動難度與情境複雜度的安排，教師若是馬上將很難的工作或很複雜的學習活動交給學生，則學生會感受到很大的壓力，此種壓力是一種強烈刺激，對多數學生而言是無法適應的，學生會像青蛙一樣，從原始情境中逃離；如果學習活動難度、作業分量、考試範圍等能從簡易、小範圍開始，當學生適應後再逐次增加活動的複雜度、難度或內容範圍，則學生才會適應，才不會從學習情境中逃離。教師最終的目標是要讓學生可以適應學習的新情境，而不是讓學生畏懼，感受學習新情境是個「**強烈刺激**」而完全無法適應。

範例

1. 國文林老師爲提升學生閱讀素養，剛開始時不限定書籍頁數與種類，之後限定頁數要多少頁以上的讀物，最後再將課外書籍種類範圍聚焦於文學讀物類。同學經由老師的訓練與習性養成，並沒有強烈感受到閱讀課外讀物會增加他們的學習壓力。

2. 國中小體育教師在訓練學生跑 1,600 公尺（操場 8 圈）時，剛開始只要求學生跑一圈（200 公尺），之後每隔一星期增加 200 公尺（多一圈），學生經由此種逐次增加圈數的訓練結果，都能跑完 1,600 公尺，而沒有感受到體力負荷太大，或無法適應的情況。

十八、南風效應

　　「南風效應」給人的二個主要啓示：一爲做事要講求策略，要用對方法，用錯方法可能造成更大的負性作用；二爲溫暖的力量遠勝於嚴寒的氛圍，北風凜冽的酷寒使老人將大衣裹得愈緊，南風的溫暖使老人順利脫掉大衣。南風效應又稱爲**「溫暖法則」**，班級經營中教師一句溫暖的話，或正向的肢體語言，例如一個親切的微笑、一句鼓勵的用語、一個肯定的點頭，都能讓學生覺得溫馨與感動，所謂**「好言一句三春暖，惡語傷人六月寒」**，老師正向的用語、班級溫馨的班級氣氛，會讓學生有如沐春風的感覺。

範例

　　1. 課堂中林老師常用社會性增強與運用課外讀物作爲增強物，班級學生感受到老師的用心與關懷，大家都很喜愛林老師。

　　2.**「老師的關懷要讓學生體會到，老師的用心要讓學生察覺到，老師的溫暖要讓學生感受到」**，如此，學生才能有如沐春風感覺，願意接受老師的教導。

十九、維特效應

　　學者菲利普斯（A. W. Phillips）分析 1947 年到 1968 年間美國自殺事件的統計資料發現：**「每次轟動性自殺新聞報導後的兩個月內，自殺的平均人數比平時多了 58 個。」** 社會對自殺事件的報導愈多，隨後自殺的個案發生就愈多，此現象在社會心理學中稱爲**「維特效應」**（Werther Effect）。從社會心理學角度分析，**「維特效應」** 像情緒上的**「流感病症」**，類似自殺事件的傳染病，自殺個案的當事者若是社會名人或社會大眾喜愛的偶像明星，對社會及學生造成的影響更大。這些自殺事件經報章媒體持續報導之後，一些有高度生活壓力或原有自殺傾向者心中的情緒會受到感染，他們心想：**「喜愛的偶像明星都採用自殺方式結束自己生命，我何不傚效他們，結束自己痛苦的人生。」**

範例

1. 過年時，某位中學生喜愛的大明星因壓力過大燒炭自殺，之後那一年自殺與自殺未遂的學生人數比之前增多，他們自殺的原因多數是學習壓力太大。

2. 報章媒體或臉書持續報導關於名人自殺或者死亡的事件後，短期內自殺方法類似的自殺案例會增加。

二十、帕金森定律

在行政管理中，行政機構會像金字塔一樣不斷增多，行政人員會不斷膨脹，每個人都很忙，但組織效率愈來愈低下。帕金森將研究調查結果以專書《帕金森定律》（*Parkinson's Law*）出版，《帕金森定律》又稱「**金字塔上升**」現象或「**組織麻痺病**」。帕金森定律應用於班級經營中，其意涵為教師領導者的角色扮演及教師時間管理的重要。其中班級幹部及各科小老師都是班級任教教師的好幫手，各任教教師如果運用得宜，可協助班上學習活動的進行，使教學更有效率。「**帕金森定律**」對教師的另一個重要啟示為教師的時間管理，實證研究證實一位有效能的教師也是位善於運用時間的教師。常有人指責許多老師是「**忙**」、「**盲**」、「**茫**」，常常抱怨行政瑣事很多，其中緣由為教師時間管理不當所導致。

範例

1. 行政機關中為服務某個特定族群，就成立原特定族群委員會，部會愈來愈多但事權不統一，機關成立年代愈久，機關內成員的服務品質愈低，造成機關內部的行政效率日趨低落。

2. 教育場域中，有些教師就算給他們再多的時間，這些教師總是在最後一分鐘才完成該做的工作（例如批改作業）。有效能的教師要有效做好時間管理。

二十一、羊群效應

「羊群效應理論」（The Effect of Sheep Flock）又稱為「羊群行為」（Herd Behavior）或「從眾效應」，意指個體沒有經由獨立思考，盲目地追隨大多數的意見或行為，它是一種從眾行為。羊群中若有一隻領頭羊往前衝，其他的羊會不假思索地一哄而上，跟隨這隻領頭羊向前衝，但它們全然不知前面是否有危險，此種從眾心理是盲從的。羊群效應又被稱為「跟尾狗效應」，好像跟在別人身後的狗一樣，自己當下不會作出思考判斷，只盲目跟隨他人的動作亦步亦趨。教育現場中，許多青少年血氣方剛，在群眾效應與同儕影響下，作出平時不敢做的行為，例如霸凌同學、砸壞路邊車輛、破壞校園硬體，等到被家長或師長詢問，常以「我看到大家都這樣做，所以我也這樣做」，或「我不是有意的」來回應。

範例

1. 中秋節晚上，小強約同學到公園烤肉，期間同學與別校同學發生爭執，有人起鬨要給他們好看，小強看到同學與他人打起來，也出手參與打架行動。

2. 小明原本單純只是要體驗騎快車的感覺，但中途看到同學拿球棒打破停在路邊車子的車窗，小明看到每位同學都這樣做並吶喊「爽啊！」小明也借同學球棒敲破別輛車子的車窗。

二十二、墨菲定律

「墨菲定律」（Murphy's Law）是一種心理學效應，又稱「墨菲法則」、「墨菲定理」。其定理內涵指的是如果有二種或二種以上的方式去做某件事情，其中一種選擇方式將導致負向結果，則必定有人會作出這種選擇。若是事情有變壞的可能，不管這種機率多低，它總會發生，即不好的事情一定會發生，凡事可能變壞，必會變壞。人們的生活事件往往會朝向所想的不好方向發展，只要有這個可能性存在的話。在班級經營之中，教師更要設想周到，處處考量到可能的校園安全，有危機管理的信念，以

免因人為失誤導致意外事件的發生，並從之前管教錯誤的案例中學到教訓，不要再犯同樣的錯誤，如此，才能營造友善安全的班級環境。

範例

1. 戶外教學時，學年主任心想 20 輛遊覽車同時出發，可能比較容易發生問題，雖然一切都符合規範。戶外教學回程時，真的有一輛遊覽車在高速公路行駛時被後面貨車追撞，造成車上最後一排數位同學腦震盪。

2. 校園開放學校，將圍牆變成短的綠籬，許多家長擔心會有不良分子進出校園，危害學生安全。沒有多久，真的有位情緒障礙的人士，於學生上課期間跨過綠籬進到校園，看到學生就作出怒吼與暴打舉動，嚇壞許多學生。

二十三、馬蠅效應

馬蠅主要靠吸食哺乳動物的血液維生，從外表上看就像是一隻大蜜蜂。「馬蠅效應」（Horse Flies effect）源於美國總統林肯的一段經歷，其意涵為再懶惰而不想奔馳的馬匹，只要身上有馬蠅叮咬產生的疼痛感，它就會有奔馳動力，飛快奔跑，以擺脫「疼痛感」，在管理學領域就是激勵因素的有效運用。在教育場域中，班級領導者（教師）要找到激勵學生的因素，以激發學生學習的動力；班級願景或目標要具體明確，並且是多數學生可以達到，如此學生才會有努力方向，就像馬奔跑時之明確目標，甩掉身上的馬蠅，擺脫「疼痛感」。教師沒有給予學生刺激，學生就不會有反應，為激發學生學習與前進的意願，教師必須依法管教，兼顧情理與學生的個別差異，做到適性揚才與因材施教的目標。此外，教師要滿足學生需求，善用各種增強物作為獎勵，必要時要採取懲罰，恩威並濟，如此，才能賞罰分明，扮演果斷型教師角色。教師的管教行為有時要像慈眉觀音，有時也要像怒目金剛，這樣才能讓學生感受教師威嚴，以發揮當頭棒喝之效，讓學生醒悟，這樣更可促發學生的學習動機，改善其不當行為。

範例

1. 第二次段考前一星期,林老師於早自修告誡學生:「**第一次段考班上許多同學的成績不理想,讓老師很難過,不是大家能力不好,而是同學不夠認真,若是此次段考成績沒有進步,要取消早自修自學時間。**」林老師的話語感動許多同學,激發班上同學的凝聚力與投入程度,第二次段考結果班上的成績較第一次進步很多。

2. 校慶運動會前,小明私下跟老師講,他很想參加 400 公尺接力,老師看他意願很強,100 公尺速度也可以,就讓小明參加 400 公尺接力比賽。運動會前老師勉勵小明及其他三位同學,接力賽中的每一棒都很重要,假日時要勤加練習,若你們能跑進前三名,老師請大家吃肯德基。同學在老師激勵下,運動會 400 公尺得到年級第二名。

二十四、酸葡萄效應

「**酸葡萄效應**」(Sour Grapes Effect)又稱酸葡萄心理,是指自己努力去做而得不到的事物,就說那個事物是「**酸**」的,是自己不喜愛的,是不好的。酸葡萄心理是個體的動機未能得到實現,或行為不能符合社會規範時,個體會將其合理化,給予自己的行為一個合理的解釋或寬恕的緣由,此種合理化的說明在於遮掩自己受到的傷害,減輕內心的痛苦與不悅。在學習或比賽過程中,希望達到某種目的,最終目的卻未能達到,便否認該目的的價值性與意義性。酸葡萄效應是合理化作用的一種防衛機制。

與酸葡萄效應相反的防衛機轉為「**甜檸檬效應**」(Sweet Lemon Effect)。甜檸檬效應指的是個體未達預定目標或追求特定目標失敗時,為了減輕自己內心的不安與焦慮,提高之前已實現目標的價值程度,達到了心理平衡的一種自我安慰方法,別人吃到的葡萄「**都是酸的**」,由於葡萄是酸的,因而個體便不屑食用,改吃檸檬,自己食用的檸檬「**皆是甜的**」。甜檸檬效應是把個人想實現的目標價值提高,而酸葡萄效應則是把所追求的目標價值變低,因目標價值性低,自己有無得到都沒有關係。上

述二種合理化作用皆是一種自我催眠，透過持續的自我暗示讓個體暫時得到心情放鬆，但若是過度使用，可能會使事件變得更糟。例如每次考試成績不理想，總是以「**對於分數我根本完全不在意**」來自我安慰，而不積極找出其原因，長期下來，學業進步的空間一定有限。

範例

1. 之前小雅參加年級演說比賽都進前三名。今年學校語文競賽，小雅一樣參加演說比賽，可惜只得到第四名。賽後，小雅告知同學，這次比賽自己因為課後補習很多，沒有時間充分準備，能得到第四名已經很不錯了。

2. 小強因為回家功課寫作認真，得到二張獎勵卡，小強把獎勵卡給小明看並炫耀說：「你看，**老師說我回家功課有進步，發給我獎勵卡，現在我已經有 8 張了。**」小強聽了後說：「**我才不稀罕什麼獎勵卡，它要集 10 張才能兌換一本課外書，那些書籍圖書館都有，直接到圖書館借來看更方便。**」

二十五、詹森效應

丹・詹森（Dan Jansen）是一位競速滑冰運動員，平時訓練特別刻苦認真，實力超強，比賽前所有人都認為他會得獎，可是一旦真正走上賽場時，他就會莫名其妙地連連失利，跌破大家眼鏡，比賽時的表現與其真正的水準均有一段落差。此種現象，人們往往會以「**失常**」表示選手的表現，實際上此種現象是一種淺層的心理疾病，指的人們受到某些因素的影響，在關鍵時刻不能發揮個體水平或應有能力的一種現象，這些場域通常是在重大、關鍵的情境，有人把其歸諸為選手心理素質問題。當個體的自信心不足，或是得失心過重，或是無法排除壓力源，便比他人容易發生「**詹森效應**」（Jansen Effect），此種效應可以說明有些選手在國內比賽表現都很棒，但一到國際賽事表現都很不如預期的情況，心理壓力的重擔，會讓他們患得患失，比賽時怯場，無法發揮他們的潛能。課堂中有些同學平時考都很好，但每到定期考查或段考時，考試成績總是不理想，這

可能是學生的心理壓力太大，家長給予高度的要求導致，也可能是大範圍考試時，統整綜合知識理解不足。

範例

1. 大雄是某縣市明星高中三年級學生，在學校模擬考時，國文、數學、英文、自然、社會五科分數每次都高於 70 級分，但在當年學測考試五科分數只有 60 級分，許多學業成就或模擬考表現比他差的學生，在學測分數都比大雄高。事後大雄告知老師，媽媽要他考上醫學系，他覺得壓力很大，所以表現失常。

2. 國中三年級的小啓從國一開始，在跳高運動項目便有傑出表現。每年校慶運動會跳過的高度，與市中等學校運動會的金牌選手成績都差距 1 公分而已，學校體育教師都認爲小啓在市中等學校運動會比賽中會進前三名。但連續三年的市中運比賽，小啓的比賽成績都不理想，與在學校運動會成績都有一段差距。

二十六、木桶原理

「木桶原理」（Cannikin Law）又稱「短板理論」、「短板效應」，其意涵爲一隻木桶盛水的多少，並不是取決於桶壁上最高的那塊木塊，或全部木板的平均長度，而是取決於桶壁上最短的那塊木板。即用一個木桶來裝水，若是組成木桶的木板參差不齊，那麼木桶所能盛下的水的容量不是由木桶中最長的木板決定，而是由此木桶中最短的木板決定的。在一個由不同長度木板組成的木桶裡的水不可能是滿的，只有增加短板的長度才能增加水的容量。此情況類似組織運作中，領導者必須讓能力最弱、表現最差的成員儘量發展其基本能力，讓所有的板子維持「足夠高」的高度，如此，才能完全發揮團隊精神，有最大的組織競爭力。教育場域中，身爲領導者的教師要能察覺班上的優劣勢，讓學生的優勢智能可以做最大展現，達到適性揚才的目標，如此，班級的整體效能才能提升。

範例

1. 校長辦學要提升學校效能，必須讓每位教師的教學有所精進，不

能出現所謂的教學不力教師，否則會影響學校的聲譽與口碑。對此，林校長常利用時間巡視校園，觀察教師教學情況，真正落實所謂教學領導，以提升學校整體的組織力與動力。

2. 教師的班級經營目標之一，是要找出有效方法改正學生的不良習性，培養正向品格；學生若是學習表現不佳，教師不應用訓斥懲戒方法來打擊學生心靈，而應找出學生學習的盲點與學習弱勢，加以誘導練習，並發掘學生亮點，讓每位學生體會自己存在的價值與意義。

二十七、月曜效應

「月曜效應」（Yao Effect）即所謂「假日症候群」，又稱為「星期一效應」。其意涵指多數的人到了星期一，不論是工作者或學習者都容易感到疲倦、精神不振，沒有動力與活力。其原因在於先前假期的放鬆與悠閒玩樂導致，也可能是假期作息的不正常，到了星期一時生理時鐘或生活習性無法調整過來。由於我國古代把現在的星期一稱為「月曜」，所以心理學家便將此種現象稱為「月曜效應」。就教育現場而言，學生於假日時可做自己喜愛的事情，或睡到自然醒，沒有上下課的鐘聲約束，到了星期一要立即調整生活作息，並投入學習工作，包括課業、考試等，氛圍與假日休閒時完全不同，若無法立即調整，學習懶散與不專注情況就會發生。就家長而言，假日時也要督促小孩做好時間管理，除安排休閒活動外，也要進行自學與作業的完成，星期日晚上要求小孩早點上床休息；就教師而言，星期一早上最好安排有趣的動態活動，讓學生心理能緩衝，並調整自己的情緒。

範例

1. 陳老師發現每到星期一時，班上學生上課學習專注度好像都比較差，做起事來懶散不夠積極，整天都沒有朝氣活力，學習意志下降，注意力分散，陳老師認為是學生假日玩過頭了。

2. 一年級的小雅，每到星期一早上上學時都會哭鬧，媽媽問她是否不喜愛班級同學，或討厭老師，小雅都回答不是，她很喜愛老師與同學；

每次都要媽媽安慰許久後才不哭鬧，媽媽也覺得很納悶，因為小雅星期二至星期五時都不會有此情況。

二十八、負增強

正增強物是給予學生一個喜愛或有興趣的刺激後，期望學生出現的行為會被強化；相對的，負增強物是移除一個學生不喜愛或不感興趣的刺激後，期望學生出現的行為也會被強化。

範例

1. 國文平時考試時，健任一直東張西望，沒有專注地寫考卷，老師看到後，走到健任位置旁，故意注視健任作答情形，健任知道老師站在身旁，立即專注地作答，幾分鐘後，老師巡視課堂，走到別處時，健任也沒有再東張西望，而一直埋首作答。

2. 課堂上學生回答很小聲，課堂老師大聲說「**正雄，請你大聲點！我們都聽不到你在講什麼？**」此時，正雄因為老師聲音的強化而提高嗓門。

3. 小強上課時精神不濟，時常閉目養神，老師看到後並沒有大聲責罵，而是將目光盯著小強，小強發覺老師注意他，便開始打起精神，張開雙眼專注於黑板。

自我練習

( ) 1. 在國中教育場域中，有些學生在校成績或學習表現都很好，但到了會考時會考成績反而不佳，此種情況大家都以「失常」來形容學生表現。這種現象可使用何種效應來詮釋？ (A) 詹森效應 (B) 維特效應 (C) 考試效應 (D) 馬蠅效應。

參考答案：(A)

( ) 2. 國小五年六班班上的學生常喜愛在走廊奔跑，學務主任與導師已告誡他們班上許多次，再這樣快速衝撞很容易發生意外，學務主任十分擔心，沒有多久，六班真的有一位學生在走廊奔跑時與別班學生相撞，

一人腦震盪，一人左手骨折，學務主任之前擔憂的事件終於發生。
此種情況最接近何種效應或法則？ (A) 維特效應 (B) 墨菲定律
(C) 馬蠅效應 (D) 期望效應。

參考答案：(B)

( ) 3. 社會上許多人認為「與女護理師相較之下，男護理師較沒有愛心」、
「男生是活潑好動的、女生比較文靜」。就心理學效應或理論而言，
這是哪一種結果造成的？ (A) 期望效應 (B) 刻板印象 (C) 霍桑效
應 (D) 遷移效應。

參考答案：(B)

( ) 4.「常常到網咖的學生功課多不好」、「喜歡玩暴力電玩的孩子容易變
壞」、「不喜歡音樂的孩子較沒有氣質」等，就心理學效應或理論而
言，這是哪一種結果造成的？ (A) 期望效應 (B) 時近效應 (C) 刻
板印象 (D) 遷移效應。

參考答案：(C)

( ) 5. 班級垃圾桶附近的垃圾如果沒有立即處理，會變成一處髒亂之所，因
而教師要能洞察班上的情境，即時採取有效的處置策略。此種結果以
何種效應來解釋最為貼切？ (A) 馬太效應 (B) 破窗效應 (C) 認同
效應 (D) 羊群效應。

參考答案：(B)

( ) 6. 明雅在教室被同學用腳故意絆倒，撞到了頭，將事情告訴王老師，王
老師正忙於運動會活動的事宜，並沒有詢問明雅頭傷的情形，回到家
後，明雅立即昏倒，明雅父親對王老師沒有立即處理明雅在校發生的
事件，非常生氣，隔天到校找校長理論。這件事情隱含的現象是屬於
哪一種效應？ (A) 霍桑效應 (B) 月暈效應 (C) 蝴蝶效應 (D) 比
馬龍效應。

參考答案：(C)

( ) 7. 二年三班陳老師指定最近課堂常與人衝突爭執的克明為服務股長來服
務班上同學，以改善克明的同儕關係。陳老師此種作法在行為改變技
術中稱為何種原則（或效應）？ (A) 比馬龍效應 (B) 增強相對立原
則 (C) 期望效應 (D) 普利馬克原則。

參考答案：(B)

（　）8. 六年一班張老師認為雄明個子高大，身材壯碩，當學校糾察隊一定很適合，因而指派他擔任糾察隊成員（其實雄明個性內向，並不適合擔任糾察隊一職）。張老師此種認知是受到何種效應影響？　(A) 比馬龍效應　(B) 月暈效應　(C) 霍桑效應　(D) 漣漪效應。

參考答案：(B)

（　）9. 陳老師每次上課時，只要有同學發問，都會回應：「這個剛剛老師不是講過了嗎？你上課都沒有在聽。」幾次之後，同學課堂都不想也不敢發問，深怕被老師標記為「沒有認真聽講」的同學。陳老師課堂班級經營的情況，最符合下列何者效應？　(A) 羊群效應　(B) 寒蟬效應　(C) 蝴蝶效應　(D) 亨利效應。

參考答案：(B)

（　）10.陳老師在上課時發現小花和小華一直不停的交頭接耳，但陳老師沒有及時制止，而小明和多多見狀也開始聊天，不久班上的秩序開始大亂，這種秩序加速惡化的情況稱之為何種效應？　(A) 亨利效應　(B) 蝴蝶效應　(C) 月暈效應　(D) 期望效應。

參考答案：(B)

（　）11.陳主任以去年趣味競賽第二名的二年一班為校慶示範班級，對全校一、二年級同學說：「去年二年一班趣味競賽表現很突出，特別選為今年示範班級。」去年第一名的五班很不服氣，認為陳主任偏心沒有請他們班上示範，對於今年趣味競賽更認真準備，比賽結果順利蟬聯第一名。五班同學的這種行為表現是受何效應影響？　(A) 期望效應　(B) 霍桑效應　(C) 月暈效應　(D) 亨利效應。

參考答案：(D)

說明 霍桑效應與亨利效應的比較：兩者同為有優於平常的表現，然而兩者的不同在於，霍桑效應是指「**實驗組**」因事先自知為受觀察對象而表現優於平常；亨利效應是指「**對照組**」因不甘示弱的心態而表現優於平常。

（　）12.小智衛生習慣十分不好，座位非常髒亂，老師反而安排他擔任班上的衛生股長，希望能讓他以身作則進而改善其衛生習慣，小智為了管理他人，把自己髒亂的座位清理乾淨，並維持一段很長時間。請問此種情境可以下列何種效應或原則來解釋？　(A) 增強相對立原則

(B) 月暈效應　(C) 霍桑效應　(D) 期望效應。

參考答案：(A)

（　）13.三年一班英文科公開觀課時，學校行政人員與學年教師均端坐在教室後面觀看，這節課同學的常規表現特別好，課堂發言也十分踴躍，課堂師生互動熱絡，觀課人員對同學課堂學習表現十分讚賞。請問三年一班同學的此種情況，是何種效應造成的？　(A) 比馬龍效應　(B) 月暈效應　(C) 霍桑效應　(D) 亨利效應。

參考答案：(C)

（　）14.國中會考前，任教社會領域的林老師常會利用早自修幫學生複習，以強化學生的記憶效果。林老師所持的論點在心理學上稱為何者效應？　(A) 初始效應　(B) 時近效應　(C) 地板效應　(D) 接近效應。

參考答案：(A)

> 說明　初始效應是指一開始出現的訊息，較容易被記憶，早自修可視為整天課程當中最初始的時間，選擇在此時間幫學生做複習，可為初始效應的應用。時近效應則是最近出現的、最後學習的訊息，較容易被記憶。

（　）15.小華某次在走廊上看到垃圾而將其撿起來並丟到垃圾桶，校長見狀向前稱讚小華，而且在朝會上大大地褒揚她，從此，小華若在走廊上看到垃圾都會自動自發地去撿。小華此種行為改變最符合下列何種效應或原則？　(A) 亨利效應　(B) 普利馬克原則　(C) 月暈效應　(D) 霍桑效應。

參考答案：(D)

（　）16.阿雄在課堂上玩手機，老師發現後將阿雄的手機暫時保管，告知他放學時手機才能歸還，其他也在玩手機的同學看見後，馬上將手機收起來並專心聽講。試問此現象為何種效應影響？　(A) 漣漪效應　(B) 羊群效應　(C) 擴散效應　(D) 破窗效應。

參考答案：(A)

（　）17.上課時，小明覺得很無聊，四處張望時發現坐在他前面的同學在玩手機，老師也沒發現，於是他也拿出手機開始玩，接著坐在隔壁的小華看到小明在玩手機，也拿起手機開始滑，其他同學見老師不管，也開始玩手機。請問此種班級情況以下列效應解釋最為適切？　(A) 寒蟬

效應 (B) 羊群效應 (C) 蝴蝶效應 (D) 霍桑效應。

參考答案：(C)

說明 此題項內涵也可說是一種「漣漪效應」。

( )18.小強上學常常會遲到，於是老師指派他當風紀股長，負責在早自習開始前點名，從那天之後小強都必須提早到學校點名。請問老師是利用哪一個效應或原則？ (A) 增強相對立原則 (B) 霍桑效應 (C) 期望效應 (D) 寒蟬效應。

參考答案：(A)

( )19.三年二班老師向全班同學宣布：「明天早上早自修時間若想到電腦教室打電腦，第二節掃地時間必須確實把電腦教室內外打掃乾淨。」同學為了明天早自修可以到電腦教室打電腦，今天掃地工作格外認真，確實把電腦教室內與走廊打掃得十分乾淨。教師採用的方法最接近下列何者？ (A) 期望效應 (B) 普立馬克原則 (C) 霍桑效應 (D) 比馬龍效應。

參考答案：(B)

( )20.開學後不久，二年四班導師常常告知全班同學：「你們這一班是老師擔任導師以來常規最好的一班。」之後學年的秩序比賽，二年四班常榮獲秩序比賽第一名。此種結果可用下列何種效應或原則加以解釋？

(A) 期望效應 (B) 普立馬克原則 (C) 教師效應 (D) 從眾效應。

參考答案：(A)

( )21.在教育情境中，教育者與受教者保持適當距離，更能取得良好的教育效果與避免性騷擾事件發生。此應用法則稱為何種效應或原則？

(A) 寒蟬效應 (B) 羊群效應 (C) 刺蝟法則 (D) 馬蠅效應。

參考答案：(C)

( )22.陳老師堅信，社會領域之歷史學科學習過程中，若沒有給予適度的壓力，許多學生會失去動力，因而每個星期，陳教師都會不定期抽考以了解學生學習情況，班上學生在陳老師激發下，歷史學習表現比之前有顯著進步。陳老師此種作法最接近下列何種效應或原則？ (A) 馬蠅效應 (B) 青蛙法則 (C) 刺蝟法則 (D) 南風效應。

參考答案：(A)

（　）23.國文老師為訓練班上學生閱讀習慣，但又怕此項額外功課會引發學生反彈，因而先從不限頁數之自由選讀著手，其次為只限定頁數之自由選讀，最後再指定專書選讀，國老師這種循序漸進的方法，班上學生都能適應。此種作法或策略最接近下列何種效應或原則？　(A) 馬蠅效應　(B) 青蛙法則　(C) 刺蝟法則　(D) 南風效應。

參考答案：(B)

（　）24.班級管教中用錯管教方法不僅無法達到行為改善，還可能引發更大的負向作用，例如學生只是課堂吵鬧，老師要求學生安靜，用力打學生臉頰，引發學生更大的反彈與師生衝突。此種案例可以使用下列何種效應或原則說明？　(A) 馬蠅效應　(B) 青蛙法則　(C) 刺蝟法則　(D) 南風效應。

參考答案：(D)

說明　南風效應為做事要講求策略、用對方法，以及溫暖的力量遠勝於嚴寒的氛圍。

（　）25.自小缺乏文化刺激的學童，入學後學習表現通常較不理想，之後學習表現與家庭文化資本豐富同學的差距愈來愈大，造成學習雙峰現象。此種學生情況可以採用下列何種效應或原則說明？　(A) 馬蠅效應　(B) 馬太效應　(C) 刺蝟法則　(D) 南風效應。

參考答案：(B)

（　）26.中小學導師一般都是在最後一節才告知或分派回家功課，而不是在早自習時間就立即告知學生，其目的在強化學生的記憶效果。此種效應在心理學上稱為何者？　(A) 初始效應　(B) 時近效應　(C) 地板效應　(D) 天花板效應。

參考答案：(B)

（　）27.學習過程中的「習得無助感」是造成學生自我放棄與不想努力學習的一大因素。哪個效應或原則最能詮釋教育場域之習得無助感？　(A) 寒蟬效應　(B) 羊群效應　(C) 刺蝟法則　(D) 跳蚤效應。

參考答案：(D)

（　）28.霸凌事件中，許多霸凌加害者對於受害者的傷害是受到他人鼓譟，事件原因調查時他們常以：「我聽到有人高喊打他，所以跟著打受害者。」此種盲目跟隨群眾的行為以何者效應或原則來詮釋最為適切？

(A) 寒蟬效應　(B) 羊群效應　(C) 刺蝟法則　(D) 跳蚤效應。

參考答案：(B)

（　）29.陳老師最近請班上常搗亂的小明擔任秩序管理的工作，小明為了做好管理他人的任務，自己原先的不當行為改善很多。請問此種情境可以下列何種效應或原則來解釋？　(A) 增強相對立原則　(B) 月暈效應　(C) 霍桑效應　(D) 比馬龍效應。

參考答案：(A)

（　）30.陳老師跟班上同學說：「中午午休時間想要看課外書的同學，早上探究與實作課程不能被任課老師在黑板上註記座號。」請問陳老師使用的班級常規管教方法稱為何者？　(A) 增強相對立原則　(B) 條件契約　(C) 期望效應　(D) 默契交換法則。

參考答案：(B)

（　）31.很多學生在學習過程中，對於早上第一節老師教授的內容記得最多也最清楚，此種學習效應在心理學上稱為何者？　(A) 初始效應　(B) 時近效應　(C) 晨起效應　(D) 接觸效應。

參考答案：(A)

（　）32.飆車族成群飆車時，常會出現任意砸壞停在路旁車子或隨意砍人事件，其中很多人單獨飆車時不敢也不會出現此種行為。此種飆車族行為以何者效應或原則來詮釋最為適切？　(A) 寒蟬效應　(B) 羊群效應　(C) 刺蝟法則　(D) 跳蚤效應。

參考答案：(B)

（　）33.六年二班小美轉出後，置物櫃沒有人使用，起初同學因置物櫃是空的，就把廢紙張放進去，之後有同學把抽屜清出來的物品放進去，到最後同學把垃圾全部往置物櫃內丟，造成置物櫃有惡臭味發生。此種結果以何種效應來解釋最為貼切？　(A) 馬太效應　(B) 隨手效應　(C) 方便效應　(D) 破窗效應。

參考答案：(D)

（　）34.教育行動研究中發生了霍桑效應或亨利效應，對於整個行動研究結果的影響主要為下列何者？　(A) 內在信度　(B) 外在信度　(C) 內在效度　(D) 外在效度。

參考答案：(C)

（　）35.國中會考或高中學測顯示，學生英文學習有所謂的「雙峰」現象，此
　　　　種現象在國小未入學前就已經顯現，之後的雙峰愈來愈明顯。此種學
　　　　生英文學習情況可以採用下列何種效應或原則說明？　(A) 馬太效應
　　　　(B) 馬蠅效應　(C) 刺蝟法則　(D) 青蛙效應。
　　　　參考答案：(A)
（　）36.某位學生喜愛的明星燒碳自殺，雜誌媒體連續數天大幅報導，結果當
　　　　年度校園發生學生自殺事件比往年還多。此種情況之緣由以何種效應
　　　　或法則來解釋最能說明？　(A) 維特效應　(B) 墨菲定律　(C) 馬蠅效
　　　　應　(D) 期望效應。
　　　　參考答案：(A)

參考書目

中文書目

吳明隆（2014）。**班級經營——策略與實踐**。臺北市：五南。
吳明隆（2017）。**班級經營理論與實務**。臺北市：五南。
黃薇（2011）。**最神奇的心理學定律**。臺北市：廣達。
葉重新（2005）。**教育心理學**。臺中市：北極星工作室。

第9章

班級經營相關法規

壹. 國民中小學辦理戶外教育實施原則

　　《國民中小學辦理戶外教育實施原則」》（民國 107 年修正）摘要如下（取自教育部法規內容）：

一、訂定原則：為落實國民中小學（以下簡稱學校）辦理戶外教育，以擴充學生知識領域、增加學習體驗、整合學習效果、深化認識臺灣。

二、課程目標

　　(一) 戶外教育為學校課程與教學之一環，依據國民中小學課程目標，以學校本位課程為主軸，結合領域教學及彈性學習課程，規劃系統性之戶外教育課程活動。

　　(二) 戶外教育課程活動內容以學生學習為核心，增進自然與人文關懷、認識家鄉及愛護家鄉為主要目標，避免流於以旅遊玩樂性質為主之活動。

三、辦理次數：每學期以至少辦理一次為原則。

四、辦理地點

　　(一) 以學校校園環境為起點，並以學生生活經驗為中心，把握由近及遠之原則。

　　(二) 考量不同年級學生體能負荷，避免舟車勞頓影響學習效益。

　　(三) 避免至易發生危險地區，確保師生安全。

五、教學路線及活動設計

　　(一) 安排認識公共機關，使學生認識家鄉，擴展個人視野，凝聚社區意識，啟發公共參與興趣。

　　(二) 配合課程內容，結合社教機構資源進行，以增加學習體驗。

　　(三) 整合走讀臺灣鄉鎮文史百科（包括鄉（鎮、市、區）歷史、地方人物、古蹟等及發展特色學校，透過城鄉校際交流，以強化認識臺灣及地方特色。

　　(四) 透過參訪漁市、海港、踏查海岸潮間帶地形或信仰活動等，以培養熱愛海洋之思想情感。

（五）結合地方耆老、地方文史工作者或適當解說人員，編排深度知性學習之旅。

（六）規劃適當體驗活動之設計，以培養愛鄉愛土情懷。

（七）依教學路線及活動設計內容，蒐集相關資料，編印學習單或學習手冊，提供學生使用，以確保教學目標之達成。

六、教學實施

（一）結合相關課程並善用校園開放空間，實施戶外教育。

（二）於校外進行戶外教育時，應依既定計畫及任務編組執行，教師應指導學生運用學習單或學習手冊，並依教學目標就學生學習表現進行評量。

（三）於校外進行戶外教育結束後，教師宜結合校內課程，指導學生發表學習心得，以整合學習成果。

七、行政準備

（一）學校辦理戶外教育，必要時可邀請家長共同研討，並依有關規定作有系統及邏輯性之規劃及處理，自訂標準化作業流程，切實作好各項準備工作以為遵循。

（二）辦理前應考量節令氣候、交通狀況等，結合課程設計及學習主題研擬周妥實施計畫，並將其列入學校課程計畫中，送所轄教育行政主管機關備查。

（三）特別注意安全，膳食、住宿及活動場所應具合格建築使用執照、營利事業證等，交通工具租用請確依學校辦理校外教學活動租用車輛應行注意事項擬訂具體作為，落實辦理，以確保教學活動安全。

（四）事先查詢活動地區醫療服務及求救管道，倘人手不足，可商請具護理經驗、專長家長或志工協助，並備妥急救藥品。

（五）除學校隨隊教師外，應鼓勵家長或志工參與或協助，並於行前確實了解行程路線及活動內容。

（六）是否行前勘查，由學校視活動地點、路線及安全狀況自行評估

　　辦理。

　　(七) 學校得視需要另行投保必要之平安保險。

八、請假處理

　　(一) 戶外教育視爲學校課程，事前應通知家長，學生如有疾病、身體孱弱或其他原因者，得依程序請假，不強迫學生參加。

　　(二) 學生因故未能參加者，學校應作妥適安排，不得拒絕學生到校。

貳. 學校辦理校外教學活動租用車輛應行注意事項

　　《學校辦理校外教學活動租用車輛應行注意事項》（民國 107 年修正）摘要如下（取自教育部法規內容）：

一、訂定本注意事項目標：爲保障學生校外教學租用車輛安全。

二、學校辦理校外教學活動，應愼選信譽良好之旅行社或遊覽車公司、客運公司。

三、學校應直接租用車輛，或由校外教學採購契約得標廠商租用車輛，不得假手他人，並掌握租車品質，確保車輛安全。

四、校外教學活動行經多彎或陡峭山區道路，應選用重心低之大客車或中型車，以提升安全性。

五、學校辦理校外教學活動租用車輛，其契約訂定應以交通部訂頒之遊覽車租賃定型化契約範本爲依據，並將下列事項於契約載明：

　　(一) 應租用合法之營業大客車、車齡：五年以下年份較新之車輛爲原則（計算出廠日期至租用時間）、乘客定員、車號、行車執照、一年內之檢驗及保養紀錄。離島地區或改裝裝載升降設備用車，因新車數較少，得租用十年以下年份較新之車輛。

　　(二) 駕駛人一年內不得有重大違規及肇事紀錄。

　　(三) 檢查租用車輛效期內之保險證明文件。

　　(四) 註記該次活動租用車輛車號、駕駛姓名，且不得任意更換駕駛。

六、校外教學活動之車隊管理及編組如下：

（一）各車次師生應建立緊急聯絡人名冊，留存學校。

（二）二車以上應編成車隊（車號粘貼於明顯位置），並指定有經驗之教師擔任總領隊，五車以上另增副總領隊一人或二人。

（三）每車至少派遣一名教師擔任隨車領隊，必要時得請行政人員、教師或家長協助，負責該車之安全及秩序維持。

（四）各車應實施安全編組，備妥急救藥品，並指派專人保管。

（五）依行車路線計畫行駛，不得隨意變更路線，必要時，應經總領隊同意始得變更。

八、出發前學校應集合全體師生實施行前教育及安全宣導。

各車隨車領隊帶領學生實施逃生演練，應注意安全門之開啓、車窗開啓或擊破方式、逃生動線分配以及車內滅火器配置、取得與相關操作等。如前述演練係於出發當日前實施，上車後隨車領隊應再行介紹，使學生熟悉各項逃生要領。

九、車行途中隨車領隊應注意駕駛精神狀態及遵守交通規則；如有異狀，應隨時與總領隊保持聯繫。休息時隨車領隊應提醒駕駛檢查車輛各項安全設施，並以制動及操縱系統爲重。

十、本注意事項適用於學校辦理校外教學活動之租用車輛；學生上放學交通車之管理，依學生交通車管理辦法規定辦理。

參. 校園霸凌防制準則

《校園霸凌防制準則》（民國 101 年修正）摘要如下（取自全國法規資料庫）：

第 1 條

本準則依教育基本法第八條第五項規定訂定之。

第 2 條

本準則所稱主管機關：在中央爲教育部；在直轄市爲直轄市政府；在縣（市）爲縣（市）政府。

第 3 條

本準則用詞，定義如下：

一、霸凌：指個人或集體持續以言語、文字、圖畫、符號、肢體動作或其
　　他方式，直接或間接對他人為貶抑、排擠、欺負、騷擾或戲弄等行
　　為，使他人處於具有敵意或不友善之校園學習環境，或難以抗拒，產
　　生精神上、生理上或財產上之損害，或影響正常學習活動之進行。

二、校園霸凌：指相同或不同學校學生與學生間，於校園內、外所發生之
　　霸凌行為。

三、學生：指各級學校具有學籍、接受進修推廣教育者或交換學生。

第 4 條

各級主管機關及學校應以預防為原則，分別採取下列防制機制及措施，積
極推動校園霸凌防制工作：

一、主管機關應彈性調整及運用學校人力，擔任學生事務及輔導工作，並
　　督導學校建構友善校園環境。

二、主管機關及學校應加強實施學生法治教育、品德教育、人權教育、生
　　命教育、性別平等教育、資訊倫理教育、偏差行為防制及被害預防宣
　　導，奠定防制校園霸凌之基礎。

三、學校每學期應定期辦理相關之在職進修活動，或結合校務會議、導師
　　會議或教師進修研習時間，強化教職員工防制校園霸凌之知能及處理
　　能力。

四、學校得善用優秀退休教師及家長會人力，辦理志工招募研習，協助學
　　校預防校園霸凌及強化校園安全巡查。

五、學校應利用各項教育及宣導活動，鼓勵學生對校園霸凌事件儘早申請
　　調查或檢舉，以利蒐證及調查處理。

學生家長得參與學校各種防制校園霸凌之措施、機制、培訓及研習，並應
配合學校對其子女之教育及輔導。

第 5 條

學校為防制校園霸凌，準用校園性侵害性騷擾或性霸凌防治準則第四條、

第五條規定，將校園霸凌防制，納入校園安全規劃。

第 8 條

學校對被霸凌人及曾有霸凌行為或有該傾向之學生，應積極提供協助、主動輔導，及就學生學習狀況、人際關係與家庭生活，進行深入了解及關懷。

第 9 條

教師應主動關懷及調查學生被霸凌情形，評估行為類別、屬性及嚴重程度，依權責進行輔導，必要時送學校防制校園霸凌因應小組確認。

第 10 條

學校應組成防制校園霸凌因應小組，以校長為召集人，其成員應包括導師代表、學務人員、輔導人員、家長代表、學者專家，負責處理校園霸凌事件之防制、調查、確認、輔導及其他相關事項；高級中等以上學校之小組成員，並應有學生代表。

第 11 條

疑似校園霸凌事件之被霸凌人或其法定代理人（以下簡稱申請人），得向行為人於行為發生時所屬之學校（以下簡稱調查學校）申請調查；學校於受理申請後，應於三日內召開防制校園霸凌因應小組會議，開始處理程序，並於受理申請之次日起二個月內處理完畢，以書面通知申請人調查及處理結果，並告知不服之救濟程序。

導師、任課教師或學校其他人員知有疑似校園霸凌事件時，應即通報校長或學務單位，學校應就事件進行初步調查，並於三日內召開防制校園霸凌因應小組會議，開始處理程序。

第 12 條

校園霸凌事件之申請人或檢舉人得以言詞、書面或電子郵件申請調查或檢舉；其以言詞或電子郵件為之者，學校應作成紀錄，經向申請人或檢舉人朗讀或使其閱覽，確認其內容無誤後，由其簽名或蓋章；申請人或檢舉人拒絕簽名、蓋章或未具真實姓名者，除學校已知悉有霸凌情事者外，得不予受理。

第 14 條

校園霸凌事件調查處理過程中，為保障行為人及被霸凌人（以下簡稱當事人）之學習權、受教育權、身體自主權及人格發展權，必要時，學校得為下列處置，並報主管機關備查：

一、彈性處理當事人之出缺勤紀錄或成績評量，並積極協助其課業，得不受請假、學生成績評量相關規定之限制。

二、尊重被霸凌人之意願，減低當事人雙方互動之機會；情節嚴重者，得施予抽離或個別教學、輔導。

三、避免行為人及其他關係人之報復情事。

四、預防、減低或杜絕行為人再犯。

前二項必要之處置，應經防制校園霸凌因應小組決議通過後執行。

肆. 教師法部分修正條文（108年6月5日公布）

第 14 條

教師有下列各款情形之一者，應予解聘，且終身不得聘任為教師：

一、動員戡亂時期終止後，犯內亂、外患罪，經有罪判決確定。

二、服公務，因貪汙行為經有罪判決確定。

三、犯性侵害犯罪防治法第二條第一項所定之罪，經有罪判決確定。

四、經學校性別平等教育委員會或依法組成之相關委員會調查確認有性侵害行為屬實。

五、經學校性別平等教育委員會或依法組成之相關委員會調查確認有性騷擾或性霸凌行為，有解聘及終身不得聘任為教師之必要。

六、受兒童及少年性剝削防制條例規定處罰，或受性騷擾防治法第二十條或第二十五條規定處罰，經學校性別平等教育委員會確認，有解聘及終身不得聘任為教師之必要。

七、經各級社政主管機關依兒童及少年福利與權益保障法第九十七條規定處罰，並經學校教師評審委員會確認，有解聘及終身不得聘任為教師

之必要。

八、知悉服務學校發生疑似校園性侵害事件，未依性別平等教育法規定通報，致再度發生校園性侵害事件；或偽造、變造、湮滅或隱匿他人所犯校園性侵害事件之證據，經學校或有關機關查證屬實。

九、偽造、變造或湮滅他人所犯校園毒品危害事件之證據，經學校或有關機關查證屬實。

十、體罰或霸凌學生，造成其身心嚴重侵害。

十一、行為違反相關法規，經學校或有關機關查證屬實，有解聘及終身不得聘任為教師之必要。

教師有前項第一款至第三款規定情形之一者，免經教師評審委員會審議，並免報主管機關核准，予以解聘。

教師有第一項第四款至第六款規定情形之一者，免經教師評審委員會審議，由學校逕報主管機關核准後，予以解聘。

教師有第一項第七款或第十款規定情形之一者，應經教師評審委員會委員三分之二以上出席及出席委員二分之一以上之審議通過，並報主管機關核准後，予以解聘；有第八款、第九款或第十一款規定情形之一者，應經教師評審委員會委員三分之二以上出席及出席委員三分之二以上之審議通過，並報主管機關核准後，予以解聘。

第 15 條

教師有下列各款情形之一者，應予解聘，且應議決一年至四年不得聘任為教師：

一、經學校性別平等教育委員會或依法組成之相關委員會調查確認有性騷擾或性霸凌行為，有解聘之必要。

二、受兒童及少年性剝削防制條例規定處罰，或受性騷擾防治法第二十條或第二十五條規定處罰，經學校性別平等教育委員會確認，有解聘之必要。

三、體罰或霸凌學生，造成其身心侵害，有解聘之必要。

四、經各級社政主管機關依兒童及少年福利與權益保障法第九十七條規定

處罰，並經學校教師評審委員會確認，有解聘之必要。

五、行為違反相關法規，經學校或有關機關查證屬實，有解聘之必要。

教師有前項第一款或第二款規定情形之一者，應經教師評審委員會委員二分之一以上出席及出席委員二分之一以上之審議通過，並報主管機關核准後，予以解聘。

教師有第一項第三款或第四款規定情形之一者，應經教師評審委員會委員三分之二以上出席及出席委員二分之一以上之審議通過，並報主管機關核准後，予以解聘；有第五款規定情形者，應經教師評審委員會委員三分之二以上出席及出席委員三分之二以上之審議通過，並報主管機關核准後，予以解聘。

【備註】

《性別平等教育法》（107 年 12 月 28 日修正）第 2 條有關性侵害、性騷擾、性霸凌等的定義：

一、性別平等教育：指以教育方式教導尊重多元性別差異，消除性別歧視，促進性別地位之實質平等。

二、學校：指公私立各級學校。

三、性侵害：指性侵害犯罪防治法所稱性侵害犯罪之行為。

四、性騷擾：指符合下列情形之一，且未達性侵害之程度者：

　　（一）以明示或暗示之方式，從事不受歡迎且具有性意味或性別歧視之言詞或行為，致影響他人之人格尊嚴、學習、或工作之機會或表現者。

　　（二）以性或性別有關之行為，作為自己或他人獲得、喪失或減損其學習或工作有關權益之條件者。

五、性霸凌：指透過語言、肢體或其他暴力，對於他人之性別特徵、性別特質、性傾向或性別認同進行貶抑、攻擊或威脅之行為且非屬性騷擾者。

六、性別認同：指個人對自我歸屬性別的自我認知與接受。

七、校園性侵害、性騷擾或性霸凌事件：指性侵害、性騷擾或性霸凌事件之一方為學校校長、教師、職員、工友或學生，他方為學生者。

自我練習

( )1. 根據《學校訂定教師輔導與管教學生辦法注意事項》，「有多種同樣能達成目的之措施時，應選擇對學生權益損害較少者」之原則為下列何種？ (A)平等原則 (B)比例原則 (C)公平原則 (D)彈性原則。
參考答案：(B)

( )2. 根據《學校訂定教師輔導與管教學生辦法注意事項》，「教師輔導與管教學生，非有正當理由，不得為差別待遇。」之原則為下列何種？
(A) 平等原則 (B) 比例原則 (C) 公平原則 (D) 彈性原則。
參考答案：(A)

( )3. 根據《學校訂定教師輔導與管教學生辦法注意事項》，對於同學學業成就偏低之原因要加以探究，並針對成因採取有效之輔導與管教方式。下列何種不在其方式之中？ (A) 口頭說理 (B) 口頭勸戒
(C) 補救教學 (D) 採取處罰措施。
參考答案：(D)

( )4. 根據《學校訂定教師輔導與管教學生辦法注意事項》，哪一項為教師不得採取的一般管教措施？ (A) 要求口頭道歉或書面自省 (B) 要求完成未完成之作業或工作 (C) 適當增加作業或工作 (D) 學生經濟許可下可罰錢。
參考答案：(D)

( )5. 根據《學校訂定教師輔導與管教學生辦法注意事項》，教師可要求學生站立反省，但每次不得超過一堂課，每日累計不得超過多少小時？
(A) 1 小時 (B) 2 小時 (C) 3 小時 (D) 4 小時。
參考答案：(B)

( )6. 根據《學校訂定教師輔導與管教學生辦法注意事項》第二十條規定：「學生有下列行為之一者，學校及教師應施以適當輔導或管教。」下列何者不是其內涵之一？ (A) 違反依合法程序制定之校規 (B) 違

反依合法程序制定之班規　(C) 妨害學校教育活動之正常進行
(D) 學生成績表現為低成就時。

參考答案：(D)

(　)7. 根據《學校訂定教師輔導與管教學生辦法注意事項》，學生有下列行
為，非立即對學生身體施加強制力，不能制止、排除或預防危害者，
教師得採取必要之強制措施。下列哪一項<u>不是</u>？　(A) 攻擊教師或他
人　(B) 毀損公物或他人物品　(C) 有自殺、自傷之虞　(D) 課堂任
意走動。

參考答案：(D)

(　)8. 根據《學校訂定教師輔導與管教學生辦法注意事項》，教師於執行職
務知有疑似性侵害犯罪情事者，應依性侵害犯罪防治法第八條規定，
立即向當地直轄市、縣（市）主管機關通報，至遲不得超過多久？
(A) 24 小時　(B) 48 小時　(C) 3 日　(D) 一星期。

參考答案：(A)

(　)9. 根據《高雄市高級中等以下學校與幼兒園腸病毒通報及停課作業規
定》，國民小學低年級同一班級七天內有幾位學童（含）以上經醫師
臨床診斷為手足口病、疱疹性咽峽炎或疑似腸病毒感染者，該班應即
停課七天？　(A) 2 位　(B) 3 位　(C) 4 位　(D) 5 位。

參考答案：(A)

說明 《高雄市高級中等以下學校與幼兒園腸病毒通報及停課作業規
定》（107 年 5 月修正）（取自高雄市政府教育局法令規章下載——
體育及衛生保健科）：

一、為防範本市高級中等以下學校（以下簡稱學校）及幼兒園腸病毒
疫情擴大流行，特訂定本規定。

二、學生或幼兒（以下簡稱學童）有疑似感染手足口病、疱疹性咽
峽炎或疑似腸病毒感染者，學校及幼兒園應於知悉後二十四小時
內至本府教育局「教育部校園安全暨災害防救通報處理中心資訊
網」完成通報，並於四十八小時內通報轄區衛生所。

三、學校及幼兒園平時應進行相關防疫措施及衛教宣導，發現學童疑
似手足口病、疱疹性咽峽炎或腸病毒感染者，應立即進行適當處
置，並通知家長送醫就診。經醫師診斷後，應請學童自發病日起

請假一週為原則，並於當日完成其就讀之班級及校內課後照顧服務班級消毒工作，及提供感染學童課後輔導機構疫情訊息。學校及幼兒園發現疫情有疑似群聚感染情形者，得請轄區衛生所協助因應措施。

四、為顧及學童生命安全，學校及幼兒園得視疫情狀況協同家長成立防疫小組，邀集轄區衛生所代表、學校代表及家長代表研議防疫措施。

五、學校及幼兒園停課基準如下：

（一）國民小學低年級及幼兒園：同一班級七天內有二名以上（含二名）學童經醫師臨床診斷為手足口病、疱疹性咽峽炎或疑似腸病毒感染時，應由醫師診斷日起，該班級即應連續停課七日；如接獲醫療院所通報並檢出腸病毒 D68 型併發重症感染個案，自病毒檢出日起該班級應連續停課七日，但本府公告更新者，從其規定。

（二）國小中高年級及國中以上學校：原則上無須停課，惟有重大疫情經主管機關建議時，得採停課措施。疫情情況緊急時，學校應徵詢主管機關意見後，採行停課措施。

六、學校決定停課時，校方應同時研議補課措施；當停課原因消失，應即恢復上課。

七、補習班、兒童照顧服務中心與學校及幼兒園辦理之課後照顧班（中心），依其招收對象，準用本規定。

《新北市公私立學校及幼兒園腸病毒通報及停課作業規定》中有關國中小停課標準如下：

一、國小：若一星期內同一班級有二名以上學生經醫師臨床診斷為手足口症、疱疹性咽峽炎或腸病毒（含疑似），學校應協同家長會立即成立危機處理小組，並應召集學校相關教職員、家長、衛生專業人員暨相關人員研議有效措施，國小雖原則無需停課，惟為避免疫情蔓延，如決定採停課措施，學校應報本局核備。

二、國中以上學校：無需停課，以衛教宣導及環境消毒為主要處理措施。

衛生福利部疾病管制署（2019 年 7 月 10）網站公告

在下列疫情狀況下，建議幼兒園及托嬰中心等學前教托育機構採取停課措施：

一、當機構內同一班級在一週內有兩名以上（含兩名）幼童經醫師診斷為腸病毒感染（手足口病或疱疹性咽峽炎等）時，該班級應停課 7 天。

二、當機構內發生腸病毒感染併發重症通報個案，且個案檢出腸病毒 D68 型時，該個案就讀之班級應停課 7 天。

地方政府可依據傳染病防治法第三十七條第一項第六款，衡酌其轄內的社會型態、托育資源及防疫需求，訂定符合轄內需求的停課標準，因此目前各縣市的停課標準並不完全一致。多數縣市停課標準為國小低年級及幼兒園於一週內，同一班級有二名以上（含二名）以上學童（或幼童）經醫師臨床診斷為手足口病、或疱疹性咽喉炎，或腸病毒感染時要停課一星期（前後共七天）。

《傳染病防治法》

第 37 條

地方主管機關於傳染病發生或有發生之虞時，應視實際需要，會同有關機關（構），採行下列措施：

一、管制上課、集會、宴會或其他團體活動。

二、管制特定場所之出入及容納人數。

三、管制特定區域之交通。

四、撤離特定場所或區域之人員。

五、限制或禁止傳染病或疑似傳染病病人搭乘大眾運輸工具或出入特定場所。

六、其他經各級政府機關公告之防疫措施。

第 3 條

本法所稱傳染病，指下列由中央主管機關依致死率、發生率及傳播速度等危害風險程度高低分類之疾病：

一、第一類傳染病：指天花、鼠疫、嚴重急性呼吸道症候群等。

二、第二類傳染病：指白喉、傷寒、登革熱等。

三、第三類傳染病：指百日咳、破傷風、日本腦炎等。

四、第四類傳染病：指前三款以外，經中央主管機關認有監視疫情發生或施行防治必要之已知傳染病或症候群。

五、第五類傳染病：指前四款以外，經中央主管機關認定其傳染流行可能對國民健康造成影響，有依本法建立防治對策或準備計畫必要之新興傳染病或症候群。

中央主管機關對於前項各款傳染病之名稱，應刊登行政院公報公告之。

第 12 條（明訂傳染病病人的權利）

政府機關（構）、民間團體、事業或個人不得拒絕傳染病病人就學、工作、安養、居住或予其他不公平之待遇。但經主管機關基於傳染病防治需要限制者，不在此限。

（　）10.國民小學及國民中學學生未經請假、請假未獲准或不明原因未到校上課連續達多少日以上，應通報為中途輟學學生？　(A) 3 日　(B) 5 日　(C) 7 日　(D) 10 日。

參考答案：(A)

（　）11.根據 106 年《偏遠地區學校教育發展條例》，接受公費生分發、專為偏遠地區學校辦理之甄選的學校編制內合格專任教師，應實際服務多少年以上，始得提出申請介聘至非偏遠地區學校服務？　(A) 1 年　(B) 2 年　(C) 3 年　(D) 6 年。

參考答案：(D)

說明 根據《偏遠地區學校教育發展條例》第五條（專任教師之聘任及申請介聘之服務年限限制）規定：

偏遠地區學校編制內合格專任教師，得以下列方式之一聘任：

一、聯合甄選。

二、介聘。

三、接受公費生分發。

四、專為偏遠地區學校辦理之甄選。

前項第三款及第四款情形，教師係接受偏遠地區學校聘任者，應實際服務六年以上，始得提出申請介聘至非偏遠地區學校服務。但有下列情形之一者，不在此限：

一、偏遠地區學校屬離島建設條例第十二條之一第一項所定學校，其

介聘限制依該條例規定辦理。

二、本條例施行前已接受偏遠地區學校聘任。

三、本條例施行前已取得公費生身分，其服務年限依公費生行政契約辦理。

前項所稱實際服務六年，指實際服務現職學校期間扣除各項留職停薪期間所計算之實際年資。但育嬰或應徵服兵役而留職停薪期間之年資，得採計至多二年。

(　　)12.根據《校園霸凌防制準則》規定，對於校園霸凌事件，各級主管機關及學校以何種為原則，採取防制機制及措施，積極推動校園霸凌防制工作？　(A)事後通報　(B)事前預防　(C)事中處理　(D)事後教育。

參考答案：(B)

(　　)13.根據《校園霸凌防制準則》規定，學校應組成防制校園霸凌因應小組，小組的召集人為何人？　(A)學務主任　(B)輔導主任　(C)教務主任　(D)校長。

參考答案：(D)

(　　)14.根據《國民中小學辦理戶外教育實施原則》，戶外教育課程活動內容以何項為核心？　(A)學校特色　(B)學生學習　(C)文化景觀　(D)參訪觀察。

參考答案：(B)

(　　)15.根據《國民中小學辦理戶外教育實施原則》，下列何項敘述錯誤？　(A)參訪地點以學校校園環境為起點，把握由近及遠之原則　(B)戶外教育為學校課程與教學之一環　(C)除學校隨隊教師外，家長或志工不宜參與　(D)學生因故未能參加者，不得拒絕學生到校。

參考答案：(C)

(　　)16.根據《學校辦理校外教學活動租用車輛應行注意事項》，學校辦理校外教學活動租用車輛，應租用合法之營業大客車，非離島地區應租幾年份以內較新之車輛為原則？　(A) 3 年　(B) 5 年　(C) 6 年　(D) 10 年。

參考答案：(B)

(　　)17.根據《學校辦理校外教學活動租用車輛應行注意事項》，學校辦理校外教學活動租用車輛，應租用合法之營業大客車，離島地區得租用幾年份以內較新之車輛？　(A) 3 年　(B) 5 年　(C)6 年　(D) 10 年。

參考答案：(D)

（　）18.根據《學校辦理校外教學活動租用車輛應行注意事項》，下列何者錯誤？　(A) 最好選用重心低之大客車　(B) 駕駛人一年內不得有重大違規　(C) 學校得假手他人租用車輛　(D) 二車以上應編成車隊，並指定總領隊。

參考答案：(C)

（　）19.根據《性別平等教育法》，一個人對自我歸屬性別的自我認知與接受稱為何者？　(A) 性別意識　(B) 性別認同　(C) 性別價值　(D) 性別認知。

參考答案：(B)

（　）20.根據《性別平等教育法》界定之校園性侵害、性騷擾或性霸凌事件的當事者下列何者錯誤？　(A) 一方為行政人員，他方為學生　(B) 一方為科任教師，他方為學生　(C) 一方為職員，他方為學生　(D) 一方為校長，他方為教師。

參考答案：(D)

（　）21.根據《性別平等教育法》規定，學校之性別平等教育委員會的委員採任期制，女性委員應占委員總數二分之一以上，其中以何者為主任委員？　(A) 學務主任　(B) 輔導主任　(C) 學校家長會長　(D) 校長。

參考答案：(D)

（　）22.根據《性別平等教育法》規定，國民中小學除應將性別平等教育融入課程外，每學期應實施性別平等教育相關課程或活動至少多少小時？
(A) 2 小時　(B) 4 小時　(C) 6 小時　(D) 8 小時。

參考答案：(B)

（　）23.根據《性別平等教育法》規定，學校校長、教師違反校園性侵害事件之通報規定，致再度發生校園性侵害事件；或偽造、變造、湮滅或隱匿他人所犯校園性侵害事件之證據者，依法會受到何種處分？
(A) 解聘或免職　(B) 停聘　(C) 不續聘　(D) 大過乙次。

參考答案：(A)

（　）24.根據《性別平等教育法》規定，若甲為性騷擾事件的加害人，學校處置方案之一為可命其參加多少小時的性別平等教育相關課程？
(A) 5 小時　(B) 8 小時　(C) 10 小時　(D) 12 小時。

參考答案：(B)

（　）25.根據《學校訂定教師輔導與管教學生辦法注意事項》，為有效協助校園之中輟及高關懷群個案，學校應視需要得開設高關懷課程，高關懷課程編班以下列何種方式為原則？　(A) 融入式　(B) 意願式　(C) 抽離式　(D) 隨機式

參考答案：(C)

（　）26.根據《學校訂定教師輔導與管教學生辦法注意事項》，教師發現學生攜帶或使用違禁物品時，應自行或交由學校予以暫時保管，並視其情節通知監護權人領回。下列哪個違禁物品不適用此規定？　(A) 化學製劑或其他危險物品　(B) 猥褻或暴力之書刊　(C) 菸酒檳榔　(D) 麻醉藥品。

參考答案：(D)

（　）27.《性別平等教育法》規定，行政人員或教師學校疑似發生校園性騷擾、性霸凌等事件，應向所在縣市教育行政機關通報，時效為何？　(A)12 小時以內　(B)24 小時以內　(C)2 日以內　(D)3 日以內。

參考答案：(B)

（　）28.有關霸凌行為內涵的描述，下列何者正確？　(A) 是一種捉弄行為　(B) 是偶然發生的事件　(C) 是爭執發生的事件　(D) 權利不均等行為。

參考答案：(D)

（　）29.有關霸凌行為內涵事件的描述，下列何者錯誤？　(A) 直間接對他人為貶抑排擠的持續行為　(B) 直間接對他人騷擾或戲弄的持續行為　(C) 只以言語或肢體動作為媒介的欺負行為　(D) 使對方產生精神上、生理上或財產上的損害。

參考答案：(C)

（　）30.根據《偏遠地區學校教育發展條例》規定，國民小學在何種情況下，不受課程綱要所定第一學習階段至第三學習階段學習節數之限制？　(A) 混齡編班　(B) 班級內分組　(C) 混齡分組　(D) 一般編班。

參考答案：(A)

說明 《偏遠地區學校教育發展條例》第十條第四款中之規定。

第 10 條

主管機關就偏遠地區學校之組織、人事及運作，得依下列規定為特別

之處理，不受國民教育法及高級中等教育法之限制：

一、行政組織依需要彈性設置。

二、校長任期一任為四年，其遴選及聘任程序，由主管機關依實際需要另定之；其辦學績效卓著，校務發展計畫經審核通過，並經主管機關校長遴選委員會同意者，得連任二次。

三、高級中等以下學校，就特定專長領域，跨同級或不同級學校，聘任合聘教師或巡迴教師。

四、混齡編班或混齡教學；其課程節數，不受課程綱要有關階段別規定之限制。

五、高級中等學校得辦理國中部學生校內直升入學，或辦理優先免試入學。

( )31.根據 108 年公布之《教師法》規定，經學校性別平等教育委員會或依法組成之相關委員會調查確認有性騷擾或性霸凌行為之教師，其處理方式為何？ (A) 免經教師評審委員會審議，並免報主管機關核准，予以解聘 (B) 免經教師評審委員會審議，由學校逕報主管機關核准後，予以解聘 (C) 經教師評審委員會委員審議通過，並報主管機關核准後，予以解聘 (D) 經教師評審委員會委員審議通過，並報主管機關核准後，予以停聘。

參考答案：(B)

( )32.根據 108 年公布之《教師法》規定，「體罰或霸凌學生，造成其身心嚴重侵害」之教師，其處理方式為何？ (A) 免經教師評審委員會審議，並免報主管機關核准，予以解聘 (B) 免經教師評審委員會審議，由學校逕報主管機關核准後，予以解聘 (C) 經教師評審委員會委員審議通過，並報主管機關核准後，予以解聘 (D) 經教師評審委員會委員審議通過，並報主管機關核准後，予以停聘。

參考答案：(C)

( )33.根據 108 年公布之《教師法》規定，「體罰或霸凌學生，造成其身心嚴重侵害」之教師，其處理方式為經教師評審委員會委員審議通過，並報主管機關核准後才能解聘。教師評審委員會召開時要三分之二以上委員出席，出席委員多少同意才算審議通過 (A) 三分之二 (B) 二分之一 (C) 三分之一 (D) 四分之三。

參考答案：(B)

第 10 章

《班級經營理論與實務》
自我練習 (I)

第 10 章至第 12 章自我練習題目的題幹來源主要參考書目為：吳明隆（2017）。班級理論與實務。臺北市：五南。

壹. 班級經營的內涵與策略理論

（　）1. 就教學場域而言，最佳的班級經營管教或領導方式為下列哪一種？
(A) 民主式領導　　(B) 威權式領導　　(C) 權變式領導　　(D) 人本式領導。
參考答案：(C)

說明 班級領導或管教要根據班級特徵與學生屬性而調整，民主式領導或管教雖是最開放、最符合後現代主義特徵，但在教育場域中不一定最為有效；權變式領導或管教是一種適性揚才，最符合教育生態的領導模式。

（　）2. 教師營造一個友善的班級氛圍，學生樂於學習、喜愛學校，相對的很少出現不當的行為。此種常規管理的性質屬於下列何種？　(A) 預防性常規管理　　(B) 支持性常規管理　　(C) 改正性常規管理　　(D) 控制性常規管理。
參考答案：(A)

（　）3. 老師提示學生「大白鯊」，學生回應「閉嘴巴」，之後全班安靜無聲。此種常規管理的性質屬於下列何種？　(A) 預防性常規管理　　(B) 支持性常規管理　　(C) 改正性常規管　　(D) 控制性常規管理。
參考答案：(B)

說明 支持性常規管理為教師採用注意、觀察、口頭提示、肢體語言……以提醒學生，使學生知道教師已對不當行為開始留意且重視。

（　）4. 陳老師：「這麼吵，老師都聽不到小強剛才講的話了。」陳老師指定要展現的行為技巧為何種？　(A) 暗示　　(B) 我的訊息　　(C) 增強　　(D) 發問。
參考答案：(B)

（　）5. 老師：「各位同學，記得下課之前，每個人都要把學習單交到前面來。」老師用語是採用何種類型以指定學生要展現的行為？
(A) 暗示　　(B) 我的訊息　　(C) 增強　　(D) 控制。
參考答案：(A)

（　）6. 下列哪一項為班級經營的主要目的？　(A) 維持學生課堂的專注力　(B) 提高學生的學習動機　(C) 提高學生的學習成就　(D) 提升學生整體學習表現。

參考答案：(D)

說明 班級經營目標在於維持班級紀律，使學生能專注學習活動，培養學生正向行為與提高學習成就等，「**整體學習表現**」包括上述的所有目標內容。

（　）7. 有效能的教師要展現的是何種信念？　(A) 視教職為工作　(B) 視教職為經師　(C) 視教職為志業　(D) 視教職為教學。

參考答案：(C)

說明 將教職視為志業，包含經師與人師，能樂業、敬業，而不是只把教育工作或教師角色視為一種職業。

（　）8. 思維學派紀律模式中的「介入主義者」（interventionist）所持的哲學信念為下列何者？　(A) 教師中心　(B) 學生中心　(C) 學校中心　(D) 班級中心。

參考答案：(A)

說明 行為主義論點 ⇨ 教師中心 ⇨ 介入主義（重視班級規約的形塑）。人本主義論點 ⇨ 學生中心 ⇨ 非介入主義（重視學生的自律與內發性動機）。

（　）9. 思維學派紀律模式中的「非介入主義者」（noninterventionist）奠基的心理學基礎為何者主義或理論？　(A) 行為主義　(B) 完形主義　(C) 人本主義　(D) 控制理論。

參考答案：(C)

（　）10.鼓勵學生投入班級氛圍是奠基在學生中心的哲學信念上，下列何者不是此場域內的教師信念？　(A) 我的工作是幫助你做得更好　(B) 若是你願意嘗試，過程可能十分有趣　(C) 老師對你有高度的期待　(D) 如果你能進行學習，你會感覺事物更為美好。

參考答案：(C)

（　）11.瓦區特爾（T. Wachtel）以「社會的紀律視窗」來對應解釋連續體的變動，他將教師班級經營類型分為四種型態，就班級經營的場域而言，何種類型最能展現教師效能？　(A) 寬容自由型取向　(B) 專制

主義型取向　(C) 疏忽放任型取向　(D) 權威性主義型取向。

參考答案：(D)

(　) 12. 二年一班新調來的英文林老師上課十分幽默，長得像藝人，課堂的無形魅力吸引班上多數學生的喜愛。就權力社會性基礎架構的分類而言，此種現象以何種權力解釋最為適切？　(A) 專家權　(B) 參照權　(C) 法職權　(D) 人格權。

參考答案：(B)

(　) 13. 就權力社會性基礎架構的分類而言，相較之下，下列何種教師展現的權力最大、影響力最小？　(A) 專家權　(B) 參照權　(C) 法職權　(D) 酬賞權。

參考答案：(D)

(　) 14. 參照權是一種教師魅力特質，學生因為教師特有的人格特質，發自內心的表示認同、信服與尊敬。下列何者不是教師建立參照權的有效方法？　(A) 可使用較多的自我表露，告知學生課程中的概念與原則如何影響教師的生涯　(B) 以接受而不是施恩的態度接納學生，知悉個別學生的興趣　(C) 常規管教時，是管教學生個人，而不是管教學生行為　(D) 保持專業態度，以非教導方式與學生相處或活動，建立良好師生關係。

參考答案：(C)

(　) 15. 中小學班級經營實務現場證實，導師的班級經營策略或常規管理最適切的是下列哪一個？　(A) 先寬鬆後嚴格　(B) 先嚴格後寬鬆　(C) 不嚴不鬆　(D) 先嚴後更嚴。

參考答案：(B)

(　) 16. 班級研究取向中，重視內省法及觀察法，分析有效能教師與無效能教師之班級常規維持的差異。此種觀點為下列何種研究取向？　(A) 功能觀取向　(B) 行為改變觀取向　(C) 人際－互動觀取向　(D) 人本主義觀取向。

參考答案：(A)

(　) 17. 社會學家馬克斯‧韋伯（M. Weber）提出三種權威統治類型：傳統型權威、領袖魅力型權威、合法－理性型權威。對應於權力社會性基礎架構的內涵，其領袖魅力型權威最接近於何者？　(A) 專家權

(B) 參照權　(C) 法職權　(D) 人格權。

參考答案：(B)

（　）18. 班級工作氣氛中最接近教師為控制者為何者？　(A) 這件事情是值得去做的　(B) 老師對學生有高度的期許　(C) 老師的工作是幫助學生做得更好　(D) 老師把學習者視為文明人，而非學科學習學生。

參考答案：(B)

（　）19. 有效能的教師要能有效調適身心激動狀態的能力，例如能夠激勵自己、克制衝動、為人著想、與其他教師進行協同合作教學等。教師此種智能簡稱為？　(A)SQ　(B)EQ　(C)IQ　(D)LQ。

參考答案：(B)

（　）20. 學者雷恩（Rinne）認為有效班級經營的目的有三，下列何者不是？　(A) 維持學生上課專注力　(B) 提高學生課堂學習動機　(C) 促發學生行為自我控制力　(D) 提升同儕間的競爭能力。

參考答案：(D)

（　）21. 分組合作學習是學習新趨勢，班級經營中的合作學習分組最好採取下列何種方式的分組型態？　(A) 自由性分組　(B) 同質性分組　(C) 異質性分組　(D) 固定分組。

參考答案：(C)

（　）22. 班級課堂中教師採用支持性自我控制的能力策略，可以讓即將分心或要出現不當行為的學生專注於學習活動。下列哪個方法不是支持性自我控制的策略？　(A) 繼續上課　(B) 講笑話　(C) 沉默注視學生　(D) 走到學生身旁。

參考答案：(A)

貳. 班級經營的特徵與生態轉變

（　）1. 教學科技與社會脈動變化下，下列何種班級經營的情境變化最不符應教育情景？　(A) 班級經營的內涵多樣化　(B) 班級經營的對象同質化　(C) 班級經營的情境複雜化　(D) 班級經營的方法科技化。

參考答案：(B)

（　）2. 新時代班級生態的轉變中，下列何者的敘述<u>不適切</u>？　(A) 教育目的由知識導向轉變為能力導向　(B) 學習型態從個體學習轉變為合作學習　(C) 教學主體從學生中心轉變為教師中心　(D) 資訊獲取從被動吸收轉變為主動建構。

參考答案：(C)

（　）3. 何種教育心理學主義或理論於班級教學的應用為「做問題、談解法、說結果、寫心得」？　(A) 行為主義　(B) 訊息處理理論　(C) 建構主義　(D) 完形主義。

參考答案：(C)

（　）4.《學生輔導法》明訂，學校教師在三級預防輔導中，主要負責執行哪一項輔導措施？　(A) 發展性輔導措施　(B) 介入性輔導措施　(C) 處遇性輔導措施　(D) 診斷性輔導措施。

參考答案：(A)

（　）5.《學生輔導法》中所指的「專業輔導人員」<u>不包括</u>下列何者？　(A) 具有臨床心理師證書者　(B) 具有諮商心理師證書者　(C) 具有社會工作師證書者　(D) 具有輔導教師資格者。

參考答案：(D)

（　）6. 對於教育行動研究的內涵，下列何者<u>錯誤</u>？　(A) 以解決實際問題為目的　(B) 學校教師為主要研究者　(C) 研究結果適用於推論　(D) 常是協同研究的方式。

參考答案：(C)

（　）7. 對於教師行動研究歷程，下列何者描述正確？　(A) 學者專家是主要研究者　(B) 研究在於建構學術理論　(C) 常進行跨校性的研究　(D) 研究情境有其特定性。

參考答案：(D)

（　）8. 根據《學生輔導法》，當學生適應欠佳、重複發生問題行為時，依其個別化需求訂定輔導方案或計畫，提供諮詢、個別諮商及小團體輔導等措施，並提供評估轉介機制的輔導內容稱為何種輔導？　(A) 發展性輔導　(B) 介入性輔導　(C) 處遇性輔導　(D) 轉介性輔導。

參考答案：(B)

（　）9.《學生輔導法》之三級輔導中的發展性輔導，目的為促進學生心理健康、社會適應及適性發展，其內涵有三大類型。下列何者不在類型名稱之中？　(A) 生活輔導　(B) 學習輔導　(C) 生涯輔導　(D) 考試輔導。

參考答案：(D)

（　）10.根據《學生輔導法》第 10 條高級中等以下學校專任輔導教師員額編制規定，若國民小學 48 班，應置輔導教師多少位？　(A) 1 位　(B) 2 位　(C) 3 位　(D) 4 位。

參考答案：(B)

說明《學生輔導法》第 10 條

高級中等以下學校專任輔導教師員額編制如下：

一、國民小學二十四班以下者，置一人，二十五班以上者，每二十四班增置一人。

二、國民中學十五班以下者，置一人，十六班以上者，每十五班增置一人。

三、高級中等學校十二班以下者，置一人，十三班以上者，每十二班增置一人。

（　）11.根據《學生輔導法》第 10 條高級中等以下學校專任輔導教師員額編制規定，國民中學多少班以下只能置輔導教師一位？　(A) 10 班　(B) 15 班　(C) 20 班　(D) 25 班。

參考答案：(B)

（　）12.根據《學生輔導法》第 14 條規定：高級中等以下學校之教師，每年應接受輔導知能在職進修課程至少多少小時？　(A) 3 小時　(B) 5 小時　(C) 8 小時　(D) 10 小時。

參考答案：(A)

（　）13.根據《學生輔導法》第 14 條規定：高級中等以下學校之輔導組長／輔導教師，每年應接受輔導知能在職進修課程至少多少小時？　(A) 10 小時　(B) 15 小時　(C) 18 小時　(D) 20 小時。

參考答案：(C)

說明《學生輔導法》第 14 條

各級主管機關應妥善規劃專業培訓管道，並加強推動教師與專業輔導

人員之輔導知能職前教育及在職進修。

高級中等以下學校主管機關應定期辦理初任輔導主任或組長、輔導教師及初聘專業輔導人員至少四十小時之職前基礎培訓課程。

學校應定期辦理校長、教師及專業輔導人員輔導知能研習，並納入年度輔導工作計畫實施。高級中等以下學校之教師，每年應接受輔導知能在職進修課程至少三小時；輔導主任或組長、輔導教師及專業輔導人員，每年應接受在職進修課程至少十八小時；聘用機關或學校應核給公（差）假。但初任輔導主任或組長、輔導教師及初聘專業輔導人員依第二項規定於當年度已完成四十小時以上之職前基礎培訓課程者，得抵免之。

（　）14.班級級營或活動推展過程中，應以何項目標作為最重要的考量因素？
(A) 學生課業　　(B) 學生學習　　(C) 學生安全　　(D) 學生行為。

參考答案：(C)

說明　班級經營的理念與展現實踐的圖示如下：

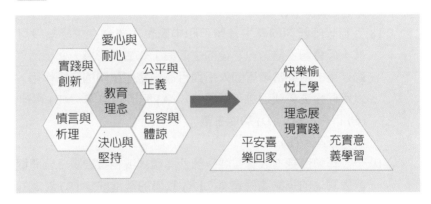

十二年國教課綱建構終身學習的教師圖像如下：

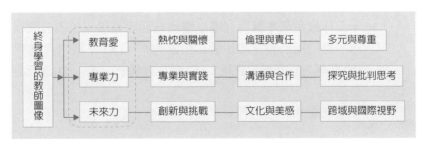

（　）15.學生下課衝出教室撞到林老師摔倒，林教師第一個反應最適切者為何種？　(A) 不是跟你們說不要奔跑嗎？真傷腦筋！　(B) 你撞到了老師，你知不知道！　(C) 你有沒有受傷？　(D) 你知道你撞到老師了嗎？

參考答案：(C)

（　）16.十二年國民基本教育之課程發展本於全人教育的精神，以「自發」、「互動」及「共好」為理念，強調學生是自發主動的學習者。下列哪項<u>不是</u>課程綱要所提的主要願景？　(A) 教育機會均等　(B) 成就每一個孩子　(C) 適性揚才　(D) 終身學習。

參考答案：(A)

（　）17.十二年國民基本教育核心素養之一為「社會參與」，面向的項目之一為「人際關係與團隊合作」，群體的效益大於個別之合（整體大於部分之合）。此種論點背後的理論基礎為何？　(A) 完形心理學　(B) 精神分析論　(C) 行為主義　(D) 功能主義。

參考答案：(A)

（　）18.受到教師體罰的學生會留下心中陰影，雖然在求學階段可能沒有異狀，但會留下陰影對之後的生活與工作會有影響，此種潛意識具有能動作用，對於當事者的人格與行為也會有負向的影響作用。此論點可以用何種主義或理論來解釋？　(A) 完形心理學　(B) 精神分析論　(C) 行為主義　(D) 功能主義。

參考答案：(B)

（　）19.十二年國民基本教育強調教師公開觀課或相互觀課。公開觀課或相互觀課關注的焦點為何者？　(A) 教學的豐富性　(B) 常規的管理及掌控　(C) 教學的創新性　(D) 學生學習表現。

參考答案：(D)

（　）20.十二年國民基本教育強調以雙向細目表發展學校本位課程的學習目標，雙向細目表指的是哪二個面向？　(A) 學習內容與學習評量　(B) 學習內容與學習表現　(C) 知能與學習內容　(D) 單元目標與學習表現。

參考答案：(B)

（　）21. 十二年國民基本教育重視教師專業發展，基於協同教學的學理希望教師能做到以下何者？　(A) 共同備課→集體議課→公開觀課　(B) 集體議課→共同備課→公開觀課　(C) 共同備課→公開觀課→集體議課　(D) 公開觀課→集體議課→共同備課。

參考答案：(C)

（　）22. 學生學習權保障主要的法源依據為何者？　(A) 教師法　(B) 教育基本法　(C) 國民教育法　(D) 高級中等教育法。

參考答案：(B)

參. 學習型班級組織的理論與策略

（　）1. 有關學習型班級組織內涵，下列何者描述較不適切？　(A) 重視心智模式的改善　(B) 強調班級共同願景建立　(C) 重視班級群體合作學習　(D) 強調與他人的競爭比較。

參考答案：(D)

　說明　學習型組織的五大特徵為建立共同願景、改善心智模式、團隊合作學習、自我超越精進、系統化思考。

（　）2. 林老師看到小明在外掃區打掃十分認真，認為小明在課堂中學習也會很專注。林老師此種反應接近下列何者效應？　(A) 期望效應　(B) 月暈效應　(C) 霍桑效應　(D) 比馬龍效應。

參考答案：(B)

（　）3. 小明課堂上與隔壁同學講話，教師回應：「小明，你一直以來都是課堂上愛吵鬧講話的同學，每節課都講話。」老師此話語，以何種效應解釋最為適切？　(A) 光環效應　(B) 期望效應　(C) 厭惡效應　(D) 個人效應。

參考答案：(A)

　說明　光環效應即月暈效應，屬於因既定印象而產生的成見或誤判。

（　）4. 索恩柏克（Thornberg）在其有效班級規則（班規）研究中，將班規分為以下五種類型，下列何者不是其五大類型之一：　(A) 關係規則（relational rules）　(B) 結構規則（structuring rules）　(C) 禮儀規則（etiquette rules）　(D) 考試規則（examining rules）。

參考答案：(D)

（　）5. 有關班級規約（班規）訂定原則，下列何者<u>不適切</u>？　(A) 班規條目以 4-6 條較佳　(B) 師生共同討論訂定　(C) 訂定之後不要任意修改 (D) 公告讓全班同學知悉。

參考答案：(C)

（　）6. 就班級實務而言，下列哪個班級規約的訂定較<u>不適切</u>？　(A) 上課時不能講話　(B) 不能欺凌同學　(C) 考試不要作弊　(D) 不要破壞公物。

參考答案：(A)

說明　班規訂定要有通則性，「課堂或上課不能講話」無法適用於分組討論或問答討論的師生對話情境，此班規的意涵應為未經教師允許上課不能講話。

（　）7. 就柏登（Burden）所提之班規訂定導引原則，相較之下，下列哪個班級規約的訂定較<u>不適切</u>？　(A) 對人有禮貌　(B) 不要罵髒話　(C) 上課要專注　(D) 課堂手機要關機。

參考答案：(B)

（　）8. 有關班級規約（班規）訂定歷程，下列何者描述<u>不適切</u>？　(A) 班規條目要有其合理性　(B) 訂定內容要考量教育階段　(C) 只要公告不需要花時間教導　(D) 明確告知違反班規的結果。

參考答案：(C)

（　）9. 布拉克（B. Buluc）對於班級規約準則的訂定與應用實施，提出許多具體有效策略及方法，下列何者<u>不是</u>其認同的作法？　(A) 規則必須是合理的，被期待的行為是學生能夠做的　(B) 規則必須是可強制實施的，讓規則可以確保學生表現對應的正向行為　(C) 違反規則的後果處置要真正落實，但輕微不當行為可以忽略　(D) 可以讓其他學生決定教師要警告的事項，或決定教師要斥責的當事人，以激發同學凝聚力。

參考答案：(D)

（　）10. 學習型班級組織的自我超越內涵，就班級實務的學習評量而言，重視的是何者類型的評量？　(A) 常模參照評量　(B) 標準參照評量 (C) 實作評量　(D) 檔案評量。

參考答案：(B)

（ ）11.班級經營的成敗與學習表現結果誰要負責？ (A) 教師個人 (B) 學生個人 (C) 教師與學生 (D) 全班學生。

參考答案：(C)

（ ）12.翻轉教學也是創新的教學方法之一，與傳統教學相較之下，對於翻轉教學的描述下列何者不適切？ (A) 以教師為中心的教學 (B) 培養學生高階認知能力 (C) 以問題導向為中心 (D) 強調合作學習。

參考答案：(A)

（ ）13.小強先學習教材 A、再學習教材 B，由於二個教材內容有相似之處，隔一段時間回憶教材 B 的內容便受到先前教材 A 的干擾，因而回憶情況不佳。此種學習資訊相互干擾的結果，稱為何者？ (A) 順攝抑制 (B) 倒攝抑制 (C) 動機性遺忘 (D) 負向抑制。

參考答案：(A)

說明 順攝抑制，順著學習的順序，指先學習的內容干擾到後學習的內容。

（ ）14.小強先學習教材 A、再學習教材 B，由於二個教材內容有相似之處，隔一段時間回憶教材 A 的內容便受到之後學習教材 B 的干擾，因而回憶情況不佳。此種學習資訊相互干擾的結果，稱為何者？ (A) 順攝抑制 (B) 倒攝抑制 (C) 動機性遺忘 (D) 負向抑制。

參考答案：(B)

（ ）15.從處理層次或訊息處理理論的觀點而言，下列何者為短期記憶時期的特徵？ (A) 記憶容量無限 (B) 以聲碼為主 (C) 訊息主要為情節記憶 (D) 訊息主要為語意記憶。

參考答案：(B)

（ ）16.從處理層次或訊息處理理論的觀點而言，學生從感官收錄階段要有效進到長期記憶中，最有效的方法是何種策略？ (A) 持續注意 (B) 眼神專注 (C) 口頭複誦 (D) 影像記憶。

參考答案：(C)

（ ）17.從處理層次或訊息處理理論的觀點而言，下列何者不是短期記憶時期的特徵之一？ (A) 記憶廣度約 7 加減 2 單位訊息 (B) 快速消退率 (C) 提取資訊容易 (D) 以訊息意義編碼為主。

參考答案：(D)

( )18. 從處理層次或訊息處理理論的觀點而言，教師在呈現教材或刺激時要先掌握的策略為何？ (A) 引起學生動機與注意 (B) 注意教材的邏輯性 (C) 重視教材的視覺效果 (D) 重視教材的難易度。

參考答案：(A)

( )19. 有關班規的評估與實施過程，對於違反班級規約者的處置下列最<u>不適</u>切？ (A) 必要時告知父母 (B) 以一種能讓當事人區別對錯的方法處理 (C) 絕不可以容忍 (D) 處罰能達到行為改變目標。

參考答案：(C)

( )20. 有關新時代班級經營中的學習取向特性，何者<u>錯誤</u>？ (A) 學習目標須因人而異 (B) 學習評量重多元動態 (C) 學習歷程為持續不斷 (D) 學習型態是競爭比賽。

參考答案：(D)

( )21. 有關班級規約條目的數量何者最為適切？ (A) 一至三條 (B) 四至六條 (C) 七至九條 (D) 十條以上。

參考答案：(B)

( )22. 就柏登（Burden）所提之班規訂定導引原則，下列哪個班級規約的訂定最為適切？ (A) 不要欺負同學 (B) 不要罵髒話 (C) 不要對同學吼叫 (D) 尊重每位同學。

參考答案：(D)

( )23. 有關班級規約的傳遞與宣導原則，下列哪個方法最為適切？ (A) 由教師傳遞並教導 (B) 由班長傳遞與宣導 (C) 由自願同學傳遞與宣導 (D) 由風紀股長朗讀宣導。

參考答案：(A)

說明 班規訂定的基本原則：(1) 由師生共同討論訂定；(2) 班規的條文要明確且具體可行；(3) 多採用正向激勵字詞表示（例如書寫功課要用心）；(4) 條文簡潔不要太多（約四至六條最為適切）；(5) 檢視學生行為表現適時增刪；(6) 班規不能牴觸校規；(7) 班規要公告讓全班知悉；(8) 配合學生的生活經驗；(9) 班規需要教師宣導並教導；(10) 訂定後的班規要確實執行；(11) 讓學生知道違反班規的結果。

肆. 班級經營的生態發展與因應

(　)1. 就班級生態的屬性特徵而言，下列何者<u>不是</u>其屬性特徵之一？
(A) 同時發生　(B) 快速急切　(C) 難以預測　(D) 人少事簡。
參考答案：(D)

(　)2. 學生班級情境中所表現的一切行為，是個人與環境兩方面因素交互
作用的結果。此為何種主義的論點？　(A) 場地論　(B) 行為主義
(C) 人本主義　(D) 功能主義。
參考答案：(A)

(　)3. 下列何者非班級情境的生態狀況？　(A) 靜態的情境　(B) 動態的情
境　(C) 團隊動力學　(D) 公開化的情境。
參考答案：(A)

(　)4. 有關教師班級管教原則，下列何者<u>不適切</u>？　(A) 輔導先於處罰
(B) 處理重於預防　(C) 說理優於訓斥　(D) 溝通重於辱罵。
參考答案：(B)

(　)5. 一個人的行為（B）取決於個人（P）和他的環境（E）的相互作用：
B＝f(P*E)，因而教室環境的營造非常重要。此論點為何者提出？
(A) 斯肯納　(B) 杜威　(C) 勒溫　(D) 魏泰邁。
參考答案：(C)

(　)6. 課堂中分組學習，組長跟小明講：「你再吵，我們這一組會被老師扣
平時分數。」小明聽完後，安靜下來。此種結果以何種常規管理模式
解釋較適切？　(A) 團體管理模式　(B) 小組合作模式　(C) 交互分析
模式　(D) 和諧溝通模式。
參考答案：(A)

(　)7. 後現代主義的脈動特徵應用於班級經營場域中，下列何者較<u>不符合</u>？
(A) 適性化的教學　(B) 民主式的領導　(C) 權變式的管理　(D) 以教
師為中心。
參考答案：(D)

(　)8. 下列何者為教師中心型班級經營的內涵或特徵？　(A) 管理是一種引
導　(B) 學生是為班級運作的促進者　(C) 學生只被允許有限的責任
(D) 所有學生都有機會成為整體班級管理的成員。

參考答案：(C)

（　）9. 下列何者**不是**教師中心型班級經營的內涵或特徵？　(A) 教師訂定規則並公告給學生知道　(B) 就所有學生而言，後果是固定的　(C) 教師是唯一或主要班級組織領導者　(D) 後果處置依據個別學生差異而調整。

參考答案：(D)

（　）10.小強開學後常常遲到，老師請他擔任早自習秩序管理的組長，為了掌握全班同學的動態與早自習行為表現，小強便不再遲到。老師採用的策略稱為何者？　(A) 期望效應　(B) 增強相對立原則　(C) 增強效應　(D) 普立馬克原則。

參考答案：(B)

（　）11.對於班級霸凌問題，教師處理的原則中，下列何者最適切？　(A) 零容忍　(B) 可部分容忍　(C) 容忍程度視事件強度而定　(D) 視教師班級經營哲學信念而異。

參考答案：(A)

（　）12.教學發展歷程或教學模式的規劃程序中，起始項目為何者？　(A) 學習表現　(B) 學習內容　(C) 教學目標　(D) 教學方法。

參考答案：(C)

（　）13.塔理・德瑪斯（Temli-Durmus）認為有效的班級經營應從三個向度來衡量，下列何者**不是**這三個向度指標之一？　(A) 人的管理面向　(B) 情境布置面向　(C) 行為管理面向　(D) 教學管理面向。

參考答案：(B)

（　）14.各校推展的翻轉教學或翻轉教室，主要核心概念是以何者為中心的派典？　(A) 教師中心　(B) 課程中心　(C) 學生中心　(D) 教學中心。

參考答案：(C)

（　）15.後現代主義強調人的「主體性」，下列何者**不是**它的主要特徵？　(A) 不確定性　(B) 多元性　(C) 權威性　(D) 差異性。

參考答案：(C)

（　）16.下列何者不是「教師中心型」班級經營的特徵？　(A) 將教師視為唯一領導者　(B) 將管理視為一種引導　(C) 班級紀律主要來自教師　(D) 多數的報酬是外在酬賞。

參考答案：(B)

( )17.下列何者是「個體中心型」班級經營的特徵？　(A) 只有少數學生是教師的協助者　(B) 學生被允許的責任有限　(C) 班級紀律來自於學生的自我約束　(D) 多數的後果不因學生而改變。

參考答案：(C)

說明「個體中心型」對應於「教師中心型」的班級經營，其主要特徵有以下幾點：

1. 領導行為是師生共同扮演承擔的。

2. 將班級管理視為「引導」而不是監督。

3. 學生個體才是為班級運作的促進者。

4. 班級紀律來自學生自己而非教師控制。

5. 所有學生都有機會成為整體班級管理的成員。

6. 規則是師生在班級規程組識或共識之下共同發展訂定出來的。

7. 行為後果能依據個別學生差異而調整。

8. 多數酬賞是內在的而非是外在增強。

9. 所有學生能分擔班級責任，發揮個人優勢智能。

10. 以企業與社群團體為合夥夥伴，為學生豐富與擴大學習的機會。

伍. 品質管理班級經營之理論與應用

( )1. 教師的信任與期望，可以增強學生的信心：「我行，所以我可以。」強調的就是信心的作用。此種論點可以以下列何者理論或效應解釋？(A) 羅森塔爾效應　(B) 羊群效應　(C) 亨利效應　(D) 月暈效應。

參考答案：(A)

說明 羅森‧塔爾（Robert Rosenthal）為美國著名心理學家，實驗研究效應又稱為比馬龍效應（皮革馬利翁效應）。

( )2. 教育部推展的紫錐花運動，其內涵指的是下列何者？　(A) 反霸凌 (B) 反毒　(C) 反暴力　(D) 反汙染。

參考答案：(B)

( )3. 下列何者班級學生行為表現以「替代學習」（vicarious learning）解釋最為接近？　(A) 課堂不專注行為　(B) 罵三字經（不雅字眼）語

詞　(C) 作業未按時完成行為　(D) 考試作弊行為。

參考答案：(B)

說明　替代學習為從別人的經驗間接學習到新經驗的學習方式。

（　）4. 全面品質管理也可應用於班級經營或教育場域上，「全面品質管理」一般簡稱為何者？　(A)AQM　(B)QMA　(C)TQM　(D)QMT。

參考答案：(C)

（　）5. 全面品質管理應用於教育場域中，最接近下列哪個教育目標？(A) 適性揚才　(B) 將每位學生帶上來　(C) 差異化教學　(D) 補救教學。

參考答案：(B)

（　）6. 全面品質管理（TQM）是將管理概念應用於教育場域與班級實務中，有效應用可促發教育品質的提升。全面品質管理中強調集體共識與群體努力，此種論點最接近哪一個主義或理論？　(A) 行為主義　(B) 人本主義　(C) 完形主義　(D) 訊息處理理論。

參考答案：(C)

（　）7. 班級經營中有關學生不當行為或事件衝突的掌控，以全面品質管理（TQM）而言，下列哪一項最為符合其精神？　(A) 改正性常規管理　(B) 早一點察覺　(C) 立即告知家長　(D) 違反班規後的公平處置。

參考答案：(B)

（　）8. 小明自懂事後在家中就常聽到父親罵三字經或不雅字眼，入學後於班級學習活動中或與同學爭執時也習慣性罵三字經，讓班級老師很頭痛，不時警告小明不可以再罵三字經，否則要告知家長，小明回應老師：「這些話，我爸爸在家中也常常講。」小明的此種經驗學習稱為何種？　(A)結果學習　(B)反應學習　(C)替代學習　(D)負向學習。

參考答案：(C)

（　）9. 有競爭才有進步，有競爭才會激發學生上進心。教育革新與新時代脈動，班級經營強調的競爭最好是下列哪種型態？　(A) 班級內同儕的相互競爭　(B) 小組內組員的相互競爭　(C) 與他校同學的相互競爭　(D) 與校內別班同學的相互競爭。

參考答案：(C)

( ) 10. 從全面品質的觀點來看，班級經營強調的面向下列哪個最<u>不符合</u>？
(A) 教師領導管理角色的扮演　(B) 教師對學生承諾的實踐　(C) 班級組織文化的營造　(D) 教師自我評斷導向。

參考答案：(D)

說明 全面品質管理過程中裁定品質好壞者為內外顧客，教育場域的顧客包括學生、家長及行政人員，學生表現良好且給予教師肯定、家長放心、行政寬心，這些顧客都滿意，表示教師教學品質與班級經營成效良好。

( ) 11. 林老師是班級導師，早自修時發現班上小雅全身傷痕累累，疑似家庭暴力事件，林老師察覺後要做的第一件事是什麼？　(A) 打電話給家長了解事件始末　(B) 立即告知行政處室主任　(C) 立刻帶小雅至保健室擦藥　(D) 趕快通報學年主任。

參考答案：(B)

( ) 12. 班級經營中強調學生要有「競爭」力，有關競爭力的真正內涵指的是下列何者？　(A) 與班級同學考試名次的競爭　(B) 與同學年班級各種比賽的競爭　(C) 勝過或贏過班級同學的競爭　(D) 學習能力展現，擁有職場競爭優勢。

參考答案：(D)

( ) 13. 友善的「班級文化」才能建構優質的學習環境，下列何者<u>不是</u>「班級文化」的特性之一？　(A) 靜態性發展　(B) 獨特性展現　(C) 持久性形塑　(D) 共有性分享。

參考答案：(A)

( ) 14.「非刻意學習」又稱為「潛在學習」（latent learning），下列何者說法與潛在學習最有所關聯？　(A) 基模　(B) 認知圖　(C) 後設認知　(D) 增強。

參考答案：(B)

第 **11** 章

《班級經營理論與實務》
自我練習 (II)

陸. 班級經營的困境與因應策略

(　) 1. 下列何者不是青少年次文化的特質趨勢之一？　 (A) 膚淺刻薄的語言形式　 (B) 封閉固執的圖像思考　 (C) 短暫閒散的人生態度　 (D) 目標取向的學習活動。

參考答案：(D)

(　) 2. 班級的情境布置、美化與整潔對學生的學生皆有潛移默化的效用，就課程類型而言，此種型態為何者？　 (A) 顯性課程　 (B) 潛在課程 (C) 空白課程　 (D) 正式課程。

參考答案：(B)

(　) 3. 下列何者不是高登（T. Gordon）教師效能訓練的核心理念之一？ (A) 多用教師的影響力　 (B) 善用教師的獎賞權　 (C) 強調以學生為中心　 (D) 多應用教師參照權。

參考答案：(B)

(　) 4. 教師碰到問題行為時，高登（T. Gordon）建議教師要採用何種訊息與學生溝通？　 (A) 你─訊息　 (B) 我─訊息　 (C) 他─訊息　 (D) 你們─訊息。

參考答案：(B)

(　) 5. 學生課堂中做白日夢，但靜靜坐在座位上不干擾教師。就高登（T. Gordon）擁有問題的判別，是何人擁有問題？　 (A) 學生擁有問題 (B) 教師擁有問題　 (C) 師生都擁有問題　 (D) 旁邊同學擁有問題。

參考答案：(A)

說明　此處做白日夢的學生，並未影響到他人，故屬於學生擁有的問題。如果學生的行為已影響到教師教學活動或干擾學習活動的進行，則歸屬於教師擁有問題。

(　) 6. 一個學生因父母不許他假日與同學一同外出逛街，向教師透露失望生氣。就高登（T. Gordon）擁有問題的判別，是何人擁有問題？ (A) 學生擁有問題　 (B) 教師擁有問題　 (C) 父母擁有問題　 (D) 學生及父母都擁有問題。

參考答案：(A)

（　　）7. 學生在課堂中任意捉弄他人並發生怪聲，干擾到教師教學活動。就高登（T. Gordon）擁有問題的判別，是何人擁有問題？　(A) 學生擁有問題　(B) 教師擁有問題　(C) 師生都擁有問題　(D) 旁邊同學擁有問題。

　　　　參考答案：(B)

（　　）8. 高登（T. Gordon）認為當教師在解決師生衝突情況時，衝突策略或方案最後的結果是希望達到下列哪一種？　(A) 教師贏、學生輸　(B) 教師輸、學生贏　(C) 教師輸、學生輸　(D) 教師贏、學生贏。

　　　　參考答案：(D)

（　　）9. 對於溝通絆腳石的替代方案，高登（T. Gordon）提出四個策略，下列何者不是其所提的策略之一？　(A) 明確具體的回應　(B) 專注的沉默　(C) 積極聆聽　(D) 敲門磚。

　　　　參考答案：(A)

　　　　說明　溝通絆腳石的替代方案為：敲門磚、專注的沉默、酬答的回應、積極的傾聽。

（　　）10. 教師：「我之前從沒有教過猴子班！」此訊息發送，以高登（T. Gordon）的論點是屬於下列哪一種訊息？　(A) 解決式訊息　(B) 貶抑式訊息　(C) 迂迴式訊息　(D) 責備式訊息。

　　　　參考答案：(C)

（　　）11. 有關行為主義的假定，下列何者錯誤？　(A) 行為是學習而來的　(B) 行為是特定的刺激　(C) 行為是可以被修正的　(D) 著重過去的行為表現。

　　　　參考答案：(D)

（　　）12. 教師跟全班同學說：「小強這次進步很多，很不錯。」此種增強型態屬於下列哪一種？　(A) 活動性增強　(B) 代幣增強　(C) 社會性增強　(D) 權利性增強。

　　　　參考答案：(C)

（　　）13. 學生課堂中哪種行為教師採用「忽視」法處理最為適切？　(A) 趴在桌面睡覺　(B) 向同學丟擲紙球　(C) 捉弄前面同學　(D) 找話題與老師閒聊。

　　　　參考答案：(D)

( )14.課堂中在下列何種情境下，教師可以採用規則—忽視方法？ (A) 學生問教師女朋友近況 (B) 課堂捉弄同學 (C) 作實驗時快速跑動 (D) 爭執吵架。

參考答案：(A)

( )15.教師：「假如你可以一個星期都不與同學發生爭執或打架，老師就不會以電話通知你父親到學校。」從訊息中，教師使用的策略方法為下列哪一種？ (A) 負增強 (B) 正增強 (C) 懲罰 (D) 處置。

參考答案：(A)

說明 負增強為在進行某個行為之後，減少對象厭惡的刺激。此處通知父親到校是學生厭惡的刺激，故學生為了避免此刺激，出現更多的正向行為。「**正向懲罰**」（positive punishment）為個體出現不當行為後，給予一個嫌惡刺激，由於嫌惡刺激是當事者不喜愛的，因而可減低其未來類似行為出現的機率（不當行為會減少），正向懲罰又稱為施予式懲罰；「**負向懲罰**」（negative punishment）為個體出現不當行為後，移除或剝奪其喜愛的增強物，由於增強物或情境環境是當事者所喜愛的，為了得到增強物或在其喜愛的情境中活動，其未來類似行為出現的機率會降低（不當行為會減少），負向懲罰又稱為剝奪式懲罰。

( )16.用餐時間，林老師告知全班：「下午第一節自習課想到圖書館看書的同學，利用午休時間把早上數學試卷錯誤的題項再練習一次。」林老師此種增強方法主要增強物為下列何種？ (A) 喜好時間 (B) 活動 (C) 實物 (D) 代幣。

參考答案：(B)

( )17.教師：「每次課堂中惹事生非的總是你！」「你聽不懂人話啊！」以高登（T. Gordon）的論點是屬於下列哪一種訊息類型？ (A) 解決式訊息 (B) 貶抑式訊息 (C) 迂迴式訊息 (D) 責備式訊息。

參考答案：(B)

( )18.陳老師：「小明，你最近都沉默不語，好像心有所思，老師察覺你可能遭遇到問題或有什麼麻煩。」就高登（T. Gordon）之感官型態表現語言最接近何種類型？ (A) 嗅覺性型態 (B) 聽覺性型態 (C) 視覺性型態 (D) 味覺性型態。

參考答案：(A)

( )19.林老師：「小明，你最近的課堂很少發問，看起來好像不太喜歡新的代理教師，其實陳老師很有教學經驗。」就高登（T. Gordon）之感官型態表現語言最接近何種類型？ (A) 嗅覺性型態 (B) 聽覺性型態 (C) 視覺性型態 (D) 味覺性型態。

參考答案：(C)

( )20.在衝突解決或與學生對話中，高登（T. Gordon）認為採用「我的訊息」語詞最佳。高登「我的訊息」又稱為何種訊息？ (A) 責任訊息 (B) 積極訊息 (C) 正向訊息 (D) 對話訊息。

參考答案：(A)

( )21.在物質及實物的增強原則運用方面，下列哪個原則錯誤？ (A) 經濟實惠原則 (B) 不易飽足原則 (C) 延宕增強原則 (D) 學生真正喜愛原則。

參考答案：(C)

說明 班級中使用物質及實物的增強時考量的原則：(1) 經濟實惠原則，物品不要太昂貴；(2) 不易飽足原則，否則強化效用不大；(3) 立即增強，不要採用延宕增強；(4) 增強物是學生真正喜愛的；(5) 時常變化調整增強物種類；(6) 因學生個別差異選用適切的增強物；(7) 表現進步或可欲行為出現才能給予增強物；(8) 小組增強給予的增強物最好相同。

( )22.在物質及實物的增強原則運用方面，下列哪個原則最為適切？ (A) 美觀大方原則 (B) 教師喜愛原則 (C) 容易飽足原則 (D) 因學生差異而選用原則。

參考答案：(D)

過度辯證 原有內在動機的學生有意願從事某種活動，因為老師給予不當的外在獎賞或「外在增強」（external reinforcement）摧毀其內在動機，讓學生的動機從內在轉變為外在，或學習動機下降，稱為「過度辯證」（overjustification）。不當的外在酬賞例如不論當事者表現如何或任務是否完成均給予讚賞，此種讚賞是不公平與未具價值意義。

（　）23.合理的處置與處罰的內涵並不相同，下列何者為合理處置的內涵？
(A) 表現社會秩序的真實性　　(B) 展現教師個人權威的力量　　(C) 包含某些道德判斷的要素　　(D) 也關注過去的事件。
參考答案：(A)

（　）24.在衝突解決或與學生對話中，高登（T. Gordon）認為教師會使用溝通絆腳石的字詞。下列何者非高登所謂的溝通絆腳石用語，而是較有效的教師回應？　　(A) 小強，你如果不能自我控制停止發牢騷，現在就離開教室　　(B) 你應該試著讓自己保持健康　　(C) 我真不敢相信你剛才說了那樣的話　　(D) 我覺得我慢慢開始了解你剛才說話的意思，可以再多說一些嗎？
參考答案：(D)

（　）25.艾邁爾（Emmer）認為教室座位安排時要考量五大原則，下列哪個原則不是？　　(A) 教學者能看到每位學生　　(B) 不要任意變動，便於掌控學生　　(C) 學生有安全活動空間　　(D) 適合學習活動進行。
參考答案：(B)

柒. 不當行為的類型與原因

（　）1. 學生不當行為的解釋，以下列何者模式解釋最適切？　　(A) 行為模式　(B) 認知模式　　(C) 生態模式　　(D) 醫療模式。
參考答案：(C)

說明　學生不當行為原因的探究，應從「**生態模式**」的觀點加以分析，學生不當行為的發生並非只是學生個人的人格特質所致，而是與學生所處的整個學習情境脈絡有密切的關係。

學生不當行為原因

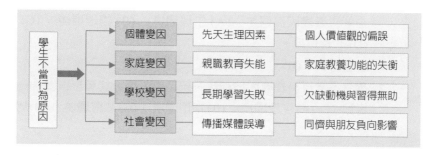

（　）2. 克根（S. Kagan）對於學生的不當行為類型將其分為 A、B、C、D 四種，學生以不同理由破壞班級規則的行為（例如未經允許離開座位），歸於何種類型？　(A)A　(B)B　(C)C　(D)D。

參考答案：(B)

> 說明　克根等人將學生的破壞性行為分為 ABCD 四種類型：侵犯性行為（Aggression）、破壞規則行為（Breaking rules）、對抗行為（Confrontations）、脫離行為（Disengagement）。

（　）3. 學生之間的權力爭奪，或是學生與教師間的權力較勁之不當行為，就克根（S. Kagan）不當行為的分類，屬於下列何者？　(A)A　(B)B　(C)C　(D)D。

參考答案：(C)

（　）4. 柯夫曼（Kauffman）等人之課室實徵研究發現，學生不當行為的發展有七個階段，其中第四個階段為何者？　(A) 觸發期　(B) 震動期　(C) 加速期　(D) 尖峰期。

參考答案：(C)

> 說明　柯夫曼學生不當行為發展的七個階段：(1) 行為平靜期→ (2) 行為觸發期→ (3) 行為震動期→ (4) 行為加速期→ (5) 行為高峰期→ (6) 行為降溫期→ (7) 行為回復期。

（　）5. 學生失去控制時期過後，接下來的感受是困惑，可能退縮、否定任何已發生的事件，或責備他人（進行外在歸因），他們反而想要尋求認可或對明確指示的具體回應，他們有意願參與某些簡單的任務。從柯夫曼（Kauffman）等人的研究發現，此種不當行為接近下列何種時期？　(A) 行為加速期　(B) 行為高峰期　(C) 行為降溫期　(D) 行為回復期。

參考答案：(C)

（　）6. 因教室悶熱或通風不良，造成學生課堂無法專注及行為失當的緣由，主要影響變因為何？　(A) 生理環境　(B) 物理環境　(C) 社會環境　(D) 心理環境。

參考答案：(B)

（　）7. 學生不當行為是導因於神經系統功能失調，此種影響變因為何種環境導致？　(A)生理環境　(B)物理環境　(C)社會環境　(D)心理環境。

參考答案：(A)

( )8. 下列何者非斯肯納紀律模式理論的代表性術語或論點？ (A) 影響
(B) 權威 (C) 控制 (D) 外在紀律。

參考答案：(A)

( )9. 下列何者為羅吉斯紀律模式理論的代表性術語或論點？ (A) 贏一輸
(B) 輸一輸 (C) 贏一贏 (D) 輸一贏。

參考答案：(C)

( )10.高登（G. Gordon）之教師效能訓練、金納（H. Ginott）之對待的溝
通紀律模式的理論基礎為下列何者？ (A) 行為主義 (B) 完形主義
(C) 建構主義 (D) 人本主義。

參考答案：(D)

( )11.坎特（L. Canter）夫婦之果斷紀律、馬紹爾（M. Marshall）之無壓
力紀律的紀律模式依據的立論基礎為下列何者？ (A) 行為主義
(B) 完形主義 (C) 建構主義 (D) 人本主義。

參考答案：(A)

( )12.哈丁（C. J. Hardin）從三個向度分類班級經營的理論模式，下列何者
不是其內涵之一？ (A) 視班級經營為紀律 (B) 視班級經營為系統
(C) 視班級經營為教學 (D) 視班級經營為管理。

參考答案：(D)

( )13.下列何者不是「班級經營即紀律」的論點？ (A) 紀律重於教學
(B) 教師有責任維持班級控制 (C) 對於不當行為應予以處置 (D) 著
重於建立學習社群。

參考答案：(D)

( )14.由於教師教學方法不當，學生不感興趣，或是師生關係不良，無法給
予學生鼓勵及讚美，促使學生的學習意願不高，出現較多的不適切
行為。此種不當行為的緣由主要為何種變因導致？ (A) 生理環境
(B) 物理環境 (C) 心理社會環境 (D) 內在原生性因素。

參考答案：(C)

( )15.艾邁爾（Emmer）提出五階段的學生問題介入處理策略，第一個階段
為何者？ (A) 非口語線索提示 (B) 口語線索提示 (C) 要求學生作
出選擇 (D) 非隱蔽性的隔離。

參考答案：(A)

說明 五階段的問題策略為：非口語線索提示 ⇨ 口語線索提示 ⇨ 要求學生作出選擇 ⇨ 非隱蔽性的隔離 ⇨ 隱蔽性的隔離。

( )16. 柏登（Burden）提出三階段的學生問題介入處理策略，第二階段的口語型回應策略中何者不是其使用要領？　(A) 直接叫出學生姓名　(B) 展現生氣面孔　(C) 使用幽默　(D) 提醒學生班規條目。

參考答案：(B)

( )17. 林老師這學期任教的班級特性中，學生的自我控制程度很高，同學間相互約束能力很強，班級幹部都能獨當一面。從教學紀律模式的觀點而言，林老師採用何種的教學控制類型最適切？　(A) 低教學控制　(B) 中教學控制　(C) 高教學控制　(D) 行為主義基礎的教學控制。

參考答案：(A)

( )18. 學生不當行為是因為座位安排不當，或來自親職教育失調之隔代教養家庭引發的，此種不當行為導因於何種因素？　(A) 生理環境　(B) 心理社會環境　(C) 物理環境　(D) 師生互動因素。

參考答案：(C)

捌. 常規管理理論(I) —— 低教學控制

( )1. 團體管理模式之群體分組，最適切的分組方式為何者？　(A) 同質性分組　(B) 異質性分組　(C) 學生自由分組　(D) 成績高低分組。

參考答案：(B)

( )2. 交互分析模式中，學生與教師最佳配對的自我狀態為何者？　(A) 成人自我狀態－兒童自我狀態　(B) 成人自我狀態－父母自我狀態　(C) 成人自我狀態－成人自我狀態　(D) 父母自我狀態－父母自我狀態。

參考答案：(C)

( )3. 小強在走廊奔跑不小心撞到林老師，林老師非常生氣，暴跳如雷，大聲斥責：「你不知道在走廊奔跑有多危險嗎？真被你氣死！」從交互分析模式之自我狀態類型而言，林老師回應的自我狀態最接近下列何者？　(A) 父母自我狀態　(B) 成人自我狀態　(C) 兒童自我狀態

(D) 以上三種皆有。

參考答案：(A)

( )4. 林老師是國二班導師，聽到班上早自修時有同學爭執打架，進到教室後很有威嚴地對全班說：「早自修打架的同學全部站起來，不誠實者老師要加倍處罰。」爭執打架的同學聽完後紛紛從座位上自動站起來。就交互分析模式而言，林老師的自我狀態展現最接近下列何種？
(A) 父母自我狀態　(B) 兒童自我狀態　(C) 成人自我狀態　(D) 以上狀態皆有。

參考答案：(A)

( )5. 金納（H. Ginott）倡導和諧溝通模式，建議老師在表達憤怒時多使用第幾人稱？　(A) 第一人稱－我　(B) 第二人稱－你（妳）　(C) 第三人稱－他（她）　(D) 第二人稱－你們（妳們）。

參考答案：(A)

( )6. 就金納（H. Ginott）倡導和諧溝通模式的論點而言，下列哪個教師用語最為適切？　(A) 小明，你上課可不可安靜不要講話　(B) 小強，你的回家功課為何常常無法準時完成　(C) 小美，你為什麼要隨便去動別人的文具呢　(D) 小明你課堂的學習表現，老師不是十分認同。

參考答案：(D)

( )7. 就金納（H. Ginott）倡導和諧溝通模式的論點而言，下列何者屬於「鑑賞式稱讚」（appreciative praise）？　(A) 小明，這次學習單寫得很好，一定花費很多時間　(B) 小明，這次學習單寫得很好，證明你是位好學生　(C) 小明，這次學習單寫得很好，足可以作為同學楷模
(D) 小明，這次學習單寫得很好，老師以你為榮。

參考答案：(A)

說明 鑑賞式稱讚（或欣賞式稱讚）為讚許好行為時不包括人格特質或未來成就表現的推估，鑑賞式稱讚所指的是就事論事的讚許；評鑑式稱讚（或評價式稱讚）為教師讚許學生行為表現時，包括了學生人格特質或未來成就表現的推估。這二種稱讚只是學理上的劃分，在教育場域中評鑑式稱讚並不會對學生造成任何傷害，只是推估式的讚許可能會給學生造成較大的期許壓力，影響日後的學習。

（　）8. 庫恩（A. Kohn）之超越紀律：從順從到社群紀律模式中，關注的內涵有四個，下列何者<u>不是</u>其內涵之一？　(A) 重視教師與學生一起實踐　(B) 認為學生本質為自我中心　(C) 強調以協同合作取代競爭　(D) 以學生興趣與疑問導引課程。

參考答案：(B)

（　）9. 卡羅若梭（B. Coloroso）認為班級經營中最有效能的班級組織結構為下列何者？　(A) 水母班級　(B) 磚牆班級　(C) 骨幹班級　(D) 系統班級。

參考答案：(C)

（　）10. 對於教師如何處理問題學生，就庫恩（A. Kohn）之超越紀律：從順從到社群紀律模式的觀點而言，下列何者<u>錯誤</u>？　(A) 善用處罰與獎賞以快速掌控問題　(B) 重視師生協同合作與互動式活動　(C) 協助學生如何對事件後果負責　(D) 幫助專注傾聽與了解他人的想法。

參考答案：(A)

（　）11. 下列何者非內在紀律的哲學與心理學立論基礎？　(A) 確保學生與教師自尊不受到傷害　(B) 權力被認為是學生有作決定權力　(C) 所有學生都值得花時間去教導　(D) 以權威與控制對待不當行為學生。

參考答案：(D)

（　）12. 卡羅若梭（B. Coloroso）內在紀律理論模式強調自然處置，但自然處置若違反三大原則，教師必須立即介入處理。下列何者<u>非</u>其倡導的三大原則之一？　(A) 對生命產生威脅　(B) 違反道德議題　(C) 不健康的行為　(D) 成績退步情況。

參考答案：(D)

（　）13. 下列何者最符合自然後果或自然處置策略？　(A) 小明在教室打球，把自己眼鏡打壞　(B) 大雨時跑到操場玩，把衣服淋濕　(C) 小強與小明爭執互推，小明跌倒受傷　(D) 畫筆等器材沒有帶，美勞作品無法完成。

參考答案：(D)

（　）14. 小強在第二次定期考查，英文科進步了二十分，林老師口語稱讚：「你們看，小強是一位認真努力的好同學，英文科進步了那麼多。」林老師所使用的話語，就卡羅若梭（B. Coloroso）的論點是屬於下列何種稱讚類型？　(A) 欣賞式稱讚　(B) 評價式稱讚　(C) 比較式稱讚

(D) 進步式稱讚。

參考答案：(B)

（　）15.實驗課結束，任課教師：「各位同學，要把桌面清理乾淨，歸還顯微鏡時要特別小心。」就法治紀律的理論模式，是屬於何種強制的國家利益？　(A) 財產損失與損害　(B) 威脅健康與安全　(C) 合法的教育目的　(D) 嚴重中斷教育進行。

參考答案：(A)

（　）16.「同學每天要安排與準備好上課」之班規細目，對應法治紀律之強制的國家利益，是屬於下列哪一項？　(A) 財產損失與損害　(B) 威脅健康與安全　(C) 合法的教育目的　(D) 嚴重中斷教育進行。

參考答案：(C)

（　）17.「課堂中先舉手再發言」之班規細目，對應法治紀律之強制的國家利益，是屬於下列哪一項？　(A) 財產損失與損害　(B) 威脅健康與安全　(C) 合法的教育目的　(D) 嚴重中斷教育進行。

參考答案：(D)

（　）18.葛瑟克爾（F. Cathercoal）之法治紀律奠基在三項美國憲法基礎上，強調教師要營造一個尊重學生公民權利的優質環境。下列何者不是其立論基礎之一？　(A) 自由　(B) 正義　(C) 平等　(D) 博愛。

參考答案：(D)

（　）19.「考試作弊同學，該科均以零分計算。」就法治紀律觀點而言，屬於哪一項強制的國家利益？　(A) 財產損失與損害　(B) 威脅健康與安全　(C) 合法的教育目的　(D) 嚴重中斷教育進行的過程。

參考答案：(C)

（　）20.「報告自己或其他同學被霸凌的事件」的條目，對應強制的國家利益是哪一種？　(A) 財產損失與損害　(B) 威脅健康與安全　(C) 合法的教育目的　(D) 嚴重中斷教育進行的過程。

參考答案：(B)

（　）21.對於教師如何處理問題學生，庫恩（A. Kohn）提出「超越紀律」之論點，他認為處罰與獎賞的最佳替代方案為何？　(A) 透過班級社群運作　(B) 藉由班規訂定與執行　(C) 經由教師權威與權力　(D) 請求家長介入管理。

參考答案：(A)

玖. 常規管理理論(II) —— 中教學控制

( )1. 下列何者**不是**葛拉瑟控制理論的代表術語？ (A) 不要放棄每位孩子 (B) 優質學校 (C) 個體行為 (D) 沒有失敗的學校。

參考答案：(C)

說明 控制理論的諮商治療應用 —— 現實治療：葛拉瑟的選擇理論或控制理論，在諮商與心理治療領域稱為「**現實治療**」（reality theory），他提出人們的五大心理需求：「**生存**」（surival）、「**愛與歸屬感**」（love and belonging）、「**權力**」（power，或掌控權）、「**自由**」（freedom）與「**樂趣**」（fun）。權力需求指的是期望能獲得他人的認可與重視、對自己的人生有掌控的能力、對自己能力有信心，並感到有成就感。卡琳·葛拉瑟（Carleen Glasser）以椅子來詮釋五大需求間的關係，生存需求為椅面，愛與歸屬感、權力（掌控權）與影響、自由與樂趣為支撐椅子的四隻腳，這四個需求獲得平衡才能讓椅子穩固（生存需求得到滿足）（駱芳美、郭國禎，2018，頁354）。

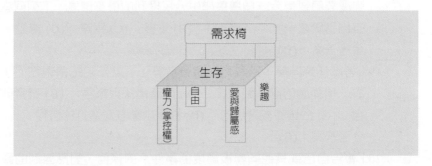

在描述心理問題時，葛拉瑟沒有採用憂鬱的、憤怒的、焦慮的、恐慌的等形容字詞，而是以表示行動之動詞狀態字詞，例如憂鬱中（depressing）、憤怒中（angering）、焦慮中（anxietizing）、恐慌中（phobicing）等強調當事人的行動與選擇。個人「**正在做的**」（doing）、「**正在想的**」（thinking）、「**正在感覺的**」（feeling）及「**生理經驗**」（physiology）等四個部分的組成行為，即成了個人的「**總體行為**」或「**整體行為**」（total behavior）。正在做的為個人

「**行動**」（action/activity）及個人自主的或不自覺的行為；正在想的為個人自主的或不覺的思考；正在感覺的為個人愉悅或痛苦的感受；生理經驗為個人自主的或不自覺的身體機轉反應（例如流汗）（馬長齡等譯，2019）。葛拉瑟以車子形容人的整體行為，它將行動與思考比喻為車子的前輪，可驅動與控制車子的前進；感覺及生理經驗反應比喻為車子的後輪，它會跟著個人所做、所思考的而反應；引擎比喻為個人的基本需求，為個人生活的動力所在，沒有基本需求者就失去生活重心，引擎故障車子即無法前進；方向盤比喻為人們想要的或人們的欲望，個人欲望或想要什麼決定個人整體行為之方向，正如方向盤帶領車子前進一樣。葛拉瑟之選擇理論在於人們可以選擇個人的「**行動**」與「**思考**」，這二個的改變可讓情緒（感覺）與「**生理反應**」跟著改變。

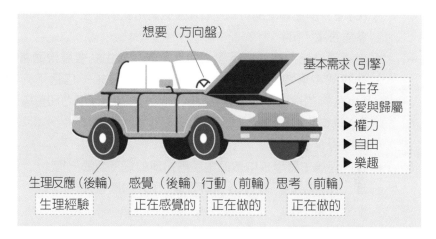

葛拉瑟認為人們可以控制自己的行為，那為何自我選擇的行為又會讓個人更加痛苦或悲慘。葛拉瑟提出四個理由說明人們為何選擇去憂鬱、去焦慮或者讓心理變得很糟糕或更悲傷：(1) 藉由選擇憂鬱或焦慮，讓自己的憤怒得到更多的控制與掌控權；(2) 經由選擇憂鬱或焦慮以得到他人的幫助，以獲得歸屬感及權力需求；(3) 為了更有效率的去做他們不想做之事情的合理藉口，例如被開除後選擇再去找工作的理由；(4) 藉以幫助個人得到控制他人的權力，因為他人必須為當事人做其他事情 —— 給予撫慰、照顧與養育等（馬長齡等譯，2019）。

現實治療不採用夢境分析與潛意識的解析，現實治療的一般目標是幫助當事人以負責任的行為找出滿足需求的建設性具體方法。其目標首先在於幫助當事人審視個人「**美好世界**」（quality world），美好世界是個人對先天需求於腦中發展建構的「**心理的相簿**」（mental picture album）；其次為協助當事人了解自己真正需求，自己想要的是什麼；最後是幫助當事人以負責任的態度為自己想要的作出選擇。現實治療的諮商過程，諮商師會輔以 WDEP 策略來教導與輔導當事人：W 是想要什麼或欲望為何（want）、D 為正在做什麼（doing）或未來方向為何（direction）、E 為如何評估行為（evaluation）、P 為完成計畫改善個人行為（plan）（Corey, 2013）。

( ) 2. 控制理論應用於班級學生行為問題的改善方面，下列哪個不是其應用考量的原則？　(A) 信守契約承諾不放棄　(B) 不接受學生失敗藉口　(C) 重視學生過去的行為　(D) 避免責罵處罰學生。

參考答案：(C)

( ) 3. 選擇理論認為教師滿足學生心理需求，學生就會展現適當行為。就學校教育環境而言，要滿足學生的心理需求不包括下列哪一種？　(A) 生存的需求　(B) 自由與選擇的需求　(C) 權力和影響的需求　(D) 玩樂和趣味的需求。

參考答案：(A)

( ) 4. 控制理論主張學校中教師角色應扮演的是下列哪一種？　(A) 民主管理　(B) 老闆管理　(C) 引導管理　(D) 權威管理。

參考答案：(C)

( ) 5. 不當行為類型之尋求注意的學生，在班級課程中通常不會出現下列哪種行為？　(A) 渴望被鍾愛　(B) 炫耀　(C) 成為小丑　(D) 做白日夢。

參考答案：(D)

( ) 6. 不當行為類型之尋求權力的學生，在班級課程中通常不會出現下列哪種行為？　(A) 否認　(B) 說謊　(C) 發脾氣　(D) 當隱形人。

參考答案：(D)

( ) 7. 艾伯特（L. Albert）認為下列哪一種類型的不當行為可用「律師症候群」比喻？　(A) 尋求注意　(B) 尋求權力　(C) 尋求報復　(D) 避免失敗。

參考答案：(B)

( )8. 下列哪一種類型的不當行為在課堂表現中常會出現課堂睡覺行為？
(A) 尋求注意　(B) 尋求權力　(C) 尋求報復　(D) 避免失敗。

參考答案：(D)

( )9. 下列班級經營措施，何者最符合「邏輯性後果」（logical consequence）的作法？　(A) 要求學生賠償損壞的公物　(B) 要求遲到的學生罰跑運動場　(C) 亂丟紙屑的學生給予罰站　(D) 月考成績退步者剝奪下課休息時間。

參考答案：(A)

( )10.艾伯特（L. Albert）認為在班級場域中，教師善用「昨天、今天、明天」的對話可以促發學生的哪一項行為？　(A) 讓學生感到有能力　(B) 學生能與他人和諧相處　(C) 學生知覺自己是有貢獻者　(D) 學生感受自己的重要性。

參考答案：(A)

( )11.「小明因為段考前沒有充分準備，段考成績不理想。」就艾伯特（L. Albert）所提的後果類型，屬於下列哪一種？　(A) 自然的行為後果　(B) 合理的行為後果　(C) 人為的行為後果　(D) 必然的行為後果。

參考答案：(A)

( )12.「小明因為段考數學成績不理想，下課時數學老師命令其站在教室後反省。」就艾伯特（L. Albert）所提的後果類型，屬於下列哪一種？
(A) 自然的行為後果　(B) 合理的行為後果　(C) 人為的行為後果
(D) 必然的行為後果。

參考答案：(C)

( )13.尼爾森（J. Nelsen）與羅特（L. Lott）倡導積極的常規管理紀律模式，他們堅信班會有其獨特性，對於班會的實施原則，下列何者不是其論點之一？　(A) 座位安排成圓形較佳　(B) 學習使用我的敘述語　(C) 練習角色扮演與腦力激盪　(D) 關注犯錯者的懲處方式。

參考答案：(D)

( )14.林老師因為健雄上課頻頻與鄰座大強講話，因此叫二人站立反省，讓其他同學引以為戒。這種作法最符合下列何種效應？　(A) 漣漪效應　(B) 月暈效應　(C) 破唱片效應　(D) 時近效應。

參考答案：(A)

( )15.庫寧（J. Kounin）教學管理模式中，教師「背後長眼睛」指的是下列哪一種能力？ (A) 同時處理 (B) 掌握先機 (C) 控制進度 (D) 團體焦點。

參考答案：(B)

( )16.下列何者非有尊嚴的紀律模式建構的四個基本哲學？ (A) 以學生為中心 (B) 班級民主氣氛的營造 (C) 避免使用威權態度 (D) 短期的矯正與成效。

參考答案：(D)

( )17.下列何者為有尊嚴的紀律模式中對於契約訂定的順序原則？ (A) 個人契約→社會契約 (B) 社會契約→個人契約 (C) 社會契約→社會契約 (D) 個人契約→個人契約。

參考答案：(B)

( )18.有尊嚴的紀律模式中認為以班級投票訂出的班規，至少要獲得全班多少比例的同意執行才有公信力？ (A)50% (B)75% (C)80% (D)90%。

參考答案：(B)

( )19.下列何者不是有尊嚴的紀律模式中對於處置所持的原則？ (A) 考量到學生隱私 (B) 把它視為輸贏情境 (C) 破壞規則時必須執行 (D) 可讓當事人選擇處置方法。

參考答案：(B)

( )20.葛溫（R. Curwin）與曼德勒（A. Mendler）對於尊嚴紀律內涵提出「70-20-10」原則。此原則中的 10% 指的是下列哪一種群體不當行為？ (A) 很少違規或破壞原則 (B) 稍有違規並不嚴重 (C) 經常違規，大部分時間行為是失控的 (D) 班級霸凌行為嚴重。

參考答案：(C)

( )21.現實治療諮商學派將個人的「五大基本需求」比喻為車子的哪個部分？ (A) 引擎 (B) 方向盤 (C) 前輪 (D) 後輪。

參考答案：(A)

( )22.現實治療諮商學派以椅子描述個人的「五大基本需求」，其中的椅面比喻為何種需求？ (A) 權力需求 (B) 生存需求 (C) 歸屬需求

(D) 自由需求。

參考答案：(B)

（　）23. 現實治療諮商學派以車子說明人們的整體行為，其中被比喻為車子的二個前輪者為哪二項要素？　(A) 行動＋思考　(B) 行動＋感覺　(C) 思考＋生理反應　(D) 感覺＋生理反應。

參考答案：(A)

（　）24. 現實治療諮商學派界定個人心理問題時，認為心理問題是如何產生的？　(A) 不幸事件產生的　(B) 失敗經驗造成的　(C) 個人自己選擇的　(D) 幼時經驗造成的。

參考答案：(C)

（　）25. 現實治療諮商學派認為，每個人的行為都是為了達到內心的美好世界（優質世界）──心中的香格里拉。這個優質世界主要是由何者建構而成？　(A) 個人需求　(B) 人格特質　(C) 家庭經驗　(D) 童年經驗。

參考答案：(A)

（　）26. 現實治療諮商學派諮商師常會輔以下列何種策略來教導與輔導當事人？　(A)SWOT 分析策略　(B)WDEP 策略　(C)SQ3R 策略　(D) 蘇格拉底式對話提問策略。

參考答案：(B)

【情境題】（27-30 題）

陳老師最後一節數學課告知全班幾個重點後，允許學生在課堂最後 15 分鐘可做今天的回家試卷。陳老師注意到小強在看別的地方，於是她把手放在小強的肩膀上說：「小強，你要開始做回家功課了。」

（　）27. 小強抬頭看了陳老師一眼，微笑點頭，低著頭便開始做他的功課了。就德瑞克斯（Dreikurs）之邏輯後果模式而言，小強的不當行為屬於何種類型？　(A) 尋求注意型　(B) 尋求權力型　(C) 尋求報復型　(D) 避免失敗型。

參考答案：(A)

（　）28. 小強大聲地回應：「好愚蠢，這試卷和我們昨天做的完全一樣，為什麼我們要一再重複反覆地練習相同的試卷呢？」就德瑞克斯（Dreikurs）之邏輯後果模式而言，小強的不當行為屬於何種類型？　(A) 尋求注意型　(B) 尋求權力型　(C) 尋求報復型　(D) 避免失敗型。

參考答案：(B)

（　）29.小強激烈地抖開陳老師的碰觸，且大聲吼叫說：「拿開妳的雙手，我不需要妳的幫忙，我自己知道怎麼做，不用妳管！」就德瑞克斯（Dreikurs）之邏輯後果模式而言，小強的不當行為屬於何種類型？(A)尋求注意型　(B)尋求權力型　(C)尋求報復型　(D)避免失敗型。

參考答案：(C)

（　）30.小強看著他桌上的試卷，很小聲地說：「老師，我不會，我不知道要怎麼做。」接著小強就默默看著試卷。就德瑞克斯（Dreikurs）之邏輯後果模式而言，小強的不當行為屬於何種類型？(A)尋求注意型　(B)尋求權力型　(C)尋求報復型　(D)避免失敗型。

參考答案：(D)

拾. 常規管理理論(III)──高教學控制

（　）1.瓊斯（Jones）認為內在的激勵才能使學生獲得特定信念與展現合作行為，此種內在增強方式，瓊斯把它稱為何者？　(A)PAT　(B)PAA　(C)PAB　(D)PAR。

參考答案：(A)

（　）2.課堂經營中，教師善用學生喜歡的活動時間（PAT）用於激勵學生從事學習活動，此種激勵方案一般稱為下列何種法則？　(A) 父親法則　(B) 母親法則　(C) 祖母法則　(D) 祖父法則。

參考答案：(C)

（　）3.自閉症或過動症學童引發的不當行為，或是干擾學習活動進行的行為變因，主要為何種因素導致？　(A) 內在生理環境因素　(B) 外在心理社會環境因素　(C) 外在物理環境因素　(D) 家庭管教環境因素。

參考答案：(A)

（　）4.瓊斯（Jones）提倡肢體語言紀律模式，認為教師應使用適當教學策略及建構班級組織結構。他認為有效的班級控制方法為哪一種？(A) 權威控制　(B) 老闆控制　(C) 接近控制　(D) 領導控制。

參考答案：(C)

（　）5.就瓊斯（Jones）觀點，下列哪一項敘述是正確的？　(A) 教師教得愈

久愈不會有紀律問題　(B) 某些教師天生就是經營長才，不會有紀律問題　(C) 好的課程中教師不會有紀律問題　(D) 紀律及班級規則與學生創意沒有衝突。

參考答案：(D)

(　) 6. 「做什麼事情？怎麼做？何時做？例如發言前先舉手，離開座位前要獲得教師允許等。」此種班規，瓊斯稱它為？　(A) 一般性班規　(B) 特定性班規　(C) 口頭性班規　(D) 抽象性班規。

參考答案：(B)

(　) 7. 就坎特（Canter）之訂定明確班規的內涵而言，下列何者班規最不適切？　(A) 保持好行為　(B) 課堂中不能講話　(C) 不要動手打人　(D) 課堂中禁止使用手機。

參考答案：(B)

(　) 8. 坎特（Canter）提倡果斷紀律模式，有效處置要重視後果一致性。下列何者不是此內涵之一？　(A) 後果必定是學生不喜愛的　(B) 對多數學生不要採嚴厲處置　(C) 學生不當行為紀錄應採用累積方式　(D) 可透過紀律階層實施。

參考答案：(C)

(　) 9. 甲、弄髒地板負責把地板清掃乾淨；乙、數學科作業沒有寫，上數學科時罰站；丙、把同學物品弄亂，負責修復；丁、下課玩球打破門窗，照價賠償。就後果一致性而言，上述何者為合理的處置？
(A) 甲乙丙　(B) 乙丙丁　(C) 甲乙丁　(D) 甲丙丁。

參考答案：(D)

(　) 10.坎特（Canter）提倡果斷常規管理模式，認為教師可採用反覆強調，使學生無法逃避的方法，稱為？　(A) 破花瓶法　(B) 破魚缸法　(C) 破唱片法　(D) 破磁片法。

參考答案：(C)

(　) 11.學生以手打破玻璃，教師第一個反應最適切者為何種？　(A) 這是你自找的　(B) 你的規矩真的很差　(C) 你看你又闖禍了　(D) 手有沒有受傷。

參考答案：(D)

(　) 12.寫英文作業時，小強與小明課堂講話，被老師罰站立反省；小美與小雅也想討論 LINE 上的訊息，看到此情境後不敢講話，專心寫作業。

此種效應稱為何者？ (A) 比馬龍效應 (B) 增強相對立原則 (C) 漣漪效應 (D) 普利馬克原則。

參考答案：(C)

( )13.課堂中林老師對甲同學作業無法如期繳交時，總是重複相同話語：「老師拜託你，你可以一次準時把作業交給老師，好嗎？」從林老師話語中，可以判斷林老師是屬於哪一種類型教師？ (A) 優柔寡斷型 (B) 怒氣衝天型 (C) 果斷反應型 (D) 教師不力型。

參考答案：(A)

( )14.下列哪項不是果斷型教師的行為特質？ (A) 留神注意姿態但沒有威脅感 (B) 為學生行為找藉口 (C) 告知學生對行為的感受 (D) 以手勢支持肢體語言。

參考答案：(B)

( )15.課堂教師採用發問方法時，宜把握下列哪些原則？A. 將問題拋給特定學生；B. 讓同學互相檢視彼此的答案；C. 隨機抽選學生；D. 指定特定學生回答；E. 讓學生有候答時間。 (A)ABCDE (B)BCDE (C)BCE (D)ABCD。

參考答案：(C)

( )16.馬紹爾（Marshall）之無壓力紀律理論，提出班級紀律 ABCD 四個層次，可以被接受與期待的層次為何者？ (A)AB (B)BC (C)CD (D)DA。

參考答案：(C)

( )17.馬紹爾（Marshall）之無壓力紀律理論，提出班級紀律 ABCD 四個層次，哪個層次的學生行為是內在的？ (A)A (B)B (C)C (D)D。

參考答案：(D)

說明 馬紹爾無壓力的紀律 —— 處罰與酬賞

符應的字母	接受度	行為的層次
D	可以接受的行為	民主（Democracy）
C		合作 / 順從（Cooperate/Conformity）
B	不可接受的行為	霸凌 / 煩擾（Bullying/Bothering）
A		混亂（Anarchy）

（　）18.莫里斯（Morris）在其真實的紀律模式中提倡三階段的策略，階段一
為訓練順從，下列何者非其配合條件？　(A) 給予學生多一點自由
(B) 明確的班級規則　(C) 強迫學生去做　(D) 重建教師權威。
參考答案：(A)

（　）19.有一群學生下課時抽菸被發現，後來老師請其中一位學生到辦公室
詢問：「你有沒有抽菸？」學生說：「抽菸的不只有我一個」，老
師不和他爭辯，仍堅定地問：「你有沒有抽菸」，同學終於回答：
「有」。請問這是班級經營中運用的何種效應或理論的應用？
(A) 期望效應　(B) 破唱片理論　(C) 漣漪效應　(D) 羊群效應。
參考答案：(B)

　說明　破唱片理論一如警察在臨檢時，如遇不服氣而強行狡辯的違規
民眾，所採取的方式。民眾可能狡辯：「**其他人也有闖紅燈，為什麼
只抓我？**」警察：「**你有沒有闖紅燈？**」民眾：「**不公平！……**」
警察：「**你有沒有闖紅燈？**」……警察只需要像破唱片一樣重複同樣
一句「**你有沒有闖紅燈？**」來向違規民眾釐清，並使民眾知曉闖紅燈
的事實。破唱片理論適用於事件事實的查明，無法得知行為背後的原
因。

（　）20.瓊斯（Jones）認為控制不當行為的最佳方法是預防它發生，而最好
的預防技巧是「班級結構」。有效的班級結構特徵下列何者錯誤？
(A) 座位安排時教師與學生生理距離最小化　(B) 座位安排時教師與
學生生理距離最大化　(C) 班級例行事務的有效處理　(D) 運用課堂
鐘聲響起時間讓學生處理個人雜事。
參考答案：(B)

（　）21.瓊斯（Jones）認為控制不當行為的最佳方法是預防它發生，透過肢
體語言是有效的方法。有關肢體語言的運用下列何者錯誤？　(A) 眼
神接觸　(B) 身體接近　(C) 面部表情　(D) 拍打學生。
參考答案：(D)

（　）22.「尊重他人的財物及財產權」的班規屬性，瓊斯（Jones）稱它為何種
班規？　(A) 一般性班規　(B) 特定性班規　(C) 具體性班規　(D) 財
物性班規。
參考答案：(A)

（　）23.陳老師：「小明、小強，上課的規則是當有一個人正在說話時，其餘的人都要安靜與聆聽，我希望你們立該停止交談，坐好並面向前面，將注意力集中在課程上。」從陳老師話語中，陳老師是屬於哪一種類型教師？　(A) 優柔寡斷型　(B) 怒氣衝天型　(C) 果斷反應型 (D) 教師不力型。

參考答案：(C)

（　）24.下列何者的處置最接近「後果一致性」內涵？　(A) 考試成績不及格，罰寫課文二遍　(B) 課堂和同學講話，到後面罰站　(C) 動手推同學，中午打掃教室　(D) 故意弄髒同學衣服，負責清洗乾淨。

參考答案：(D)

（　）25.馬紹爾（Marshall）之無壓力紀律理論，提出班級紀律 ABCD 四個層次。班級同學的行為是能順從、能體諒他人、能遵守規定，動機是外在的等。這樣的行為層次為何者？　(A)A　(B)B　(C)C　(D)D。

參考答案：(C)

（　）26.莫里斯（Morris）在其真實的紀律模式對於「紀律」概念或內涵界定，下列何者正確？　(A) 讓學生選擇後可以再作決定　(B) 含有責罵與處罰之意　(C) 它是一個事件而不是過程　(D) 是當學生出現不當行為後要做什麼。

參考答案：(A)

（　）27.從瓊斯（Jones）肢體語言模式論點，下列何種語言的表述才是真正的獎勵？　(A) 讓我們以二年五班為榮　(B) 最先做完學習單且全對者可得一張大獎勵卡　(C) 考試第一名者有獎賞　(D) 寫完學習單且錯二題以內者有獎賞。

參考答案：(D)

參考書目

中文書目

吳明隆（2017）。**班級經營理論與實務**。臺北市：五南。

馬長齡等譯（2019）。**諮商與心理治療**（R. S. Sharf 著）。臺北市：心理。

修慧蘭等譯（2013）。**諮商與心理治療理論與實務**（G. Corey 著）。臺北市：雙葉。

駱芳美、郭國禎（2018）。**諮商理論與實務**。臺北市：心理。

英文書目

Corey, G. (2013). *Theory and practice of counseling and psychotherapy*. Belmont, CA: Brooks/Cole Cengage Learning.

第 12 章

《班級經營理論與實務》
自我練習 (III)

拾壹. 教學效能的理論與策略方法

（　）1. 馬廉德（Marland）認為有效能的教學會對弱勢學生給予更多關懷與體諒，此原則稱為何者？　(A) 彈性策略原則　(B) 補償原則　(C) 權力分享原則　(D) 特別待遇原則。

　　　參考答案：(B)

（　）2. 康諾思（Conners）提出有效教學應把握五大原則，下列何者不是其所提原則之一？　(A) 認知聯結原則　(B) 作結論原則　(C) 學生參與原則　(D) 權力分享原則。

　　　參考答案：(D)

（　）3. 康諾思（Conners）提出有效教學應把握五大原則外，另外提出三項有效前置原則，以作為有效教學的行為基礎。下列何者不是其所提前置原則之一？　(A) 知識整合原則　(B) 情緒壓抑原則　(C) 教師真誠原則　(D) 自我監控原則。

　　　參考答案：(A)

（　）4. 根據羅森辛（Rosenshine）的觀點，從五個教學行為面向可檢核教學者是否為有效能的教師。下列何者不是其所提的面向之一？　(A) 教學發問　(B) 教學進度　(C) 教師反應　(D) 教學內容。

　　　參考答案：(B)

（　）5. 學者柏力克（Borich）認為有效能教師要有五項「關鍵行為」（key behaviors）。下列何者不是其所提關鍵行為之一？　(A) 課堂清晰度　(B) 教學多樣化　(C) 學生參與學習歷程的程度　(D) 學生的及格率。

　　　參考答案：(D)

（　）6. 學者柏力克（Borich）認為有效能教師要有五項關鍵行為（key behaviors），也要具備五種「促進行為」（helping behaviors）。下列何者不是其所提五種促進行為之一？　(A) 使用學生的理念與表達模式　(B) 結構化教學活動　(C) 教師任務取向　(D) 提出問題。

　　　參考答案：(C)

（　）7. 下列何者與內容導向問題術語最不相似？　(A) 直接的問題　(B) 低階的問題　(C) 事實性的問題　(D) 擴散性的問題。

　　　參考答案：(D)

（　）8.「你對翻轉教學的看法為何？」此問題稱為過程導向問題，此種問題又有其他類似術語，下列何者的稱謂是<u>錯誤的</u>？　(A) 高階性的問題　(B) 概念性的問題　(C) 封閉式的問題　(D) 擴散性的問題。

參考答案：(C)

（　）9. 阿希頓（Ashton）認為有效能的教師有某些特質，下列哪個特質<u>不是</u>？　(A) 教學有挫折感　(B) 教師應負學生學習之責　(C) 會設定師生的目標　(D) 師生共同參與。

參考答案：(A)

（　）10.多數教育場域的實徵研究發現，下列何者<u>不是</u>有效教師主要的行為特徵？　(A) 能明確說明教學目標　(B) 能使用多種學習素材　(C) 能符合學生學習興趣　(D) 能訂定高度的學習標準。

參考答案：(D)

（　）11.與有效教學行為相較之下，下列何者是<u>較無效</u>的教學行為？　(A) 能提供不同具體的例子　(B) 能強調所呈現的主要觀念　(C) 能簡單提問：「同學都了解嗎？」　(D) 能定期檢查學生作業。

參考答案：(C)

（　）12.下列何者<u>不是</u>有效能班級經營的特徵之一？　(A) 學生正向行為較多　(B) 級務處理花費很多時間　(C) 師生關係互動良好　(D) 師生善於情緒管理。

參考答案：(B)

（　）13.良師會把教職工作視為何種？　(A) 職業　(B) 志業　(C) 工作　(D) 教學。

參考答案：(B)

（　）14.結構化的教學活動也是一項有效教學的促進行為，當英文老師的教學活動為課堂中講述：「這個語法在考試中出現的機率很高，同學要特別留意。」此種結構化的教學活動最接近下列哪一種？　(A) 使用符號表達方式　(B) 使用強調詞方式　(C) 使用口語行銷的行為方式　(D) 使用歸納摘要的方式。

參考答案：(C)

（　）15.有關課堂提問的技巧，下列何者最<u>不適切</u>？　(A) 教師提問後再隨機抽選學生回答　(B) 提問的問題最好能與生活經驗結合　(C) 學生無

法回答時最好不要提示線索　(D) 提問的問題要明確具體。

參考答案：(C)

(　)16.結構化的教學活動也是一項有效教學的促進行為，當英文老師的教學活動為課堂中講述：「這個語法很重要，已經考過很多次了。」此種結構化的教學活動最接近下列哪一種？　(A) 使用符號表達方式　(B) 使用強調詞方式　(C) 使用組織化表述　(D) 使用歸納摘要的方式。

參考答案：(B)

(　)17.學者柏力克（Borich）認為有效能教師要有明確的教學行為，下列何者<u>不是</u>其所提明確行為之一？　(A) 讓學生有高度成功率　(B) 使用學生語言表述　(C) 給予學生最少的學習活動　(D) 運用多種輔具或媒體。

參考答案：(C)

有效能教師圖示

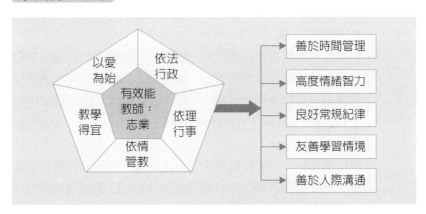

拾貳. 親師合作的理論與策略原則

(　)1. 根據《國民教育階段家長參與學校教育事務辦法》，每學年開學後幾週內，班級教師應協助成立班級家長會？　(A) 一週內　(B) 二週內　(C) 三週內　(D) 四週內。

參考答案：(B)

（　）2. 根據《國民教育階段家長參與學校教育事務辦法》，每學年開學後多久以內，學校應協助成立全校家長代表大會，並提供相關資訊，以協助成立家長委員會？　(A)一週內　(B)二週內　(C)三週內　(D)一個月內。
參考答案：(D)

（　）3. 根據《國民教育階段家長參與學校教育事務辦法》，學校應每學年開學前一週至開學後多久以內，舉辦家長日，介紹任課教師及學校相關行政人員，並說明有關班級經營計畫、教學計畫、學生學習計畫或其他相關事項？　(A)一週內　(B)二週內　(C)三週內　(D)一個月內。
參考答案：(C)

（　）4. 根據《國民教育階段家長參與學校教育事務辦法》，家長為維護子女之學習權益及協助其正常成長，負有下列責任，下列哪個選項不是其規定的家長職責？　(A)配合學校教學活動，督導並協助子女學習　(B)與教師及學校保持良好互動，增進親師合作　(C)積極參與教育講習及活動　(D)積極參與學校的行政運作。
參考答案：(D)

（　）5. 使用電話與家長進行溝通時，教師告知的訊息首先為之前同學好的表現，次為目前行為事實現況，最後為未來改善及可能表現。此種技巧的運用一般稱為何種策略？　(A)直接敘述策略　(B)三明治策略　(C)間接表明策略　(D)冰淇淋策略。
參考答案：(B)

（　）6. 親師溝通時，若是教師雙手交叉在胸前、雙腿交叉置放，此種非口語線索給家長的感覺是下列何種態度？　(A)開放情緒　(B)防衛情緒　(C)不安情緒　(D)評估情緒。
參考答案：(B)

（　）7. 親師溝通時，若是教師手握著臉、抬頭直視對方、敲打著下巴、將手放在鼻樑上，此種非口語線索給家長的感覺是下列何種態度？　(A)開放情緒　(B)防衛情緒　(C)不安情緒　(D)評估情緒。
參考答案：(D)

（　）8. 《國民小學及國民中學學生家長應組成家長會》之主要法源為下列何者？　(A)教育基本法　(B)國民教育法　(C)教師法　(D)家庭教育

法。

參考答案：(B)

說明 《國民教育法》第 20-2 條：國民教育階段內，家長為維護其子女之權益，應相對承擔輔導子女及參與家長會之責任，並為保障學生學習權及人格權，有參與教育事務之權利。國民小學及國民中學學生家長應組成家長會；其組織、任務、委員產生方式、任期、經費來源、財務管理、運作及其他相關事項之自治法規，由學校所在地之直轄市、縣（市）主管機關會商家長團體後訂定。

( )9. 學生在課堂上被小刀割傷，流血不止，任課教師較適切的作法為下列何者？　(A) 止血，立即通知家長　(B) 止血，馬上請同學告知主任(C) 止血，立即送到保健室　(D) 止血，通知保健室到教室處理。

參考答案：(C)

( )10. 有關親師溝通的原則，下列何種方法最為適切？　(A) 印製全班家長的手機號碼給每位同學　(B) 建立班級的 LINE 群組　(C) 與家長談論其他學生或家長狀況　(D) 把同學的學習表現告知其他家長參考。

參考答案：(B)

( )11. 放學時，小強媽媽匆忙走進教室跟老師說：「小強剛剛借用同學手機告知我，他的手機被偷了，小強認為是同班同學偷走的，請老師趕快搜查同學書包。」如果你是導師，下列何者作法較為適切？　(A) 立刻搜查學生書包　(B) 不要理會家長要求　(C) 請拿走同學趕快歸還(D) 進行法治教育。

參考答案：(D)

說明 根據《學校訂定教師輔導與管教學生辦法注意事項》之二十八點規定：「為維護學生之身體自主權與人格發展權，除法律有明文規定，或有相當理由及證據顯示特定學生涉嫌犯罪或攜帶第三十點第一項及第二項各款所列之違禁物品，或為了避免緊急危害者外，教師及學校不得搜查學生身體及其私人物品（例如書包、手提包等）」。教師沒有相當理由及證據顯示即搜查全班，可能會侵犯學生隱私權、人身自由權，教師如真要搜查學生書包，也要注意符合「比例原則」。

( )12. 下列何者為召開班親會（親師會議）過程比較不適切的作法？(A) 要與全部家長對話　(B) 討論議題為共同關注的問題　(C) 避免提

　　及個別學生的行為問題　　(D) 多說特殊教育術語以展現教師專業。

　　參考答案：(D)

【親師溝通的申論題範例】

◎範例題一

情境：小明在課堂休息時間出手打同學，同學還擊時不小心打到小明鼻子，害小明流鼻血，二位同學被帶到保健室處理後均沒有事情。老師把小明出手打人的過程在家庭聯絡簿上告知家長，但小明告知家長是同學先出手打他，他才打同學的。家長於家庭聯絡簿回應說：小明不會隨便打同學的，是否老師誤會，或對其小明有偏見。

題目：如果您是班級導師，看到家長這種回應後，您會如何處理？

◎範例題二

情境：六年二班開學時轉入一位過動症同學小明，二個星期來，小明常與班級同學發生爭執或打同學事件，多數同學都很遠離他。部分家長得知後，認為小明此種行為會嚴重影響班上同學的學習活動與安全，要求老師處理，若老師不好好處理，考慮將其小孩轉至他校。

題目：對於家長的不滿態度，若你是班級導師，你要如何回應與採取怎樣的策略最為適切，請加以申論之。

◎範例題三

題目：智慧型手機是資訊科技的產物，目前教師每人均有手機，手機漸漸取代傳統家庭式電話。一位班級導師在親師溝通中為何要將手機號碼給予班級學生及家長，其緣由為何，請你加以申論之。

作答參考　手機與電話均是親師溝通有效媒介，二者之中又以手機作為媒介時更有效率與效能，教師把手機號碼給予學生及家長的理由如下：

1. 教師手機可隨身攜帶，接聽家長／學生來電較為方便。

2. 手機可以調整各種狀態，不會干擾到教師生活作息。某個時段不方便接聽也可以將手機關閉。

3. 親師溝通本是有效能教師行為的展現，給予家長手機號碼，有其必要性與教育性。

4. 緊急事件或學生間衝突，家長可於最短時間聯繫到教師，進行有效溝通與事件處理。

5. 以手機作為親師生間的溝通媒介，可以展現教師專業與雙贏結果，尤其當家

長想了解某件突發事件時。

6. 可以保護老師生活的隱私性。

7. 此為資訊科技進步脈絡下,教師的具體因應與實務作法。

◎範例題四

題目:資訊科技脈動下,LINE 成為人們間溝通的有效方式,就親師溝通而言,LINE 也是親師溝通的有效媒介。教師若以 LINE 群組作為親師溝通時,要注意哪些事項,請加以申論之。

作答參考

1. LINE 群組中的成員只限於班級學生家長,非家長不能讓其加入。

2. LINE 群組建立時以自願為原則,不能強迫所有家長參加。

3. LINE 群組建立後,其使用與遵守事項,教師要於群組中公告讓所有家長知悉,如為學生個別的學習與行為問題不宜在群組中討論;此外,無關班級經營或教育活動之事項,請所有成員(家長)不要在群組公告。

4. 教師於 LINE 群組中公告事項為一般班級行政、活動事宜,或回應家長對班級事務或學校活動詢問。

5. 教師回應或公告的語詞要中肯明確,讓家長容易了解。

6. 若家長在群組中想詢問其子女或班級某學生問題,要改用個別 LINE 回應。

7. 不能在群組中與家長進行論辯或非理性對話,此時宜改為直接電話溝通。

8. 換班或學生畢業後,是否關閉或退出群組,由教師個人決定。

拾參. 教室評量的理論與實施程序

( ) 1. 林老師只將學生適應量表的勾選情形轉換為分數,將學生的得分告知受試者,未對分數的意涵說明。就教室評量程序而言,此程序稱為?
(A) 量表　(B) 測驗　(C) 測量　(D) 評量。
參考答案:(C)

( ) 2. 三年一班林老師對於班級同學清掃活動的表現情況,較適用於何種評量方法?　(A) 典型表現評量　(B) 最佳表現評量　(C) 總結性評量 (D) 形成性評量。
參考答案:(A)

（　）3. 段考命題評量老師跟同學說，此次國文科的段考試題中間偏難，國文老師預估題目整體的難度可能為多少？　(A)0.40　(B)0.50　(C)0.60　(D)0.70。

參考答案：(A)

說明 難度：P 代表題目的難度指數，PH 為高分組通過該題人數的百分比，PL 為低分組通過該題人數的百分比。

P = (PH + PL) / 2

P 愈大，表示該試題愈容易

P 值介於 0（難）-1（容易）之間

（　）4. 啟明國中數學科第二次定期考查，二年五班全班平均 70.23。就評量種類而言，此種評量屬於下列何種類型？　(A) 安置性評量　(B) 形成性評量　(C) 總結性評量　(D) 周期性評量。

參考答案：(C)

（　）5. 高智商低成就學生的學習困難原則的判定，就評量種類而言，採用何種評量最適切？　(A) 安置性評量　(B) 形成性評量　(C) 總結性評量　(D) 診斷性評量。

參考答案：(D)

（　）6. 有系統教學歷程的循環為哪一個選項？甲、教學活動；乙、起點行為；丙、教學目標；丁、教學評量。　(A) 甲乙丙丁　(B) 丙甲乙丁　(C) 丙乙甲丁　(D) 乙丙甲丁。

參考答案：(C)

（　）7. 班級成績評量程序中最適切的評量類型為下列何者？　(A) 名次排定評量　(B) 標準參照評量　(C) 常模參照評量　(D) 百分等級評量。

參考答案：(B)

（　）8. 最適合藝能科目的評量方式為何者？　(A) 檔案評量　(B) 成長評量　(C) 實作評量　(D) 紙筆測驗。

參考答案：(C)

（　）9. 下列有關信度的描述何者錯誤？　(A) 指評量資訊的一致性　(B) 信度也有程度差別　(C) 是評量資訊的穩定性　(D) 有信度一定有效度。

參考答案：(D)

（　）10.全班 20 位同學，數學科第一題答錯同學有 5 位，第一題的難度指數
　　　　為多少？　(A)0.20　(B)0.25　(C)0.50　(D)0.75。

　　　　參考答案：(D)

　　　　說明　P＝R/N。P 代表題目的難度指數，R 為答對該試題的人數，N
　　　　為全體受試者的人數。

　　　　$15/20 = 0.75$

（　）11.啟明國中二年級第二次定期考查，數學科題目艱澀，全年級總平均
　　　　50.25 分，各班情況差不多。請問此次數學科試題有何特徵？　(A) 有
　　　　良好鑑別度　(B) 內容效度不佳　(C) 具天花板效應　(D) 沒有信度。

　　　　參考答案：(B)

（　）12.根據《國民小學及國民中學學生成績評量準則》，在方法使用上有關
　　　　「紙筆測驗」的使用原則為何者？　(A) 頻率最小化　(B) 頻率最大
　　　　化　(C) 頻率適中化　(D) 頻率極大化

　　　　參考答案：(A)

（　）13.根據《國民小學及國民中學學生成績評量準則》，在結果解釋上的原
　　　　則為下列哪一項？　(A) 標準參照為輔，常模參照為主　(B) 標準參
　　　　照為主，常模參照為輔　(C) 成長參照為主，常模參照為輔　(A) 標
　　　　準參照為主，成長參照為輔。

　　　　參考答案：(B)

（　）14.根據《國民小學及國民中學學生成績評量準則》，學習領域評量應兼
　　　　顧定期評量及平時評量，惟定期評量中紙筆測驗之次數，每學期至多
　　　　幾次？　(A) 二次　(B) 三次　(C) 四次　(D) 無限次。

　　　　參考答案：(B)

（　）15.根據《國民小學及國民中學學生成績評量準則》，為了解並確保國民
　　　　中學學生學力品質，應由教育部會同直轄市、縣（市）政府辦理國中
　　　　教育會考。會考科目中的國文、英語、數學、社會與自然五科的成績
　　　　結果如何呈現？　(A) 以百分位數表示　(B) 以百分等級表示　(C) 以
　　　　1 至 75 級分表示　(D) 以精熟、基礎及待加強三等級表示。

　　　　參考答案：(D)

（　）16.根據《國民小學及國民中學學生成績評量準則》，為了解並確保國民
　　　　中學學生學力品質，應由教育部會同直轄市、縣（市）政府辦理國中

教育會考。會考科目中的寫作測驗的成績結果如何呈現？ (A) 以百分位數表示 (B) 以百分等級表示 (C) 以 1 至 6 級分表示 (D) 以精熟、基礎及待加強三等級表示。

參考答案：(C)

( )17.有關評量資訊的解釋原則，下列何者錯誤？ (A) 評量資訊表示的是學生目前的學習狀態 (B) 評量資訊並非是正確無誤的行為指標 (C) 不能以單一評量資訊作為學生重要決定的依據 (D) 評量資訊可以解釋行為發生的原因。

參考答案：(D)

( )18.有關學業成就評量之試題內容分析量數，下列何者不適切？ (A) 試題難度指數 (B) 試題鑑別度指數 (C) 整體難度指數 (D) 整體鑑別度指數。

參考答案：(D)

( )19.大大國中第一次定期考查後，教務主任以班級為單位將各班原始分數轉換為 T 分數。請問轉換後各班 T 分數的平均數為何？ (A) 無從得知 (B)0 (C)10 (D)50。

參考答案：(D)

說明 T 分數為一種相對地位量數，T 分數分配的平均數為 50，標準差為 10。T 分數為 60 者，表示其表現高於平均數一個標準差。

( )20.有關信效度的關係，下列何者描述正確？ (A) 信度低，效度一定低 (B) 信度高，效度一定高 (C) 效度低，信度一定低 (D) 效度高，信度不一定高。

參考答案：(A)

( )21.補救教學實施程序中，最適切的評量方法為下列何者？ (A) 標準參照評量 (B) 常模參照評量 (C) 形成性評量 (D) 總結性評量。

參考答案：(A)

( )22.國一林老師在開學時的第一節課，即對學生實施英文知能評量，其命題內容為國小的學習內容，林老師的目的在於了解班上學生英文的起點行為，以作為教學進度調整的參考。林老師採用的評量方式最接近於下列哪一種？ (A) 安置性評量 (B) 形成性評量 (C) 診斷性評量 (D) 總結性評量。

參考答案：(A)

（　）23.數學科第二次定期考查結果出現所謂的「地板效應」，從試題分析量
數觀點解讀，下列何者正確？　(A) 試題偏易　(B) 試題偏難　(C) 有
良好鑑別度　(D) 試題難易適中。

參考答案：(B)

（　）24.教學評量時均有其基本的評量原則，下列哪一項是教師進行教學評量
時，應把握的評量原則？　(A) 評量的目標在於評估學生是否及格
(B) 個人評量成績應公告給全班知道　(C) 評量內涵應兼顧學習歷程
與過程　(D) 評量方式最好採用紙筆式的測驗。

參考答案：(C)

（　）25.在教學目標中屬於「情意類型」的行為目標，最適切的評量為下列何
者？　(A) 最佳表現評量　(B) 典型表現評量　(C) 檔案卷宗評量
(D) 總結性的評量。

參考答案：(B)

（　）26.在多元評量方法中，「檔案評量」（portfolio assessment）也是班級
教師常用的另類評量方法。有關檔案評量特性的描述，下列哪一種是
不正確的？　(A) 強調的是橫貫的學習歷程　(B) 以學生為中心的評
量方式　(C) 是一種個別化的評量方法　(D) 重視學習成長變化的歷
程。

參考答案：(A)

（　）27.有關教學評量資訊的解釋應用，下列何者的描述最為適切？　(A) 教
學評量所提供有關學生的學習資訊必是有效的　(B) 對學生作重要教
育決定時不能採用單一評量資訊　(C) 評量資訊常用於解釋學生學習
行為發生的原因　(D) 評量資訊可描述學生發展潛能及未來的行為表
現。

參考答案：(B)

（　）28.在班級中教師若想要了解學生的人際關係情形，除採用觀察法外，最
好再配合同儕評量法。下列哪一種評量方法最適合於同儕評量？
(A)社會計量法　(B)軼事記錄法　(C)項目檢核法　(D)評定量表法。

參考答案：(A)

（　）29.六年一班林老師的班上共有 30 位同學，第一次定期考查後，林老師
提供給輔導室主任的資訊是雅欣的國文成績為「$P_{90} = 80$」。就雅欣

第一次定期考查的國文成績而言，評量成績「$P_{90} = 80$」的數據意義，下列何者的描述正確？　(A) 雅欣的國文成績是 90 分　(B) 雅欣的百分等級為 80　(C) 雅欣勝過班上 24 位同學　(D) 雅欣勝過班上 27 位同學。

參考答案：(D)

說明 $P_{90} = 80$ 所指的雅欣國文成績分數為 80 分，百分等級為百分之 90，在 100 位同學中贏過 90 位，班上同學共有 30 位，雅欣成績贏過 $30 \times 0.90 = 27$ 位。

( )30.下列何者是班級教學評量的發展新趨勢之一？　(A) 重視個體間的競爭比較　(B) 強調學生知識的評量　(C) 關注個人進步的檢核　(D) 著重學生在班上的排名。

參考答案：(C)

( )31.教學評量必須根據「行為目標」而來，通常行為目標的敘述有其基本的特性原則，下列何者的敘述最符合行為目標的敘寫方式？　(A) 培養學生喜愛學習英文的興趣　(B) 能讓學生熟悉長方體體積的求法　(C) 學生能正確畫出三角形底邊的高　(D) 學生能探究蠶寶寶蛻變的過程。

參考答案：(C)

( )32.隨著時代進步與教育改變，另類的教學評量成為評量趨勢。下列哪一項是另類教學評量改變的趨勢之一，也是十二年課綱重視的評量使用之一？　(A) 重視陳述性知識的評量　(B) 強調低階知能層次的評量　(C) 強調結果重於學習歷程的評量　(D) 重視與學生生活經驗結合的評量。

參考答案：(D)

( )33.教師在編擬成就測驗時，通常會依據雙向細目表來命題，如此才能得知試題的分配情形。請問教師命題所設計的「雙向細目表」通常是指哪二個細目？　(A) 教材內容、教學目標　(B) 教材內容、題型型式　(C) 教學目標、題型型式　(D) 題型型式、題型配分。

參考答案：(A)

( )34.林老師是國中一年五班的英文老師，每節上完英文課後均會留下五分鐘在黑板上出二至三道題目，以評量學生課堂的學習情形與專注程

度,答對者也會給予點數獎勵。林老師此種的評量方法,最接近於下
列何種評量型態? (A) 安置性評量 (B) 診斷性評量 (C) 形成性評
量 (D) 總結性評量。

參考答案:(C)

( )35.對照於「常模參照測驗」的特徵,下列哪一項是「效標參照測驗」的
特性之一? (A) 測量分數的變異程度較大 (B) 以百分等級和標準
分數解釋測量分數 (C) 與其他學生的測驗表現進行比較 (D) 與教
師設定的精熟標準進行比較。

參考答案:(D)

( )36.國民中小學教室情境中教學所進行的評量,一般而言,其最主要的
目的為何,下列哪一項的敘述最為適切? (A) 了解學生在班上的
排名 (B) 對學生進行區別及篩選 (C) 用於幫助學生進行學習
(D) 了解班上學生個別差異。

參考答案:(C)

( )37.在國民中小學藝術領域之「表演藝術」課程的教學評量,採用下列何
種評量最為適切? (A) 實作評量 (B) 檔案評量 (C) 動態評量
(D) 紙筆測筆。

參考答案:(A)

( )38.情意評量強調學生的行為、習慣、態度、情緒與動機等情意的發展或
變化,在班級教學評量中,教師若要進行學生情意的評量,下列何者
方法較不適宜? (A) 項目檢核法 (B) 實作評量法 (C) 軼事記錄法
(D) 社會計量法。

參考答案:(B)

( )39.教育研究中的研究工具重視其信效度,效度建構有不同類型,下列
何者所指的效度並非測量工具所指的效度內涵? (A) 表面效度
(B) 建構效度 (C) 內容效度 (D) 同時效度。

參考答案:(A)

拾肆. 權威及處罰運用的議題與應用

( )1. 哲理上懲罰的「懲戒論」的理念與下列何種主義論點接近？ (A) 完形主義 (B) 行為主義 (C) 人本主義 (D) 功利主義。
參考答案：(D)

( )2. 課堂上大雄一直捉弄前面的同學小美，影響小美課堂的學習，也干擾到英文老師教學活動的順暢進行，英文老師認為大雄犯錯應該受到懲罰，讓他從痛苦經驗中體認遵守規矩的重要，因而責罰大雄到教室後面罰站。英文老師採用的懲罰哲理最接近下列何者？ (A) 報應論 (B) 懲戒論 (C) 感化論 (D) 體驗論。
參考答案：(A)

( )3. 課堂上書寫學習單時，大雄一直發出怪聲音影響同學的練習，老師及同學均指責大雄不要再發出怪聲音，但大雄置之不理。老師認為不採取處置，會因大雄一人而影響其他同學的學習，因而命令大雄坐到前面離老師最近的特別座書寫學習單。老師採用的懲罰哲理最接近下列何者？ (A) 報應論 (B) 懲戒論 (C) 感化論 (D) 體驗論。
參考答案：(B)

( )4. 下列何種學生行為表現不符合處罰緣由之一？ (A) 學生成績退步 (B) 學生違反班規 (C) 學生違反校規 (D) 學生說謊。
參考答案：(A)

( )5. 皮德思（R. S. Peters）認為教育應符合三大規準，下列何者非其認為的規準之一？ (A) 合價值性的活動 (B) 合自願性的歷程 (C) 合法則性的行為 (D) 合認知性的意義。
參考答案：(C)

( )6. 依皮德思（R. S. Peters）的觀點，一個懲罰事件必須符合某些要件，下列哪個選項不是其論述的要件之一？ (A) 處罰者是個權威者 (B) 是加之於當事者身上 (C) 是蓄意施予的痛苦 (D) 學生也可作為懲罰者。
參考答案：(D)

( )7. 小強國語習作沒有做完，隔天老師要求小強利用課餘時間完成，於放學前繳交國語習作。就教師權威與處罰應用的觀點而言，此事件屬於何者？ (A) 紀律 (B) 處罰 (C) 懲罰 (D) 體罰。

參考答案：(A)

( )8. 有關校園體罰實施的程度，下列何者正確？　(A) 依學生身心發展情況允許體罰　(B) 依不當行為嚴重性允許體罰　(C) 依學校特殊規定允許體罰　(D) 為零體罰政策。

參考答案：(D)

( )9. 課堂中小明看漫畫書，沒有專心聽講，林老師看到後可以進行的合理處置方法為何者？　(A) 暫時保管　(B) 沒收或沒入　(C) 當場撕毀　(D) 丟進回收桶。

參考答案：(A)

( )10. 下列哪一個處置最符合教育性？　(A) 請被打學生打加害者　(B) 遲到同學罰一元作為班費　(C) 故意破壞同學物品者購買新品賠償　(D) 打掃不小心打破玻璃者照校規賠償。

參考答案：(C)

( )11. 做錯事情或違反班規的學生理應受到懲罰，這是哲理上懲罰的「報應論」，此種哲學的懲罰原理與下列何種主義論點接近？　(A) 完形主義　(B) 行為主義　(C) 人本主義　(D) 功利主義。

參考答案：(B)

( )12. 哲學的懲罰原理之感化論，強調教育的積極輔導，尊重當事人的人格與個體價值，此種哲學的懲罰原理與下列何種主義論點接近？　(A) 完形主義　(B) 行為主義　(C) 人本主義　(D) 功利主義。

參考答案：(C)

( )13. 根據規定，教師或學校知悉兒童及少年保護、家庭暴力、性侵害及校園性騷擾事件，應於知悉事件多久內依法進行責任通報（一一三專線）？　(A)12 小時　(B)24 小時　(C)48 小時　(D) 三天。

參考答案：(B)

( )14. 根據規定申訴之提起，學生對於教師或學校有關其個人之輔導與管教措施，認為違法或不當致損害其權益者，得依相關規定向學校提出申訴。申訴提出者不包括下列哪一種？　(A) 學生　(B) 學生監護人　(C) 學生法定代理人　(D) 學生班級導師。

參考答案：(D)

( )15. 課堂中小明看猥褻及暴力書刊，沒有專心聽講，林老師看到後可以進行的合理處置方法為何者？　(A) 暫時保管　(B) 沒收或沒入　(C) 當

場撕毀　(D) 丟進回收桶。

參考答案：(B)

（　）16.教師輔導與管教學生之基本考量原則，下列何者<u>不適切</u>？　(A) 尊重學生之學習權、受教育權　(B) 教導學生，受到批評指責時之正向思考，以培養挫折容忍力　(C) 不得因少數人之錯誤而處罰全班學生　(D) 得以對學生財產權之侵害（例如罰錢等）作為管教方法。

參考答案：(D)

（　）17.小強回家功課（國語課本第五課圈詞二遍）沒有寫。陳老師告知小強利用下課時間把圈詞二遍寫完，放學前將作業交到其桌上。陳老師此種處置方法為下列何者？　(A)紀律　(B)處罰　(C)輔導　(D)體罰。

參考答案：(A)

（　）18.在中小學教育現場中，班級學生比較不會懼怕短期的代課教師，因而許多代課教師常覺得班級學生的常規無法掌控，告誡學生的事項，有些學生根本不理會。就教師權威的觀點而言，此乃代課教師何種權威較為不足？　(A) 專家權威　(B) 經驗權威　(C) 形式權威　(D) 實質權威。

參考答案：(C)

（　）19.當學生違反或不遵守班級規約，皮德思（R. S. Peters）認為除棍子外可採用其他適宜且有價值性的懲罰手法。下列何者非其認為的適宜方法之一？　(A) 課餘從事勞動服務　(B) 除去學生特有的權利　(C) 放學做有建設性的事　(D) 剝奪學生學習的權利。

參考答案：(D)

（　）20.常規管理與紀律掌控中，有關處罰的運用，下列何者<u>錯誤</u>？　(A) 懲罰是管教的首要方法　(B) 懲罰實施必須公平一致　(C) 懲罰應有教育價值存在　(D) 懲罰實施要經過論證過程。

參考答案：(A)

（　）21.小明於英文課中看新買的大數據課外書被林老師強制保管，結果林老師將此書遺失，依法而言林老師最適切的作法為何者？　(A) 當作不知道，讓小明遺忘　(B) 告知小明課外書老師要沒收不還　(C) 告知小明書籍已被老師撕毀　(D) 買新書歸還小明並告誡。

參考答案：(D)

拾伍. 壓力團體及危機處理的理論與策略

（　）1. 下列何種不是導致家長成為班級組織之壓力團體的緣由之一？
(A) 教師管教不當　　(B) 教師教學行為失序　　(C) 導師的穿著打扮
(D) 教師言行失控。

參考答案：(C)

> 說明 班級經營之親師生衝突緣由，或壓力團體介入常見的情況有：
> 教師管教不當（例如體罰學生）；教師教學行為失序，課堂講述內容
> 每每偏離領域學科內容；教師情緒管理欠佳、言行失控傷害及毀損學
> 生自尊；言行構成性騷擾事件等。

（　）2. 根據歐森（Olsen）與傅勒（Fuller）等人的看法，對於具攻擊性學生
或有攻擊性性格的家長，下列哪個策略可以有效降低教師的防衛態
度，集中更多心力處理學生的問題？　　(A) 將自己的問題歸咎於他人
(B) 輕視問題或將問題簡化　　(C) 提高音量與當事人講話　　(D) 詢問對
方困擾他們的事件。

參考答案：(D)

（　）3. 根據歐森（Olsen）與傅勒（Fuller）等人的看法，對於具攻擊性學生
或有攻擊性性格的家長，對於有效降低教師的防衛態度而言，下列哪
個作法不適切？　　(A) 傾聽並寫下當事人所說的重點　　(B) 與當事人
爭論以展現權威　　(C) 記載當事人抱怨的清單　　(D) 當對方大吼大叫
時，教師更要輕聲細語。

參考答案：(B)

（　）4. 下列何者不是班級學生意外事件的特性之一？　　(A) 可預測性
(B) 時間短暫性　　(C) 時間緊迫性　　(D) 影響程度大。

參考答案：(A)

（　）5. 小明在課堂雕刻中被美工刀劃傷，老師第一時間的處理方法為何者？
(A) 調查事件原因　　(B) 立即通知家長　　(C) 立即送到保健室　　(D) 責
備小明不小心。

參考答案：(C)

拾陸. 班級輔導的理論與運用實踐

( )1. 根據《學生輔導法》規定，學校專任輔導老師主要負責哪一項輔導工作？ (A) 發展性輔導 (B) 介入性輔導 (C) 處遇性輔導 (D) 預防性輔導。

參考答案：(B)

說明 自殺

壓力、焦慮、創傷經驗、憂鬱與生理疾病、學習無助與失敗等都可能引發當事者「**自殺**」（suicide）念頭，多數自殺傾向者的心理狀態會有三大特徵：(1) 矛盾：他們對於自殺的感覺很複雜，想存活及想死掉的念頭一直在拉鋸；(2) 衝動：與其他的衝動相同，自殺的衝動是暫時的，因而立即介入輔導可有效降低其一時的衝動行為；(3) 僵化：個人出現自殺意念時，他的感覺和行為就會變得很狹隘。有自殺意念者會有以下幾個事實現況：(1) 多數會發出明確的警訊；(2) 多數對自殺都會出現矛盾心態；(3) 常會發出大量的暗示給他人；(4) 狀況開始改善後，沒有持續輔導關注，可能出現毀滅性的行動；(5) 多數的自殺其實是可以避免的；(6) 曾有自殺想法者，經有效介入處理，其想法可能不會再出現（自殺防治中心網站，2019）。

自殺行為的警訊，可以從個人的「**感覺**」（feeling）、「**行動**」（action）、「**改變**」（change）、「**惡兆**」（threats）等四個面向（簡稱為FACT）來察覺，四個面向包括語言、行為及身體生理症候。

一旦發現同學有自殺意圖，老師要立即介入輔導，其策略：(1) 以真誠一致態度跟當事者懇切詳談，不要責備當事者；(2) 從對話溝通中發掘學生想自殺原因，找出關鍵緣由；(3) 以具體方法協助當事者解決所遭遇的問題與困境；(4) 請當事者的好友或同學持續關懷陪伴，老師更要時時關注；(5) 請輔導室專任輔導老師介入處理協助；(6) 告知家長陪伴開導，發揮親情與家庭教育的正向功能；(7) 必要時轉介醫療機構（尤其當個案有憂鬱症時一定要藉由藥物治療）。

感覺面向	行動面向	改變面向	惡兆面向
自怨自艾；失落及悲傷；失去價值感、絕望及自責；認為自己是沒有用的人；沒有人在乎他；群體中沒有他也無所謂；他是班級中的累贅；持續的心情低落及焦慮。此外有憂鬱症未能得到藥物治療者會極度恐慌與有負向想法。	常查閱有關死亡的網路資料、電視或書籍；會與同學討論人死後的問題；濫用藥物或不明藥品；話題集中於偶像或藝人自殺死亡的事宜；行為變得焦躁與十分不安，或言語說出：「活著沒意思」、「乾脆死了算了」等。	人格或個性驟變；學習與生活有重大改變，對任何事情或活動都不感興趣，變得十分沉靜及冷漠；行為退縮及與他人疏離；將個人喜愛的物品贈送他人；不在乎個人安危；課業退步許多但卻不在乎。	常與同學討論「流血流多久才會死？」「流血時會不會很痛？」「以後就不會造成大家的負擔了」；以燒炭、割腕及服用過量藥品自殺，更激烈者採用跳樓方式結束生命。

(　)2. ADHD 學生的行為問題界定採用何者模式解釋最適切？　(A) 醫療模式　(B) 行為模式　(C) 生態模式　(D) 認知模式。

參考答案：(A)

(　)3. 自閉症學生的鑑定標準有三個面向，下列何者不是？　(A) 顯著口語與非口語之溝通困難者　(B) 顯著社會互動困難者　(C) 表現固定而有限的行為模式者　(D) 智商在常模以下者。

參考答案：(D)

說明「自閉症」的正式名稱為「廣泛性發展障礙症」，歐洲國家傾向用「自閉範疇疾患」（autistic spectrum disorder）字詞，意圖含括輕微自閉人格特質到嚴重病態之族群。自閉症病因不確定，但學者多傾向有遺傳體質存在所造成的中樞神經病變。其症狀在 3 歲前就出現，長大後仍可診斷。它有三大核心病症：(1) 人際社會互動有障礙，無法理解他人的情緒想法，並作出適當回應；(2) 溝通有障礙，無法與同儕進行有效溝通，表述內容是單向的、缺乏彈性或文不對題；(3) 重複固定的行為，只呈現侷限於某種特定的興趣及單一行為（臺灣兒童青少年精神醫學會，2019）。自閉症核心病症沒有指出當事人有

智力缺損問題，但因為當事人無法與同儕進行有效溝通及分組合作學習，學生的學業表現多數較不理想。

( )4. 下列何者非醫療模式的介入處置策略？ (A) 診斷―處方的教學
(B) 就讀特殊班級 (C) 諮商技巧 (D) 認知行為改變。

參考答案：(D)

( )5. 認知行為技巧倡導 A-B-C 歷程，其中最重要的項目為何者？ (A)A
(B)B (C)C (D) 以上三者同等重要。

參考答案：(B)

( )6. 下列哪一個不是生態模式的假定之一？ (A) 處理具有普遍性與推估性 (B) 處理應關注於當事者所處情境 (C) 處理可能有非預期情況出現 (D) 處理時儘可能不要破壞當事者之自然生態。

參考答案：(A)

( )7. 下列何者非醫療理論模式的症狀行為？ (A) 學習障礙 (B) 自閉症
(C) 感覺統合失調 (D) 打人吵鬧。

參考答案：(D)

( )8. ADHD（注意力不足過動症）是一個與腦神經發育相關的心理疾患，此類患者有某些共同的行為特徵，下列何者不是？ (A) 符合患者年齡該有的成熟度 (B) 容易分心 (C) 過度的活動 (D) 難以控制自身的言行舉止。

參考答案：(A)

說明 根據美國《精神疾患診斷準則手冊》，「過動症」學童主要在 7 歲以前發病，其行為非因其他發展疾患或精神疾病引發，主要的問題表現在三個向度：注意力不易集中、活動量過多、行為衝動，行為問題會對學業、人際關係及職場工作造成不良的影響。ADHD 學童若未經妥善治療或介入處理，學習與成長過程中常有以下問題出現：(1) 課業學習及表現不佳；(2) 人際關係不好，易受同儕排擠；(3) 時常遭到師長或大人責罵，缺乏自信；(4) 合併續發的親子關係不佳、學校生活適應不良、學習障礙及情緒問題。一般治療包含五大類面：藥物治療、行為管理、認知行為治療、親職訓練、感覺統合訓練等（臺灣兒童青少年精神醫學會，2019）。

（　）9. 學習障礙主要為神經心理功能異常導致，下列哪個不是其鑑定的標準
之一？　(A) 智力在正常或正常程度以上者　(B) 智力在正常以下者
(C) 個人內在能力有顯著差異者　(D) 推理或知覺動作協調等任一能
力表現有顯著困難，經學習輔導無效者。

參考答案：(B)

說明　心理疾患、行為異常名稱主要以「**美國精神學會**」（American
psychiatric association）出版之《精神疾病診斷準則手冊》為準則，例
如將「**精神病**」（psychosis）改為「**思覺失調症**」（schizophrenia）。

（　）10. 根據《學生輔導法》規定，科任教師主要負責哪一項輔導工作？　(A)
發展性輔導　(B) 介入性輔導　(C) 處遇性輔導　(D) 預防性輔導。

參考答案：(A)

（　）11. 艾里斯（Allis）倡導的理情治療法之主要目標在於檢核當事者的內
在語言，此種內在語言會導致困擾者之何種想法？　(A) 理性信念
(B) 非理性信念　(C) 正向認知思維　(D) 批判思考能力。

參考答案：(B)

（　）12.「人們的困擾不是來自事情本身，而是來自人們對事情的看法。」此
論點可以行為模式中的何種方法來說明？　(A) 代幣增強　(B) 家中
增強　(C) 行為改變技術　(D) 認知行為改變技術。

參考答案：(D)

（　）13.「行為改變技術」在教育現場的使用已為大多數學者專家所認同，下
列何者不是此技術的特性之一？　(A) 著重行為而非特質　(B) 強調
學習和環境的重要性　(C) 著重符合某特定的理論方法　(D) 運用科
學方法來研究行為。

參考答案：(C)

（　）14. 陳老師告知全班：「上課不專心的同學，午休時間不能看課外書。」
就行為改變技術方法而言，陳老師是運用何種方法？　(A) 正增強
(B) 負增強　(C) 代幣增強　(D) 隔離法。

參考答案：(B)

（　）15. 某一學生很懼怕在大眾面前講話，就行為改變技術方法而言，使用何
種方法最適切？　(A) 逐減敏感法　(B) 飽足法　(C) 隔離法　(D) 遠
離增強物（禁制法）。

參考答案：(A)

(　　)16.教育脈動與趨勢之一為讓身心障礙兒童回歸到普通班，與普通班學生共同上課，一起參與學習活動。此種型態稱為何種教育？　(A) 結合教育　(B) 融合教育　(C) 合體教育　(D) 身普教育。

參考答案：(B)

(　　)17.有關「融合教育」（inclusion）的內涵及特性，下列何者描述錯誤？(A) 把學生抽離，再給予特殊教育服務　(B) 零拒絕教育　(C) 尊重每個學生的個別差異　(D) 普通及特殊教育教師充分合作。

參考答案：(A)

說明「融合教育」（inclusion）的理念是承繼「回歸主流」（mainstreaming）教育的內涵。早期「回歸主流」指的是特殊班的學生只在部分時段進入普通班，參與部分學習活動，但融合教育班級中的身心障礙學生則是全時待在普通班，成為普通班學生的一員。教師把服務帶進教室，藉著調整教室生態與提供支持網絡，讓學生能與普通學生一起學習。融合教育實施中，普通班老師、特殊教育及輔導老師等專業人員要密切協同合作、相互支援，才能同時兼顧到班級內所有學童（特殊兒童與普通兒童）。

第13章

發展與輔導綜合練習

（　）1. 下列對於青少年生理發展的敘述，何者<u>不正確</u>？　(A) 青少年是指「生長至成熟」的年輕人　(B) 青春期（puberty）是由拉丁字（pubes）衍生而來，其原本的意思是指陰毛或軟毛　(C) 青少年應包括青春期與青年期　(D) 男生進入青春期的年齡大約比女生早 2 年左右。

參考答案：(D)

（　）2. 下列何者<u>不屬於</u>女性的第一性徵？　(A) 卵巢　(B) 陰道　(C) 乳房　(D) 輸卵管。

參考答案：(C)

（　）3. 性腺激素是促使個體進入青春期的重要因素，它是哪一個腺體所分泌？　(A) 性腺　(B) 下視丘　(C) 腦下腺　(D) 腎上腺。

參考答案：(C)

（　）4. 小明以他既有的行為模式去認識環境中的事物，把新的經驗融入在他既有的經驗之中。若以皮亞傑（J. Piaget）之觀點來看，小明的認知發生了何種變化？　(A) 調適（adaptation）　(B) 同化（assimilation）　(C) 遷移（transfer）　(D) 組織（organization）。

參考答案：(B)

（　）5. 文華可以從「小英是小美的姐姐」推論出「小美是小英的妹妹」，則文華的認知具有何種特質？　(A) 去集中化　(B) 可逆性　(C) 物體保留　(D) 物體恆存。

參考答案：(B)

（　）6. 小民數學考得很差，他說這一切都是因為他考試前沒有用功讀書的結果。請問小民是做了哪種歸因？　(A) 不穩定的內在因素　(B) 不穩定的外在因素　(C) 穩定的內在因素　(D) 穩定的外在因素。

參考答案：(A)

（　）7. 郁文將拾獲的錢包還給失主，因為他認為凡是「好人」都該這樣做。請問郁文是處在道德發展的哪一個階段？　(A) 尋求認可取向（good boy/nice girl orientation）　(B) 相對功利取向（instrumental-relativist orientation）　(C) 遵守法規取向（law and order orientation）　(D) 社會法制取向（social-contract legalistic orientation）。

參考答案：(A)

（　）8. 下列何者**不是**生態論中的微觀系統（小系統）？　(A) 家人　(B) 學校　(C) 同儕　(D) 社區。

參考答案：(D)

（　）9. 根據佛洛依德（S. Freud）的觀點，「戀母情結」通常出現在哪一個發展階段？　(A) 口腔期　(B) 肛門期　(C) 性器期　(D) 潛伏期。

參考答案：(C)

（　）10. 下列敘述何者正確？甲、男生較重視成就感；乙、女生較傾向人際取向；丙、女生比男生愛講話；丁、男生的視覺／空間能力比女生佳。　(A) 甲乙　(B) 甲乙丙　(C) 甲乙丁　(D) 甲乙丙丁。

參考答案：(C)

（　）11. 下列何者是佛洛依德（S. Freud）的理論所重視的觀點？甲、本我；乙、早年經驗；丙、社會興趣；丁、夢的解析。　(A) 甲乙丙　(B) 甲乙丁　(C) 乙丙丁　(D) 以上皆是。

參考答案：(B)

（　）12. 下列何者是精神分析學派推論潛意識的證據？甲、失言；乙、遺忘；丙、催眠；丁、精神疾病。　(A) 甲丙　(B) 甲乙丙　(C) 乙丙丁　(D) 甲乙丙丁。

參考答案：(D)

（　）13. 玉英因為發生車禍而失去了雙手，但她努力向上，成為一位人人敬佩的口足畫家。如果以精神分析的觀點來看，玉英最符合下列哪一個敘述？　(A) 替代作用　(B) 昇華作用　(C) 補償作用　(D) 內化作用。

參考答案：(C)

（　）14. 下列何者是行為學派所發展出的治療方法？甲、鬆弛訓練；乙、洪水法；丙、自我肯定訓練；丁、主題統覺測驗。　(A) 甲乙丙　(B) 甲乙丁　(C) 甲丙丁　(D) 以上皆是。

參考答案：(A)

（　）15. 小玲上國文課很認真聽講，也勤作筆記，國文老師在全班面前公開讚美小玲，給她嘉許。下列敘述，何者與國文老師所使用的方法有關？甲、社會性增強；乙、楷模學習；丙、示範作用；丁、替代作用。　(A) 甲丙　(B) 乙丙　(C) 甲乙丙　(D) 甲乙丙丁

參考答案：(C)

( ) 16.下列敘述，何者<u>不是</u>羅吉斯（C. R. Rogers）所強調治療者需要具有的特質？ (A) 真誠一致 (B) 正確的同理心 (C) 無條件的積極關懷 (D) 適時的面質。

參考答案：(D)

( ) 17.下列對於個人中心治療法的敘述，何者正確？甲、強調人具有自我實現的潛能；乙、認為人是值得信賴的；丙、治療關係是平等的；丁、讓當事人在接納的氣氛中除去自我防衛。 (A) 甲乙丙 (B) 甲乙丁 (C) 乙丙丁 (D) 甲乙丙丁。

參考答案：(D)

( ) 18.小美擔任班長的職務，卻一直很不快樂，因為班上有一些同學總是會挑剔她的領導能力。導師安慰她說：「小美，妳已經很盡責，也很努力，我們無法獲得周遭所有人的喜愛和讚美，老師也是一樣啊！也不是班上所有的同學都喜歡我這個導師。」請問下列哪一個學派最適合用來解釋老師所使用的輔導方法？ (A) 行為治療 (B) 理情行為治療 (C) 精神分析 (D) 個人中心治療。

參考答案：(B)

( ) 19.對於阿德勒學派治療法的敘述，何者正確？甲、主張自我決定論；乙、人藉著追求優越感來克服自卑；丙、人很多的問題都來自於缺乏隸屬感；丁、人必須在工作中創造生命的意義。 (A) 甲乙丙 (B) 乙丙丁 (C) 甲丙丁 (D) 甲乙丙丁。

參考答案：(D)

( ) 20.文英跟輔導老師抱怨說她的問題並沒有獲得解決，她覺得來接受諮商根本是在浪費時間？輔導老師回答說：「妳覺得來接受諮商沒有幫助，令妳覺得有點厭煩，也許我們應該先來談一談我們彼此信任的問題。」下列哪一種方法，最符合輔導老師所用的輔導技術？ (A) 立即性 (B) 同理心 (C) 面質 (D) 自我表露。

參考答案：(A)

( ) 21.下列對於面質技術的敘述，何者正確？甲、在諮商關係一開始就可加以使用；乙、用肯定的語氣；丙、秉持高度同理心的精神；丁、用一種投入的態度。 (A) 甲乙 (B) 乙丙 (C) 丙丁 (D) 甲丁。

參考答案：(C)

（　）22.團體輔導比個別輔導更能發揮下列何種效果？甲、將問題一般化；乙、提供觀摩他人的機會；丙、較符合經濟效用；丁、較適合處理危機的事件。　(A)甲乙　(B)乙丙　(C)甲乙丙　(D)乙丙丁。

參考答案：(C)

（　）23.下列何種<u>不是</u>團體輔導必須具備的要素？　(A)團體壓力　(B)協同領導者　(C)團體歷程　(D)團體情境。

參考答案：(B)

（　）24.生涯輔導的內容，包含哪些？甲、自我探索；乙、環境探索；丙、資料探索；丁、價值觀探索。　(A)甲乙　(B)甲乙丙　(C)甲乙丁　(D)甲乙丙丁。

參考答案：(D)

（　）25.小明把唐詩編成一個故事，以利於記憶。請問他是使用了下列何種策略？　(A)精緻化策略　(B)編碼策略　(C)組織化策略　(D)後設認知策略。

參考答案：(C)

（　）26.小玉是一位14歲的國中生，父母已經離異，她因為心情沮喪在輔導室接受諮商。有一天，小玉的媽媽到輔導室，要查看小玉的諮商資料，輔導老師要如何應對？　(A)因小玉未成年，所以直接讓媽媽看資料　(B)要先了解小玉媽媽的動機為何，再作評估　(C)如果媽媽是小玉的監護人，就給她看資料　(D)如果小玉的爸爸是監護人，則取得他的同意，就可以給小玉的媽媽看資料。

參考答案：(B)

（　）27.諮商師在下列何種情況，可以不用對當事人談話的內容加以保密？甲、危及其他第三者的生命安全；乙、當事人有致命危險的傳染疾病；丙、當事人涉及刑案；丁、當事人揚言要自殺。　(A)甲乙丙　(B)甲乙丁　(C)乙丙丁　(D)甲乙丙丁。

參考答案：(D)

（　）28.下列何者<u>不是</u>諮商轉介的時機？　(A)當事人質疑諮商師為何病情沒有好轉　(B)當事人要求結束諮商　(C)當事人的問題超越諮商師的專業能力　(D)當事人愛上諮商師。

參考答案：(A)

（ ）29.下列敘述，何者正確？甲、男生罹患憂鬱症的比例比女生高；乙、女生比男生更容易自殺；丙、男生自殺死亡的比例比女生高；丁、憂鬱症是 21 世紀最流行的三大疾病之一。 (A) 甲乙丙 (B) 乙丙丁 (C) 甲丙丁 (D) 甲乙丙丁。

參考答案：(B)

（ ）30.對於憂鬱症的敘述，下列何者<u>不正確</u>？ (A) 憂鬱症患者可能會有易怒，甚至是敵意的情緒 (B) 日照也會改善憂鬱症的病情 (C) 憂鬱症的藥物吃三、四天才會產生藥效 (D) 憂鬱症患者容易自殺的危險期，是在病情剛開始好轉時。

參考答案：(C)

（ ）31.下列何者是青少年的內向性問題？ (A) 過動性 (B) 自我傷害 (C) 偷竊 (D) 考試作弊。

參考答案：(B)

（ ）32.玉英的家因地震而倒塌，她最近經常夢見和地震有關的事件，內心感到非常的痛苦。請問下列哪一種病症最適合用來描述玉英的病情？ (A) 憂鬱性疾患（Depressive Disorders） (B) 雙極性疾患（Bipolar Disorders） (C) 妄想性疾患（Delusional Disorder） (D) 創傷後壓力疾患（Posttraumatic Stress Disorder）。

參考答案：(D)

（ ）33.輔導室鑑於最近有很多校園自殺事件的社會新聞，擔心那些適應不良的學生會自我傷害，因此，為其舉辦一系列的輔導座談會。請問輔導室是在進行哪一個層級的輔導？ (A) 初級預防 (B) 次級預防 (C) 三級預防 (D) 治療性預防。

參考答案：(B)

（ ）34.文良是一所國中的化學老師，他得知班上的玉玲被繼父性侵害。請問學校應該在幾個小時之內進行通報？ (A)12 小時 (B)24 小時 (C)36 小時 (D)48 小時。

參考答案：(B)

（ ）35.蘇老師是輔導室的人員，有一天她接到某教育局的公文，要求學校提供某位學生在學的諮商資料。下列哪一種作法是對的？ (A) 直接將個案的資料寄給教育局 (B) 向輔導主任報告，由主任作決定

(C) 由輔導主任向校長請示，由校長作決定　(D) 去函教育局告知無法接受其請求。

參考答案：(D)

（　）36. 下列何者<u>不</u>屬於男性的第一性徵？　(A) 睪丸　(B) 陰莖　(C) 喉結　(D) 輸精管。

參考答案：(C)

（　）37. 促使個體進入青春期的重要腺體是？　(A) 性腺　(B) 下視丘　(C) 腦下腺　(D) 腎上腺。

參考答案：(C)

（　）38. 英明無法用他既有的行為模式去認識環境中的事物，他只好發展出新的行為模式。若以皮亞傑（J. Piaget）之觀點來看，英明的認知發生了何種變化？　(A) 調適（adaptation）　(B) 同化（assimilation）　(C) 遷移（transfer）　(D) 組織（organization）。

參考答案：(A)

（　）39. 文華可以從「A＋B＝C」推論出「A＝C－B」，則文華的認知具有何種特質？　(A) 去集中化　(B) 可逆性　(C) 物體保留　(D) 物體恆存。

參考答案：(B)

（　）40. 郁文數學考得很差，他說這一切都是因為他沒有數學細胞的結果。請問郁文是作了那種歸因？　(A) 不穩定的內在因素　(B) 不穩定的外在因素　(C) 穩定的內在因素　(D) 穩定的外在因素。

參考答案：(C)

（　）41. 育民將拾獲的錢包還給失主，因為他希望失主能給他酬勞，以表感謝。請問育民是處在道德發展的哪一個階段？　(A) 尋求認可取向（good boy/nice girl orientation）　(B) 相對功利取向（instrumental-relativist orientation）　(C) 遵守法規取向（law and order orientation）　(D) 社會法制取向（social-contract legalistic orientation）。

參考答案：(B)

（　）42. 俊明因為在學校被老師處罰，回家之後就對妹妹大小聲。如果以精神分析的觀點來看，俊明最符合下列哪一個敘述？　(A) 替代作用　(B) 昇華作用　(C) 補償作用　(D) 內化作用。

參考答案：(A)

(　)43.「鷹架作用」（scaffolding）是哪位學者所提出之概念？　(A) 皮亞傑
(B) 布魯納　(C) 維高斯基　(D) 布魯姆。

參考答案：(C)

(　)44.史登柏格（R. J. Sternberg）所提出的智力三元論中，哪一種智力是
指在認知過程中對訊息有效處理的能力？　(A) 組合智力　(B) 經驗
智力　(C) 肆應智力　(D) 數理智力。

參考答案：(A)

(　)45.艾瑞克遜（E. H. Erikson）認為青少年正處在下面哪一個階段？
(A) 信任與不信任　(B) 勤奮對自卑　(C) 自我認同對認同混淆
(D) 親密對孤立。

參考答案：(C)

(　)46.文雄接受父母為他所安排的人生計畫，未曾考慮其他可能的選擇。請
問他是屬於哪一種認同狀態？　(A) 迷失型統合　(B) 未定型統合
(C) 定向型統合　(D) 早閉型統合。

參考答案：(D)

(　)47.焦慮是從何種情緒發展而來的？　(A) 忌妒　(B) 害怕　(C) 悲傷
(D) 生氣。

參考答案：(B)

(　)48.下列何者不是社會學習理論對個體道德發展的概念？　(A) 替代增強
(B) 賞罰控制　(C) 楷模學習　(D) 內化作用。

參考答案：(D)

(　)49.嘉民認為「故意打破杯子」和「為了幫老師拿杯子而不小心打破」二
者之間應受到不同程度的懲罰。請問嘉民的道德發展是在何種階段？
(A) 無律階段　(B) 他律階段　(C) 自律階段　(D) 相對功利階段。

參考答案：(C)

(　)50.下列對青少年情緒的敘述，何者不正確？　(A) 以負面情緒類型為主
(B) 情緒反應強烈、不穩定　(C) 情緒波動的原因由具體到抽象
(D) 不會隱藏情緒。

參考答案：(D)

（　）51.下列敘述，何者正確？　(A) 社會文化對女性悲傷情緒的表達限制多於男性　(B) 女性自殺的比例比男性高　(C) 女性自殺死亡的比例比男性高　(D) 男性的順從性比女性高。

參考答案：(B)

（　）52.下列對自我概念的敘述，何者正確？　(A) 男性較重視成就的特質　(B) 女性較重視能力的特質　(C) 自我概念的發展與認知發展不平行　(D) 青少年的自我概念與外在行為完全一致。

參考答案：(A)

（　）53.下列對於青少年次級文化的敘述，何者不正確？　(A) 是一種社會變遷的產物　(B) 寄生在主流文化之下，不能獨立　(C) 具一種縱貫性的次文化　(D) 易受同儕認同的影響。

參考答案：(C)

（　）54.下列敘述，何者是羅吉斯（C. R. Rogers）所強調治療者需要具有的特質？　(A) 真誠一致　(B) 正確的同理心　(C) 無條件的積極關懷　(D) 以上皆是。

參考答案：(D)

（　）55.對於憂鬱症的敘述，下列何者正確？　(A) 憂鬱症患者可能會有易怒，甚至是敵意的情緒　(B) 男生罹患憂鬱症的比例比女生高　(C) 憂鬱症的藥物吃三、四天才會產生藥效　(D) 憂鬱症患者容易自殺的危險期，是在病情剛開始時。

參考答案：(A)

（　）56.下列何者是青少年的外向性問題？　(A) 害羞　(B) 自我傷害　(C) 憂鬱　(D) 過動。

參考答案：(D)

（　）57.秀英最近心情起伏很大，時而情緒高亢，時而心情沮喪，哭泣不已。請問下列哪一種病症最適合用來描述秀英的病情？　(A) 憂鬱性疾患（Depressive Disorders）　(B) 雙極性疾患（Bipolar Disorders）　(C) 妄想性疾患（Delusional Disorder）　(D) 創傷後壓力疾患（Posttraumatic Stress Disorder）。

參考答案：(B)

( ) 58. 輔導室為新生舉辦一系列的輔導座談會，以提升學生的心理健康。請問輔導室是在進行哪一個層級的輔導？　(A) 初級預防　(B) 次級預防　(C) 三級預防　(D) 治療性預防。

參考答案：(A)

( ) 59. 文玲是一位國中教師，她教導班上同學肌肉鬆弛訓練，以疏解班上同學的考試焦慮。請問文玲是應用何種輔導學派的方法？　(A) 個人中心治療　(B) 行為治療　(C) 精神分析　(D) 完形治療。

參考答案：(B)

( ) 60. 玉英只因失戀，就認為自己是一個不折不扣的失敗者。請問玉英具有何種認知歪曲？　(A) 過度類化　(B) 個人化　(C) 斷章取義　(D) 極端化。

參考答案：(A)

( ) 61. 由於學生上課太過吵鬧，蘇老師便禁止學生下課去操場玩球。請問蘇老師是運用下列何種輔導策略？　(A) 負增強　(B) 正增強　(C) 處罰　(D) 消弱。

參考答案：(C)

( ) 62. 下列何種技術較適合在輔導的中後期使用？　(A) 同理心　(B) 立即性　(C) 面質　(D) 真誠。

參考答案：(C)

( ) 63. 下列何種不是理性情緒治療所強調的要素？　(A) 容忍　(B) 彈性　(C) 接受不確定性　(D) 早年的生活經驗。

參考答案：(D)

( ) 64. 下列何者是現實治療所重視的要素？　(A) 責任　(B) 處罰　(C) 潛意識　(D) 情感轉移。

參考答案：(A)

( ) 65. 文良是一個國二的學生，當他走在路上時，總是覺得大家都在注意他。請問下列何者最能解釋文良的這種心理現象？　(A) 個人神話　(B) 獨特性　(C) 全能性　(D) 想像觀眾。

參考答案：(D)

( ) 66. 美玉利用心像法來記憶英文單字，請問她是使用了下列何種策略？　(A) 組織化策略　(B) 精緻化策略　(C) 編碼策略　(D) 後設認知策略。

參考答案：(B)

（　）67.進行生涯輔導時，應先進行何種輔導？　(A) 自我探索　(B) 環境探索　(C) 生涯抉擇訓練　(D) 生涯規劃訓練。

參考答案：(A)

（　）68.諮商師和案主宜建立何種關係？　(A) 雙重關係　(B) 合作關係　(C) 利益關係　(D) 愛情關係。

參考答案：(B)

（　）69.下列何者是個人中心治療法所強調的治療師之特質？甲、適切的面質；乙、真誠一致；丙、無條件的積極關懷；丁、正確的同理心。

(A) 甲乙丙　(B) 甲丙丁　(C) 乙丙丁　(D) 甲乙丙丁。

參考答案：(C)

（　）70.小美到學校輔導室接受輔導，卻對輔導老師產生愛意，此種現象稱為？　(A)情感反轉移　(B)情感轉移　(C)情感反映　(D)情感遷移。

參考答案：(B)

（　）71.下列何者是精神分析的治療技術？甲、自由聯想；乙、抗拒的分析；丙、詮釋；丁、維持分析的架構。　(A) 甲乙丙　(B) 甲乙丁　(C) 甲丙丁　(D) 甲乙丙丁。

參考答案：(D)

（　）72.根據存在主義的觀點，下列哪些是人類狀態的基本層面？甲、自由與責任；乙、自我察覺能力；丙、追求自我認同；丁、覺察自由與快樂。　(A) 甲乙　(B) 甲丙　(C) 甲乙丙　(D) 甲乙丙丁。

參考答案：(C)

（　）73.依照皮爾斯（F. Perls）完形治療的觀點，當我們接觸到人格的哪一個層次，就能脫去虛假角色和藉口？　(A) 恐懼（phobic）　(B) 虛假（phony）　(C) 外爆（explosive）　(D) 內爆（implosive）。

參考答案：(C)

（　）74.下列對於現實治療的特徵之敘述，何者正確？甲、強調責任；乙、重視移情；丙、聚焦在目前的狀態；丁、聚焦在症狀之上。　(A) 甲丙　(B) 甲乙丙　(C) 甲丙丁　(D) 甲乙丙丁。

參考答案：(A)

（　）75.下列對於家族治療之敘述，何者正確？甲、Bowen 取向的治療目標為
自我分化；乙、人性效能歷程重視此時此刻；丙、經驗／象徵取向治
療強調界限滲透性的探討；丁、結構取向運用行動導向的指令與矛盾
的介入技術。　（A) 甲乙　（B) 甲乙丙　（C) 甲乙丁　（D) 丙丁。
參考答案：(A)

（　）76.下列何者不是 歐文‧亞隆（I. D. Yalom）所認為的團體心理治療之
療效因子？　（A) 灌輸希望（instillation of hope）　（B) 利他主義
（altruism）　（C) 普同感（universality）　（D) 幸福感（well-being）。
參考答案：(D)

（　）77.團體輔導具有下列哪些特性？甲、可將問題一般化；乙、效果比個別
輔導好；丙、練習的機會多；丁、比較符合經濟效益。　（A) 甲乙丙
（B) 甲丙丁　（C) 乙丙丁　（D) 甲乙丙丁。
參考答案：(B)

（　）78.下列何者是團體輔導處在工作生產階段時，團體領導者的任務？甲、
協助成員把領悟化為行動；乙、鼓勵嘗試新行為；丙、建立團體規範；
丁、處理團體未完成的工作。　（A) 甲乙　（B) 甲乙丙　（C) 甲乙丁
（D) 甲丁。
參考答案：(A)

（　）79.下列何者不是九年一貫課程架構內涵，延伸至十二年國教的四項重大
議題？　（A)性別教育　（B)人權教育　（C)生命教育　（D)環境教育。
參考答案：(C)

（　）80.輔導老師在使用面質技術時，應抱持何種態度？甲、用肯定的語氣；
乙、秉持同理心；丙、用投入的態度；丁、在諮商一開始就可使用。
（A) 甲乙丙　（B) 甲乙丁　（C) 乙丙丁　（D) 乙丙。
參考答案：(D)

（　）81.玉玲跟輔導老師說她下次不想再來諮商，因為她覺得效果不好。輔導
老師回答說：「妳覺得輔導的效果不好，讓妳想要停止諮商，也許
我們應該先來談一談妳對輔導成效的看法。」請問輔導老師用了哪些
輔導技巧？甲、同理心；乙、自我表露；丙、面質；丁、立即性。
（A) 甲乙　（B) 乙丙　（C) 丙丁　（D) 甲丁。
參考答案：(D)

（　）82.若雲向輔導老師抱怨說她和其他同學一樣的用功，可是成績卻都比不上同學。輔導老師回答說：「這樣的結果的確令人傷心，我想妳一定很難過，而且似乎有一點覺得自己不如人的感覺。」輔導老師所使用的技巧，下列何者最適切？　(A) 初層次同理心　(B) 高層次同理心　(C) 情感反映　(D) 延遲性批判。

參考答案：(B)

（　）83.學校得知學生被家人性侵害之後，應在幾小時之內進行通報？

(A)12 小時　(B)24 小時　(C)36 小時　(D)48 小時。

參考答案：(B)

（　）84.中國輔導學會已改名為下列哪一個學會？　(A) 臺灣輔導學會　(B) 臺灣諮商學會　(C) 臺灣輔導與諮商學會　(D) 臺灣諮商心理學會。

參考答案：(C)

（　）85.下列何者是諮商專業倫理中保密的例外情況？甲、法律的規定；乙、當事人有致命危險的傳染病；丙、當事人涉及刑案；丁、當事人得了憂鬱症。　(A) 甲乙　(B) 乙丙　(C) 甲乙丙　(D) 甲乙丙丁。

參考答案：(C)

（　）86.小如是一位 14 歲的國二女生，她的母親知道她在學校輔導室接受諮商，特地來學校查看她的諮商資料。輔導老師的作法，何者較適切？

(A) 告訴小如的母親，依諮商專業倫理守則，無法提供資料　(B) 由輔導主任決定是否要提供資料　(C) 由學校校長決定是否要提供資料　(D) 先了解小如母親的動機，藉以評估情況。

參考答案：(D)

（　）87.下列何種情況不適合結束諮商關係？　(A) 當事人對輔導人員產生憤怒情緒　(B) 當事人主動要求轉介　(C) 當事人不按規定付費　(D) 雙重關係介入。

參考答案：(A)

（　）88.下列何者是班級悲傷輔導的目的？甲、協助學生表達情感；乙、協助學生體認失落；丙、澄清事實，減少謠言；丁、增加學生處理壓力的技巧。　(A) 甲乙丙　(B) 甲乙丁　(C) 甲丙丁　(D) 甲乙丙丁。

參考答案：(D)

（ ）89.每次只要育誠能準時交作業，吳老師就從罰掃廁所的名單中將育誠除名。請問吳老師所使用的是行為改變技術中的何種原理？ (A) 正增強 (B) 負增強 (C) 消弱 (D) 處罰。

參考答案：(B)

（ ）90.陳老師所輔導的個案，最後還是被退學，陳老師覺得都是自己無能才會造成這樣的結果。請問陳老師有何種認知扭曲？ (A) 獨斷的推論 (B) 過度類化 (C) 個人化 (D) 極端化。

參考答案：(C)

（ ）91.吉力根（C. Gilligan）認為女性的價值觀包含哪些要素？甲、同情（compassion）；乙、責任（responsibility）；丙、關愛（caring）；丁、公平（fairness）。 (A) 甲丙 (B) 甲乙丙 (C) 甲丙丁 (D) 甲乙丙丁。

參考答案：(B)

（ ）92.如果學生想要知道自己的天賦潛能為何？則輔導老師要給予實施何種測驗？ (A)人格測驗 (B)智力測驗 (C)成就測驗 (D)性向測驗。

參考答案：(D)

（ ）93.下列何者不是人格五因素論之量尺？ (A) 神經質 (B) 開放性 (C) 穩定性 (D) 外向性。

參考答案：(C)

（ ）94.自殺風險評量應包括下列哪些重要因子？甲、自陳危險性、乙、自殺計畫；丙、自殺史；丁、心理症狀。 (A) 甲乙丙 (B) 甲乙丁 (C) 乙丙丁 (D) 甲乙丙丁。

參考答案：(D)

（ ）95.文盛很喜歡嘗試刺激冒險的活動，對於規律的事務不感興趣。下列何種人格類型最能解釋文盛的行為？ (A)A 型人格 (B)B 型人格 (C)T 型人格 (D) t 型人格。

參考答案：(C)

（ ）96.秀玉的人際關係模式很不穩定且緊張，經常自我傷害，甚至想用割腕來挽回男朋友的感情。秀玉最可能屬於下列哪一種人格疾患？ (A) 妄想性人格疾患 (B) 分裂病性人格疾患 (C) 邊緣性人格疾患 (D) 依賴性人格疾患。

參考答案：(C)

( )97. 下列何者是預測自殺最有效的危險因子？ (A) 無望感 (B) 憂鬱感 (C) 憤怒感 (D) 恐懼感。

參考答案：(A)

( )98. 育群因為沒有繳交功課，在學校被老師處罰，他回家之後就對弟弟亂發脾氣。如果以精神分析的觀點來看，育群是採用何種自我防衛方式？ (A) 替代作用 (B) 退化作用 (C) 投射作用 (D) 反向作用。

參考答案：(A)

( )99. 文秀化學考得很差，他說這一切都是因為他沒有化學細胞的結果。請問文秀是作了那種歸因？ (A) 不穩定的内在因素 (B) 不穩定的外在因素 (C) 穩定的内在因素 (D) 穩定的外在因素。

參考答案：(C)

( )100. 利社會道德推理（prosocial moral reasoning）是由哪位學者所提出來的觀點？ (A) 柯柏格（L. Kohlberg） (B) 皮亞傑（J. Piaget） (C) 賽爾門（R. L. Selman） (D) 依森柏格（N. Eisenberg）。

參考答案：(D)

( )101. 秀玲能了解自己和別人的立場，並從第三者的觀點判斷二人間的交互關係，則秀玲是處在何種階段？ (A) 社會資訊的（social-informational）觀點取替 (B) 自我反映的（self-reflective）觀點取替 (C) 相互的（mutual）觀點取替 (D) 社會與成規系統的（social and conventional system）觀點取替。

參考答案：(C)

( )102. 人體的左腦負責控制身體的什麼功能？ (A) 語言 (B) 音樂 (C) 觸覺 (D) 視覺。

參考答案：(A)

( )103. 下列對唐氏症（Down syndrome）的敘述何者正確？ (A) 多了第21對染色體 (B) 少了第21對染色體 (C) 多了第23對染色體 (D) 少了第23對染色體。

參考答案：(A)

( )104. 育英在數學的學習歷程中，比弟弟更能對自己既有的數學知識在不同的時機予以選擇、組織及支配。請問育英比弟弟更具有何種

知識？ (A) 程序性知識 (B) 陳述性知識 (C) 命題推理知識
(D) 後設認知知識。

參考答案：(D)

( )105. 晶體智力（crystallized intelligence）多半經由哪種方式表現出來？
(A) 空間關係的認知 (B) 機械式記憶 (C) 數理知識之記憶
(D) 對事物判斷的反應速度。

參考答案：(C)

( )106. 下列何者是皮亞傑（J. Piaget）針對形式運思期的青少年所設計的
實驗情境問題？ (A) 三山實驗 (B) 鐘擺問題 (C) 概念保留問題
(D) 類別歸屬問題。

參考答案：(B)

( )107. 就生態論之觀點而言，下列何者屬於微觀系統（microsystem）？
(A) 父母的工作環境 (B) 傳播媒體 (C) 學校 (D) 社會文化。

參考答案：(C)

( )108. 小美在路上撿到一萬元，她把錢交給學校的老師處理，因為她認為
好學生都會這樣做。請問小美的道德發展是處在哪一個階段？
(A) 避罰服從階段 (B) 尋求認可階段 (C) 維持社會秩序階段
(D) 法制觀念階段。

參考答案：(B)

( )109. 下列敘述何者正確？ (A) 皮亞傑（J. Piaget）的道德理論可以區
分出兒童對道德規則及社會慣例規則的不同看法 (B) 柯柏格（L.
Kohlberg）認為個體道德發展的次序是可以改變的 (C) 柯柏格的
道德發展忽略了女性的道德推理 (D) 皮亞傑和柯柏格都高估了個
體的道德推理。

參考答案：(C)

( )110. 下列敘述何者正確？ (A) 男生的視覺空間能力優於女生 (B) 女生
比男生更具社會性 (C) 男生比女生更具有分析能力 (D) 男生的
數學成績一向優於女生。

參考答案：(A)

( )111. 志雄總是愛騎快車，老師勸他要騎慢一點，以免發生意外，可是志
雄卻認為自己的技術很好，不可能會受傷。請問下列哪種現象最能

描述志雄的心態？ (A) 想像觀眾（imaginary audience） (B) 觀點取替（perspective taking） (C) 邏輯推理（logical reasoning） (D) 個人神話（personal fable）。

參考答案：(D)

( )112. 下列敘述何者正確？ (A) 外控型（external locus of control）的人有較多的憤怒與間接攻擊表現 (B)B 型行為類型（type B behavior pattern）的人比較會得到心臟血管疾病 (C)t 型人格的人比較喜歡刺激冒險的活動 (D) 內向的人比較不快樂。

參考答案：(A)

( )113. 生涯輔導的內容包含哪些要素？甲、自我探索；乙、環境探索；丙、生涯抉擇；丁、追蹤輔導。 (A) 甲乙 (B) 甲丙 (C) 甲乙丙 (D) 甲乙丙丁。

參考答案：(D)

( )114. 文英只因為與男友分手，就覺得自己在很多方面都是一個失敗者，因而陷入憂鬱之中。請問下列何種負向自動化思考最能解釋文英的現象？ (A) 武斷的推論 (B) 過度類化 (C) 個人化 (D) 極端化。

參考答案：(B)

( )115. 下列敘述何者是現實治療最重視的要素？ (A) 領悟 (B) 同理 (C) 情緒 (D) 行動。

參考答案：(D)

( )116. 下列對於阿德勒學派的敘述，何者正確？甲、主張所有人類的行為都是有目的的；乙、人可以脫離社會而獨立；丙、人們的成功與快樂是來自於自我對卓越的追求；丁、處理家庭動力，特別是手足關係，是治療的關鍵角色。 (A) 甲乙丙 (B) 甲丙丁 (C) 甲丙 (D) 甲丁。

參考答案：(D)

( )117. 陳老師是一位輔導老師，最近她發現所任教的班級，有學生出現感情的問題，因而缺課，於是她設計了一些兩性相處的活動在班上帶領。請問陳老師是在進行哪一個層級的輔導工作？ (A) 初級預防 (B) 次級預防 (C) 三級預防 (D) 診斷性預防。

參考答案：(B)

（　）118. 英宏是在小團體進行了二次之後，才被導師轉介參加團體輔導的非自願學生，輔導老師的作法，何者較適切？甲、團體一開始就要求英宏主動談論與團體有關的個人隱私；乙、先將團體的性質向英宏簡要介紹，並介紹團體成員給英宏認識；丙、如果英宏在團體中都不主動發言，就讓他持續保持沉默到團體結束；丁、在適當的時機嘗試引導英宏去談論較不敏感性的話題。　(A) 甲乙丙　(B) 甲乙丁　(C) 乙丙丁　(D) 乙丁。

參考答案：(D)

（　）119. 下列敘述何者不正確？　(A) 男生比女生較具攻擊性　(B) 女生較傾向人際取向　(C) 女生比男生愛講話　(D) 男生的視覺／空間能力比女生佳。

參考答案：(C)

（　）120. 下列何者不是社會學習理論對個體道德發展的概念？　(A) 替代增強　(B) 賞罰控制　(C) 楷模學習　(D) 內化作用。

參考答案：(D)

（　）121. 兒童對白兔產生恐懼，以後看到白貓、白狗，只要是有毛的東西都會害怕，此種現象稱為？　(A) 交替反應　(B) 刺激類化　(C) 直接經驗　(D) 成人暗示的結果。

參考答案：(B)

（　）122. 以下對於創造力的陳述，哪一項是對的？　(A) 是種聚斂式的思考　(B) 屬於左腦功能運作　(C) 是種擴散式的水平思考方式　(D) 以上皆是。

參考答案：(C)

（　）123. 下列何者不是認知行為諮商學派的代表人物？　(A) 艾里斯（A. Eills）　(B) 貝克（A. T. Beck）　(C) 葛雷瑟（W. Glasser）　(D) 梅欽鮑姆（D. Meichenbaum）。

參考答案：(C)

（　）124. 下列何者不是個人中心諮商學派所主張促成個體成長的要素。(A) 真誠一致　(B) 無條件的積極尊重　(C) 立即的回饋　(D) 同理的了解。

參考答案：(C)

（　）125. 當事人在諮商時一直沉默不語，諮商師便問說：「我覺得你好像在生我的氣，是否可以告訴我，你對我的想法？」請問，諮商師此時所使用的技巧為何？　(A)解釋　(B)立即性　(C)面質　(D)澄清。

參考答案：(B)

（　）126. 依據霍夫曼（M. Hoffman）的說法，父母採用哪一種管教方法容易養育出道德成熟的兒童？　(A)撤回關愛法　(B)權威法　(C)誘導法　(D)暫停法。

參考答案：(C)

（　）127. 利用例子去幫助病人改變不良行為的治療形式，乃是建立在何種學習理論之上？　(A)社會學習理論　(B)古典制約學習理論　(C)操作性的學習理論　(D)生命學習理論。

參考答案：(A)

（　）128. 王老師能夠設身處地站在學生的立場去思考問題，請問這代表王老師具有何種輔導能力？　(A)同理心　(B)自我開放　(C)具體化　(D)澄清。

參考答案：(A)

（　）129. 依照舒波（D. Super）的理論觀點，15-17歲的個體是處在生涯發展的哪個階段？　(A)成長期　(B)探索期　(C)建立期　(D)承諾期。

參考答案：(B)

（　）130. 依據訊息處理論，將刺激加以編碼時，運作記憶的容量是多大的組塊？　(A)6 ± 2　(B)7 ± 2　(C)8 ± 2　(D)9 ± 2。

參考答案：(B)

附錄

管教與輔導申論題舉例

　　教育情境申論題作答要條列分明、答題內容有系統及組織化，不能以「作文段落式」寫作方式來敘寫。

● 題目

　　學校定期考查或月考是家長與學生最關心的校內考試，對於此種教學評量的實施，身為教師的你要注意哪些事項，請加以說明之。

＊ 參考作答一

　　定期考查或段考是學校很重要考試活動，不僅要周延並且要合理公正，相關注意事項如下：

　　（一）評量實施前，要提早告知學生考試範圍與考試日期，並於考前一週書寫於黑板上。若是輪到自己出題，要親自命題，不能直接使用考古題，或坊間書商提供的題庫題，命題後並請其他教師審閱題目。命題的題目要難易適中或中間偏易，根據雙向細目表命題。確實做好保密工作，不能將試題洩露給無關人員知道。（二）評量實施中，監考時要符合正義原則，不允許學生作弊，要嚴格執行。開放題項閱卷時要公平一致，不能有月暈效應。月考完當天儘量將試卷評閱完畢，並計算學生領域或學科考試總分數。評量實施後，考試完第一節課要把試卷發還給學生並進行檢討，看是否有批閱錯誤。隨機發送試卷，不可排名，尊重學生分數隱私，不能傷及學生自尊。給予學生鼓勵及持續加油，不能因考試退步或成績不佳處罰或責備學生。

　　上述作答型態為「段落式寫作」，此種作答內容無法突顯答題的重點，組織架構的編排不佳。上述相同文字或作答內容改成下列的型態展現，較能突顯組織的結構性。

＊ 參考作答二

　　定期考查或段考是學校很重要考試活動，不僅要周延並且要合理公正，相關注意事項如下：

（一）評量實施前

1. 提早告知學生考試範圍與考試日期，並於考前一週書寫於黑板上。
2. 若是輪到自己出題，要親自命題，不能直接使用考古題，或坊間書商提供的題庫題，命題後並請其他教師審閱題目。

3. 命題的題目要難易適中或中間偏易,根據雙向細目表命題。

4. 確實做好保密工作,不能將試題洩露給無關人員知道。

(二)評量實施中

1. 監考時要符合正義原則,不允許學生作弊,要嚴格執行。

2. 開放題項閱卷時要公平一致,不能有月暈效應。

3. 月考完當天儘量將試卷評閱完畢,並計算學生領域或學科考試總分數。

(三)評量實施後

1. 考試完第一節課要把試卷發還給學生並進行檢討,看是否有批閱錯誤。

2. 隨機發送試卷,不可排名,尊重學生分數隱私,不能傷及學生自尊。

3. 給予學生鼓勵及持續加油,不能因考試退步或成績不佳處罰或責備學生。

🡒 題目

　　小強因為受到鄰居好友小明的蠱惑,下課時在廁所抽煙被同學發現,同學將看到的過程告知導師,如果你是班級導師會如何處理?

＊ 參考作答一(依處置程序敘寫,沒有增列小標題)

　　教師處理的重要在於讓學生自知錯誤及誠心悔改,而不是一味責罰學生,個人處理的具體策略為:

1. 配合生教組長與學生私下對談,了解其抽煙的動機與緣由,讓學生知道自己已違反校規,明白做錯事情。

2. 告知學生抽煙對身體的危害及其嚴重性,抽煙是百害無利,抽煙等於對個人身體的殘害,學校更是禁煙場所。

3. 若是口語解說告誡,學生還是無法理解其利害關係,再請學生觀看禁煙宣導影片,讓學生從影片中省思自己的行為並改進。

4. 以理告知學生後,要學生依規定寫下行為自述表及悔過書,承諾不再犯並願意悔過,接受老師的處置。

5. 以上所有的處理方式都不應在公開場合下進行或於班級中公開責罵學生,以保留學生顏面,以免學生自尊受損。

6. 教師告知學生及家長雖已校規處置,但會給予銷過的機會(勞動服務銷過),請學生及家長不要擔心,重要的是學生要誠心悔過。

7. 親師密切合作,請家長協助督促但不能一味責罵,否則學生可能會逃學或翹家,若時間允許,依校規處理後的那星期到校接送孩子回家。

上述參考作答增列小標題組織架構如下：

＊參考作答二（依處置程序敘寫，並增列小標題、小標題單獨一列出現）

　　教師處理的重要在於讓學生自知錯誤及誠心悔改，而不是一味責罰學生，個人處理的具體策略為：

1. 了解學生行為的緣由，告誡已觸犯校規

　　配合生教組長與學生私下對談，了解其抽煙的動機與緣由，讓學生知道自己已違反校規，明白做錯事情。

2. 口語告知行為的危害，讓其明白嚴重性

　　告知學生抽煙對身體的危害及其嚴重性，抽煙是百害無利，抽煙等於對個人身體的殘害，學校更是禁煙場所。

3. 播放煙害的影片，以省思行為意義

　　若是口語解說告誡，學生還是無法理解其利害關係，再請學生觀看禁煙宣導影片，讓學生從影片中省思自己的行為並改進。

4. 依校規處理學生行為，以示公平一致性

　　以理告知學生後，要學生依規定寫下行為自述表及悔過書，承諾不再犯並願意悔過，接受老師的處置。

5. 所有的處置不宜公開，以免傷及其自尊

　　以上所有的處理方式都不應在公開場合下進行或於班級中公開責罵學生，以保留學生顏面，以免學生自尊受損。

6. 配合學校相關的措施，給予其銷過機會

　　教師告知學生及家長雖已校規處置，但會給予銷過的機會（勞動服務銷過），請學生及家長不要擔心，重要的是學生要誠心悔過。

7. 親師持續密切的合作，共同督促其行為

　　親師密切合作，請家長協助督促但不能一味責罵，否則學生可能會逃學或翹家，若時間允許，依校規處理後的那星期到校接送孩子回家。

⊃ 題目

　　三年二班小倩的爸爸在下班回家途中因交通事故而死亡，隔天小倩媽媽將其先生往生事宜告知班級導師，如果你是班級導師會採取哪些策略以盡到教師之責，請加以申論之。

＊ 參考作答一（標題字單獨成一列，會留下較多空白空間）

　　對於班級學生家中發生意外事故，導師應有同理心，展現關懷與必要協助：

1. 電話聯繫關懷

　　打電話給小倩媽媽，表達教師對其先生往生不幸事件的感傷，並詢問有無需要老師協助的地方。

2. 個別訪談關心

　　與小倩個別談話，詢問家庭經濟情況，老師要做到哪些事或何種協助，才能有實質幫助。

3. 尋求支援協助

　　如果小倩家中有經濟上的困境，教師可於私下請班級家長委員或班級召集人發起班級經濟贊助活動，並告知處室主任請求可能的幫助。

4. 運用同儕支持

　　請班上與小倩談得來或感情較好的同學，密切關注小情的生活及學習情況，發揮同儕關懷力量，若發現有任何問題請其立即告知老師。

5. 持續關注照應

　　教師要持續對小倩加以關注與鼓勵，給予更多關懷與支持，以協助小倩渡過心理創傷期。

6. 人生教育啟迪

　　對班上進行生命教育及重視交通安全，面對死亡，克服困境，展現積極進取的行為。

＊ 參考作答二（標題字數不多，將標題置於各條目的前面，讓書寫的區域更大）

　　對於班級學生家中發生意外事故，導師應有同理心，展現關懷與必要協助：

1. 電話聯繫關懷：打電話給小倩媽媽，表達教師對其先生往生不幸事件的感傷，並詢問有無需要老師協助的地方。

2. 個別訪談關心：與小倩個別談話，詢問家庭經濟情況，老師要做到哪些事或何種協助，才能有實質幫助。

3. 尋求支援協助：如果小倩家中有經濟上的困境，教師可於私下請班級家長委員或班級召集人發起班級經濟贊助活動，並告知處室主任請求可能的幫助。

4. 運用同儕支持：請班上與小倩談得來或感情較好的同學，密切關注小情的生

活及學習情況，發揮同儕關懷力量，若發現有任何問題請其立即告知老師。

5. 持續關注照應：教師要持續對小倩加以關注與鼓勵，給予更多關懷與支持，以協助小倩渡過心理創傷期。

6. 人生教育啓迪：對班上進行生命教育及重視交通安全，面對死亡，克服困境，展現積極進取的行為。

⊃ 題目

　　小明與小雅是班上公認的班對，最近同學發現小明與小雅結伴上下學，關係甚為親密，似乎在熱戀之中，同學將此訊息告知班級導師：「小明與小雅在談戀愛。」如果你是班級導師會如何處置，請加以申論之。

＊ 參考作答

　　研究指出愈被打壓的情侶愈會想去「證明愛情的堅貞」，不當的介入方式容易傷害到當事者，甚至離家出走或殉情情況。個人的做法如下：

1. 允許而不鼓勵

接納學生交往或熱戀的情況，明確的讓學生知悉老師已知道這件事，並告知學生，老師不反對他們的交往，但老師的立場還是不贊同國中生時期談戀愛。

2. 引導而不責備

教師要當「愛情諮詢者」，而非「愛情絆腳石」，以真誠的態度與學生溝通。教師與學生私下談論時，可就以下幾個問題跟學生討論：(1) 你為什麼喜歡對方，他（她）有哪些優點？(2) 你覺得自己有什麼優點會讓對方喜歡你？(3) 你們談了戀愛之後，自己學習或生活變得如何？(4) 你們交往的事情怕不怕被父母知悉？如果父母親知道後會怎樣？(5) 有沒有想過以後的事，你們畢業後還會繼續交往嗎？

3. 約定而不宣揚

老師與學生約法三章，密切交往後學習不能退步，生活作息不能改變，否則失去相互支持與激勵的作用，也失去交好友的目的。

4. 交往尺度界限

學生尚未成年也沒有經濟能力，要讓學生知道不能超越學生交往的界限（例如性行為），否則問題很嚴重，也違反相關法令。

5. 轉知父母介入

與學生約定的事項（例如學習退步，或生活習性改變）若學生沒有履行或遵守，教師應將學生交往之事告知雙方父母，由父母親立即出面介入處理，同時請輔導教室介入輔導。

6. 親師共同輔導

當家長介入處置時要明確告知家長，不能以責罵或負向態度嚴厲責備，否則又引發其他問題（例如親子衝突、離家等），要父母以說理取代責罰、以導引取代訓誡。

‣ 題目

依據法令規定，國民中小學要進行常態編班不能採取能力分班，但常態編班之班級異質性很高，甚至有所謂「雙峰」現象，造成教師教學的困難，對於「常態編班」的實施你有何看法？

＊ 參考作答一

常態編班班級學生的異質性高，學科學習甚至有雙峰現象，但個人還是贊同此項教育政策，緣由如下：

1. 常態編班是時代教育革新主流，且有法令規定，從法與學生學習權而言，個人是十分認同的。

2. 雖然常態編班在領域或學習科目上會有異質性情況，且可能有雙峰現象，但這是教育實際場域的實況，杜威說：「學校是社會的縮影」，所有教師都要面對此種挑戰。

3. 對於學生學習異質性的問題，教師應採用有效的教學策略或方法來因應，其中有效的方式如：

   (1) 利用課餘時間進行學生個別輔導，或補救教學，讓學生習得基本知能。

   (2) 課堂分組活動學習採用異質性分組，讓學習較佳同學指導與協助程度較差同學，使學生的近側發展區可以展現，培養學生互動共好的素養。

   (3) 教師可以自編額外精進教材供程度好的同學練習，呼應十二年課綱自動學習素養目標。

   (4) 智能表現重視個別差異，強調適性揚才，但品德行為展現要強調一致公平，違反班級規約或校規行為的處置原則有其正義與合理性。

＊**參考作答二（增列小標題）**

　　常態編班班級學生的異質性高，學科學習甚至有雙峰現象，但個人還是贊同此項教育政策，緣由如下：

1. 個人認同常態編班，反對能力編班

　　常態編班是時代教育革新主流，且有法令規定，從法與學生學習權而言，個人是十分認同的。常態編班的優點多於能力編班，對學生也不會有標記作用。

2. 班級異質反映的是教育場域實況

　　雖然常態編班在領域或學習科目上會有異質性情況，且可能有雙峰現象，但這是教育場域的實況，杜威說：「學校是社會的縮影」，所有教師都要面對此種挑戰。

3. 善用教學策略以提升學習的成效

　　對於學生學習異質性的問題，教師應採用有效的教學策略或方法來因應，其中有效的方式如：

(1) 利用課餘時間進行學生個別輔導，或補救教學，讓學生習得基本知能。

(2) 課堂分組活動學習採用異質性分組，讓學習較佳同學指導與協助程度較差同學，使學生的近側發展區可以展現，培養學生互動共好的素養。

(3) 教師可以自編額外精進教材供程度好的同學練習，呼應十二年課綱自動學習素養目標。

(4) 智能表現重視個別差異，強調適性揚才，但品德行為展現要強調一致公平，違反班級規約或校規行為的處置原則有其正義與合理性。

○ **題目**

　　教育場域中的教師管教或班級經營法則較適切而有效的方法為「先嚴格後寬鬆」，此方法的立論基礎為何，請加以申論之（吳明隆，2018）。

＊**參考作答**

　　先「嚴格」後「寬鬆」管教方法的學理基礎如下：

1. 認知心理學家皮亞傑（Piaget）認為兒童的道德發展是由「無律」、「他律」至「自律」。

　　學生行為發展多數是先從消極遵守班規開始，最後再主動從內心服從班級規則，「他律」對應的是教師中心、自律對應的是學生中心，管教的順序是先

嚴格後寬鬆。

2. 教育心理學者認為學生動機的培養應從外在動機導向內在動機。

培養學生的外在動機可視為達到養成內在學習動機的手段，外在學習動機獲得適度滿足之後，就有可能轉化為內在學習動機。外在動機論對應的是行為主義論點，內在動機論對應的是人本主義論點，管教的順序是先嚴格後寬鬆。

3. 西方俗諺「好的開始是成功的一半」，開學時，學生若能遵守班級規則，表現可接受行為，則學習活動更有效率。

中國俗諺「由儉入奢易、由奢返儉難」，當教師於學年開始時，給予學生太多權力或決定之權，事後要收回部分權力，或減少學生需求，較可能會引發師生衝突；相對的，當教師於學年開始時，給予學生部分權力或有限的決定權，事後再給予學生更多權力，或滿足學生更多需求，則學生會更喜愛教師的管教，樂於參與班級活動。

4. 從增強階段而言，連續增強要比間歇增強更能夠提高可欲行為出現的頻率。

想要培養學生期待的行為時宜使用連續增強，待行為建立並養成習慣後，再使用間歇增強。學期開始時，教師採取緊迫盯人方法，之後再逐次鬆手，這樣對於學生行為養成與學習喜悅度才是較佳的策略。

⊃ 題目

班級經營是「科學方法」與「藝術策略」的統合應用，科學方法與藝術策略的統合應用才能發揮班級經營的效率與效能。所謂「科學方法」與「藝術策略」所指的內涵為何？請加以說明之（吳明隆，2018，頁50）。

＊ 參考作答

科學方法指的是班級經營運用的學理依據或學理基礎，藝術策略指的是班級經營實施的考量，內涵為管教及輔導的運用或實施：

（一）科學方法

1. 班級經營的策略應用均有對應學理依據：班級經營的各種紀律模式有其理論基礎或相關實徵研究支持。

2. 班級經營的方法使用融合了跨學科知能：班級經營的運用結合了教育心理學、教育學、教育社會學及輔導等學科知能或原理。

3. 有效班級經營環境建立要採取系統方法：如何訂定班規、如何善用班級人力

資源、如何發掘學生亮點、如何做好親師生溝通、如何安排教學程序、善用各種輔導策略等均要採用系統有效方法；此外也有實施的原則與步驟。

（二）藝術策略

1. 管教策略要根據學生的個別差異調整，以做到適性揚才，兼顧到當時的情境脈絡。

2. 班級經營是權變方法，要因人因事而異，以因應個別差異，考量到學生個體多元性。

3. 班級經營的實踐要兼顧法理情等面向，以展現教師專業，如此才能營造雙贏局面。

➲ 題目

　　慈母與良師均是為人家長與教育者的典範，請問這二者間有何差別，請加以申論之？（吳明隆，2018，頁188）

＊參考作答

　　慈母與良師有許多相似點，但二者的內涵也非完全相同：

（一）相似點

1. 慈母與良師都具有教育愛，對孩童盡心盡力、全力投入，贏得他人讚賞，是為人母者與教師應扮演的角色。

2. 慈母母愛與良師教育愛均是無私的，二者均全力奉獻給孩童，不求任何回報。

（二）差異處

1. 慈母的母愛全給予子女，但良師的教育愛要分配給全班學童，教師的教育愛要讓全班所有學童感受到。

2. 慈母的母愛聚焦的個體為其子女，但良師的教育愛關注的焦點為全班每位學童。

3. 慈母對子女個人可以付出全部心力，但良師對學生展現的態度是公平一致的，不能將全部心力只投入在少數幾位學生身上而忽視其他同學。

4. 慈母的親職教育面對的是自己的孩子，但良師教學面對的是自己的學生，由於學生間個別差異極大，教師對個別學生關注程度、正向管教或適性輔導策略不會完全相同。

◑ 題目

　　林老師是國小中年級老師，中午放學後，想把早上數學平時考沒有考好的小明留下來作個別輔導。如果你是林老師，應該注意哪些事項？

＊ 參考作答

　　老師把學生留下來課輔是教師專業的展現，但實施上要注意以下幾點：

1. 了解小明意願：與小明溝通，了解小明的意願與時間是否可以配合，若小明時間可以配合，儘量要求小明留下練習。

2. 知會家長配合：知會小明家長，告知緣由，徵得家長的同意，若家長不同意或不方便則不予勉強，老師義務的付出情懷要讓家長感受到，如此家長才更會配合老師的安排。

3. 負起安全照顧：教室內老師要承擔照顧小明安全的責任，小明在校園內的安全老師要特別關注與叮嚀。

4. 聚焦課業輔導：課業輔導重點在於補救教學或學會，而非在於行為責罰，此點必須讓當事者知曉，要讓學生知道老師的出發點。

5. 敦請家長接送：與家長約定時間準時下課，不要讓家長在校園等候太久，若是家長無法親自接送下課，教師最好陪同或載送學生回家，以免學生發意外。

6. 出於教師專業：教師的學業輔導是出於教師自願與教師志業熱忱，不能有其他目的或要求家長給予回報。

7. 考量生理性：若是學生性別與教師不同，課後輔導最好不要單獨將學生留下，以免產生不必要誤會。

◑ 題目

　　林老師是國中歷史老師，在一次忠班平時考巡堂中發現地上有二張書寫答案的紙條，林老師直覺這次忠班平時考試有同學作弊。若你是課堂上的林老師，會如何處置，請加以申論之？

＊ 參考作答

1. 先讓學生考完試，收完卷後，告知全班同學老師知道這節課有同學作弊（因為老師拾獲作弊紙條）。

2. 請同學利用課餘時間自行向老師承認，誠實坦白者從寬處理，未誠實認錯同學依相關規約處置。

3. 因為老師已拾獲作弊紙條，所以最好不要在教室中急著找出作弊者，否則會傷害到同學自尊。

4. 為避免當事者向老師承認時被其餘同學發現，教師可請同學以手機、Line 或電子郵件告知承認。

5. 教師利用適當時機詳問同學作弊緣由，並進行適當教育，讓同學知錯而能改正。

6. 由於是平時考試，教師可依規定適度懲戒或依同學平時表現採取合理處置。

7. 於課堂中明確告知全班同學「考試目的」，鼓勵同學繼續努力，下次再有同學作弊，老師會依規定處置。

8. 如果陳老師是專任歷史教師，應將事件發生經過與處理過程告知班級導師，讓級任老師也知悉事件的來龍去脈。

⊃ 情境

　　下課前小明很緊張的告知老師他的手機不見了，他認為是班上同學偷的。
老師：「你怎麼知道是班上同學偷的？」小明：「我就是相信是班上同學偷的，老師你要趕快搜同學書包，否則放學後手機就找不到了。」

⊃ 題目

　　如果你是班級導師，於上述情境下，你會如何處理？

＊參考作答

1. 請同性同學協助當事人再檢查一次，確認手機是否真的不見。若找不到再詳細詢問當事人手機遺失的過程。

2. 明確告知班上學生偷竊行為是不對的，有「撿到」或「拿取」的同學請將手機「歸還」或「先轉交」給老師（放學後），否則查到將依校規懲處。

3. 再次對全班進行法治教育及重要財物保管的事項；並請同學發揮同理心，若是個人手機或自己重要物品不見，會有何感想。

4. 通知家長當事人遺失手機之事，請家長不要責怪小孩，並告知家長老師、同學已積極協助找尋。

5. 請求學務處幫忙，若有同學拾獲手機交至學務處，請立即通知班上同學，看是否為其遺失的手機。

6. 若還是找尋不到，個人並不會搜查學生書包，還是會依規定時間放學。因搜查學生書包要有其價值性與合理性：

(1) 要符合比例原則。因一個人遺失手機對全班加以搜查不符合比例原則。

(2) 若老師搜查之後均無結果，可能侵犯學生學習權並傷害到學生自尊，即使搜查到，對犯錯當事人及其他無辜同學造成的傷害可能更大。

(3) 當有多種能達成教育目的之措施時，教師應選擇對學生權益損害較少者，對全班學生搜查書包會大大損及學生權益，也把全班學生都視為偷竊嫌疑犯。

(4) 教師不能因一人犯錯而處罰全班，更不能因單一學生犯錯的可能證據性，而對所有學生進行人身的搜索，這也侵害到學生人身及隱私權。

⊃ 題目

　　因智慧型通訊設備的普及化，手機在現在生活中扮演重要角色。一位班級導師在親師溝通中「為何」要將手機號碼給予班級學生及家長，其緣由為何，請你加以申論之。

　　說明　本題題幹所指的是「為何」要將手機號碼讓班上家長及學生知道，要論述的是其理由，而非是「將手機號碼讓家長及學生知道的看法」，若題幹描述的意涵是後者，可以論述「同意」或「不同意」二個面向之一，再論述堅持的理由。

＊參考作答

　　手機與電話均是親師溝通有效媒介，二者之中又以「手機」作為媒介時更有效率與效能，將手機號碼讓班上學生及家長知悉的緣由有以下幾點：

1. 便利性功能：教師手機可隨身攜帶，接聽家長或學生來電較為方便，有其便利性。

2. 彈性化運用：手機可以調整各種狀態，不會干擾到教師生活作息。某個時段不方便接聽，教師可直接將手機關機或調整為靜音狀態。

3. 專業性展現：親師溝通本是有效能教師行為的展現，給予家長手機號碼，有其必要性與教育性，是有效親師生溝通的專業表現。

4. 立即性效用：緊急事件或學生間衝突爭執等，家長可於最短時間聯繫到教師，進行有效溝通對話與事件的立即處理。

5. 雙贏性效益：以手機作為親師生間的溝通媒介，可以展現教師專業與雙贏結果，尤其當家長想了解某件突發事件時。

6. 隱私性保護：可以保護老師生活的隱私性，給予教師更大的空間，不會干擾

到教師生活作息。

7. 科技化趨勢：此為資訊科技進步脈絡下，教師的具體因應與實務做法，也是較為具體可行的策略，兼顧老師個人與家長、學生的需求。

○ 題目

資訊科技脈動下，手機 LINE 功能多數人皆使用；LINE 也是親師溝通的有效媒介之一，以「LINE 群組」作為親師溝通時要注意哪些事項，請加以申論之。

* 參考作答

智慧型手機在親師溝通中已扮演重要角色，多數家長已人手一機，以 LINE 群組作為親師溝通可發揮即時及有效互動的功能。在 LINE 群組實施上要注意的事項如下：

1. LINE 群組中的成員只限於班級學生家長，非班級家長不能讓其加入，也不要邀請加入。

2. LINE 群組建立時以自願為原則，不能強迫所有家長參加，有家長不願加入也沒有關係。

3. LINE 群組建立後，其使用與遵守事項，教師要於群組中公告讓所有家長知悉，或於親師座談會告知；學生個別的學習與行為問題不宜在群組中討論；此外，無關班級經營或教育活動之事情請所有成員（家長）不要在群組公告。

4. 教師於 LINE 群組中公告事項為一般班級行政、活動事宜，或回應家長對班級事務或學校活動之問題的詢問。

5. 教師回應或公告的語詞要中肯明確，讓家長容易了解；未加入群組的家長要個別以 LINE 或家庭聯絡簿告知。

6. 若家長在群組中想詢問其子女或班級私人學生問題，要改用個別LINE回應。

7. 不能在群組中與家長進行論辯或非理性對話，此時宜改為直接電話溝通，以免延伸出更多的問題。

8. 換班或學生畢業後，是否關閉或退出群組由教師個人決定。

○ 題目

如果你是班級導師，你會採取何種具體策略加以因應，以減少學生不當行為，建構支持性環境並形塑優質的學習情境？請加以簡述之。

＊參考作答

　　友善溫馨的學習環境才能達到預防性功能，「事前預防」重於「事後處置」，此部分的具體策略如下：

1. 了解不當行為成因是生理、物理或社會互動因素，以採取對應的因應策略，若為嚴重生理因素要結合醫療模式處理。

2. 強調倫理品格的教育，不以學業成就為導向；發掘學生亮點，讓每位學生都有成功的機會。

3. 發揮教師教學的巧思、活化教學，以激發學生學習動機與學習意願，當學習變得有趣，學生出現干擾學習活動行為自會減少。

4. 揚棄威權的管教態度，具備正向管教知能；輔以案例教學，導正學生錯誤的價值觀。

5. 強化班級的潛在課程，營造友善班級氛圍，讓學生喜愛學習，教師從言教、身教、境教與制度同時著手。

6. 加強法治教育的知能，讓學生知法、守法，以減少學生違規行為出現，營造零霸凌學習環境。

7. 規劃有趣、多元的學習活動，以合作學習代替個體間相互競爭，重視實作與探究，培養學生自發、互動、共好的素養。

◑ 題目

　　班級經營中教師要有所「變」與有所「不變」，請問教師班級經營的「變」與「不變」表示的內涵各為何，請述說你的看法？（吳明隆，2018，頁240）

　　 說明 　此題幹的內容在於「變」與「不變」二個向度所指的意涵為何，因而作答時要分別就二個向度的意涵加以描述，不能統整為一個面向回應敘寫。

＊參考作答

　　班級經營的「變」為創新與權變運用，「不變」為良師應具備的人格特質與教育愛：

（一）變的內涵 —— 權變方法

1. 教學策略 —— 創新有效：教學策略的變在於採用創新有效的方法，以因應十二年課綱的素養導向。

2. 管教方法 —— 個別差異：教師管教的變在於管教處置要因應學生個別差異的事實，並考量當時情境脈絡。

3. 評量型態——多元適性：學習評量型態的變在於教師要依據單元目標與學習內容，採用對應的評量方法。

4. 活動安排——活潑多元：班級活動的變在於安排多元性的學習活動，激發學生的好奇與興趣，不變的活動會讓學生覺得單調乏味。

5. 課程規劃——學生中心：課程教材的內容傳遞或學習要與學生生活經驗相結合，並配合社會脈動情況適時增補。

（二）不變內涵

1. 教師的教育愛與對教育的熱忱及教育執著。
2. 對教職工作投入與良師行為的展現及實踐。
3. 學生品德的重視與正向行為培育的堅定心。
4. 多元及優勢能力的培養與全人教育的養成。
5. 教育理想與視教職為志業的願景永不改變。

➲ 題目

　　開學第一週是級任導師最忙碌時刻，此期間導師班級經營關注的重要事項有哪些？請加以說明。

　　（開學第一週，若你是新班級導師，班級經營要做的事項有哪些，請你分條例敘述。）

　　（若你是一位初任教師，擔任導師，在剛接新班級的第一週，你所關注的焦點為何？請加以論述之。）

＊ 參考作答

　　開學第一週的重點在於學生常規行為的建立、班級同學熟識及新環境的適應，而非在於教學進度的講授與趕進度，導師關注的焦點有以下幾項：

1. 訂定合理的班級規約：師生共同訂定合理且具體可行的班級規約 4-6 條，公告讓全班知道並遵守。

2. 最短時間內認識同學：教師能運用各種方法快速將同學與其人名配對記得，於各種場合直接叫出學生姓名。

3. 學務各項工作的分配：合理分派外掃及內掃區域的打掃同學及負責幹部，之後再依實際情況進行調整。

4. 遴選或分派班級幹部：採取自願、指派、選舉等方法遴選班級幹部，包括班長、副班長、風紀、學藝、總務、服務等股長。

5. 讓學生熟悉學校環境：親自帶領學生走訪校園，讓學生快速知悉校園環境，並提醒安全注意事宜。

6. 生活作息常規化訓練：包括班級學習活動的適應及校園生活作息的常規化訓練，讓學生能於最短時間內適應新情境，融入班級學習活動。

⊃ 題目

新學年開學，你擔任新班級的導師，有哪些具體策略或方法可以在最短時間內，快速記取全班學生姓名？請加以說明。

＊ 參考作答

教師接任新班級後，若能於最短時間內將學生與其姓名配對正確，於學習活動直接叫出學生姓名，可以拉近師生間距離，贏得學生信服，具體做法如：

1. 於每位同學座位上放置事先做好的姓名三角桌牌（兩面都有學生姓名），採用配對學習法，加快教師的記憶。

2. 用手機照相，製作同學相片與姓名對照表格，此表放在：(1) 前面的講桌上；(2) 後面老師教室辦公桌上，這樣老師一坐在位置上可將學生與其姓名進行有意義的認知記憶；(3) 辦公室的講桌，回到辦公室時也可以記憶。

3. 製作有姓名的掛牌，學生進到教室內必須掛上，請學生配掛一個星期，離開教室是否配掛則由學生自行決定。

4. 利用課餘時間（例如中午或早自修）與學生一對一對談或小組對談，將人與姓名聯結記憶。

5. 利用自習課或老師時間讓學生自我介紹，藉由特徵加深對學生的記憶。

⊃ 情境

小明在課堂休息時間出手打同學，同學還擊時不小心打到小明鼻子，害小明流鼻血，二位同學被帶到保健室處理後均沒有事情。老師把小明出手打人的過程寫在家庭聯絡上告知家長，但小明告知家長是同學先出手打他，他才打同學的。家長回應說：小明不會隨便打同學的，認為教師對其小孩有偏見。

⊃ 題目

如果你是班級導師，看到家長這種回應後，你會如何處理？

＊ 參考作答

此種情況在教育場域中時常出現，導師應善用智慧有效處置，以避免「連

滯效應」的發生，造成親師生間的衝突。具體的處理方式如下：

1. 用電話與家長直接溝通，安撫家長情緒，並明確告知對小明沒有偏見。教師列舉小明的優點，並適當讚許小明的正向行為。

2. 告知家長不用緊張，明天教師會再詳細將事件的來龍去脈調查清楚，將一同詢問小明、當事者與看到的同學，結果會再讓家長知道。

3. 教師可提醒家長，學生間玩耍嬉鬧有時會有爭執或推擠衝撞，如果不是故意的，事後跟對方道聲「對不起」即可；但若是故意的打人事件，就要加以教導，這是老師告知的出發點。

4. 教師隔天約談相關同學，再詳細調查事件始末，確定事件的起因後，將結果中肯地告知家長。另外，告知小明承認自己錯誤（已有多位同學目睹）的重要，以免家長誤會，教師要教育小明的是誠實與做錯事情的負責態度，且絕不會處罰他。

5. 對於打人的學生（小明），教師應訴諸以理，教導而非責罵，否則教師的處罰可能又引起家長的誤會。

6. 小明之所以不敢承認的原因可能是擔心家長責罰，教師將事件告知家長後，也要敦請家長不要再責罰他，因為小明已知道錯誤，請家長協助督促小明行為就好。

7. 以案例教學方法對全班進行教育，讓學生知道友愛與誠實的美德，多說「請、謝謝、對不起」等禮儀字詞。

➲ 題目

　　六年二班開學時轉入一位過動症同學（小強），二個星期來，小強常與班上同學發生爭執或打人事件，部分家長得知後認為小強此種行為會影響班上學習活動，要求老師處理，若老師不好好處理，考慮將其小孩轉至他校。若你是班級導師，你的處理策略為何，請加以申論之。

＊ 參考作答

　　融合教育或回歸主流教育是教育革新趨勢，教師可以採取的做法如下：

1. 安撫家長不安情緒：先安撫家長情緒與不安態度，讓家長知道老師會積極介入處置，因為老師跟家長一樣也不想小強行為干擾教學活動進行。

2. 告知家長行為主因：告知家長小強與人的爭執吵架行為是原生性的內在變因（天生生理因素）導致，小強絕對不是故意的，家長要有所諒解。

3. 同理學生父母難處：讓家長知道教育政策是「零拒絕」，班級不能因為學生生理因素拒絕其學習權利，其實小強的父母也很辛苦，讓家長能以同理心看待。

4. 加強過動症候知能：對全班同學進行「過動症」醫學知能教育，讓班上同學知道小強的生理情況，若同學多包容小強一些，小強與同學發生爭執的行為就會減少一些。有任何問題立刻告知老師，老師會馬上處理。

5. 尋求輔導支援介入：若小強行為較為嚴重，老師應尋求輔導教室進行介入式輔導，進一步啟動處遇式輔導，請小強父母帶小強就醫診治，藉助藥物控制小強衝動行為。

6. 後續處置情況轉述：教師將所有積極處置的策略告知家長，讓家長放心，也請家長能諒解，學習是每位學生的權利，家長與全班同學一同協助，能讓當事者的行為減緩，這是一種行善行為，也是新課綱要培養的核心素養。

⊃ 題目

小玉被醫生診斷為憂鬱症，請列出小玉可能顯示的四項特徵？如果你是她的老師，要如何予以協助？

＊參考作答

（一）憂鬱症可能顯示的特徵

1. 情緒方面：憂鬱的青少年常見心情頹喪、負向自我態度、滿足的經驗減少、參與他人活動減少、抱怨身體不舒服、失去幽默感等現象。

2. 動機方面：憂鬱的青少年失去追求成就的動機，成為逃避者與畏縮者，有自殺思想、依賴性增加。

3. 認知方面：低自尊、對未來負向期望、有自我責罰的態度、心神未定、有自殘身體的意念。

4. 生理方面：失去胃口、睡眠不安、性的興趣減少、倦怠感增加。

（二）協助

1. 給予學生社會支持，關懷其情緒的變化情況。

2. 留意學生是否按時服藥，以提高其治療的效果。

3. 鼓勵他到輔導室尋求專業的協助。

4. 注意學生的行為表現，預防其自殺。

⊃ 題目

　　雅文嫉妒玉珊人長得漂亮、功課又好，因此，當著玉珊的面羞辱她，而且在同學面前講玉珊的壞話、散播謠言、聯合班上一些同學不要和玉珊做朋友。請問雅文的行為是屬於校園霸凌中的什麼行為？如果你是班上的導師，請針對雅文及玉珊二人，各提出三點的輔導策略。

＊參考作答

（一）言語霸凌及關係霸凌。

（二）輔導策略

1. 針對雅文（霸凌者）

　(1) 合理明確的規範：讓學生了解什麼是霸凌行為，以及它是非法而且是不被允許的。

　(2) 教導其社交技巧，學習有效的情緒管理方法：積極地教導及示範正向的社會技巧，例如接納、關懷與尊重，而且當其表現出所期待的行為時，應馬上給予肯定與鼓勵。

　(3) 團體密切合作：與家長及學校心理輔導人員一起合作，以矯正其霸凌行為。

2. 針對玉珊（被霸凌者）

　(1) 鼓勵說出心事：給予支持，並讓她知道做錯事的人是霸凌者而不是她，應勇敢的說出心事與遭遇。

　(2) 教導其如何面對霸凌行為：教導其以堅決果斷的態度來面對，比如說離開現場或是向老師求助。

　(3) 與輔導人員一起合作：轉介輔導室給予心理支持，以減少被霸凌所造成的傷害。

⊃ 題目

　　近年來校園學生自我傷害事件頻傳，青少年的自我傷害有何徵兆？身為一名教師，你（妳）要如何預防學生自我傷害？

＊參考作答

（一）青少年自我傷害的徵兆

1. 言語上的線索：學生的話語裡有意或無意地透露出想死的念頭。例如：「沒有人關心我的生活」。所表現出的想死念頭可能由言語中表示，也可能在作

文、週記、信件中顯現線索。

2. 行為上的線索

(1) 突然的、明顯的行為改變。

(2) 出現與上課或學習方面行為上之問題。

(3) 放棄個人擁有的財務。

(4) 突然增加酒精或藥物的濫用。

3. 環境上的線索

(1) 重要人際關係的結束。

(2) 家庭發生重大事故。例如搬家、財務困難。

(3) 顯現對環境的不良適應，並因而失去信心。

4. 併發性的線索

(1) 社交行為的退縮。

(2) 顯現出憂鬱的徵兆。

(3) 情緒不穩定。

(4) 睡眠、飲食規則變得紊亂、失眠、顯得疲乏、身體不適。

（二）預防青少年自我傷害的方法

1. 積極參與有關自我傷害防治之研習活動，對學生的自我傷害有正確的認知。

2. 增進學生因應的技巧及處理壓力的能力：

(1) 了解學生日常生活中是否遭受較大的生活變動。

(2) 了解此生活變動是否對該生造成壓力。

(3) 協助學生尋求社會資源。

(4) 協助學生發展解決問題的策略。

3. 營造班級溫暖接納的氣氛：經常與班上每位同學接觸、願意傾聽、隨時給予學生支持與關懷、與學生分享情緒。

4. 提供支援的網絡及相關的資訊。

5. 留意每位學生的出缺席狀況，與家長保持密切的聯繫，相互交換學生之日常生活訊息。

6. 對可能自我傷害傾向的學生保持高度的敏感。

7. 如果學生有自殺的行為，要立即通知家長及學校專業輔導老師，並且隨時注意個案言行舉止。

⊃ 題目

近年來校園霸凌事件頻傳，使得校園安全亮起紅燈，針對此議題，你（妳）覺得要如何加以防範？

＊ 參考作答

1. 提升教師專業，妥善處理學生霸凌問題：教師應主動發覺與關心學童的互動生態，由各層面了解誰是班上的霸凌學生和受凌學生，運用輔導資源提供協助，明確表達願意處理霸凌事件的開放態度，讓孩子有求助的安全感。

2. 課程中融入生命教育議題，培養孩子同理心和正義感：教師應於課程教學中適時融入反霸凌的教導，並設計生命教育與合作的學習活動，培養孩子的正義感與團隊意識，避免孩子成為霸凌學生或冷眼旁觀者。

3. 掌握關鍵時機，善用輔導策略處遇霸凌事件：教師決不容忍霸凌，一旦發生霸凌事件，盡快將霸凌學生及受凌學生分開，避免進一步傷害；分別進行輔導，要有長期處理的準備。並且不要對霸凌孩子嚴加處罰或逼他向受凌學生道歉，這只會助長霸凌惡性循環。

4. 尋求專業協助，共同處遇霸凌事件：老師應主動尋求專業人員合作協助霸凌學生，給予更多的關懷，進行合理明確的規範，態度上要恩威並濟。

⊃ 題目

小明沉迷於網路的線上遊戲，因而被醫師診斷為「網路成癮」。請舉出五項小明可能顯現的症狀？

＊ 參考作答

1. 耐受性：不斷增加上網時間，才能得到當初的滿足程度；如果上網時間不增加，滿足感便下降。

2. 戒斷現象：因停止或減少網路過度使用，而在數天至一個月中，出現不安、焦慮、上網念頭盤據等狀況，並且損害個人社交、工作或其他重要功能。只要上網或類似的線上服務，便可舒緩或避免此一症狀。

3. 上網時間與頻率常超過原本的預期。

4. 無法成功地控制網路使用行為。

5. 花費很多時間在網路的相關活動上。

6. 因使用網路而放棄或減少日常生活上重要的社交、工作及娛樂。

7. 不顧出現生理、心理、社交及職務上之問題，仍持續使用網路。

⊃ 題目

　　小青經歷了高雄氣爆事件，目睹雙親的死亡，她的心情一直處在低潮，後來經醫生的診斷，小青得了「創傷後壓力疾患」（Posttraumatic Stress Disorder; PTSD）。請列舉出小青可能出現的典型症狀。

＊ 參考作答

1. 創傷事件的再度體驗（re-experience）：與創傷有關的重複性的（repetitive）、闖入的（intrusive）思考或回憶。

2. 害怕與逃避（avoidance）：逃避參與或談論會回想起創傷事件的活動或情境，害怕及逃避會喚起原來創傷痛苦的線索。

3. 過度警醒（hyper-arousal）：經常會出現過度警覺或過度驚嚇的反應，激躁易怒，有睡眠困擾。

參 考 書 目

吳明隆（2018）。**班級經營理論與實務**（四版）。臺北市：五南。

蔡清華（2011）。**高雄市 100 年度友善校園國民中學「教師正向管教與有效班級方案」彙編**。高雄市教育局。

國家圖書館出版品預行編目資料

發展與適性輔導概論／吳明隆、蘇素美著.
－－初版. －－臺北市：五南，2020.01
　面；　公分
ISBN 978-957-763-798-7 (平裝)

1.教育輔導　2.班級經營

527.4　　　　　　　　　108020874

1IOL

發展與適性輔導概論

作　　　者 — 吳明隆（60.2）、蘇素美

發 行 人 — 楊榮川

總 經 理 — 楊士清

總 編 輯 — 楊秀麗

副總編輯 — 黃文瓊

責任編輯 — 黃淑真、李敏華

封面設計 — 王麗娟

出 版 者 — 五南圖書出版股份有限公司

地　　　址：106台北市大安區和平東路二段339號4樓

電　　　話：(02)2705-5066　　傳　　真：(02)2706-6100

網　　　址：http://www.wunan.com.tw

電子郵件：wunan@wunan.com.tw

劃撥帳號：01068953

戶　　　名：五南圖書出版股份有限公司

法律顧問　林勝安律師事務所　林勝安律師

出版日期　2020年1月初版一刷

定　　　價　新臺幣620元